La fabrication de la religion

Andrew Lang

Writat

Cette édition parue en 2023

ISBN : 9789359257563

Publié par
Writat
email : info@writat.com

Contenu

CHAPITRE INTRODUCTIF

La science moderne de l'histoire des religions est parvenue à des conclusions qui semblent déjà solidement établies. Ces conclusions peuvent être brièvement formulées ainsi : L'homme a dérivé la conception d'« esprit » ou d'« âme » de ses réflexions sur les phénomènes du sommeil, des rêves, de la mort, de l'ombre et des expériences de transe et d'hallucination. Adorant d'abord les âmes défuntes de ses proches, l'homme a ensuite étendu la doctrine des êtres spirituels dans de nombreuses directions. Les fantômes, ou autres existences spirituelles façonnées sur le même modèle, prospérèrent jusqu'à devenir des dieux. Finalement, à la suite de divers processus, l'un de ces dieux devint suprême et, finalement, fut considéré comme le Dieu unique. Pendant ce temps, l'homme conservait sa croyance en l'existence de sa propre âme, survivant après la mort du corps, et parvenait ainsi à la conception de l'immortalité. Ainsi, les idées de Dieu et de l'âme sont le résultat de premiers raisonnements fallacieux sur des expériences mal comprises.

Il peut sembler presque insensé de suggérer l'opportunité de réviser un système à la fois si simple, si logique et apparemment si bien fondé sur des faits. Mais il ne peut jamais y avoir de véritable mal à étudier des masses de preuves sous de nouveaux angles. Au pire, l'échec des critiques adverses doit contribuer à asseoir les doctrines attaquées. Or, comme nous le montrerons, il y a deux points de vue sous lesquels les preuves de la religion à ses débuts n'ont pas été régulièrement envisagées. C'est pourquoi nous avons l'intention de demander, en premier lieu, ce qui peut être établi, le cas échéant, quant à la nature des « visions » et des hallucinations qui, selon M. Tylor dans son célèbre ouvrage « Primitive Culture », ont contribué à la formation de l'idée de «l'esprit». Deuxièmement, nous rassemblerons et comparerons les récits que nous possédons sur les dieux supérieurs et les êtres créateurs adorés ou auxquels croient les races les plus arriérées. Nous nous demanderons alors si ces Êtres relativement suprêmes, ainsi conçus par des hommes dans des conditions sociales très rudimentaires, peuvent être, comme le prétend l'anthropologie, de simples développements de la croyance aux fantômes des morts.

Nous terminerons en osant suggérer que la théorie sauvage de l'âme peut être basée, au moins en partie, sur des expériences qui ne peuvent, à l'heure actuelle, être adaptées à un système purement matérialiste de l'univers. Nous apporterons également des preuves tendant à prouver que l'idée de Dieu, dans sa forme la plus ancienne connue, ne doit pas nécessairement être dérivée de l'idée d'esprit, quelle que soit la manière dont cette idée elle-même a pu être atteinte ou évoluée. La conception de Dieu ne doit donc pas nécessairement être issue de réflexions sur les rêves et les « fantômes ».

Si ces deux positions peuvent être défendues avec succès, il est évident que toute la théorie de la science des religions devra être reconsidérée. Mais il n'en est pas moins évident que nos deux positions ne dépendent pas l'une de l'autre. Les premiers peuvent être considérés comme fantastiques, ou improbables, ou bien être « masqués » et laissés de côté. Mais la force de la seconde position, qui découle de preuves d'un caractère différent, ne sera donc en aucune façon affaiblie. Notre première position ne peut être défendue qu'à l'aide de preuves très impopulaires et, en règle générale, condamnées par la science moderne. La preuve est obtenue par ce qui est, en tout cas, une démarche anthropologique légitime. Nous pouvons suivre l'exemple de M. Tylor et recueillir *des croyances sauvages* sur les visions, les hallucinations, la « clairvoyance » et l'acquisition de connaissances apparemment impossibles à atteindre par les canaux normaux des sens. Nous pouvons alors comparer ces croyances sauvages avec des témoignages attestés d' *expériences similaires* parmi des hommes civilisés vivants et instruits . Même si nous n'arrivons à aucune conclusion, ou à une conclusion négative, quant à la réalité et au caractère supranormal des expériences alléguées, comparer les données de la psychologie sauvage et civilisée, ou même des illusions et fables sauvages et civilisées , fait décidément partie, bien que une partie négligée de la fonction de la science anthropologique. Les résultats, qu'ils renforcent ou non notre première position, doivent être curieux et instructifs, ne serait-ce que comme un chapitre de l'histoire de l'erreur humaine. Ce chapitre également ne traite pas d'un sujet anodin, mais de ce que nous pouvons appeler la région X de notre nature. De cette région, à la suite de miracles, de prophéties, de visions, sont certainement nées les grandes religions, le christianisme et l'islam ; et les grands innovateurs et dirigeants religieux, notre Seigneur lui-même, saint François, John Knox, Jeanne d'Arc , jusqu'au fondateur de la nouvelle foi des Sioux et des Arapahoe. Il ne peut donc pas être antiscientifique de comparer les croyances et les expériences barbares avec les croyances et les expériences civilisées concernant une région si vaguement comprise et si fertile en influences puissantes. Ici, le sujet sera examiné plutôt selon la méthode de l'anthropologie que de la psychologie. Il est concevable que nous ayons quelque chose à apprendre (comme cela a été le cas auparavant) des observations grossières et des déductions hâtives des races les plus arriérées.

Nous pouvons illustrer cela par une anecdote :

« Les Indiens du Nord appellent les *aurores boréales* « Edthin », c'est-à-dire « Cerf ». Leurs idées à cet égard sont fondées sur un principe qu'on n'imaginerait pas. L'expérience leur a montré que lorsqu'une peau de cerf velue est vivement caressée avec la main par une nuit sombre, elle émet de nombreuses étincelles de feu électrique.

C'est ce que dit Hearne dans son « Voyage », publié en 1795 (p. 346).

Cette observation des Hommes Rouges est une sorte de parabole représentant une partie du contenu du traité suivant. Les Indiens, tirant une conclusion hâtive d'un phénomène trivial, arrivèrent sans s'en rendre compte à une conclusion probablement correcte, longtemps inconnue de la science civilisée . Ils ont connecté les aurores boréales à l'électricité, en supposant que des multitudes de cerfs dans le ciel s'effritaient les uns les autres ! Pendant ce temps, même au siècle dernier, une population perplexe parlait du phénomène sous le nom de « Lumières de Lord Derwentwater ». La pompe et la splendeur cosmiques brillaient pour accueillir le fidèle Derwentwater au paradis, alors qu'il avait donné sa vie pour son roi en exil.

Maintenant, mon but dans la première partie de cet essai est de suggérer que certains phénomènes de la nature humaine, apparemment aussi insignifiants que les étincelles qui sortent de la peau d'un cerf au cours d'une nuit sombre, peuvent indiquer et peuvent être alliés à une ou plusieurs forces. , qui, comme les aurores boréales, peut briller d'un bout à l'autre du ciel, éclairant étrangement les ténèbres de notre destin. De tels phénomènes ont été ignorés par la science, comme elle a si longtemps ignoré les étincelles de la peau de cerf caressée et le pouvoir attractif de l'ambre frotté. On ne savait pas que ces choses insignifiantes étaient alliées à la foudre, ni qu'elles indiquaient une force que l'homme pourrait apprivoiser et utiliser. Mais tout comme les Indiens, par une déduction rapide et imprudente, attribuaient les aurores boréales à des influences électriques, de même (comme l'anthropologie nous l'assure) les sauvages ont partout déduit l'existence d'une âme ou d'un esprit, d'une intelligence qui

« Il ne connaît pas les liens du Temps,
et ne porte pas les chaînes de l'Espace »

en partie à cause de certains phénomènes apparemment insignifiants des facultés humaines. Ces phénomènes, comme le dit M. Tylor, « le grand mouvement intellectuel des deux derniers siècles les a simplement rejetés comme étant sans valeur ».[1] Je fais référence à de prétendues expériences, simplement étranges, sporadiques et, à des fins commerciales, inutiles, telles que comme le transfert de pensée d'un esprit à un autre par aucun canal sensoriel connu, l'apparition d'hallucinations qui, *à première vue* , correspondent par coïncidence à des événements inconnus à distance, tout ce qu'on appelle « seconde vue » ou « clairvoyance », et d'autres choses encore plus obscures. En raisonnant sur ces phénomènes réels ou prétendus, et sur d'autres faits tout à fait normaux et acceptés du rêve, de l'ombre, du sommeil, de la transe et de la mort, les sauvages ont déduit l'existence de l'esprit ou de l'âme, exactement comme les Indiens sont arrivés à la notion d'électricité (et non pas d'électricité). ainsi appelés par eux, bien sûr) comme la cause des aurores boréales. Mais, tout comme les Indiens pensaient que les lumières cosmiques étaient causées par le frottement de cerfs rassemblés dans les cieux (une théorie tout à fait enfantinement absurde), de même le sauvage a exprimé, de manière grossière et fantastique, sa conclusion quant à l'existence de l'esprit. . Il croit aux âmes humaines errantes et séparables, survivant à la mort, et il a peuplé de ses rêves tout l'univers inanimé.

Ma suggestion est que, malgré ses fantasmes, le sauvage avait peut-être tiré de ses prémisses une conclusion qui n'était pas totalement erronée, ni manifestement erronée. De même que les étincelles de la peau de cerf indiquaient l'électricité, de même les étranges lumières dans la nuit de la nature humaine peuvent indiquer des facultés dont la science, jusqu'à récemment et dans quelques cas, s'est moquée, ignorée, « rejetée comme étant sans valeur ».

Il faut remarquer que je ne parle pas de « spiritualisme », mot des pires associations, inextricablement mêlé à la fraude, à la mauvaise logique et à la crédulité la plus aveugle. Certains des phénomènes mentionnés ont cependant été revendiqués comme leur propre domaine par les « spirites » et doivent leur être sauvés. M. Tylor écrit :

« La question soulevée par la comparaison du spiritualisme sauvage, barbare et civilisé est la suivante : le guérisseur indien rouge, le nécromancien tatar, le voyant fantôme des Highlands et le médium de Boston partagent-ils la possession de la croyance et de la connaissance du monde ? la vérité et la portée les plus élevées, que le grand mouvement intellectuel des deux derniers siècles a néanmoins simplement rejetées comme étant sans valeur ?

Distingué ! Cela ne me semble pas être le problème. À mon avis, la question est la suivante : « Est-ce que l'Indien rouge, le Tatar, le voyant des Highlands et le médium de Boston (le moins réputé de la ménagerie) ont observé et raisonné de manière extravagante, contrefait et assombri par l'imposture, certains authentiques par -des produits de la faculté humaine, qui, *à première vue, ne* méritent pas d'être mis de côté ?

C'est là, j'ose penser, le véritable problème. Que la science puisse rejeter comme sans valeur certaines observations précieuses sur les sauvages est maintenant universellement admis par ceux qui connaissent les faits. Parmi ces observations, il y a tout le thème de l'hypnotisme, avec l'utilisation de la suggestion à des fins de guérison, et les phénomènes, qui ne sont plus niés, des « personnalités alternées ». Pour vérifier la véracité de cette affirmation , nous pouvons faire appel à l'un des plus grands anthropologues du continent, Adolf Bastian.[2] Les missionnaires, comme Livingstone, supposaient généralement que l'ignorance déclarée du voyant sauvage – après sa soi-disant crise d'inspiration – de ce qui se passait dans cet état était une imposture. Mais personne ne doute désormais du même oubli de ce qui s'est passé qui suit parfois le sommeil hypnotique analogue. D'une guérison remarquable, que l'école de la Salpêtrière ou de Nancy attribuerait, avec probablement raison, à une « suggestion », un exemple sauvage sera donné plus tard.

L'hypnotisme et la « suggestion » sauvages, chez les Sioux et les Arapahoe, ont été jugés dignes d'un volume entier dans les Rapports du Bureau Ethnologique du Smithsonian Institute (Washington, États-Unis, 1892-98). Les gouvernements républicains publient des documents scientifiques « à n'importe quel prix », et les points essentiels auraient pu être exposés plus brièvement. Ils illustrent le fait que seules certaines personnes peuvent en hypnotiser d'autres et éclairent certaines particularités des *rapports*. [3] En bref, les sauvages nous ont anticipés dans la science moderne de la psychologie expérimentale, comme le reconnaît franchement la Société de psychologie expérimentale de Berlin. « Le fait que de nombreux phénomènes mystiques soient beaucoup plus courants et importants parmi les sauvages que parmi nous est familier à tous ceux qui connaissent le sujet. Le côté *ethnologique* de notre enquête exige une étude approfondie. »[4]

C'est cette étude que je m'apprête à essayer d'esquisser. Mon objectif est d'examiner certaines « pratiques superstitieuses » et croyances des sauvages à l'aide de la méthode comparative. Je comparerai, comme je l'ai déjà dit, les preuves ethnologiques d'usages et de croyances sauvages analogues au transfert de pensée, aux hallucinations fortuites, à l'alternance de personnalité, etc., avec les exemples modernes les mieux attestés, expérimentaux ou spontanés. Cela soulève la question de nos preuves, qui est primordiale. Nous procédons à sa défense. Les récits sauvages se situent au niveau de nombreuses preuves anthropologiques ; ils peuvent, c'est-à-dire, être rejetés par les adversaires comme des « contes de voyageurs ». Mais le meilleur témoignage de la véracité des rapports quant à la croyance réelle dans les faits est la coïncidence involontaire de preuves provenant de toutes les époques et de tous les milieux.[5] Lorsque les récits rapportés par les voyageurs , anciens et modernes, savants et ignorants, pieux ou sceptiques , s'accordent pour l'essentiel, nous avons toute la certitude que l'anthropologie peut offrir. Encore une fois, lorsque nous trouvons pratiquement les mêmes étranges étincelles négligées, non seulement évoquées dans la superstition populaire européenne, mais attestées dans plusieurs centaines de dépositions faites de première main par des témoins modernes respectables, instruits et responsables, nous ne pouvons pas, en toute honnêteté et en toute sécurité, rejeter la coïncidence de rapport comme indiquant une simple « survie » d'une croyance superstitieuse sauvage, et rien de plus.

Nous ne pouvons plus le faire, est-il admis, dans le cas des phénomènes hypnotiques. J'espère faire en sorte qu'il semble possible que nous ne fassions pas ainsi en ce qui concerne les hallucinations provoquées par le regard dans une profondeur douce, généralement appelé « observation du cristal ». Ethnologiquement, cette pratique est au moins aussi ancienne que l'époque classique et est répandue pratiquement dans le monde entier. Je prouverai son existence en Australie, en Nouvelle-Zélande, en Amérique du Nord, en Amérique du Sud, en Asie, en Afrique, en Polynésie et chez les Incas, sans parler de l'âge européen moyen et récent. L'idée universelle est que de telles visions peuvent être « clairvoyantes ». Pour prendre un cas polynésien, "ressemblant au *wai hawaïen harru* .' Quand quelqu'un a été volé, le prêtre, après avoir prié, fait creuser un trou dans le sol de la maison et le remplit d'eau. Puis il regarde l'eau, « sur laquelle le dieu est censé placer l'esprit du voleur… ». L'image du voleur se reflétait, selon leur récit, dans l'eau, et étant aperçu par le prêtre, il nomma l'individu ou les parties. »[6] Ici, la déclaration sur « l'esprit » n'est qu'une simple philosophie sauvage. explication. Mais le fait qu'un bon pourcentage d'Européens instruits puissent réellement voir des images hallucinatoires, dans l'eau, dans des boules de verre, etc., est maintenant confirmé par de fréquentes expériences et accepté par les opposants, les « écrivains non mystiques », comme le Dr. Paroisse de Munich.[7] J'apporterai des preuves suggérant que les visions peuvent refléter correctement, pour ainsi dire, des personnes et des lieux absolument inconnus du spectateur, et qu'elles peuvent même révéler des détails inconnus de toutes les personnes présentes. De tels résultats chez les sauvages ou chez les superstitieux seraient et sont expliqués par la théorie des « esprits ». La science moderne doit encore trouver une explication conforme aux lois reconnues de la nature, mais nous n'invoquerons pas les « esprits ».

De la même manière, j'entends examiner la totalité ou la plupart des « phénomènes dits mystiques de la vie sauvage ». Je les compare ensuite avec les exemples modernes les mieux garantis. Pour revenir à la question des preuves, j'avoue que je ne vois pas comment l'anthropologue, le psychologue ou l'agnostique populaire pourrait éluder le dilemme suivant : à l'anthropologue, nous disons : « Les preuves que nous apportons sont vos propres preuves, celles de livres de voyages dans tous les pays et pays. Si *vous* pouvez en discuter, nous aussi. Certaines d'entre elles témoignent de faits inhabituels, d'autres témoignent de croyances singulières, que nous pensons pas nécessairement sans fondement. Pour établir une présomption en faveur de cette opinion, nous citons des exemples dans lesquels des observations sauvages de faits anormaux et autrefois rejetés sont maintenant admises par la science comme détenant un large résidu de vérité. Nous affirmons que ce qui est admis dans certains cas peut devenir admis en plus. Aucune ligne *a priori ne* peut être tracée ici.

Au psychologue qui objecte que nos instances modernes ne sont que de simples anecdotes, nous répondons en demandant : « Cher monsieur, quelles sont *vos* instances modernes ? Que savez-vous de « Mme A. », que vous citez encore avec persistance comme exemple d'hallucinations morbides récurrentes ? Nommez la servante allemande qui, dans la fièvre, parlait plusieurs langues savantes, qu'elle avait entendu déclamer son ancien maître, un érudit ! Où vivait-elle ? Qui se porte garant d'elle, qui l'a entendue, qui l'a comprise ? Il n'y a, vous savez, aucune preuve ; l'anecdote est racontée par Coleridge : les phénomènes auraient été observés « dans une ville catholique romaine d'Allemagne, un an ou deux avant mon arrivée à Göttingen…. De nombreux physiologistes et psychologues éminents ont visité la ville ». Pourquoi n'en nommez-vous pas quelques-uns parmi la foule distinguée ? »[8] Cette anecdote, une rumeur de rumeur d'explication protestante d'une merveille catholique, a été racontée par Coleridge au moins vingt ans après la date possible. Les psychologues le copient[9], les uns après les autres, comme un troupeau de moutons saute là où leur chef a sauté. Un exemple à titre anecdotique peut être permis.

Selon la théorie anthropologique actuelle, l'idée d'âme ou d'esprit a été suggérée aux premiers hommes par leurs expériences dans les rêves. Ils semblaient, dans leur sommeil, visiter des lieux éloignés ; par conséquent, disaient-ils, quelque chose en eux était capable de quitter le corps et d'errer.

Ce quelque chose était l'âme ou l'esprit. Or, il est évident que cette opinion des premiers hommes serait confirmée si jamais ils avaient la chance d'acquérir, dans leurs rêves, la connaissance de lieux qu'ils n'ont jamais visités et de faits sur lesquels, à l'état de veille, ils ne pouvaient avoir aucune information. Cette expérience, en effet, suggérerait des problèmes même à M. Herbert Spencer, si elle lui venait à l'esprit.

Conversant sur ce sujet avec un ami d'une éminente philosophie philosophique, j'ai illustré mon propos par l'histoire d'un rêve. Cela m'a été rapporté par le rêveur, que je connais bien, était d'un événement très récent et a été corroboré par le témoignage d'une autre personne à qui le rêve a été raconté, avant que sa réalisation ne soit découverte. Je ne suis pas autorisé à publier les détails, pour de bonnes raisons, mais le fond du problème était le suivant : A. et B. (le rêveur) avaient des intérêts communs. A. avait pris certaines mesures au sujet desquelles B. n'avait qu'une vague hypothèse, à savoir que des mesures avaient probablement été prises. A. mourut alors, et B., dans un rêve extrêmement vivant (chose qui ne lui était pas familière), sembla lire une masse de faits inconnus, aboutissant à deux résultats précis, susceptibles d'être exprimés en chiffres. Ces résultats, de par la nature même du cas, ne pouvaient pas être connus de A., de sorte que, avant d'être mis hors de portée de B. par la mort, il n'aurait pas pu les lui faire part et, par la suite, il assurément aucun moyen d'y parvenir.

Le rêve, deux jours après son apparition et après avoir été raconté à C., s'est avéré littéralement exact. Maintenant, je ne demande pas au lecteur de croire à cette anecdote (car cela ne peut être obtenu qu'en vertu de la connaissance de la véracité de B. et C.), mais j'attire son attention sur l'explication psychologique. Mon ami a suggéré que A. avait tout raconté à B., que B. n'avait pas écouté (bien que ses intérêts étaient fondamentalement concernés) et que la foule de détails curieux, naturellement inconnus de B., était restée dans sa mémoire subconsciente. , et avait été ressuscité dans le rêve.

Or, le rêve de B. était un rêve dans lequel il lisait une masse de détails infimes, y compris des noms de lieux qui lui étaient entièrement inconnus. On peut admettre, conformément à la théorie psychologique, que B. a peut-être reçu toutes ces informations de A., mais que, à cause de son inattention – « la maladie de ne pas marquer » – il se peut qu'il n'ait jamais été conscient de ce qu'il a *entendu* . . Alors, le souvenir subconscient de B. de ce qu'il ne savait pas *consciemment* pourrait lui revenir dans son rêve. Les cas de phénomènes mentaux similaires ne sont pas rares. Mais le résultat général de ces détails combinés était de ceux qui ne pouvaient pas être connus de A. avant sa mort ; ni à B. cela ne pouvait être connu du tout. Pourtant, le rêve de B. représentait ce résultat général avec une parfaite exactitude, qui ne peut être expliqué par la résurrection de la mémoire subconsciente pendant le sommeil. Ni endormi ni éveillé, un homme ne peut se souvenir de ce qu'il lui est impossible de savoir. Le rêve ne contenait aucune *prédiction* car les résultats étaient désormais fixés ; mais (en accordant la bonne foi du narrateur) le rêve contenait des informations normalement inaccessibles.

Cependant, comme explication psychologique du rêve, mon ami a cité la légende de Coleridge, concernant la jeune Allemande et sa connaissance inconsciente de certaines langues savantes. « Et quelle est la preuve de la véracité de la légende de Coleridge ? Bien sûr, il n'y en a pas, ou aucun n'est connu de tous les psychologues qui citent Coleridge. La légende, si elle était vraie, n'était pas non plus pertinente. Cependant, la psychologie acceptera de tels récits non authentifiés, et pourtant se moquera au début des témoignages, dûment corroborés, de personnes vivantes et honorables , sur les événements récents.

Seule une grande force de préjugés peut expliquer cette acceptation, par les psychologues, d'une sorte de conte merveilleux sans aucune preuve, et ce rejet d'une autre catégorie de contes merveilleux , lorsqu'ils sont étayés par des preuves directes, signées et corroborées, de témoins vivants. Je ne vois qu'une seule issue pour les psychologues à ce dilemme. Leurs contes merveilleux sont *possibles* , bien que non garantis, parce qu'ils les ont toujours entendus et répétés dans des conférences, et les ont toujours lus et répétés dans des livres. *Notre* les contes merveilleux sont impossibles, parce que les psychologues savent qu'ils sont impossibles, ce qui veut dire qu'ils ne les ont pas connus, dès leur jeunesse, dans les conférences et les manuels. Mais l'homme n'a le droit d'avoir « des idées claires du possible et de l'impossible », comme Faraday, *a priori* , que dans les sciences exactes. Il existe d'autres exemples de preuves faibles qui satisfont les psychologues.

Hamilton a une anecdote, empruntée à Monboddo , qui l'a tenue de M. Hans Stanley, qui, « il y a environ vingt-six ans », l'a entendue du sujet de l'histoire, Madame de Laval. «J'ai le mémorandum quelque part dans mes papiers», dit vaguement M. Stanley. Ensuite, nous avons deux anecdotes américaines du Dr Flint et de M. Rush ; et tel est l'équipement de Sir William Hamilton en matière de faits étranges pour discuter de l'inconscient ou du subconscient. Le moins crédible et le moins attesté de ces récits apparaît encore dans les ouvrages populaires de psychologie. De plus, toute psychologie, à l'exception de la psychologie expérimentale, est basée sur des anecdotes que les gens racontent à propos de leurs propres expériences subjectives. M. Galton, dont les recherches originales sont bien connues, a même offert des récompenses en argent pour de tels récits sur des rangées visualisées de figures colorées , etc.

Il est donc clair que le psychologue n'a aucun droit *prima facie* de s'opposer à nos anecdotes d'expériences, qu'il considère comme purement subjectives. Comme preuve, nous ne les acceptons que de première main et, lorsque cela est possible, les témoins ont été contre-interrogés personnellement. Notre témoignage, lorsqu'il consiste en récits de voyageurs , est donc à la hauteur de celui qui satisfait l'anthropologue. Lorsqu'elles consistent en déclarations modernes d'expériences personnelles, nos preuves sont souvent infiniment meilleures que celles acceptées par le psychologue non expérimental. Quant à l'écrivain agnostique de la Non-Religion du Futur, M. Guyau illustre en réalité la Résurrection de Notre-Seigneur par un mythe américain d'un criminel dont un fantasme hallucinatoire est apparu à chacun de ses compagnons de prison , séparément et successivement, le un jour après son exécution ! Pour cette prodigieuse fable, aucune allusion à l'autorité n'est donnée.[10] Pourtant, les éléments de preuve semblent satisfaire M. Guyau et sont utilisés par lui pour renforcer son argument.

L'anthropologue et le psychologue doivent donc soit admettre que leurs preuves ne sont pas meilleures que les nôtres, même si elles sont aussi bonnes, soit dire qu'ils ne croient que les preuves portant sur des faits « possibles ». Ils se constituent ainsi en juges de ce qui est possible et se considèrent pratiquement comme omniscients. La science a dû accepter tant de choses autrefois considérées comme « impossibles » que cette attitude, comme nous le montrerons au chapitre II, cesse d'imposer le respect.

Ma suggestion est que les phénomènes insignifiants, rejetés ou ignorés dont témoignent les preuves défendues ici peuvent, de manière non inconcevable, être d'une importance considérable. Mais, au plus bas, si l'on ne s'intéresse qu'aux illusions et aux fables, il ne peut qu'être curieux de constater leur uniformité persistante dans la vie sauvage et civilisée .

Pour clarifier la première de nos deux positions principales, et en partie pour justifier notre demande d'attention sur de telles questions, nous proposons maintenant une esquisse historique des relations entre la Science et les soi-disant « Miraculeux » dans le passé.

[Note de bas de page 1 : *Culture primitive* , i . 156. Londres, 1891.]

[Note 2 : *Uber psychique Beobachiungen bei Naiurvülkern* . Leipzig, Gunther, 1890.]

[Note 3 : Voir notamment pp. 922-926. Le livre est intéressant à d'autres égards, et même touchant, car il décrit la fondation d'une nouvelle religion indienne, sur la base de l'hypnotisme et du christianisme.]

[Note 4 : Programme de la Société, p. iv.]

[Note 5 : Tylor, *Primitive Culture* , i , 9, 10.]

[Note 6 : Ellis, *Recherches polynésiennes* , ii. p. 240.]

[Note 7 : *Hallucinations et illusions* , édition anglaise, pp. 69-70, 297.]

Les conférences de Sir William Hamilton , i . 345.]

[Note 9 : Maudsley, Kerner, Carpentor , Du Prel , Zangwill.]

[Note 10 : La servante mythique de Coleridge (p. 10) est inscrite par M. Samuel Laing à une expérience de Braid ! Aucune référence n'est donnée. — Laing : *Problèmes du futur.*]

II
SCIENCE ET « MIRACLES »

Esquisse historique

La recherche dans la région X n'est pas une nouveauté sous le soleil. Lorsque Saul s'est déguisé avant sa conférence avec la sorcière d'Endor, il a fait une tentative élémentaire de test scientifique du supranormal. Le roi Crésus est allé bien plus loin, lorsqu'il a testé la clairvoyance des oracles de Grèce, en envoyant une ambassade lui demander ce qu'il faisait à telle heure un jour donné, et en faisant alors quelque chose de très *bizarre* . Nous ne savons pas comment l'oracle de Delphes a trouvé la bonne réponse, mais diverses méthodes faciles de fraude nous viennent immédiatement à l'esprit. Cependant, la démarche de Crésus, s'il prenait certaines précautions, était relativement scientifique. L'enquête sur Porphyre était également relativement scientifique, à la position de laquelle il n'est pas improbable que la nôtre puisse être comparée. Incapable, ou réticent, d'accepter le christianisme, Porphyre « recherchait un signe » d'un élément de vérité supranormale dans le paganisme. Mais il a commencé par le mauvais bout, à savoir lors *de séances spiritualistes païennes* , avec les accompagnements habituels d'obscurité et de fraude. Sa lettre perplexe à Anebo , avec la réponse attribuée à Iamblique, révèle Porphyre errant perplexe parmi les médiums, les lumières flottantes, les bruits étranges, les « phénomènes physiques » étranges et douteux. Il n'a pas commencé par des expériences précises sur l'existence de facultés humaines rares et apparemment supranormales, et il semble n'être parvenu à aucune conclusion sauf que les « esprits » sont « trompeurs ».[1]

Quelque chose de plus proche de la recherche moderne a commencé à l'époque de la Réforme et a duré jusqu'en 1680 environ. La fureur de brûler les sorcières a conduit les hommes sensés, érudits et humains à se demander s'il y avait une réalité dans la sorcellerie et, plus généralement, dans la sorcellerie. merveilles de la croyance populaire. Les enquêtes de Thyraeus , Lavaterus , Bodinus , Wierus , Le Loyer , Reginald Scot et bien d'autres, tendaient dans l'ensemble vers le côté négatif en ce qui concerne les fables les plus folles sur les sorcières, mais laissaient les problèmes des fantômes et des maisons hantées à peu près là où ils étaient. étaient avant. On peut observer que Lavaterus (circ. 1580) avait déjà émis une forme d'hypothèse de télépathie (que les « fantômes » sont des hallucinations produites par l'action directe d'un esprit, ou d'un cerveau, sur un autre), tandis que Thyraeus doutait que les bruits entendues dans les « maisons hantées » n'étaient pas de simples hallucinations du sens de l'ouïe. Mais tous ces premiers écrivains, comme Cardan, étaient très négligents des preuves de première main et, en fait, préféraient les fantômes garantis par l'autorité classique, Pline, Plutarque ou Suétone. Avec le révérend Joseph Glanvil , FRS (circ. 1666), un examen plus minutieux des preuves fut utilisé. Parmi les merveilles de Glanvil et d'autres traités habituellement publiés ensemble dans son ' Sadducismus On trouvera des lettres de Triumphatus qui montrent que lui et ses amis, comme Henry More et Boyle, ont travaillé pour recueillir des preuves de première main sur la seconde vue, les maisons hantées, les fantômes et les spectres. Le but avoué était de procurer un « fouet pour le drôle », réponse au scepticisme rieur de la Restauration. Le résultat fut d'attirer sur Glanvil une foule d'ennuis – il était « pire hanté que la maison de M. Mompesson », dit-il – et M. Pepys trouva ses arguments « pas très convaincants ». M. Pepys, cependant, était alarmé par « notre jeune gib-cat », qu'il prenait pour un « spright ». Avec Henry More, Baxter et Glanvil moururent pratiquement, pour l'époque, la tentative d'enquêter scientifiquement sur ces sujets, bien qu'une impression de doute restât dans l'esprit d'Addison. La sorcellerie a cessé de gagner la croyance et a été abolie en tant que crime en 1736. Une partie du clergé écossais, ainsi que John Wesley, s'accrochaient tendrement à l'ancienne foi, mais Wodrow et Cotton Mather (environ 1710-1730) étaient singulièrement négligents et malchanceux de produire quoi que ce soit qui ressemble à des preuves pour leurs récits. Des histoires de fantômes ont continué à être racontées, mais sans enquête.

Puis l'un des philosophes les plus perspicaces a décidé qu'il ne fallait jamais tenter d'investigation. Cette attitude scientifique à l'égard des phénomènes X, consistant à refuser de les examiner et à les nier sans examen, a été fixée par David Hume dans son célèbre essai sur les « Miracles ». Hume tournait en dérision l'observation et l'étude de ce qu'il appelait les « miracles » dans le domaine de l'expérience, et il cherchait un argument *a priori qui réglerait* à jamais la question sans examen des faits. À une époque de philosophie expérimentale qui tournait en dérision les méthodes *a priori*, ce fut la grande contribution de Hume à la connaissance. Son célèbre argument, qui fait la joie de beaucoup d'honnêtes cœurs, est un tissu d'erreurs qui pourrait être exposé aux débutants en logique, comme un exercice élémentaire. En annonçant sa découverte, Hume affiche de manière amusante l'autosatisfaction et le manque d' humour dont nous, les Écossais, sommes communément accusés par nos critiques :

"Je me flatte d'avoir découvert un argument qui, s'il est juste, sera, avec les sages et les érudits, un frein éternel à toutes sortes d'illusions superstitieuses, et sera par conséquent utile aussi longtemps que durera le monde."

Il ne compte cependant pas convaincre la multitude. Jusqu'à la fin du monde, « des récits de miracles et de prodiges, je suppose, se retrouveront dans toutes les histoires, sacrées et profanes ». Sans dire ici ce qu'il entend par miracle, Hume affirme que « l'expérience est notre seul guide dans le raisonnement ». Il définit ensuite un miracle comme « une violation des lois de la nature ». Par « loi de la nature », il entend une uniformité, non de toute expérience, mais de chaque expérience, comme il daignera l'admettre ; tandis qu'il exclut, sans examen, toute preuve d'expérience de l'absence d'une telle uniformité. Ce genre d'expérience ne peut pas être envisagé. « Il doit y avoir une expérience uniforme contre tout événement miraculeux, sinon l'événement ne mériterait pas cette appellation. » S'il existe une expérience en faveur de l'événement, cette expérience ne compte pas. Un miracle est contraire à l'expérience universelle, aucun événement n'est contraire à l'expérience universelle, donc aucun événement n'est un miracle. Si vous produisez la preuve de ce que Hume appelle un miracle (nous verrons des exemples), il répond que la preuve n'est pas valable, à moins que sa fausseté soit plus miraculeuse que le fait. Or, aucune erreur humaine ne peut être plus miraculeuse qu'un « miracle ». Il ne peut donc y avoir aucune preuve valable de « miracles ». Heureusement, Hume donne maintenant un exemple de ce qu'il entend par « miracles ». Il dit :—

« Car, premièrement, il n'existe *dans* toute *l'histoire* aucun miracle attesté par un *nombre suffisant* d'hommes, d'un *bon sens, d'une éducation* et *d'un savoir* si incontestables, qu'ils nous garantissent contre toute illusion en eux-mêmes ; d'une *intégrité* si incontestable , qu'il les place au-delà de tout soupçon de toute intention de tromper autrui ; d'un tel crédit et d'une telle réputation aux yeux de l'humanité, qu'ils ont beaucoup à perdre s'ils sont découverts dans un mensonge ; et en même temps attestant des faits accomplis de manière si *publique* et dans *une partie du monde si célèbre* , qu'ils rendent la détection inévitable ; toutes ces circonstances sont nécessaires pour nous donner une pleine assurance dans le témoignage des hommes. »[2]

Hume a ajouté une note à la fin de son livre, dans laquelle il contredit toutes les affirmations qu'il avait faites dans le passage que nous venons de citer ; en fait, il s'est contredit avant d'avoir écrit six pages.

« Il n'y a sûrement jamais eu plus de miracles attribués à une seule personne que ceux qu'on dit dernièrement avoir été accomplis en France sur le tombeau de l'abbé Paris, le célèbre janséniste, dont le peuple a si longtemps été trompé par la sainteté. La guérison des malades, le fait de rendre l'ouïe aux sourds et la vue aux aveugles étaient partout évoqués comme les effets habituels de ce saint sépulcre . Mais ce qui est plus extraordinaire, beaucoup de miracles furent *immédiatement constatés sur place, devant des juges d'une intégrité incontestée* , attestés par *des témoins de crédit et de distinction* , dans *une époque savante* et sur le *théâtre le plus éminent* qui soit *aujourd'hui au monde* . Et ce n'est pas tout. Un récit d'eux fut publié et dispersé partout ; et les Jésuites, quoique corps savant, soutenu par le magistrat civil et ennemis déterminés des opinions en faveur desquelles on disait que les miracles avaient été opérés, n'étaient jamais capables *de les réfuter ou de les détecter distinctement* . Où trouverons-nous tant de circonstances convenant à la corroboration d'un fait ? Et qu'avons-nous à opposer à une telle nuée de témoins, sinon l' *impossibilité absolue ou le caractère miraculeux* des événements qu'ils racontent ? Et ceci, aux yeux de toutes les personnes raisonnables, sera sûrement considéré à lui seul comme une réfutation suffisante.

Ainsi, Hume nie d'abord l'existence d'une telle preuve, donnée dans les circonstances qu'il exige, puis il produit un exemple de ce type même de preuve. Ce faisant, il abandonne (comme le fait observer M. Wallace) son affirmation initiale selon laquelle les preuves n'existent pas et se réfugie dans l'allégation de « l'impossibilité absolue » des événements étayés par les preuves. Ainsi Hume se pose en parfait juge du possible, dans une sorte d'omniscience. Il prend position sur l'uniformité de toute expérience qui n'est pas hostile à son idée du possible et rejette tout témoignage d'une autre expérience, même lorsqu'il atteint son niveau de preuve. Il est en effet éloigné de la position de Virchow « selon laquelle ce que nous appelons les lois de la nature doivent varier en fonction de nos fréquentes nouvelles expériences. »[3] Dans sa note, Hume étaye et confirme ses preuves des miracles jansénistes. Ils ont même un martyr, M. Montgeron , qui a écrit un récit des événements et, dit Hume avec légèreté, « on dit maintenant qu'il se trouve quelque part dans un cachot à cause de son livre ». «Beaucoup des miracles de l'abbé Paris ont été immédiatement prouvés par des témoins devant la cour de l'évêque de Paris, sous l'œil du cardinal Noailles….» « Son successeur était un ennemi des jansénistes, pourtant vingt-deux *curés* de Paris… le pressèrent d'examiner ces miracles… *Mais il s'abstint sagement* . Hume ajoute son témoignage sur le caractère de ces *curés* . Il est donc sage, selon Hume, de rejeter sans examen les « miracles » les plus publics et les plus attestés. Il s'agit d'une science expérimentale d'un genre étrange.

Il s'agit de phénomènes de guérison, pour beaucoup surprenants, de rigidité cataleptique et d'insensibilité à la douleur, chez les visiteurs du tombeau de l'abbé Paris (1731). Si les cas avaient été examinés judiciairement (toutes les preuves médicales étaient en leur faveur) et s'ils s'étaient révélés faux, la cause de Hume aurait énormément profité. Une forte présomption aurait été élevée contre les miracles du christianisme. Mais Hume salue la sagesse de ne pas donner à sa propre théorie cette chance de triomphe. Les crises cataleptiques étaient du type désormais familier à la science. Ceux-ci sont donc sortis du miraculeux. En fait, les phénomènes qui se sont produits au tombeau de l'abbé Paris sont sortis presque trop loin, et semblent maintenant risquer d'être trop facilement et trop facilement acceptés. En 1887 MM. Binet et Féré , de l'école de la Salpêtrière , ont publié en anglais un manuel populaire intitulé « Animal Magnetism ». Ces auteurs écrivent avec beaucoup de prudence à propos de phénomènes présumés tels que la lecture, par le patient hypnotisé , des pensées dans l'esprit de l' hypnotiseur . Mais quant aux phénomènes du tombeau de l'abbé Paris, on dit que « la suggestion les explique ». Binet et

Féré , les soi-disant « miracles » se sont réellement produits et ont été opérés par « l'imagination », par « l'autosuggestion ».

Le cas le plus célèbre, celui de Mlle. Coirin — a été soigneusement examiné par
le Dr Charcot.[5]

Mlle. Coirin fit une dangereuse chute de cheval, en septembre 1716, dans sa trente et unième année. Les détails médicaux peuvent être recherchés dans l'essai du Dr Charcot ou dans Montgeron .[6] « Sa maladie a été diagnostiquée comme un cancer du sein gauche », le mamelon « est tombé corporellement ». L'amputation du sein est proposée, mais Madame Coirin , estimant la maladie radicalement incurable, refuse son consentement. Paralysie du côté gauche s'installe (1718), la jambe gauche se ratatinant . Le 9 août 1731, Mlle. Coirin « tente par hasard » un miracle, enfile une chemise qui a touché le tombeau de Paris et utilise de la terre du tombeau. Le 11 août, Mlle. Coirin pouvait se retourner dans son lit ; le 12, l'horrible blessure « fut pansée et commença à se refermer et à guérir ». Le côté paralysé a retrouvé la vie et ses proportions naturelles. Le 3 septembre, Mlle. Coirin pourrait sortir faire un tour en voiture.

Toutes ses maladies, dit le docteur Charcot, paralysie, « cancer », et tout, étaient « hystériques » ; « œdème hystérique », pour lequel il cite de nombreuses autorités françaises et une américaine. « Sous l'influence physique [psychique ?] exercée par l'application du décalage… l'œdème, dû à un trouble vasomoteur , a disparu presque instantanément. Le sein a retrouvé sa taille normale.

Le Dr Charcot ajoute généreusement que des sanctuaires, comme Lourdes, ont guéri des patients auxquels il ne pouvait « inspirer l'opération de la guérison de la foi ». Il ne peut certainement pas expliquer tout ce qui prétend être d'origine surnaturelle dans la cure de foi. Nous devons apprendre la leçon de la patience. Je suis parmi les premiers à reconnaître que les paroles de Shakespeare sont valables aujourd'hui :

« Il y a plus de choses au ciel et sur la terre, Horatio, que n'en rêve votre philosophie.

Si le Dr Charcot avait cru à ce que les Français appellent *suggestion mentale* — suggestion par transfert de pensée (ce que je pense qu'il n'avait pas) — il aurait pu expliquer la guérison du serviteur du Centurion : « Dis un mot, Seigneur, et mon serviteur être guéri », par suggestion et à distance (télépathie), et en partant du principe que la paralysie du serviteur était « hystérique ». Mais qu'entend-on par « hystérique » ? Personne ne sait. L'« esprit », d'une manière ou d'une autre, provoque des gangrènes, voire des cancers, des paralysies, un rétrécissement des tissus ; l'esprit, d'une manière ou d'une autre, les guérit. Et qu'est-ce que « l'esprit » ? Car mon objectif est de donner des parallèles sauvages avec des exemples modernes mieux garantis. Je cite un singulier remède indien par « suggestion ». Hearne, voyageant au Canada, en 1770, rencontra un indigène atteint de « paralysie mortelle », affectant tout un côté. Il fut traîné sur un traîneau, « réduit à un simple squelette », et ainsi placé dans la loge magique. La première étape de sa guérison fut que le public avale par un prestidigitateur une planche de bois, « à peu près de la taille d'un bâton de tonneau », deux fois plus large que sa bouche. Hearne se tenait à côté de l'homme, « nu comme il était né », « et, malgré toute mon attention, je n'ai pas pu détecter la tromperie ». Bien entendu, Hearne estime qu'il s'agissait d'un simple tour de passe-passe et (p. 216) mentionne une circonstance des plus suspectes. Le récit est amusant et mérite l'attention de M. Neville Maskelyne. Le même prestidigitateur avait déjà avalé un berceau ! Désormais, avaler à la baïonnette, ce qu'il a également fait, est possible, bien que Hearne le nie (p. 217).

Le véritable but de ces exploits préliminaires, quelle qu'en soit la manière dont ils sont accomplis, est probablement d'inspirer *la foi*, ce que le docteur Charcot aurait pu faire en avalant un berceau. Les Indiens expliquent que les bâtons de tonneau apparemment avalés sont simplement dématérialisés par les « esprits », ne laissant que l'extrémité fourchue dépassant de la bouche du prestidigitateur. En fait, Hearne a surpris le prestidigitateur en train de fabriquer une extrémité fourchue séparée.

La foi ainsi inspirée, le prestidigitateur, pendant trois jours entiers, souffla, chanta et dansa autour du « pauvre paralytique, à jeun ». « Et c'est vraiment merveilleux, bien que ce soit la plus stricte vérité, que lorsque le pauvre homme a été retiré de la maison de prestidigitation… il a pu bouger tous les doigts et les orteils du côté qui était mort depuis si longtemps…. Au bout de six semaines , il partit à la chasse pour sa famille » (p. 219). Hearne a maintenu ses relations et ajoute, ce qui est très curieux, qu'il a développé une personnalité presque secondaire. « Avant ce terrible accident de paralysie, il s'était distingué par sa bonne nature et son caractère bienveillant, il était entièrement exempt de toute apparence d' avarice,… mais après cet événement, il était le misérable le plus hargneux, querelleur, mécontent et avare du monde » (p. .220).

Le Dr Charcot, s'il avait eu connaissance de ce cas, aurait probablement dit qu'il « est de la nature de ceux que le professeur Russell Reynolds a classés sous la rubrique des « paralysies dépendantes de l'idée ». »[7] Malheureusement, Hearne ne nous raconte pas comment son chasseur, un Indien sans instruction, est devenu « paralysé par les idées ».

Le Dr Charcot ajoute : « Dans tous les cas, la science est l'ennemie de la négation systématique, qui peut demain faire fondre à la lumière de ses nouveaux triomphes. Le « nouveau triomphe » actuel n'est qu'une simple coïncidence avec la maxime de notre Seigneur : « Ta foi t'a guéri … . Je n'ai pas trouvé une foi aussi grande, non, pas en Israël. Il existe des remèdes, comme il existe des maladies, causées « par l'idée ». Donc, en fait, nous avions toujours compris. Mais le fait est que la science, partout où elle est d'accord avec David Hume, n'est pas une ennemie, mais une amie de la « négation systématique ».

Un cas parallèle de « miracle », les stigmates de saint François, était bien entendu considéré par la science comme une fable ou une fraude. Mais maintenant que des ampoules et autres lésions peuvent être produites par suggestion, la fable est devenue un fait probable et, par conséquent, pas un miracle du tout.[8] M. James remarque : « Comme cela arrive si souvent, un fait est nié jusqu'à ce qu'une interprétation bienvenue l'accompagne. Ensuite, cela est admis assez facilement, et les preuves tout à fait insuffisantes pour étayer une affirmation, aussi longtemps que l'Église avait un intérêt à la faire, s'avèrent tout à fait suffisantes pour l'illumination scientifique moderne dès qu'il apparaît qu'un saint réputé peut ainsi être revendiqué comme un cas d'« hystéro -épilepsie ».

Mais l'Église continue de s'intéresser à la question. À mesure que la classe de faits que Hume a refusé d'examiner commence à être progressivement admise par la science, la chose devient claire. Les preuves qui pourraient transmettre en toute sécurité ces faits désormais certes possibles, par exemple à l'époque du Christ, se sont révélées jusqu'à présent ne pas être nécessairement mythiques – se sont avérées non incapables de véhiculer des déclarations probablement correctes, qui semblaient autrefois absolument fausses. Si oui, où s'arrête précisément son pouvoir de véhiculer des faits ? Ainsi considérés, les types d' événements merveilleux rapportés dans les Évangiles, par exemple, ne doivent plus être rejetés *a priori* comme « mythiques ». Nous ne pouvons pas maintenant rejeter les preuves comme étant nécessairement fausses parce qu'elles entrent en conflit avec nos idées actuelles du possible, alors que nous devons reconnaître que ces mêmes preuves peuvent nous transmettre en toute sécurité des faits qui sont en contradiction avec les notions de nos pères sur ce qui est possible, mais qui sont maintenant accepté. Nos notions du possible cessent d'être un critère de vérité ou de mensonge, et notre mépris pour les Évangiles en tant que mythes doit lentement mourir, à mesure que « miracle » après « miracle » entre dans le domaine de la loi reconnue. Avec chacun de ces aveux, l'hypothèse selon laquelle les preuves évangéliques sont mythiques doit s'affaiblir, et la certitude négative de la science populaire doit s'affaiblir.

Les événements qui ont eu lieu au tombeau de Paris et à proximité ont été attestés, comme Hume l'affirme avec vérité, par un grand nombre d'excellents témoignages. Mais la sagesse qui a refusé de procéder à un examen judiciaire nous a privé du meilleur type de dossier. Des événements analogues, sinon exactement similaires, se produisent désormais, et ne sont plus considérés comme miraculeux. Mais tant qu'ils étaient considérés comme miraculeux, ne pas examiner les preuves, a déclaré Hume, était la politique de « toutes les personnes raisonnables ». Le résultat a été de priver la science du meilleur type d'enregistrement des faits qu'elle accueille dès qu'elle pense pouvoir les expliquer.[10] Les exemples de la folie de la négation *a priori* sont courants. La British Association a refusé d'entendre l'essai que Braid, l'inventeur du mot « hypnotisme », avait écrit sur le sujet. Braid, Elliotson et d'autres chercheurs anglais du milieu du siècle furent soumis aux persécutions que la science officielle pouvait infliger. On lit de M. Deslon , disciple de Mesmer, vers 1783, qu'il fut « condamné par la Faculté de médecine, sans aucun examen des faits ». L'Inquisition a procédé plus équitablement que ces obscurantistes scientifiques.

Un autre exemple curieux peut être cité. M. Guyau , dans son ouvrage « La non-religion du futur », affirme que la religion est condamnée. « Le génie poétique a retiré ses services », témoignent Tennyson et Browning ! « Parmi les nations protestantes orthodoxes, les miracles ne se produisent pas. »[11] Mais des « faits merveilleux » *se* produisent.[12] Ces « faits merveilleux », acceptés par M. Guyau , sont ce que Hume appelait des « miracles », et conseillait aux « sages et aux savants » d'en rire sans examen. Ce ne sont pas des faits, et cela ne peut pas être le cas, a-t-il déclaré. Or, pour M. Guyau, ce *sont* des faits et donc non des miracles. Il inclut « une suggestion mentale ayant lieu même à distance ». Un homme « peut transmettre un ordre presque compulsif, semble-t-il aujourd'hui, par une simple tension de sa volonté ». S'il en est ainsi, si la « volonté » peut affecter la matière à distance, il est évident que les relations entre la volonté et la matière ne sont pas celles que la science populaire nous dit. Encore une fois, si cette vérité est maintenant établie et acquise dans cette région que Hume et la science populaire nous interdisent d'étudier, qui sait quels autres faits peuvent être rachetés de ces limbes, ou dans quelle mesure ils peuvent affecter notre vision des possibilités ? L'aveu d'une action mentale opérant *à distance* n'est, bien sûr, personnel qu'à M. Guyau , parmi les amis de la nouvelle tradition négative.

Nous revenons à Hume. Il soutient ensuite que les plaisirs de l'émerveillement rendent sans valeur tous les récits de « miracles ». Il vient de donner un exemple des plaisirs équivalents de l'incrédulité dogmatique. Alors la religion est une force perturbatrice ; mais il en va de même, manifestement, de l'irréligion. "Les sages et les érudits se contentent de tourner en dérision l'absurdité, sans s'informer des faits particuliers." Les sages et les érudits sont applaudis pour leur attitude scientifique. Encore une fois, les miracles se détruisent les uns les autres, car toutes les religions ont leurs miracles, mais toutes les religions ne peuvent pas être vraies. Cet argument n'a plus de force auprès de ceux qui considèrent les « miracles » comme des « phénomènes X », et non comme des preuves divines de la vérité de telle ou telle croyance. « La population qui regarde reçoit, sans examen, tout ce qui apaise la superstition », et tout le but de Hume est d'amener les sages et les érudits à imiter la population qui regarde en rejetant les faits allégués « sans examen ». La population a enquêté plus que les sages et les érudits.

Hume a une autre définition du miracle : « un miracle est une transgression d'une loi de la nature par une volonté particulière de la Divinité, ou par l'interposition d'un agent invisible ». Nous répondons que ce que Hume appelle un « miracle » peut résulter de l'opération d'une loi naturelle encore incertaine (par exemple l'autosuggestion), et que notre tâche, à l'heure actuelle, est d'examiner de tels événements, et non d'en rendre compte.

On peut dire à juste titre que Hume argumente contre les hommes qui voulaient faire des soi-disant « miracles » un test de la vérité du jansénisme, par exemple, et qu'on ne pouvait pas s'attendre à ce qu'il réponde, par anticipation, à des idées qui ne sont pas courantes dans son œuvre. jour. Mais il reste coupable d'avoir dénoncé l'enquête sur des faits apparents. Aucune attitude ne peut être moins scientifique que la sienne, ni plus courante chez de nombreux hommes de science.

Selon l'habitude humoristique des choses dans ce monde, toute la question du merveilleux n'était pas plus tôt réglée pour toujours par David Hume qu'elle fut rouverte par Emanuel Swedenborg. Or, Kant connaissait certaines œuvres de Hume, qu'il ait lu ou non son « Essai sur les miracles ». Loin de refuser d'examiner les « visions » prodigieuses de Swedishborg, Kant s'est profondément intéressé au sujet. Dès 1758, il écrivit ses premières remarques sur le voyant, contenant quelques rapports d'histoires ou de légendes sur la « clairvoyance » de Swedishborg. Dans le véritable esprit de la recherche psychique, Kant écrivit une lettre à Swedenborg, lui demandant des informations de première main. Le voyant a reçu la lettre, mais il n'y a jamais répondu. Kant, cependant, donne un ou deux exemples des succès de Swedenborg. Madame Harteville , veuve de l'envoyé hollandais à Stockholm, fut dupée par un orfèvre pour une dette de son défunt mari. Elle croyait que l'argent avait été payé, mais elle n'a pas pu trouver le reçu. Elle a donc demandé à Swedishborg d'utiliser ses dons renommés. Il promit de voir ce qu'il pouvait faire et, trois jours plus tard, arriva chez la dame alors qu'elle donnait une soirée thé, ou plutôt café. À la société assemblée, Swedishborg a fait remarquer, « de sang-froid, qu'il avait vu son homme et lui avait parlé ». Feu M. Harteville a déclaré à Swedishborg qu'il avait payé la note, sept mois avant son décès : le reçu était dans une armoire à l'étage. Madame Harteville répondit que l'armoire avait été fouillée en vain. Swedishborg répondit que, comme il l'avait appris du fantôme, il y avait un tiroir secret derrière la planche latérale du placard. Le tiroir contenait de la correspondance diplomatique et le reçu manquant. Alors toute la compagnie monta à l'étage, trouva le tiroir secret et le reçu parmi les autres papiers. Kant ajoute la vision clairvoyante de Swedenborg, de Göteborg, d'un grand incendie à Stockholm (datée de septembre 1756). Kant avait hâte de voir Swedenborg lui-même et attendait avec impatience son livre « Arcana Coelestia ». Il obtint enfin cet ouvrage, au prix, alors ruineux pour Kant, de 7 £. Mais il était déçu de ce qu'il lisait, et dans ' Träume des eines Geistersehers », a fait une tentative quelque peu sarcastique de théorie métaphysique des apparitions.

' Vélut aegri somnifère vanae
  Espèce de Finguntur

est sa devise.

La véritable position de Kant sur toutes ces questions est, j'ose le dire, presque identique à celle de Sir Walter Scott. Lui-même écossais de descendance, Kant a peut-être entendu des histoires de seconde vue et de bogles. Comme Scott, il aimait beaucoup les histoires de fantômes ; comme Scott, il était assez malin pour se moquer publiquement d'eux et de lui-même pour l'intérêt qu'il leur portait. Pourtant, tous deux prendraient la peine de s'enquérir. Comme Kant l'a écrit en vain à Swedenborg et à d'autres – comme il a dépensé en vain 7 £. sur « Arcana Coelestia », Sir Walter était donc impatient de se rendre en Égypte pour examiner les faits de la clairvoyance observant l'encre. Kant avoue que chaque histoire de fantômes l'a trouvé sceptique , alors que la masse cumulative a fait une impression considérable.[13]

Les soixante-dix premières pages de la « Tribune » sont consacrées à une discussion tout à fait sérieuse de la métaphysique des « Esprits ». À la page 73, il remarque agréablement : « Maintenant, nous comprendrons que tout ce qui a été dit jusqu'ici est superflu », et il ne reprochera pas au lecteur de considérer les voyants *non pas* comme des citoyens de deux mondes (Plotin), mais comme des candidats au chaos.

L'ironie de Kant est particulièrement écossaise. Il ne sait pas lui-même à quel point il est sérieux et, pour sauver son estime de soi et son caractère au profit de la malice, il « joue avec » la débilité . Il s'amuse à essayer jusqu'où il peut pousser les spéculations sur la métaphysique (pas encore réformée par lui) dans le domaine du fantomatique. Il admet sa propre tendance à penser qu'il a une âme immatérielle et que ces points sont, ou peuvent être, ou seront un jour , scientifiquement résolus. Ces aveux sont accueillis avec enthousiasme par Du Prel dans sa « Philosophie du Mysticisme » ; mais ils ne sont qu'une partie de la plaisanterie de Kant, et Kant lui-même ne sait pas dans quelle mesure ils sont sérieux. Si les spiritualistes connaissaient leur métier, ils traduiraient et publieraient les soixante-dix premières pages de Träume de Kant . Quelque chose comme la télépathie, l'action de l'esprit, même désincarné, sur l'esprit, est évoqué, mais l'idée est au moins aussi vieille que Lavaterus (p. 52). Kant a beaucoup à dire, comme Scott dans sa « Démonologie », sur la physique de l'hallucination, mais il s'agit là d'une matière désuète. Il pense que le sujet de l'être spirituel dans son ensemble n'est important que dans la mesure où il concerne l'espoir d'une vie future. En tant que spéculation, tout est « en l'air », et comme dans ces domaines les savants et les ignorants sont à un niveau d'ignorance, la science n'en discutera pas. Il répète ensuite les histoires de Swedenborg et pense qu'il serait utile à la postérité que quelqu'un enquête sur elles pendant que les témoins sont en vie et que les souvenirs sont frais.

En fait, Kant réclame des recherches psychiques.

Quant au livre si coûteux de Swedenborg, Kant s'en rit. Il n'y a là aucune preuve, seulement une affirmation. Kant termine, n'ayant plu à personne, dit-il, et aussi ignorant qu'au début, en citant *les cultivons notre jardin* .

Kant est revenu sur le thème dans Anthropologische Didaktik . Il discute de l'inconscient, ou subconscient, qui, jusqu'à la conférence de Sir William Hamilton, semblait avoir été un sujet absolument inconnu des psychologues britanniques. " Ainsi est Das Feld Dunkler Vorstellungen das grösste in Menschen.' Il a un chapitre sur « La faculté de divination » (pp. 89-93). Il n'entend pas parler de pressentiments et, contrairement à Hegel, il explore la seconde vision des Highlands. Les « possédés » de l'anthropologie sont des patients épileptiques. Les mystiques (Swedenborg) sont victimes de *la Schwärmerei* .

Cette référence à Swedishborg est remarquée par Schubert dans sa préface à l'essai de Kant. Il souligne qu'« il est intéressant de comparer la circonspection, la quasi-incertitude de Kant lorsqu'il dut porter un jugement sur les phénomènes décrits par lui-même et sur lesquels il s'était enquis [c'est-à-dire dans sa lettre sur Swedishborg à *Mlle* . de Knobloch], et les opinions très tranchées qu'il exprima quarante ans plus tard sur Swedishborg et ses compagnons [dans l'ouvrage cité, sections 35-37. L'opinion du paragraphe 35 est générale quant aux mystiques. Il n'y a aucune autre mention de Swedishborg].

Dans l'ensemble, Kant est intéressé, mais désespéré. Il veut des faits, et aucun fait ne lui est donné à part le livre du prophète Emmanuel. Mais, en l'occurrence, un ordre de faits nouveau ou ravivé était sur le point de solliciter l'attention scientifique. Kant (1766) avait entendu des rumeurs de guérison par le magnétisme et de l'effet présumé de l'aimant sur le corps humain. Le sujet était dans l'air du temps et avait déjà attiré l'attention de Mesmer, sur lequel Kant avait des informations. Il était superflu de raconter à nouveau l'histoire familière des représentations de Mesmer à Paris. Alors que la théorie du « magnétisme » de Mesmer était dénoncée par la science contemporaine, la découverte du sommeil hypnotique fut faite par son élève Puységur . Ce monsieur était persuadé que des cas de "transfert de pensée" (non passant par des canaux sensoriels connus) se produisaient entre le patient et le magnétiseur , et il croyait également avoir été témoin de cas de "clairvoyance", de "lucidité", *de vue à distance* , dans lequel le patient a apparemment vu des lieux et des événements éloignés dans l'espace. Ces choses seraient désormais expliquées par une « suggestion inconsciente » dans les écoles les plus sceptiques de la science psychologique. La Révolution a interrompu dans une large mesure les études scientifiques en France, mais le « somnambulisme » (le sommeil hypnotique) et le « magnétisme » ont été étudiés avec attention en Allemagne. Les manuels modernes, pour une raison quelconque, ont tendance à négliger ces recherches et spéculations allemandes. (Comparez « Elements of Hypnotism » de M. Vincent, p. 34.) Les Schelling étaient intéressés ; Ritter pensait avoir détecté une nouvelle force, le « sidérisme ». M. Wallace, dans sa préface à la « Philosophie des Geistes » de Hegel , parle comme si Ritter avait fait des expériences de télépathie. Il l'a peut-être fait, mais son « Siderismus » (Tübingen, 1808) est un rapport rédigé pour l'Académie de Munich, sur les agissements d'un chercheur d'eau italien, ou « sourcier ». Ritter donne des détails sur soixante-quatorze expériences de « recherche » d'eau, de métaux ou de charbon. Il croit à la faculté, mais pas aux explications « psychiques » ni au Diable. Il parle de « l'électricité » (pp. 170, 190). Il décrit ses précautions pour éviter la fraude vulgaire, mais il n'a pris aucune précaution contre le transfert de pensée inconscient. Il considérait la faculté comme « capricieuse » et utile.

Amoretti, à Milan, a examiné des centaines de cas de ce qu'on appelle le bâton divinatoire, et Jung Stilling est devenu l'un des premiers spiritualistes et une « source pleine d'histoires de fantômes ».

Le résultat philosophique le plus important des premières recherches allemandes sur le sommeil hypnotique se trouve probablement dans les écrits de Hegel. En raison de l'usage particulier qu'il fait d'une terminologie ou d'un langage scientifique qui lui est propre, il est extrêmement difficile de rendre le sens de Hegel, même modérément clair. Peut-être pouvons-nous l'élucider en partie par une similitude avec M. Frederic Myers. Supposons que nous comparions la conscience quotidienne ordinaire de chacun de nous à un *spectre* dont les extrémités vers chaque extrémité disparaissent de notre vue.

Au-delà du champ de vision, on peut imaginer une fin inférieure ou physiologique : car notre conscience ordinaire, bien entendu, ignore de nombreux processus physiologiques qui se déroulent éternellement en nous. La digestion, pour autant qu'elle soit saine, en est un exemple évident. Mais l'expérience hypnotique garantit qu'un patient, dans un état *hypnotique* , peut consciemment, ou du moins délibérément, affecter des processus physiologiques auxquels la conscience *ordinaire* est aveugle - par exemple, en soulevant une ampoule, alors qu'il est suggéré qu'une ampoule doit être visible. être élevé. Encore une fois (en admettant les faits de manière hypothétique et simplement à des fins d'argumentation), à l' extrémité *supérieure* du spectre, au-delà de la vision de la conscience quotidienne ordinaire, la connaissance peut être acquise sur des choses qui sont hors de la vue de la conscience quotidienne. Par exemple (admettons-le pour les besoins de l'argumentation), des personnes et des lieux inconnus et éloignés peuvent être vus et décrits par clairvoyance, ou *vue à distance* .

Or, Hegel a accepté comme authentiques les faits que nous présentons ici simplement à titre d'argumentation et à titre d'illustrations. Mais il ne considérait pas la conscience clairvoyante (ou quel que soit le nom que nous lui donnons) qui, *par hypothèse* , est libre de toute contrainte d'espace, ni même de temps, comme occupant ce que nous appelons l' extrémité *supérieure* du spectre psychique. Au contraire, il l'a placé à l' extrémité *inférieure* . L'extrémité supérieure de Hegel « se perd dans la lumière » ; l'extrémité inférieure, *qui voit tant de choses* , comme dit le berger de La Fontaine, n'est *pas* « une phase mentale sublime et capable de transmettre des vérités générales ». Le temps et l'espace ne contrecarrent pas la conscience à l'extrémité *inférieure de Hegel* , qui jaillit de « la grande âme de la nature ». Mais cette extrémité inférieure, bien qu'elle puisse voir pour Jeanne d'Arc à Valcouleurs une bataille à Rouvray , à cent lieues de là, ne communique pas de hautes vérités philosophiques.[14] Les phénomènes de clairvoyance, selon Hegel, indiquent simplement que le « matériel » est réellement « idéal », ce qui est peut-être tout ce que nous pouvons leur demander. « Le somnambule et le clairvoyant voient sans yeux et portent leurs visions directement dans des régions où la conscience en attente d'une intelligence ordonnée ne peut pénétrer » (Wallace). Hegel admet cependant que « dans la vie consciente ordinaire et calme », il existe des traces du « lien magique », « surtout entre amies aux nerfs délicats », auxquelles il ajoute mari et femme et membres d'une même famille. Il donne (sans date ni source) le cas d'une jeune fille en Allemagne qui a vu son frère gisant mort dans un hôpital de Valladolid. Son frère était à ce moment-là à l'hôpital, mais c'était un autre homme dans le lit gigogne qui était mort. "Il est donc impossible de déterminer si ce que voient réellement les clairvoyants prédomine sur ce en quoi ils se trompent."

Tant que les faits acceptés par Hegel ne sont pas officiellement reconnus par la science, il peut sembler superflu de débattre sur la question de savoir s'ils sont atteints par la couche inférieure ou supérieure de notre conscience. Mais peut-être la question en cause pourra-t-elle être élucidée par quelques remarques du Dr Max Dessoir . La psychologie, dit-il, a prouvé que dans toute conception et idée, une image ou un groupe d'images doit être présent. Ces images mentales sont la recrudescence ou la récurrence de perceptions. Nous voyons un arbre, ou un homme, ou un chien, et chaque fois que nous avons devant notre esprit la conception ou l'idée de l'une de ces choses, la perception originelle de ces choses revient, quoique bien sûr plus faiblement. Mais, de l'avis du Dr Dessoir , ces images mentales ravivées atteindraient le comble de véritables hallucinations (de sorte que l'homme, le chien ou l'arbre sembleraient visiblement présents) si d'autres souvenirs et des sensations nouvelles ne leur faisaient concurrence et n'arrêtaient pas leur développement.

Supposons, pour utiliser Mlle. La métaphore de Ferrand, un corps humain, vivant, mais avec tous ses canaux de sensation jusqu'alors inexplorés. Ouvrez le sens de la vue pour recevoir un éclair de couleur verte et refermez-le. Apparemment, chaque fois que l'esprit qui informait ce corps avait la conception du vert (et il ne pouvait en avoir d'autre), il aurait également une hallucination du vert, donc

'Annihiler tout ce qui est fait,
Pour une pensée verte dans une teinte verte.'

Or, dans le sommeil ou la transe hypnotique, la compétition de nouvelles sensations et d'autres souvenirs est supprimée ou diminuée, et par conséquent l'idée d'un homme, d'un chien ou d'un arbre autrefois suggérée au patient hypnotisé devient une véritable hallucination . Le patient hypnotisé voit l'objet absent qu'on lui dit de voir, le dormeur voit des choses qui ne sont pas réellement présentes.

Notre état primitif, avant l'énorme compétition d'autres souvenirs et de sensations nouvelles, serait donc un état d'hallucination. Notre condition actuelle normale, dans laquelle les hallucinations sont freinées par des souvenirs concurrents et de nouvelles sensations, est une suppression de nos tendances originelles, primitives et naturelles. L'hallucination représente « le tronc principal de notre existence psychique ». [15] Dans la théorie du Dr Dessoir , cette condition d'hallucination est la condition originelle et la plus primitive de l'homme, mais il ne s'agit pas d'un état d'activité spirituelle *supérieur , mais plutôt inférieur à celui de l'activité pratique quotidienne. conscience* non hallucinée .

C'est aussi l'opinion de Hegel, qui suppose que notre état mental primitif est capable de discerner des objets éloignés dans l'espace et le temps. M. Myers, comme nous l'avons vu, est d'un avis opposé quant à la dignité relative et à la réalité relative du soi quotidien actuel et du vieux Soi fondamental originel. Le Dr Dessoir s'abstient de se prononcer sur la question de savoir si le moi originel, primitif et halluciné en nous « préside aux pouvoirs et aux actions à distance », comme la clairvoyance ; mais il croit à l'hypnotisation à distance. Sa théorie, comme celle de Hegel, est celle de « l'atavisme », ou du « retour » à une condition ancestrale très lointaine. Cela s'avérera intéressant plus tard.

Hegel, en tout cas, croyait à la clairvoyance (bien qu'elle la juge de peu d'utilité pratique) ; il acceptait la télépathie (« le lien magique ») ; il acceptait l'échange de sensations entre l' hypnotiseur et l' hypnotisé ; il croyait à la baguette magique et, contrairement à Kant, même à la « seconde vue écossaise ». « L'âme intuitive dépasse les conditions du temps et de l'espace ; il voit des choses lointaines, des choses passées depuis longtemps et des choses à venir. »[16]

Le pendule de la pensée a reculé très loin du point où il avait été suggéré par David Hume. Hegel remarque : « Les faits, semble-t-il, appellent avant tout à être vérifiés. Mais une telle vérification serait superflue à ceux pour qui elle était demandée, puisqu'ils se facilitent l'enquête en déclarant que les récits, si nombreux qu'ils soient, et accrédités par l'éducation et le caractère des témoins, ne sont que tromperie et imposture. Leurs conceptions a priori sont si enracinées qu'aucun témoignage ne peut prévaloir contre eux, et ils ont même nié ce qu'ils ont vu de leurs propres yeux et rapporté de leurs propres mains, comme Sir David Brewster . Hegel, on le remarquera, prend les faits comme donnés et les intègre dans sa théorie générale de l'âme sensible (*fühlende Seele*). Il ne cherche pas à établir les faits ; mais les établir, ou du moins les examiner, est la première tâche de la recherche psychique. La théorie vient plus tard.

Les années qui se sont écoulées entre la date de la « Philosophie de l'esprit » de Hegel et notre époque ont été témoins d'une longue controverse sur l'existence, la nature et les causes de l'état hypnotique, ainsi que sur la réalité et les limites des phénomènes. Ainsi, l'Académie de médecine de Paris nomma un comité pour examiner le sujet en 1825. Le rapport sur le « magnétisme animal », comme on l'appelait alors, fut présenté en 1831. L'Académie n'eut pas le courage de le publier, car le rapport était favorable . voire à certains phénomènes encore controversés. A cette époque, conformément à une survivance de la théorie de Mesmer, l'agent dans les cas hypnotiques était considéré comme une sorte d'efflux d'un fluide cosmique du « magnétiseur » vers le patient. Il y avait « une connexion magnétique ».

Bien qu'aucune distinction entre mesmérisme et hypnotisme ne soit faite dans le langage populaire, « mesmérisme » est un mot qui implique cette théorie du « magnétique » ou d'une autre influence personnelle inconnue. L'« hypnotisme », comme nous le verrons tout à l'heure, n'implique aucune théorie de ce genre. Le rapport de l'Académie (1831) atteste le développement, sous le « magnétisme », de « nouvelles facultés », telles que la clairvoyance et l'intuition, ainsi que la production de « grands changements dans l'économie physique », tels que l'insensibilité et l'augmentation soudaine de la force. Le rapport déclarait qu'il était « démontré » que le sommeil pouvait être produit « sans suggestion », comme nous disons aujourd'hui, bien que le terme n'était pas alors en usage. « Le sommeil a été produit dans des circonstances dans lesquelles les personnes ne pouvaient pas voir ou ignoraient les moyens employés pour le produire. »

L'Académie s'est efforcée de supprimer ce Rapport, qui atteste des phénomènes admis par Hegel et encore contestés. Six ans plus tard (1837), un Comité fit rapport contre les prétentions d'un certain Berna, un « magnétiseur ». Personne n'a siégé aux deux comités et ce rapport a été accepté. Plus tard, plusieurs personnes ont essayé de lire une lettre dans une boîte, sans succès. « Ceci, dit M. Vincent, a réglé la question concernant la clairvoyance ; mais il serait peut-être plus logique de dire qu'il a réglé les prétentions des concurrents à cette occasion. L'Académie décida alors que, parce que certaines personnes ne répondaient pas aux attentes suscitées par leurs annonces préliminaires, la question du magnétisme était donc définitivement close.

Nous devons souvent regretter que l'éminence scientifique ne s'accompagne pas toujours d'une logique scientifique. Là où la science néglige un sujet, les charlatans et les dupes s'en emparent. En Angleterre, le « magnétisme animal » avait été abandonné à cette classe de passionnés, jusqu'à ce que l'ami de Thackeray, le Dr Elliotson , se consacre à ce sujet. Il a été persécuté comme les médecins savent persécuter ; mais en 1841, Braid, de Manchester, découvrit que le soi-disant « sommeil magnétique » pouvait être produit sans aucun « magnétisme ». Il obligea ses patients à regarder fixement un objet et les encouragea à s'attendre à s'endormir. Il a appelé sa méthode « Hypnotisme », un terme qui ne pose aucun doute. Semblant cesser d'être mystérieux, l'hypnotisme devint presque respectable et fut utilisé dans les opérations chirurgicales, jusqu'à ce qu'il soit remplacé par le chloroforme. En Angleterre, l'étude a été et reste plutôt *suspecte* , tandis que sur le continent, l'hypnotisme est utilisé à la fois à des fins de guérison et dans les enquêtes de psychologie expérimentale. De grandes divergences d'opinion existent encore quant à la nature du sommeil hypnotique, quant à ses concomitants physiologiques et quant aux limites des facultés exercées pendant ou hors du sommeil. Il n'est même pas absolument certain que l'exercice de facultés étrangères, par exemple la production d' anesthésie et de rigidité, soit le simple résultat de la « suggestion » et de l'attente. On dit à un patient hypnotisé que le majeur de sa main gauche deviendra rigide et incapable de sensation. Cela se produit et s'explique par la « suggestion », bien que *la façon dont* la « suggestion » produit cet effet étonnant soit un autre problème. Cependant, feu M. Gurney a fait un certain nombre d'expériences dans lesquelles aucune suggestion n'a été prononcée, et les patients ne savaient pas non plus lequel de leurs doigts devait devenir rigide et incapable de souffrir. Les mains du patient étaient passées à travers un écran ; de l'autre côté duquel l'hypnotiseur faisait des passes au-dessus du doigt qui devait se rigidifier. Les spectateurs sélectionnèrent le doigt et l'insensibilité fut testée par un fort courant électrique. L'effet a également été produit *sans* passes, l'opérateur pointant simplement le doigt sélectionné et « voulant » le résultat. S'il ne le voulait pas, rien ne se produisait, et rien ne se produisait s'il le voulait sans le montrer. La proximité de la main de l'opérateur ne produisait aucun effet s'il ne « voulait », et sa « volonté » n'était pas non plus réussie s'il ne rapprochait pas sa main de celle du patient. Les mains d'autres personnes, situées dans la même situation, n'ont produit aucun effet.

Des expériences de transfert de goût, comme celles du sel, du sucre et du poivre de Cayenne, d'un opérateur à un sujet, ont également été couronnées de succès. Drs. Janet et Gibert provoquaient également le sommeil d'une femme à distance, en le « voulant », à des heures tirées au sort.[17] Ces faits, bien sûr, suggèrent plutôt un élément de vérité dans la vieille hypothèse mesmérique d'une certaine influence spécifique chez l'opérateur. Ils ne peuvent pas très bien être expliqués par la suggestion et l'attente. Mais ces faits et faits de clairvoyance et de transfert de pensée seront rejetés comme des illusions superstitieuses par ceux qui ne les ont pas rencontrés dans leur propre expérience. Cela ne doit pas nous empêcher de les examiner, car *tous* les faits, y compris ceux désormais universellement acceptés par Continental et à peine contestés par la science britannique, ont été bruyamment rejetés à maintes reprises sur la base des principes de Hume.

Les faits les plus rares, comme le remarque M. Gurney, « passent encore par la forme creuse de l'événement ». Voici un exemple de la manière dont ces phénomènes sont traités par la vulgarisation scientifique. M. Vincent dit que « la clairvoyance et la phrénologie étaient le stock constant de commerce d'Elliotson ». (La phrénologie était également le fonds de commerce de Braid.) « C'est une question de félicitation d'avoir été si rapidement délivré de ce que le Dr Lloyd Tuckey a bien appelé « une masse de déchets superflus ». »[18] La clairvoyance fait partie d'une masse. de détritus, à la page 57. À la page 67, M. Vincent dit : « Il y a beaucoup de questions intéressantes, telles que la télépathie, la lecture dans les pensées, la clairvoyance, sur lesquelles il serait peut-être téméraire de donner une opinion tranchée…. Tous ces états psychiques étranges posent des problèmes d'un grand intérêt, et ne sont omis que parce qu'ils n'ont pas une incidence suffisante sur les états normaux d'hypnose…. Ainsi, ce qui était « de la foutaise » dans une page « présente des problèmes d'un grand intérêt » dix pages plus tard, et, après avoir émis une opinion tranchée selon laquelle la clairvoyance est de la foutaise, M. Vincent trouve téméraire de donner une opinion tranchée. Il est plutôt téméraire de donner une opinion tranchée, puis de dire qu'il est téméraire de le faire.[19]

Cette brève esquisse montre que la science est confrontée à certains faits que, à son époque, Hume considérait comme d'incroyables miracles, au mépris des sages et des érudits. Nous voyons également que les phénomènes plus étranges et plus rares que Hegel a acceptés comme des faits et qui se sont mêlés à sa philosophie générale sont encore des sujets de controverse. Admis par certains hommes de science, ils sont mis en doute par d'autres ; par d'autres, encore une fois, sont niés, tandis que la plupart des journalistes et des auteurs de manuels bon marché, qui inspirent la tradition populaire, considèrent les phénomènes comme des fraudes ou des fables de superstition. Mais il est clair que ces phénomènes, comme les faits plus ordinaires de l'hypnotisme, *peuvent* finalement être admis par la science. Il n'y a pas si longtemps, le monde scientifique se moquait des inscriptions Ogham, des météorites et des armes paléolithiques , les considérant comme des impostures ou des caprices de la nature. Or, personne n'a le moindre doute sur ces questions, et la clairvoyance, le transfert de pensée et la télépathie pourraient, non inconcevablement, être aussi heureux à long terme que les météorites ou que les phénomènes plus habituels de l'hypnotisme.

Seul Lord Kelvin soutient aujourd'hui, ou a soutenu récemment, que dans l'hypnotisme, il n'y a rien d'autre que fraude et mauvaise observation . Dans les années à venir, il se peut que seule une voix similaire, tardive, crie que dans le transfert de pensée, il n'y a rien d'autre qu'une mauvaise observation et une fraude. À l'heure actuelle, l'attention sérieuse et l'expérience minutieuse nécessaires à l'établissement des faits sont plus courantes parmi les hommes de science français que parmi les hommes de science anglais. Lorsqu'elles sont publiées, ces expériences, si elles contiennent des exemples affirmatifs, sont dénoncées comme « superstitieuses », ou critiquées après ce que nous devons charitablement considérer comme un coup d'œil très hâtif, par les guides de l'opinion populaire. Des exemples de cette méthode seront cités ultérieurement. En attendant, les controverses quant à ces prétendus faits sont signalées ici, en raison de leur relation supposée avec l'origine de la religion.

[Note de bas de page 1 : Voir l'article de M. Myers sur les « Oracles anciens », dans *Classical Essays* , et « Ancient Spiritualism » de l'auteur, dans *Cock Lane et Common Sense* .]

[Note 2 : Les italiques ici sont ceux de M. Alfred Russell Wallace, dans son *Miracles and Modern Science* . M. Huxley, dans son exposé des erreurs de Hume (dans sa Vie de Hume), n'a pas examiné les « miracles » jansénistes que Hume critiquait .]

[Note 3 : Moll, *Hypnotisme* , p. 357.]

[Note 4 : *Magnétisme animal* , p. 355.]

[Note 5 : Une traduction de son œuvre a été publiée dans la *New Review* , janvier 1693.]

[Note 6 : *La Vérité des Miracles* , Cologne, 1747, Démonstration Septièmo
.]

[Note 7 : Voir l'article du Dr Russell Reynolds dans *le British Medical Journal* , novembre 1869.]

[Note 8 : James, *Principes de psychologie* , ii. 612. Charcot, op. cit.]

[Note 9 : Je n'ai pas besoin qu'on me dise que le Dr Maudsley a nié le fait en 1886. Je suis prêt à accepter les preuves, si elles sont demandées par un savant qui ne les connaît pas.]

[Note 10 : Je ne suis bien sûr pas responsable de la validité scientifique de la théorie du Dr Charcot sur la guérison « par l'idée ». Ce que je veux simplement dire, c'est que certains experts sans expérience ni mauvaise réputation admettent maintenant, comme des certitudes importantes au sein de leur connaissance personnelle, exactement les phénomènes dont Hume demande aux sages et aux instruits de rire, certes, mais de ne jamais enquêter.]

[Note de bas de page 11 : P. 353-356.]

[Note de bas de page 12 : P. 93.]

[Note 13 : *Träume* , p. 76.]

[Note 14 : Hegel accepte la clairvoyance de la Pucelle .]

[Note 15 : Voir le Dr Dessoir , dans *Das Doppel Ich,* cité par M. Myers, *Proceedings* , vol. vi. 213.]

[Note 16 : *Philosophie des Geistes* , *Werke,* vol. vii. 179. Berlin. 1845. Les exemples et une grande partie de la philosophie se trouvent dans le *Zusätze* , non traduit dans la version de M. Wallace, Oxford, 1894.]

[Note 17 : *Actes* , SPR, vol. ii. pp.201-207, 390-392.]

[Note 18 : *Éléments de l'hypnotisme* , p. 67.]

[Note 19 : Il est possible que M. Vincent veuille simplement dire que les expériences d'Elliottson , « à peine plus que sobres » (p. 57), avec les sœurs Okey, étaient de la foutaise. Mais la question de savoir si les sœurs Okey étaient honnêtes ou non est une question sur laquelle nous ne pouvons pas aborder ici.]

III

ANTHROPOLOGIE ET RELIGION

Parmi les diverses formes de science qui atteignent et affectent la nouvelle tradition populaire, nous avons compté l'anthropologie. Assez agréablement, l'anthropologie elle-même n'est que récemment sortie des limbes de l' inconnu dans lequel se languit la recherche psychique. La British Association avait l'habitude de rejeter les articles anthropologiques comme étant des « rêves vains basés sur des récits de voyageurs ». Nul doute que la British Association rejetterait un article sur la clairvoyance comme un rêve vain basé sur des fables de vieilles femmes ou sur une imposture hystérique. Indéniablement, l'étude de tels thèmes est entravée par la fable et la fraude, tout comme l'anthropologie doit se méfier sans cesse des « récits de voyageurs », des malentendus européens sur les idées sauvages et des notions civilisées et des théories scientifiques inconsciemment interprétées dans des coutumes barbares. rites, traditions et usages. L'homme, *ondoyant et divers* , fait l'objet à la fois d'anthropologie et de recherches psychiques. L'homme (surtout l'homme sauvage) ne peut être isolé des influences perturbatrices et surveillé, comme les matériaux d'une expérience chimique dans un laboratoire. L'homme ne peut pas non plus être enfermé dans un état « primitif » : ses débuts intellectuels se situent très loin derrière le stade culturel où se trouvent les races les plus basses connues. Par conséquent, le sujet sur lequel travaille l'anthropologie est fluctuant ; les preuves sur lesquelles il repose nécessitent la critique la plus sceptique , et nombre de ses conclusions, en l'absence nécessaire de témoignage historique quant à des époques très reculées par rapport aux plus bas sauvages connus, doivent être hypothétiques.

Pour ces bonnes raisons, la science officielle a longtemps regardé de travers l'anthropologie. Ses disciples n'étaient pas considérés comme de véritables érudits et, peut-être en raison de ce mépris, ils étaient souvent des « hommes brisés », des hors-la-loi intellectuels, des gens aux idées folles. Pour l'esprit scientifique, les anthropologues ou les ethnologues étaient une horde qui marmonnait sombrement le culte du serpent, le culte du phallus, les doctrines Arkites et les dix tribus perdues qui ne cessaient d'apparaître dans les endroits les plus inattendus. On disait que les anthropologues se réjouissaient des sales rites des sales sauvages et cherchaient la raison là où il n'y en avait pas. L'exilé, le paria, le paria de la science , est en effet susceptible de se retrouver en étrange compagnie. Autour du feu de camp de la recherche psychique également, dans le désert non officiel et non jalonné de la science , planent des figures étranges et menaçantes de bouddhistes ésotériques, *de satanistes* , d'occultistes, de scientistes chrétiens, de spiritualistes et d'astrologues, alors que les Arkites et les membres des tribus perdues hantaient le berceau de la science. anthropologie.

Mais on trouva enfin de la raison dans la chose et de la méthode dans la folie. L'évolution était dedans. L'acceptation, après de longues moqueries, des armes paléolithiques comme des reliques de la culture humaine a probablement contribué à introduire l'anthropologie dans le cercle sacré du savoir autorisé. Son sujet était plein d'illustrations de la doctrine de M. Darwin. Les écrivains modernes sur ce thème avaient été anticipés par les étudiants les moins systématiques du XVIIIe siècle : Goguet , de Brosses , Millar, Fontenelle, Lafitau , Boulanger ou encore Hume et Voltaire. En tant que pionniers, ces écrivains répondent aux premiers mesméristes et magnétistes , Puységur , Amoretti, Ritter, Elliotson , Mayo, Gregory, dans l'histoire de la recherche psychique. Ils étaient dans chaque cas sur la même voie que Lubbock, Tylor, Spencer, Bastian et Frazer, ou que Gurney, Richet, Myers, Janet, Dessoir et Von Schrenck-Notzing . Mais les premiers étudiants étaient moins attentifs à la méthode et aux preuves.

Preuve! c'était la pierre d'achoppement de l'anthropologie. On entend encore, dans les travaux ultérieurs de M. Max Müller, l'écho des vieilles plaintes. Tout ce que vous voulez, dit M. Max Müller, vous pouvez le trouver parmi vos sauvages utiles, et (à l'égard de certains anthropologues) sa critique est juste. Il vous suffit de parcourir quelques livres de voyage, un crayon à la main, et de choisir ce qui convient à votre cas. Supposons, en ce qui concerne notre thème actuel, que votre théorie soit que les sauvages possèdent les lumières brisées de la croyance en un Être Suprême. Vous pouvez en trouver des preuves. Ou supposons que vous vouliez montrer qu'ils n'ont aucune idée religieuse ; vous pouvez également en trouver des preuves. Votre témoignage provient souvent d'observateurs ignorant le langage des personnes dont ils parlent, ou qui sont eux-mêmes préjugés par l'une ou l'autre théorie ou parti pris. Comment pouvez-vous prétendre élever une science sur de telles bases, d'autant plus que les informateurs sauvages veulent plaire ou mystifier les chercheurs, ou qu'ils répondent au hasard, ou qu'ils cachent délibérément leurs institutions les plus sacrées, ou qu'ils n'ont jamais prêté aucune attention au sujet ?

À toutes ces objections parfaitement naturelles, M. Tylor a répondu.[1] Les preuves doivent être collectées, examinées, testées, comme dans toute autre branche d'enquête. Un écrivain, « bien entendu, est tenu de faire preuve de son meilleur jugement quant à la fiabilité de tous les auteurs qu'il cite et, si possible, d'obtenir plusieurs récits pour certifier chaque point dans chaque localité ». M. Tylor présente ensuite « le test de récidive », de coïncidence involontaire dans le témoignage, comme Millar l'avait déjà soutenu au siècle dernier.[2] Si un mahométan médiéval en Tartarie, un jésuite au Brésil, un wesleyen aux Fidji, on peut ajouter un magistrat de police en Australie, un presbytérien en Afrique centrale, un trappeur au Canada, s'accordent pour décrire quelque rite ou mythe analogue dans ces diverses terres et siècles, nous ne pouvons pas imputer la coïncidence au hasard ou à la fraude. « Maintenant, les faits les plus importants de l'ethnographie sont ainsi garantis. »

Ajoutons que même lorsque les idées des sauvages sont obscures, on peut souvent les déceler par l'analyse des institutions dans lesquelles elles s'expriment.[3]

Ainsi, les preuves anthropologiques, comme les preuves psychiques ou autres, doivent être soumises à des processus consciencieux de test et de criblage. Les exemples contradictoires doivent être traqués assidûment. Rien ne peut être moins scientifique que de s'emparer du récit d'un voyageur qui soutient notre théorie et d'ignorer les preuves, peut-être antérieures, ou postérieures, ou mieux observées, qui la contredisent. Pourtant, malheureusement, dans certains cas (qui seront évoqués), cela a été l'erreur occasionnelle de M. Huxley et de M. Spencer.[4] M. Spencer ouvre ses « Institutions ecclésiastiques » par la remarque que « l'implication [de l'absence signalée d'idées de croyance dans les personnes nées sourdes-muettes] est que les idées religieuses des hommes civilisés ne sont pas innées » (qui dit qu'elles sont ?), et cette implication M. Spencer soutient par « des preuves que parmi les divers sauvages, les idées religieuses n'existent pas ». "Sir John Lubbock en a donné beaucoup." Mais il serait bon de conseiller au lecteur de consulter la réfutation de Sir John Lubbock par Roskoff et la déclaration magistrale de M. Tylor.[5] M. Spencer a cité Sir Samuel Baker comme étant des sauvages sans même « un rayon de superstition » ou une trace d'adoration. M. Tylor, douze ans avant que M. Spencer n'écrive, avait démoli l'affirmation de Sir Samuel Baker[6] concernant de nombreuses tribus, et l'avait ainsi ébranlée en ce qui concerne les Latukas , citée par M. Spencer. Les Dinkas athées ont « une bonne divinité et un créateur céleste », soigneusement enregistré des années avant le « déni téméraire » de Sir Samuel. Nous montrons plus loin que M. Spencer, s'appuyant sur une seule phrase isolée de Brough Smyth, omet toutes ses informations essentielles sur l'Être suprême australien ; tandis que M. Huxley, ignorant les preuves abondantes et concluantes quant à leur religion éthique, accuse les Australiens d'avoir simplement une croyance non morale dans les esprits occasionnels. Nous devons également montrer que M. Huxley, sous la domination de sa théorie, et par inadvertance, cite une bonne autorité disant exactement le contraire de ce qu'il dit réellement.

Si les faits qui ne correspondent pas à leurs théories sont peu observés par des autorités aussi populaires que M. Huxley et M. Spencer ; si *instantiae les contradictoires* sont ignorés ou laissés vagues ; si ces choses sont faites sur l'arbre vert, nous pouvons facilement imaginer ce qui sera fait sur l'arbre sec.

Mais nous n'avons pas besoin de faire la guerre aux *vulgarisateurs hâtifs* et aux théoriciens imprudents.

On en a assez dit pour montrer la position de l'anthropologie à l'égard de l'évidence, et pour prouver que, s'il limite ses observations à certains anthropologues, les censures de M. Max Müller sont justifiées. C'est principalement pour cette raison que les arguments qui vont suivre s'enchaînent sur le fil du livre véritablement érudit et précis de M. Tylor, « Primitive Culture ».

Bien que récemment apparu, *vix aut ne vix quidem* , de l'ombre froide du dédain scientifique, l'Anthropologie adopte les airs de ses sœurs aînées parmi les sciences, et se montre aussi sévère qu'elles envers la Cendrillon de la famille, la Recherche Psychique. Elle doit murmurer à propos de ses fées parmi les cendres du foyer, pendant qu'elles vont au bal et dansent avec les maires de province lors des festivités de la British Association. C'est peu généreux et malheureux, car les archives de l'anthropologie sont riches en matériaux non examinés de recherche psychique. Je ne connais aucun ouvrage consacré par un anthropologue de renom aux pratiques hypnotiques et apparentées des races inférieures, à l'exception du très maigre tract de Herr Bastian, « Über psychique Beobachtungen bei Naturvölkern . »[7] Nous possédons néanmoins une masse d'informations éparses sur ce sujet, le côté sauvage des phénomènes psychiques, dans les ouvrages de voyage et dans la monumentale « Culture primitive » de M. Tylor. Cependant, comme nous le verrons, M. Tylor considère comme une question indifférente, ou, du moins, comme une question dépassant le cadre de son essai, de décider si les phénomènes supranormaux parallèles auxquels croient les sauvages et dont on dit qu'ils se reproduisent dans la civilisation , sont ou non des faits d'expérience réelle.

Or, cette question n'est pas oiseuse. M. Tylor, comme d'autres anthropologues, M. Huxley, M. Herbert Spencer et leurs disciples et vulgarisateurs , construit sur des bases anthropologiques une théorie de l'origine de la religion.

L'anthropologie explique cette origine comme le résultat de raisonnements précoces et fallacieux sur un certain nombre de phénomènes biologiques et psychologiques, à la fois normaux et (comme le prétendent les sauvages) supranormaux. Ces raisonnements ont conduit à la croyance aux âmes et aux esprits. Or, premièrement, l'anthropologie a pris pour acquis que les divinités suprêmes des sauvages sont considérées par ceux-ci comme des « esprits ». Aussi paradoxale que puisse paraître cette affirmation, c'est précisément ce qui ne semble pas être prouvé, comme nous le montrerons. Ensuite, si les phénomènes supranormaux (clairvoyance, transfert de pensée, fantasmes de morts, fantasmes de mourants et autres) sont de véritables questions d'expérience, les déductions qu'en tirait la première philosophie sauvage peuvent être, dans une certaine mesure, erronées. Mais les conclusions tirées par les matérialistes qui rejettent les phénomènes supranormaux seront peut-être aussi, disons, incomplètes. La religion aura été en partie développée à partir de faits, peut-être en contradiction avec le matérialisme dans sa forme dogmatique actuelle. Pour le dire de manière moins tranchante, et peut-être plus précisément, les faits allégués « ne sont pas seulement dramatiquement étranges, ils ne sont pas seulement extraordinaires et frappants, mais ils sont « étranges » dans le sens où ils ne cadrent pas facilement avec les vues des physiciens. et les hommes de science nous donnent généralement des informations sur l'univers dans lequel nous vivons » (M. AJ Balfour, discours du président, « Proceedings », SPR vol. xp 8, 1894).

Dans ces conditions, il pourrait sembler que le rôle de l'anthropologie, la science de l'homme, soit d'examiner, entre autres choses, les preuves de l'existence réelle de ces prétendus phénomènes inhabituels et supranormaux, dont la croyance est donnée comme l'un des les origines de la religion.

Faire cet examen, dans le domaine ethnographique, est presque un travail nouveau . Comme nous le verrons, les anthropologues n'ont pas encore étudié des choses telles que la « marche sur le feu » des sauvages, indemnes des flammes, comme les trois saints enfants. La pratique sauvage, à l'échelle mondiale, de divination par hallucinations provoquées par le regard dans une profondeur lisse (regard de cristal) n'a été étudiée, je pense, par aucun anthropologue. La véracité des « messages » prononcés par des voyants sauvages lorsque (comme ils le supposent) « possédés » ou « inspirés » n'a pas été critiquée , et ne peut probablement pas l'être, faute d'informations détaillées. Les « phénomènes physiques » qui répondent chez les sauvages à l'usage du « bâton divinatoire » et aux merveilles « spirites » des temps modernes, n'ont été que brièvement évoqués. En bref, tous les parallèles sauvages avec les soi-disant « phénomènes psychiques » actuellement discutés en Angleterre, en Amérique, en Allemagne, en Italie et en France ont échappé à l'analyse critique et à la comparaison avec leurs homologues civilisés .

Une exception parmi les anthropologues est M. Tylor. Il n'a pas supprimé l'existence de ces parallèles barbares avec nos problèmes modernes de ce genre. Mais son intérêt pour eux prend fin pratiquement lorsqu'il a montré que ces phénomènes ont contribué à l'origine de la croyance sauvage aux « esprits », et lorsqu'il a montré la « survivance » de cette croyance dans la culture ultérieure. Il ne demande pas : « Les phénomènes sont-ils réels ? il ne s'intéresse qu'à la philosophie sauvage des phénomènes et à ses reliques dans le spiritisme et la religion modernes. Mon objectif est de faire, par simple *ébauche* , ce que ni l'anthropologie, ni la recherche psychique, ni la psychologie n'ont fait : mettre côte à côte les phénomènes sauvages et modernes. Les preuves que nous pouvons donner de l'actualité des expériences modernes soulèveront, dans la mesure où elles vont, la présomption que les croyances sauvages, aussi erronées soient-elles, aussi obscurcies par la fraude et la fantaisie, reposent sur une base d'observation réelle de phénomènes réels.

L'anthropologie s'intéresse à l'homme et à ce qu'il contient : *humani nihil a se alienum putat* . Ces recherches relèvent donc du domaine anthropologique, d'autant plus qu'elles portent sur la théorie anthropologique dominante de l'origine de la religion. Par « religion », nous entendons, aux fins de cet argument, la croyance en l'existence d'une ou plusieurs intelligences non humaines et non dépendantes d'un mécanisme matériel du cerveau et des nerfs, qui peuvent, ou non, contrôler puissamment les hommes. fortunes et la nature des choses. Nous entendons également la croyance supplémentaire selon laquelle il existe, chez l'homme, un élément si proche de ces Intelligences qu'il peut transcender la connaissance obtenue par les sens corporels connus et peut éventuellement survivre à la mort du corps. Ces deux croyances apparaissent actuellement (bien que pas nécessairement dans leur origine) comme la foi en Dieu et en l'immortalité de l'âme.

Il est donc important de retracer, si possible, l'origine de ces deux croyances. S'ils sont apparus en communion réelle avec la Divinité (comme le premier l'a fait du moins, dans la théorie des Écritures hébraïques), ou s'il pouvait être prouvé qu'ils surgissaient d'une manière inanalysable *sens numinis* , ou encore dans « une perception de l'Infini » (Max Müller), la religion aurait une source divine, ou du moins nécessaire. Pour le théiste, ce qui est inévitable ne peut qu'être divinement ordonné, donc la religion est divinement prédéterminée, donc, dans l'essentiel, mais pas dans les détails accidentels, la religion est vraie. L'athée, ou le non-théiste, ne tire bien sûr pas de telles conclusions.

Mais si la religion, telle qu'elle est comprise aujourd'hui par les hommes, est la dernière forme évolutive d'une série d'erreurs, d'erreurs et d'illusions, si son germe est une erreur, et si sa forme actuelle n'est que le résultat d'améliorations progressives mais non essentielles de cette erreur, la il est très facile de conclure que la religion est fausse, que rien de réel ne correspond à son hypothèse. Cette déduction n'est peut-être pas logique, car toute notre science elle-même est le résultat d'affinements progressifs d'hypothèses initialement erronées, conçues pour expliquer des faits mal conçus. Pourtant notre science est vraie, dans ses limites, bien que très loin d'être exhaustive de la vérité. De la même manière, pourrait-on soutenir, notre religion, même en admettant qu'elle soit née d'erreurs primitives et de fausses hypothèses, peut néanmoins avoir été raffinée, comme la science l'a été, par une multitude de causes, pour devenir une vérité approximative.

Souvent, comme je suis obligé de différer de M. Spencer à la fois quant aux faits et à leur interprétation, je suis heureux de constater qu'il m'a devancé ici. Les opposants diront, dit-il, que « si la croyance primitive » (aux fantômes) «

était absolument fausse, toutes les croyances qui en dérivent doivent être absolument fausses ? M. Spencer répond : « Un germe de vérité était contenu dans la conception primitive : la vérité, à savoir que le pouvoir qui se manifeste dans la conscience n'est qu'une forme différemment conditionnée du pouvoir qui se manifeste au-delà de la conscience. » En fait, nous trouvons M. Spencer, comme Faust décrit par Marguerite, dire à peu près la même chose que les prêtres, mais pas tout à fait de la même manière. Bien sûr, j'admets l'existence d'un « germe de vérité » bien plus important dans l'origine de la théorie des fantômes que ne le fait M. Spencer. Mais nous pouvons dire tous deux que « la forme ultime de la conscience religieuse est » (sera ?) « le développement final d'une conscience qui contenait au départ un germe de vérité obscurci par d'innombrables erreurs ».

"Un Dieu, une loi, un élément,
Et un événement divin lointain, Vers lequel se dirige toute la création."

En ce qui concerne enfin M. Tylor, nous constatons qu'il commence par rejeter l'idée selon laquelle toute race humaine connue est dépourvue de conceptions religieuses. Il réfute, de leur propre bouche, les allégations de plusieurs écrivains qui ont fait cette affirmation éclatée sur les « tribus impies ». Il dit : « Les pensées et les principes du christianisme moderne sont attachés à des indices intellectuels qui remontent à des époques préchrétiennes lointaines jusqu'à l'origine même de la civilisation humaine, peut-être même de l' *existence humaine* . »[9] Jusqu'à présent , nous abondons dans M. Le sens de Tylor. « Comme définition minimale de la religion », il donne « la croyance aux êtres spirituels », qui apparaît « parmi toutes les races inférieures avec lesquelles nous avons atteint des relations profondément intimes ». L'existence actuelle de cette croyance ne prouve pas qu'aucune race n'ait jamais été dépourvue de toute croyance. Mais cela nous empêche de poser l'existence de telles races sans croyance, à quelque époque que ce soit, comme un fait démontré. En bref, nous n'avons donc aucune possibilité d'observer, *historiquement* , l'évolution de l'homme depuis l'incrédulité pure jusqu'à la forme de croyance la plus minimale ou la plus rudimentaire. Nous ne pouvons que théoriser et faire des conjectures plus ou moins plausibles quant aux premiers rudiments de la foi humaine en Dieu et dans les êtres spirituels. Nous ne trouvons aucune race dont l'esprit, quant à la foi, soit une *table rase* .

À la foi la plus ancienne, M. Tylor donne le nom d' *animisme* , terme qui n'est pas totalement exempt d'objection, bien que le « spiritualisme » soit encore moins souhaitable, ayant été usurpé par une forme de superstitiosité moderne. Cet animisme, « dans son plein développement, inclut la croyance aux âmes et à un état futur, au contrôle des divinités et des esprits subordonnés ». De l'avis de M. Tylor, comme de celui de M. Huxley, l'animisme, dans ses formes inférieures (et antérieures), n'a pratiquement aucun lien avec l'éthique. Ses « esprits » ne « font pas la justice ». C'est une question secondaire que nous examinerons plus tard, mais nous pouvons provisoirement observer, en passant, que les idées éthiques, telles qu'elles sont, même des Noirs australiens seraient inculquées aux mystères religieux (Bora) des tribus , qui ont été institués par et sont exécutés en l'honneur des dieux de leur croyance indigène. Mais ce sujet doit être réservé à nos derniers chapitres.

M. Tylor, cependant, s'intéresse principalement à l'animisme en tant que « philosophie ancienne et mondiale, dont la croyance est la théorie et l'adoration est la pratique ». Étant donné l'animisme, ou la croyance en des êtres spirituels, comme forme la plus ancienne et minimum de la foi religieuse, quelle est l'origine de l'animisme ? On verra que, par animisme, M. Tylor n'entend pas la prétendue théorie ancienne, implicitement sinon explicitement et consciemment soutenue, selon laquelle toutes choses, quelles qu'elles soient, sont animées et sont des personnalités.[10] À en juger par le comportement des petits enfants et par les mythes des sauvages, l'homme primitif a peut-être étendu à moitié consciemment son propre sentiment d'existence personnelle, puissante et animée à l'ensemble de la nature telle qu'il la connaissait. Non seulement les animaux, mais aussi les végétaux et les objets inorganiques, peuvent avoir été considérés par lui comme des personnes, à l'image de ce qu'il se sentait être. L'enfant (peut-être simplement parce *qu'on lui a appris* à le faire) bat la chaise coquine, et tous les objets sont des personnes dans la mythologie ancienne. Mais ce *sentiment* , plutôt qu'une théorie, a peut-être existé parmi les premiers hommes, avant qu'ils ne développent l'hypothèse des « esprits », des « fantômes » ou des âmes. C'est l'origine de *cette* hypothèse, « l'animisme », sur laquelle M. Tylor enquête.

Quelle est donc l'origine de l'animisme ? Elle est apparue dans les premières spéculations traçables sur « deux groupes de problèmes biologiques :

(1) « Qu'est-ce qui fait la différence entre un corps vivant et un corps mort ? » Qu'est-ce qui cause l'éveil, le sommeil, la transe, la maladie et la mort ?

(2) « Quelles sont ces formes humaines qui apparaissent dans les rêves et les visions ? »[11]

Il convient ici de noter que M. Tylor fait très justement une distinction entre les « rêves » endormis et les « visions » éveillées, ou « vision claire ». La distinction est faite même par les Noirs d'Australie. Ainsi, l'un des Kurnai annonça que son *Yambo* , ou son âme, pouvait « sortir » pendant son sommeil et voir les lointains et les morts. Mais "si n'importe qui pouvait communiquer avec les fantômes, *pendant le sommeil* , seuls les sorciers étaient capables de le faire pendant les heures d'éveil". Un sorcier, en fait, est une personne susceptible (ou feignant d'être susceptible) lorsqu'elle est éveillée de perceptions hallucinatoires de fantasmes de morts. « Parmi les Kulin de la rivière Wimmera , un homme est devenu un sorcier qui, lorsqu'il était enfant, avait vu le fantôme de sa mère assis près de sa tombe. » [12] Ces faits prouvent qu'une race de sauvages située au bas de l'échelle culturelle prend effectivement une distinction formelle entre les rêves normaux pendant le sommeil et les hallucinations éveillées – une chose susceptible d'être niée.

généralisation massive selon laquelle les sauvages ne possèdent pas de langage permettant à un homme de dire « J'ai rêvé que j'ai vu » au lieu de « J'ai vu » (« Principes de sociologie », p. 150). Cela ne pourrait être prouvé qu'en donnant des exemples de langues aussi déficientes, ce que M. Spencer ne fait pas.[13] Dans de nombreuses spéculations sauvages surgissent des idées aussi subtilement métaphysiques que celles de Hegel. De plus, même les langues australiennes ont le verbe « voir » et le substantif « dormir ». Rien n'empêche donc un homme de dire : « J'ai vu dans mon sommeil » (*insomnium* , [grec : enupnion]).

Nous avons également montré que les Australiens font une distinction essentielle entre les hallucinations de veille (fantômes vus par un homme éveillé) et les hallucinations communes du sommeil. N'importe qui peut les avoir ; l'homme qui voit des fantômes lorsqu'il est éveillé est destiné à un sorcier.

En même temps, la vivacité des rêves chez certains sauvages, tels qu'ils sont rapportés dans les « Indiens de Guyane » de M. Im Thurn, et la confusion qui en résulte entre les expériences de rêve et de veille, sont des faits certains. Wilson dit la même chose de certains nègres, et M. Spencer illustre la confusion d'esprit chez les enfants rêveurs. Eux, on le sait, sont beaucoup plus adonnés au somnambulisme que les adultes. J'ignore que le somnambulisme spontané chez les sauvages ait été étudié comme il devrait l'être. J'ai démontré, cependant, que de très bas sauvages peuvent établir et font effectivement une distinction essentielle entre les hallucinations endormies et éveillées.

Encore une fois, l'observateur de cristal, dont les images de cristal apparemment télépathiques sont discutées plus loin (chap. V.), a été présenté à un cristal simplement parce qu'on savait auparavant qu'il était susceptible à l'éveil et à des hallucinations parfois véridiques.

Ce n'était pas seulement aux rêves du sommeil, si facilement oubliés qu'ils soient, que le sauvage réfléchissait, dans ses premières spéculations sur la vie et l'âme. Il a inclus dans ses documents les expériences beaucoup plus frappantes et mémorables des heures de veille, comme nous et M. Tylor sommes d'accord sur ce point.

En réfléchissant à ces choses, les premiers raisonneurs sauvages décideraient : (1) que l'homme a une « vie » (qui le laisse temporairement dans le sommeil, finalement dans la mort) ; (2) que l'homme possède également un « fantôme » (qui apparaît aux autres dans leurs visions et leurs rêves). Le philosophe sauvage « combinerait alors ses informations », comme un célèbre écrivain de métaphysique chinoise. Il se contenterait de « combiner la vie et le fantôme », comme « manifestations d'une seule et même âme ». Le résultat serait « une âme apparition » ou « âme fantôme ».

Cette âme fantôme serait une créature hautement accomplie, « une vapeur , un film ou une ombre », pourtant consciente, capable de quitter le corps, pour la plupart invisible et impalpable, « tout en manifestant également un pouvoir physique », existant et apparaissant après la mort de le corps, capable d'agir sur le corps des autres hommes, des bêtes et des choses.[14]

Lorsque les premiers raisonneurs, à une époque et dans des conditions mentales dont nous ne savons rien historiquement, avaient élaboré l'hypothèse de cette âme consciente, puissante, séparable, capable de survivre à la mort du corps, il ne leur était pas difficile de développer l'hypothèse de cette âme consciente, puissante, séparable, capable de survivre à la mort du corps. reste de la religion, comme le pense M. Tylor. Le puissant fantôme d'un homme mort pourrait prospérer jusqu'à ce que, son propriétaire d'origine étant oublié depuis longtemps, il devienne un Dieu. Encore une fois (une fois les âmes données), ce ne serait peut-être pas un saut logique très difficile de concevoir des âmes, ou des esprits, qui n'auraient jamais été humains du tout. C'est, pourrions-nous dire, seulement *le premier pas qui coûte* , le pas vers la croyance en une âme survivante et séparable. Néanmoins, quand on se souvient que M. Tylor théorise sur les sauvages dans le sombre contexte de l'évolution humaine, des sauvages dont nous ne savons rien par expérience, des sauvages loin derrière les Australiens et les Bushmen (qui possèdent des dieux), nous devons admettre qu'il leur attribue une grande ingéniosité et de puissants pouvoirs de raisonnement abstrait. Il a peut-être raison à son avis. De la même manière, tout comme les hommes primitifs étaient de fins raisonneurs, les premières abeilles, plus intelligentes que les abeilles modernes, ont peut-être développé le système de cellules hexagonales, et seul un premier poisson de génie aurait pu le premier comprendre ce plan, désormais héréditaire de l'humanité. tuer une mouche en lui soufflant de l'eau.

Je n'ai aucune objection à opposer à cette théorie du génie métaphysique chez les très bas sauvages. Nous trouverons plus tard des exemples étonnants de spéculations abstraites et sauvages, certainement pas tirées de sources missionnaires, car totalement en dehors de la ligne de devoir et de réflexion du missionnaire.

De même que les premières bêtes avaient du génie, de même les premiers raisonneurs semblent avoir été aussi doués en logique que les plus bas sauvages que nous connaissons aujourd'hui, ou même que certains critiques bibliques. Grâce à l'hypothèse de M. Tylor, ils ont été les premiers à concevoir l'idée extrêmement abstraite de la Vie, « ce qui fait la différence entre un corps vivant et un corps mort ».[15] Cette conception très abstraite a cependant dû être d'autant plus difficile à comprendre au début . l'homme, car, pour lui, toutes choses, universellement, sont « animées ».[16] M. Tylor illustre cette théorie des premiers hommes par l'idée du petit enfant selon laquelle « les chaises, les bâtons et les chevaux de bois sont actionnés par le même genre de volonté personnelle en tant qu'infirmières, enfants et chatons…. Dans de telles matières, l'esprit sauvage représente bien le stade enfantin. »[17]

Or, rien ne peut être plus sûr que cela : si les enfants pensent que les bâtons sont animés, ils ne le pensent pas parce qu'ils ont entendu ou découvert qu'ils possèdent une âme, puis ont transféré leurs âmes sur des bâtons. On peut donc douter que l'homme primitif soit parvenu ainsi, en raisonnant sur les âmes, à supposer que toutes choses, universellement, étaient animées. Mais s'il pensait que toutes choses étaient animées, un cadavre, à son avis, était tout aussi animé que n'importe quoi d'autre. A-t-il raisonné : « Toutes choses sont animées. Un cadavre n'est pas animé. Un cadavre n'est donc pas une chose (au sens de ma Loi Générale) » ?

Comment, encore une fois, les premiers hommes ont-ils conçu la Vie, avant d'identifier la Vie (1) avec « ce qui fait la différence entre un corps vivant et un corps mort » (différence qu'il n'a pas dessinée, par hypothèse , *toutes choses* étant animé dans son esprit) et (2) avec « ces formes humaines qui apparaissent dans les rêves et les visions » ? "Les anciens philosophes sauvages en sont probablement parvenus à la conclusion évidente que chaque homme possédait deux choses qui lui appartenaient, une vie et un fantôme." Mais tout était censé avoir « une vie », pour autant qu'on puisse le croire, avant que l'idée d'une âme séparable ne soit développée, du moins si les sauvages parvenaient à la théorie de l'animation universelle comme on dit que les enfants le font.

Nous traitons ici de manière tout à fait conjecturale de faits dépassant notre expérience.

Quoi qu'il en soit, les premiers hommes ont imaginé (par l'hypothèse) l'idée abstraite de la Vie, *avant* de l'« envisager » pour la première fois en termes matériels comme « souffle » ou « ombre ». Il décida ensuite que le simple souffle ou l'ombre n'était pas seulement identique à la conception plus abstraite de la vie, mais pouvait également prendre des formes aussi réelles et corsées que le sont, pour lui, les hallucinations du rêve ou de la vision éveillée. Son raisonnement semble être passé du plus abstrait (l'idée de la vie) au plus concret, à la vie d'abord sombre et vaporeuse, puis revêtue de l'aspect même de l'homme réel.

M. Tylor a ainsi (que nous suivions ou non sa logique) fourni à l'homme une théorie d'âmes actives, intelligentes et séparables, qui peuvent survivre à la mort du corps. Les premiers hommes sont parvenus à cette théorie par des spéculations sur la nature de la vie et sur les causes des fantasmes de morts ou de vivants observés dans « les rêves et les visions ». Mais notre auteur ne laisse nullement de côté les effets de prétendus phénomènes supranormaux auxquels croyaient les sauvages, avec leurs parallèles dans la civilisation moderne . Ces phénomènes supranormaux, qu'ils soient réels ou illusoires, sont, selon lui, des faits dans cette masse d'expériences à partir de laquelle les sauvages ont construit leur croyance en des âmes ou des fantômes séparables, durables et intelligents, fondement de la religion.

Alors que nous sommes, peut-être en raison de notre propre manque de capacité, intrigués par ce qui semble être deux sortes de philosophie primitive — (1) une sorte de croyance instinctive ou irraisonnée en l'animation universelle, que M. Spencer appelle « animisme » et ne le fait pas. (2) la croyance raisonnée en des âmes des hommes (et des choses) séparables et survivantes, à laquelle croit M. Spencer et que M. Tylor appelle « animisme » — nous devons également noter une autre difficulté. M. Tylor peut sembler tenir pour acquis que les premiers penseurs lointains et inconnus de la vie et de l'âme existaient sur le même plan psychique que nous-mêmes, ou, du moins, en tant que sauvages modernes. Entre les sauvages modernes et nous, à cet égard, il admet certaines différences, mais il n'en prend aucune entre les sauvages modernes et les lointains fondateurs de religion.

Ainsi M. Tylor observe :

"La condition du voyant moderne, dont l'imagination transforme une si légère excitation en hallucination positive, est plutôt la règle que l'exception parmi les tribus incultes et intensément imaginatives, dont l'esprit peut être déséquilibré par un toucher, un mot, un geste, un bruit inhabituel. »[18]

Je trouve des preuves que les petits sauvages contemporains *ne sont pas* de grands voyants de fantômes et, encore une fois, je ne peux pas tout à fait accepter la psychologie du « voyant de fantômes moderne » de M. Tylor. La plupart de ces personnes favorisées que j'ai connues étaient des personnes stables, sans imagination, sans excitation, avec juste une expérience étrange. Lord Tennyson, lui aussi, après avoir dormi exprès dans le lit de son père récemment disparu pour voir son fantôme, a décidé que les fantômes «ne sont pas vus par les gens imaginatifs».

Examinons maintenant plus longuement les conditions psychiques dans lesquelles, selon M. Tylor, les sauvages contemporains diffèrent des hommes civilisés . Nous nous demanderons plus tard ce que l'on peut dire des différences psychiques possibles ou présumées entre les sauvages modernes et les fondateurs intemporels et lointains de la croyance aux âmes. M. Tylor attribue aux races inférieures, et même aux races très supérieures à leur niveau, « une extase morbide, provoquée par la méditation, le jeûne, les narcotiques, l'excitation ou la maladie ». Maintenant, nous pouvons toujours « méditer » – et dans quelle mesure le résultat est « morbide » est une question qu'il appartient aux psychologues et aux pathologistes de déterminer. Nous ne pratiquons pas le jeûne volontairement et nous n'accepterions pas facilement la preuve d'un Anglais quant à la véracité des visions de jeûne volontaire, comme celles de Cotton Mather. Nous devrions généralement mettre de côté les visions de maladie avec celles d'« excitation », produites, par exemple, par des « danses du diable ». Les visions narcotiques et alcooliques ne sont pas en cause.[19] Pour notre propos, les transes *induites* des sauvages (de quelque manière que ce soit volontairement provoquées) sont analogues à la transe hypnotique induite moderne. Toute acquisition supranormale de connaissances dans ces conditions induites, chez les sauvages, serait comparable aux prétendues expériences similaires de personnes sous hypnose.

Nous ne différons pas des sauvages connus en ce qu'ils sont capables de provoquer des conditions psychologiques anormales, mais nous les produisons, en règle générale, par d'autres méthodes que les leurs, et de telles expériences ne sont pas faites sur nous tous, comme elles l'ont été sur tous . Garçons et filles indiens rouges dans le « jeûne médical », à l'âge de la puberté.

De plus, dans leur état normal, les sauvages connus, ou certains d'entre eux, sont plus « suggestibles » que les Européens instruits, du moins.[20] Ils peuvent être plus facilement hallucinés dans leur état de veille normal par suggestion. Une fois de plus, leurs intervalles de faim, suivis de gorges de nourriture, et leur manque de lumière artificielle, se combinent pour rendre les sauvages plus aptes à voir ce qui n'est pas là que ne le sont les hommes blancs instruits et aisés. Mais M. Tylor va trop loin lorsqu'il dit que « là où le sauvage pouvait voir des fantasmes, l' homme civilisé en est venu à s'amuser avec des fantaisies ».[21] L' homme civilisé , sans aucun doute, est capable d'être *enfantosmé* .

Dans tout ce qu'il dit sur ce point, celui de l'état psychique, M. Tylor parle de sauvages connus dans la mesure où ils diffèrent de nous. Mais les sauvages qui, *par hypothèse,* ont développé la doctrine des âmes se situent au-delà de notre connaissance, loin derrière les sauvages modernes, parmi lesquels nous trouvons la croyance non seulement aux âmes et aux fantômes, mais aussi aux dieux moraux. De l'état psychique des sauvages qui ont élaboré la théorie des âmes et fondé la religion, nous ne savons nécessairement rien. S'il existe des expériences telles que la clairvoyance, la télépathie, etc., il se peut que nos ancêtres inconnus (pour autant que nous puissions le dire) aient été particulièrement ouverts à elles, et donc particulièrement enclins à croire en des âmes séparables. En fait, lorsque nous écrivons sur ces lointains fondateurs de la religion, nous devinons dans l'obscurité ou à la lumière vacillante de l'analogie. Les animaux inférieurs ont des facultés (comme leur pouvoir de retrouver leur chemin à travers de nouvelles régions inconnues et les modes d'acquisition et de communication des connaissances des fourmis) qui sont des mystères pour nous. La terreur des chiens dans les « maisons hantées » et des chevaux dans les scènes « hantées » a souvent été rapportée et est brièvement évoquée par M. Tylor. L'âne de Balaam et les chiens qui se accroupissaient et gémissaient devant Athénée, qu'Eumée ne pouvait pas voir, sont des exemples « classiques ».

La faiblesse de l'argumentation anthropologique ici est, nous devons le répéter, que nous en savons peu plus sur l'état mental et les expériences des premiers penseurs qui ont développé la doctrine des âmes que sur l'état mental et les expériences des animaux inférieurs. Et plus un philosophe croit fermement à l'hypothèse darwinienne, moins il doit admettre qu'il peut supposer qu'il connaît les âges crépusculaires, entre l'animal inférieur et l'homme pleinement évolué. Quel genre de créature était l'homme lorsqu'il conçut pour la première fois les germes ou reçut la lumière de la religion ? Tout n'est que supposition ici ! Nous pouvons simplement faire allusion à la théorie de Hegel selon laquelle la clairvoyance et les phénomènes hypnotiques sont produits dans une sorte d' *atavisme temporaire* , ou de « rejet » d'un état très ancien de « l'âme sensible » (*fūklende Seele*). La faculté ou « âme » « sensible » [inconditionnée, clairvoyante] est « une maladie lorsqu'elle devient un état de l'être humain conscient de lui-même, instruit et maître de soi de la civilisation ».[22] « Deuxième vue », pense Hegel , était le produit d'une époque et d'un état mental antérieurs aux nôtres.

Abordant ce sujet presque intact — l'état psychique primitif de l'homme — non pas du côté des spéculations métaphysiques comme celles de Hegel, mais avec les instruments de la psychologie et de la physiologie modernes, le Dr Max Dessoir, de Berlin, à la suite, en effet, de M. Taine, a nous sommes arrivés, comme nous l'avons vu, à des conclusions assez similaires. « Cette vie pleinement consciente de l'esprit », dans laquelle nous vivons aujourd'hui, « semble reposer sur un substrat d'action réflexe de type hallucinatoire ». Notre condition moderne actuelle *n'est pas* « fondamentale » et « l'hallucination représente, au moins dans son état naissant, le tronc principal de notre existence psychique ».[23]

Supposons maintenant que nos ancêtres lointains et inconnus qui ont les premiers développé la doctrine des âmes ne se soient pas encore éloignés du « tronc principal de notre existence psychique », loin des hallucinations constantes. Dans ce cas (du moins, selon la théorie du Dr Dessoir), leurs expériences psychiques seraient telles que nous ne pouvons pas les estimer, mais que nous ne pouvons cependant pas laisser de côté, comme possibilité influençant la religion, de nos calculs.

Si les premiers hommes étaient dans un état dans lequel la télépathie et la clairvoyance (si elles étaient possibles) étaient répandues, on pourrait s'attendre à ce que des facultés si utiles se développent dans la lutte pour l'existence. Qu'ils soient délibérément cultivés par les sauvages modernes, nous le savons. La mère adoptive indienne de John Tanner avait l'habitude, lorsqu'elle avait besoin de nourriture, de se mettre dans un état hypnotique, de sorte qu'elle devenait *clairvoyante* quant à l'endroit où se trouvait le gibier. Tanner, un garçon anglais, attrapé très tôt par les Indiens, était sceptique , mais en est venu à pratiquer lui-même le même art, non sans succès.[24] Ses réminiscences, qu'il a dictées à son retour à la civilisation , n'étaient certainement pas feintes au profit d'aucune théorie. Mais on peut dire que les souches humaines les plus télépathiques auraient dû, *toutes choses égales par ailleurs* , être celles qui ont le mieux réussi dans la lutte pour l'existence. Nous pouvons en déduire que *cetera* n'étaient pas *des paria* , l'état de clairvoyance n'étant pas précisément le meilleur pour les affaires pratiques de la vie. Mais en réalité , nous ne savons rien de l'état psychique des premiers hommes. Ils ont peut-être eu des expériences tendant vers une croyance aux « esprits », dont nous ne pouvons rien dire. Nous sommes obligés de deviner, dans une ignorance considérable des conditions réelles, et cette ignorance historique entrave inévitablement toute spéculation anthropologique sur l'origine de la religion.

La connaissance de notre inscience quant à l'état psychique de nos premiers ancêtres pensants peut suggérer une hésitation à considérer comme acquis que l'homme primitif était seul ou au niveau sauvage moderne dans l'expérience « psychique ». Même les races sauvages, comme le dit justement M. Tylor, attribuent une connaissance psychique supérieure aux tribus voisines d'un niveau de culture encore inférieur au leur. Le Finlandais estime les sorciers lapons au-dessus des siens ; les Lapons cèdent aux prétentions supérieures des Samoyèdes. Il y a peut-être plusieurs façons d'expliquer cette relative humilité : il y a la voie de Hegel et il y a la voie de M. Tylor. Nous ne pouvons pas être certains, *a priori* , que les premiers hommes ne connaissaient pas plus que nous les expériences supranormales ou apparemment supranormales, ou que celles-ci n'ont pas influencé ses pensées sur l'animisme.

C'est un exemple des changements caméléons de la science (même de la « science faussement appelée » s'il vous plaît) que lorsqu'il a écrit son livre, en 1871, M. Tylor n'aurait pas pu anticiper cette argumentation.

Les « plans psychiques » n'avaient pas été inventés ; l'hypnotisme, avec ses problèmes, n'avait pas été très remarqué en Angleterre. Mais le « spiritualisme » était florissant. M. Tylor n'a pas ignoré cette renaissance de la philosophie sauvage. Il voyait très bien que la fin du siècle assistait à une réhabilitation partielle des croyances qui avaient été explorées de 1660 à 1850. Il y a soixante-dix ans, comme le dit M. Tylor, le Dr Macculloch, dans sa « Description des îles occidentales de l'Écosse », " a écrit à propos de " la célèbre seconde vue des Highlands " que " cessant d'être cru, il a cessé d'exister. "[25]

Le Dr Macculloch s'est trompé sur ses faits. La « seconde vue » n'a jamais cessé d'exister (ou de croire qu'elle existe), et elle a récemment fait l'objet d'une enquête dans le « Journal » de la Société médicale calédonienne. M. Tylor lui-même dit qu'elle a été « réinstaurée dans un éventail bien plus large de sociétés et dans des circonstances bien meilleures d'apprentissage et de prospérité ». Il attribue généralement ce fait à « une renaissance directe des régions de la philosophie sauvage et du folklore paysan », renaissance provoquée en grande partie par les écrits de Swedishborg. Aujourd'hui, les choses ont changé. Les étudiants qui s'intéressent aujourd'hui à toute cette classe de prétendus phénomènes supranormaux croient rarement à la philosophie du spiritualisme au sens américain du terme.[26]

M. Tylor, comme nous l'avons vu, attribue le regain d'intérêt pour cette obscure classe de sujets à l'influence de Swedenborg. Il est vrai, comme on l'a montré, que Swedishborg attira l'attention de Kant. Mais l'intérêt moderne a été surtout suscité et entretenu par les phénomènes de l'hypnotisme. L'intérêt des étudiants instruits est désormais véritablement scientifique.

Ainsi M. William James, professeur de psychologie à l'Université de Harvard, écrit :

«J'ai été attiré par ce sujet (la recherche psychique) il y a quelques années par mon amour du fair-play scientifique.»[27]

M. Tylor n'est pas incapable d'apprécier cette attitude. Même les soi-disant « manifestations spirituelles », dit-il, « devraient être discutées selon leurs mérites », et l'enquête « semblerait susceptible de jeter la lumière sur certaines questions psychologiques des plus intéressantes ». Rien de plus éloigné de la logique de Hume.

Les idées de M. Tylor sur les causes de l'origine de la religion sont aujourd'hui critiquées , non pas du point de vue du spiritualisme, mais de la psychologie expérimentale. Nous estimons qu'il existe très probablement des facultés humaines d'une portée inconnue ; que ceux-ci étaient probablement plus puissants et plus répandus parmi nos très lointains ancêtres qui ont fondé la religion ; qu'ils peuvent encore exister chez les races sauvages comme chez les races civilisées , et qu'ils peuvent avoir confirmé, s'ils n'en sont pas l'origine, la doctrine des âmes séparables. S'ils *existent* , c'est une circonstance importante, dans la mesure où les idées modernes reposent sur la négation de leur existence.

M. Tylor examine ensuite les noms sauvages et autres *noms* de l'âme fantôme, tels que ombre (*umbra*), souffle (*spiritus*), et il donne des cas dans lesquels l' *ombre* d'un homme est considérée comme équivalente à sa *vie* . Bien sûr, l'ombre au soleil ne ressemble pas au fantasme d'un rêve. Les deux, cependant, ont été combinés et identifiés par les premiers penseurs, tandis que *le souffle* et *le cœur* étaient utilisés comme symboles de « ce qui chez les hommes qui les fait vivre », une expression trouvée chez les indigènes du Nicaragua en 1528. Le caractère symbolique de l'expression est avoué. , « ce n'est *pas* précisément le cœur, mais ce qui est en eux qui les fait vivre », prouve que pour le locuteur, la vie n'était *pas* « cœur » ou « souffle », mais que ces termes étaient connus pour être des compteurs de mots matériels pour la conception. de la vie.[1] Nous ne savons bien sûr pas si les premiers penseurs ont identifié le cœur, le souffle, l'ombre avec la vie, ou s'ils ont consciemment utilisé des mots d'origine matérielle pour désigner une conception immatérielle. Mais dans ce dernier cas, le mot réagirait à la pensée, jusqu'à ce que le Romain inhale (comme sa vie ?) le dernier souffle de son parent mourant, sachant bien que les Mânes dudit parent étaient ailleurs et ne devaient pas être inhalées.

Des subdivisions et des distinctions furent alors reconnues , comme entre le *Ka égyptien* , le « double », le Karen *kelah* , ou « fantôme de vie personnel » (*spectre*), d'un côté, et le Karen *thah* , « l'âme morale responsable », de l'autre. L'autre. L' *ombre romaine* plane autour du tombeau, les *mânes* vont vers Orcus, le *spiritus* cherche les étoiles.

On nous présente ensuite une foule de cas dans lesquels la maladie ou la léthargie sont attribuées par les sauvages à l'absence de l'esprit du patient ou de l'un de ses esprits. Cette idée d'esprit migrateur est ensuite utilisée par les sauvages pour expliquer certaines démarches du sorcier, du prêtre ou du voyant. On pense que son âme, ou l'une de ses âmes, part dans des endroits lointains à la recherche d'informations, tandis que le voyant reste peut-être léthargique. Probablement, dans la lutte pour l'existence, il a perdu plus en étant léthargique qu'il n'a gagné en étant clairvoyant !

Maintenant, nous abordons ici le premier point de la théorie de M. Tylor, où un critique pourrait se demander : cette croyance en l'errance à l'étranger de l'esprit du voyant était -elle une théorie non seulement fausse dans sa forme (comme elle l'est probablement), mais aussi totalement sans fondement ? sur des expériences qui pourraient faire présumer l'existence de phénomènes réellement surnormaux ? Par expériences « supranormales », j'entends ici l'acquisition par un esprit humain de connaissances qu'il ne pourrait pas obtenir par les canaux reconnus de la sensation. Disons, pour les besoins de l'argumentation, qu'une personne, sauvage ou civilisée , obtient en transe des informations sur des lieux ou des événements éloignés, qui lui sont inconnus et, par les canaux des sens, inconnaissables. Le sauvage expliquera cela en disant que l'âme, l'ombre ou l'esprit du voyant a erré hors du corps vers la scène lointaine. Il s'agit, à l'heure actuelle, d'une théorie non vérifiée. Mais néanmoins, pour les besoins de l'argumentation, supposons que le voyant ait honnêtement obtenu cette information en transe, en léthargie, en sommeil hypnotique ou dans toute autre condition. Si tel était le cas, le sauvage moderne (ou ses ancêtres les plus doués) aurait d'autres fondements pour sa théorie de l'âme errante que n'importe quel fondement présenté par des événements normaux, des rêves ordinaires, des ombres, etc. Encore une fois, dans la nature humaine, il y aurait (si de telles choses se produisaient) une potentialité d'expériences autres et plus étranges que ce que le matérialisme admet comme possibles. Il sera (en accordant les faits) impossible d'affirmer qu'il n'y a *rien dans l'intellect. quod non prius in sensu* . L'âme ne sera pas *ce qu'un vain peuple C'est ce que pensera* la nouvelle tradition populaire, et la théorie de l'esprit du sauvage sera, au moins en partie, basée sur des faits autres que ceux normaux et quotidiens. Cette condition dans laquelle le voyant acquiert des informations, autrement inaccessibles, sur des événements lointains dans l'espace, est ce que les mesméristes du milieu du siècle appelaient la « clairvoyance voyageuse ».

Si une telle expérience est *in rerum natura* , elle ne justifiera évidemment pas la théorie du sauvage selon laquelle l'âme est une entité séparable, capable de voyager et également capable d'exister après la mort du corps. Mais cela donnera au sauvage une meilleure excuse pour sa théorie que ne lui fournissent les expériences normales ; et fera même présumer que la réflexion sur de simples expériences ordinaires – la mort, l'ombre, la transe – n'est pas la seule origine de sa théorie. Car un sauvage aussi perspicace que l'hypothétique premier raisonneur de M. Tylor pourrait refuser de croire que son âme ou celle d'un ami avait été absente lors d'une expédition, à moins qu'elle ne rapporte des informations qui ne devraient normalement pas être acquises. Cependant, nous ne pouvons pas raisonner *a priori* sur jusqu'où pourrait ou non aller la logique du sauvage à l'occasion.

Quoi qu'il en soit, on pourrait s'attendre à ce qu'un raisonneur scientifique se demande : « Cette prétendue acquisition de connaissances, *non* par les voies ordinaires des sens, est-elle une chose *in rerum natura* ? Parce que, si tel est le cas, nous devons évidemment allonger la liste des raisons pour lesquelles le sauvage croit en une âme : nous devons faire en sorte que ses raisons incluent des expériences « psychiques », et il doit y avoir une région X à explorer.

Ces considérations ne manquèrent pas de se présenter à M. Tylor. Mais sa manière de les traiter est particulière. Grâce à sa connaissance inégalée des races inférieures, il lui était facile d'examiner les récits de voyageurs sur des voyants sauvages qui voyaient des événements lointains en vision, et de leur accorder le poids qu'il jugeait approprié, après avoir écarté les possibilités de mensonge et de collusion. Il aurait alors pu examiner les récits modernes de performances similaires parmi les civilisés , qui sont abondants. Il est évident et indéniable que si l'acquisition supranormale de connaissances en transe est une *vera causa* , un processus réel, aussi rare soit-il, la théorie de M. Tylor a besoin de modifications ; tandis que le caractère du raisonnement du sauvage devient plus honorable pour le sauvage et apparaît comme plus fondé qu'on nous avait demandé de le supposer. Mais M. Tylor n'examine pas du tout cet important ensemble de preuves, ou, du moins, ne nous livre pas les détails de son examen. Il écrit simplement à cet endroit :

« Un exemple spiritualiste typique peut être cité par Jung-Stilling, qui dit que des exemples lui sont parvenus de malades qui, désireux de voir des amis absents, sont tombés dans un évanouissement au cours duquel ils sont apparus aux objets lointains de leur vie. affection.'[29]

Jung-Stilling (bien qu'il ait écrit avant l'arrivée du « spiritualisme » moderne) n'est pas une autorité très valable ; il existe de nombreuses preuves meilleures que les siennes, mais M. Tylor les passe sous silence, se contentant de remarquer que «l'Europe moderne est restée suffisamment proche des lignes de la philosophie primitive ». L'Europe moderne l'a bien fait, si elle explique l'acquisition supranormale de connaissances ou l'apparition hallucinatoire d'une personne lointaine à son ami par une théorie des « esprits » errants. Mais les faits ne cessent pas d'être des faits parce que de fausses interprétations leur ont été données par des sauvages, par Jung-Stilling ou par n'importe qui d'autre. La vraie question est la suivante : de tels événements se produisent -ils entre des races inférieures et supérieures, au-delà de toute explication par fraude et coïncidence fortuite ? Nous admettons volontiers que la croyance à l'animisme, lorsqu'elle prend la forme d'une théorie des « esprits errants », est probablement intenable, car elle est assurément d'origine sauvage. Mais nous ne sommes pas absolument sûrs que, sous cet aspect, la théorie ne soit pas basée sur des expériences réelles, ni d'un type normal et ordinaire. Si tel est le cas, la philosophie sauvage et ses prétendues survivances dans la croyance apparaîtront sous un jour nouveau. Et nous sommes enclins à croire qu'un examen de la masse de preuves auxquelles M. Tylor fait ici si légèrement allusion nous incitera au moins à suspendre notre jugement, non seulement quant aux origines de la théorie sauvage des esprits, mais quant à l'hypothèse matérialiste de l'absence d'élément psychique chez l'homme.

Il me semble peut-être avoir déjà dépassé les limites des hypothèses admissibles. Il peut paraître absurde de supposer qu'il puisse exister chez l'homme, sauvage ou civilisé , une faculté d'acquérir des informations inaccessibles par les voies connues des sens, faculté attribuée par les philosophes sauvages à l'âme errante. Mais il est permis de citer l'opinion de M. Charles Richet, professeur de physiologie à la Faculté de médecine de Paris. Elle n'est pas citée parce que M. Richet est professeur de physiologie, mais parce qu'il est parvenu à sa conclusion après six années d'expériences minutieuses. Il dit : « Il existe chez certaines personnes, à certains moments, une faculté d'acquérir des connaissances qui n'a aucun *rapport* avec nos facultés normales de ce genre. »[30]

On peut maintenant chercher dans la vie sauvage et civilisée des exemples tendant à élever une présomption en faveur de l'idée de M. Richet .

[Note 1 : *Culture primitive,* je . 9, 10.]

[Note 2 : *Origine des rangs.*]

[Note de bas de page 3 : Il peut m'être permis de faire référence à la « Réponse aux objections » dans l'annexe de mon *Mythe, rituel et religion,* vol. ii.]

[Note 4 : Spencer, *Institutions ecclésiastiques* , pp. 672, 673.]

[Note 5 : *Culture primitive* , i . 417-425. Cf. cependant *Princip. Du sociol* . , p. 304.]

[Note 6 : Op. cit. je . 423, 424.]

[Note 7 : Publié pour la Société berlinoise de psychologie expérimentale, Günther, Leipzig, 1890.]

[Note 8 : *Institutions ecclésiastiques* , 837-839.]

[Note de bas de page 9 : *Culture primitive* , i . 421, chapitre xi.]

[Note 10 : Cette théorie est ce que M. Spencer appelle « l'animisme » et à laquelle il ne croit pas. Ce que M. Tylor appelle « l'animisme », M. Spencer croit, mais il l'appelle la « théorie des fantômes ».]

[Note 11 : *Culture primitive* , i . 428.]

[Note de bas de page 12 : Howitt, *Journal of Anthropological Institute* , xiii. 191-195.]

le Dictionnaire de la langue Mang'anja de M. Scott , sv « Lots », ou tout glossaire de n'importe quelle langue sauvage.]

[Note de bas de page 14 : *Prim. Culte.* je . 429.]

[Note de bas de page 15 : *Prim. Culte.* je . 428.]

[Note de bas de page 16 : Ibid. je . 285.]

[Note de bas de page 17 : Ibid. je . 285, 286.]

[Note 18 : *Culture primitive* , i . 446.]

[Note 19 : Voir toutefois Dr. Von Schrenck-Notzing , *Die Beobachtung narcolischer Mittel für den Hypnotismus* , et SPR *Proceedings* , x. 292-899.]

[Note 20 : *Culture primitive* , i . 306-316.]

[Note de bas de page 21 : i . 315.]

[Note de bas de page 22 : *Phil. des Geistes* , pp. 406, 408.]

[Note 23 : Voir également le discours présidentiel de MAJ Balfour à la Society for Psychical Research, *Proceedings* , vol. X. Voir aussi Taine, *De l'Intelligence* , i . 78, 106, 139.]

 Récit de Tanner , New York, 1830.]

[Note 25 : *Culture primitive* , i . 143.]

[Note 26 : Comme le « spiritualisme » est souvent utilisé en opposition au « matérialisme », et sans aucune référence au rap des « esprits », la croyance moderne en cette classe d'intelligences peut ici être appelée spiritisme.]

[Note 27 : *La volonté de croire* , préface, p. XIV.]

[Note 28 : *Culture primitive* , i . 432 433. Citant Oviedo, *Hist. De Nicaragua,* p. 21-51.]

[Note 29 : *Culture primitive* , i . 440. Citant Stilling d'après Dale Owen et citant *Scientific Aspect of the Supernatural de M. Alfred Russel Wallace* , p. 43. M. Tylor ajoute également des pratiques folkloriques de vision de fantômes, comme à la veille de la Saint-Jean. La veille de la Saint-Marc est également pertinente, en ce qui concerne le folklore.]

[Note de bas de page 30 : *Procédures* , SPR c. 167.]

IV

« OUVRIR LES PORTES DE LA DISTANCE »

« Ouvrir les portes de la distance » est l'expression poétique zouloue pour ce qu'on appelle la clairvoyance, ou *vue à distance* . Ceci, s'il existe, est le résultat d'une faculté de nature indéterminée, par laquelle la connaissance d'événements lointains peut être acquise, et non par les voies normales des sens. Comme le disent les Zoulous : « *Isiyezi* est un état dans lequel un homme devient légèrement insensible. Il est éveillé, mais voit toujours des choses qu'il ne verrait pas s'il n'était pas en état d'extase (*nasiyesi*). »[1] La description zouloue d' *isiyezi* inclut ce qui est techniquement appelé « dissociation ». Aucun psychologue ou pathologiste ne niera que des visions de type hallucinatoire peuvent survenir dans des états dissociés, par exemple dans le *petit mal* de l'épilepsie. La question, cependant, est de savoir si de telles visions transmettent des informations réelles qui ne pourraient pas être acquises autrement, et qui seraient hors de portée d'une coïncidence fortuite.

Un exemple écossais, tiré des archives d'un tribunal, illustre exactement la théorie zouloue. Au moment où le mari de Jonka Dyneis était en danger à six milles de sa maison dans son bateau, Jonka a été retrouvée et vue debout contre le mur de sa propre maison en transe, et étant prise, elle ne pouvait pas donner de réponse, mais se tenait comme dépourvue de sens, et quand On lui a demandé pourquoi elle était si émue, elle a répondu : « Si notre bateau n'est pas perdu, il court un grand danger. » (2 octobre 1616 .)[2]

La croyance en l'ouverture des portes de la distance est, bien entendu, très largement répandue. Le don est attribué à Apollonius de Tyane , à Plotin, à de nombreux saints, à Catherine de Médicis, au révérend M. Peden [3] et à Jeanne d'Arc , tandis que la faculté est le fonds de commerce des sauvages. voyants dans toutes les régions.[4]

La question, cependant, que M. Tylor n'aborde pas, est la suivante : *certaines de ces histoires sont-elles vraies ?* Si tel était le cas, ils confirmeraient bien sûr dans l'esprit du sauvage sa théorie de l'âme errante. Or, trouver quelque chose qui ressemble à des cas attestés de clairvoyance réussie chez les sauvages est une tâche difficile. Les hommes blancs soit découvrent l'idée, soit ont peur de paraître superstitieux s'ils donnent des exemples, soit, s'ils donnent des exemples, sont accusés d'avoir sombré au niveau dégradé des Zoulous ou des Indiens Rouges. Même là où des voyageurs , comme Scheffer , ont raconté leurs propres expériences, les récits sont omis par les écrivains modernes sur la divination sauvage.[5] Nous devons donc faire nos propres recherches, et il convient de noter que les histoires de clairvoyance sauvage réussie sont données uniquement à titre d'illustrations et non comme preuve de faits, car nous ne pouvons pas contre-interroger les témoins.

M. Tylor écarte le sujet de manière plutôt cavalière :

« Sans discuter sur leurs mérites des récits de ce qu'on appelle la « seconde vue »[6], on peut souligner qu'ils sont relatés parmi des tribus sauvages, comme lorsque le capitaine Jonathan Carver obtint d'un guérisseur cri une véritable prophétie du arrivée d'un canot avec des nouvelles le lendemain à midi ; ou lorsque M. J. Mason Brown, voyageant avec deux *voyageurs* sur la rivière Copper Mine, fut accueilli par des Indiens de la bande même qu'il recherchait, ceux-ci ayant été envoyés par leur guérisseur qui, après enquête, déclara qu'« il je les ai vu venir et je les ai entendus parler pendant leur voyage. »[7]

Or, à notre avis, les « mérites » des histoires de seconde vue doivent être discutés, car ils peuvent, s'ils sont bien attestés, faire présumer que la théorie du sauvage a un meilleur fondement que ne le suppose M. Tylor. Curieusement, même si M. Tylor ne le dit pas, le Dr Brinton (à qui il emprunte ses deux anecdotes) est plus ou moins de notre avis.

«Il y a», dit le Dr Brinton, «des déclarations appuyées par des témoignages incontestables, qui ne devraient pas être passées sous silence, et pourtant je ne peux qu'y répondre avec hésitation. Ils sont si révoltants aux lois de la science exacte, si étrangers, avais-je presque dit, à l'expérience de nos vies. Pourtant, est-ce vrai, ou de telles expériences sont-elles simplement ignorées et mises de côté sans considération sérieuse ?

C'est exactement ce dont nous nous plaignons ; les faits allégués sont « mis de côté sans considération sérieuse ».

Nous, du moins, ne sommes pas esclaves de l'idée selon laquelle « les lois de la science exacte » doivent être les seules lois à l'œuvre dans le monde. La science, aussi exacte soit-elle, ne prétend pas avoir découvert toutes les « lois ».

Pour revenir à des exemples réels de prétendue acquisition supranormale de connaissances par les sauvages : le Dr Brinton donne un exemple tiré de l'anecdote de Charlevoix et du général Mason Brown.[8] Dans le cas du général Mason Brown, le guérisseur, à une grande distance, ordonna à ses émissaires de « chercher trois blancs, dont il décrivit minutieusement les chevaux, les armes, la tenue et l'apparence personnelle, description qui fut répétée au général Brown par les guerriers avant de les voir . *ses deux compagnons*. Le général Brown a assuré le Dr Brinton de « l'exactitude de ces informations dans tous les détails ». M. Tylor n'a certainement pas amélioré l'histoire dans sa version condensée. Le Dr Brinton fait référence à « de nombreux » contes comme ceux-ci, et certains se trouvent dans « Among the Zulus », de M. David Leslie (1875).

M. Leslie était un sportif écossais, élevé dès son enfance dans la familiarité des Zoulous. Sa connaissance de leur langue et de leurs coutumes était minutieuse, et son livre, imprimé en privé, contient de nombreux sujets intéressants. Il écrit:

« J'ai été obligé de me rendre en pays zoulou pour rencontrer mes chasseurs d'éléphants Cafres, l'heure de leur retour étant arrivée. Ils chassaient dans un pays très insalubre, et j'avais accepté de les attendre à la frontière Nord-Est, le point le plus proche où je pouvais me rendre en toute sécurité. J'ai atteint le rendez-vous fixé, mais je n'ai pas pu obtenir la moindre information de mon peuple au kraal.

« Après avoir attendu quelque temps et étant devenu très inquiet, un de mes domestiques m'a recommandé d'aller chez le médecin, et enfin, par curiosité et *pour passer le temps* , j'y suis allé.

« J'ai déclaré ce que je voulais – des informations sur mes chasseurs – et j'ai été accueilli par un refus sévère. « Je ne peux rien dire sur les hommes blancs, dit-il, et je ne connais rien de leurs mœurs. » Cependant, après avoir été persuadé et promis d'un paiement libéral, lui faisant comprendre que ce n'étaient pas des hommes blancs mais des Cafres dont je voulais connaître l'existence, il consentit finalement, disant "il ouvrirait la porte de la distance *et* la traverserait". , même si son corps devait reposer devant moi.

« Sa première démarche fut de me demander le nombre et les noms de mes chasseurs. Je m'y opposai, lui disant que s'il obtenait cette information de moi , il pourrait facilement substituer des nouvelles qu'il aurait pu entendre d'autres, au lieu des « nouvelles spirituelles télégraphiques » que j'attendais de lui de son « familier ».

" À cela, il répondit : " Je vous ai dit que je ne comprenais pas les voies des hommes blancs ; mais si je dois faire quelque chose pour vous, cela doit être fait à ma manière, pas à la vôtre. " En recevant ce coup de fouet , j'étais enclin à y renoncer, car je pensais recevoir une déclaration décousue avec une grande part de vérité, car il était facile à quiconque s'y connaissait en chasse de donner une idée assez correcte de ses mouvements.

« Cependant, j'ai également concédé ce point et je l'ai par ailleurs satisfait.

« Le docteur fit alors huit petits feux, c'est le nombre de mes chasseurs ; sur chacune d'elles, il jeta des racines[9] qui dégageaient une curieuse odeur nauséabonde et une épaisse fumée ; dans chacun, il jeta une petite pierre, en criant, ce faisant, le nom auquel la pierre était dédiée ; puis il a mangé un « médicament » et est tombé dans ce qui semblait être une transe pendant environ dix minutes, pendant lesquelles ses membres ont continué à bouger. Puis il parut s'éveiller, s'approcha d'un des feux, ratissa les cendres, regarda attentivement la pierre, décrivit fidèlement l'homme et dit : « Cet homme est mort de fièvre et votre fusil est perdu.

« Au feu suivant, comme avant : « Cet homme » (correctement décrit) « a tué quatre éléphants », puis il a décrit les défenses. Le suivant : « Cet homme » (le décrivant à nouveau) « a été tué par un éléphant, mais votre fusil rentre à la maison », et ainsi de suite tout au long du tout, les hommes étant décrits minutieusement et correctement ; leur succès ou leur non-succès l'étant également. On m'a dit où se trouvaient les survivants et ce qu'ils faisaient, et que dans trois mois ils sortiraient, mais comme ils ne s'attendaient pas à me trouver là à les attendre aussi longtemps après l'heure fixée, ils ne passeraient pas par là. .

«J'ai pris note de toutes ces informations à ce moment-là et, à mon grand étonnement, *elles se sont révélées exactes dans tous les détails .»*

« Il n'était guère possible que cet homme ait pu avoir l'intelligence ordinaire des chasseurs ; ils étaient dispersés dans un pays à deux cents milles de là.

M. Leslie n'a pu découvrir aucune explication, et aucune n'a été suggérée par des amis familiers avec le pays et les indigènes qu'il a consultés. Il donne un autre exemple, qui peut être expliqué par « suggestion ». Un cas parallèle en Afrique centrale se trouve dans le « Journal of the Anthropological Institute », novembre 1897, p. 320, où les « informations privées », comme d'habitude, expliqueraient les faits singuliers.

Les Zoulous eux-mêmes revendiquent une sorte de clairvoyance qui semble être le résultat d'un intense pouvoir de visualisation , combiné à l'éveil de la mémoire subconsciente.[10]

« Il y a chez les hommes noirs quelque chose qui est divination en eux. Quand quelque chose de précieux est perdu, ils le recherchent immédiatement ; quand ils ne peuvent pas la trouver, chacun commence à pratiquer cette divination intérieure, en essayant de sentir où se trouve la chose ; car, ne pouvant le voir, il ressent intérieurement une indication qui lui dit que s'il descend à tel endroit, il est là, et il le trouvera. Enfin, il dit qu'il le trouvera ; enfin il le voit et lui-même s'en approche ; avant de commencer à bouger d'où il est, il le voit très clairement, et le doute est terminé. Cette vision est si claire que c'est comme s'il ne s'agissait pas d'une vision intérieure, mais comme s'il voyait la chose elle-même et le lieu où elle se trouve ; alors il se lève rapidement et se rend sur place. Si c'est un endroit caché , il s'y jette, comme s'il y avait quelque chose qui le poussait à aller aussi vite que le vent ; et, en fait, il trouve la chose, s'il n'a pas agi par de simples suppositions. Si cela a été fait par une véritable divination intérieure, il le voit réellement. Mais si cela se fait par de simples suppositions et en sachant qu'il n'est pas allé à tel endroit et à tel endroit, et que par conséquent cela doit être dans tel autre endroit, il rate généralement le but.

D'autres exemples zoulous seront donnés sous les titres « Possession » et « Fétichisme ».

Pour prendre un peuple du Nord : Dans son « Histoire des Lapons »[11] Scheffer décrit les modes mécaniques de divination pratiqués par cette race, qui utilisent à cet effet un tambour et d'autres objets. Ces modes dépendent de règles plus traditionnelles d'interprétation des combinaisons accidentelles de lots. Mais un Lapon avoua à Scheffer , en larmes, qu'il ne pouvait s'empêcher d'avoir des visions, comme il le prouva en racontant minutieusement à Scheffer « tout ce qui m'était arrivé pendant mon voyage en Laponie ». Et il se plaignait en outre de ne pas savoir se servir de ses yeux, puisque des choses tout à fait lointaines leur étaient présentées. Ce Lapon avait hâte de devenir chrétien, d'où son regret d'être un exemple « rare et précieux » de clairvoyance. Torfaeus a également été posé par la clairvoyance d'un Samoyède, tout comme Regnard par un voyant lapon.[12]

Le cas suivant est ancien et, comme les autres exemples sauvages, n'est donné qu'à des fins d'illustration.

' *25e Lettre* .[13]

'" *Suite des Traditions des Sauvages* . "

'Au Fort de la Rivière de Saint-Joseph, ce 14 septembre 1721.

'" *Des Jongleurs* "— … Vous ayez vu à Paris Madame de Marson, & elle y est encore; voix ce que M. le Marquis de Vaudreuil fils Gendre , actuellement notre Gouverneur Général , me raconta cet Hyver , & qu'il a sçû de cette Dame, qui n'est rien mois qu'un esprit faible. Elle etoit un jour fort inquiet à sujet de M. de Marson, fils Mari, lequel commandoit dans un Poste , que nous avions en Accadie ; et etoit absent, & le tems qu'il éviter marqué pour son retour, etoit passé.

'Une Femme Sauvage , qui vit Madame de Marson en peine , lui fr demanda la cause, & l'ayant informé, lui dit , après y avoir un peu rêvé , de ne plus se chagriner , que son Epoux reviendroit tel jour et à telle heure , qu'elle lui marqua , avec un chapeau gris sur la tête. Comme elle s'aperçoit que la Dame n'ajoute point foi à sa prédiction , au jour & à l'heure , qu'elle éviter assignée , elle rotourna chez elle , lui demande si elle ne voulait pas venir voir arriver son Mari, & la pressa de telle sorte de la suivre , qu'elle l'entraîna au bord de la Rivière.

'A peine y etoíent-elles arrivées , que M. de Marson parut dans un Canot , un chapeau gris sur la tête ; & ayant informé ce qui s'étoit passé, assûra

qu'il ne pouvoit pas comprendre comment la Sauvagesse éviter pû
sçavoir l'heure et le jour de son arrivée .'

Il est inhabituel que des voyageurs et des missionnaires européens racontent
des anecdotes qui pourraient sembler « confirmer les illusions de sauvages
ignorants ». De telles anecdotes, encore une fois, font partie des *arcanes* de ces
philosophes sauvages et ne sont pas facilement communiquées aux étrangers.
Lorsque des cas de succès sont rapportés, il est naturel d'affirmer qu'ils
proviennent d'Européens tombés dans des superstitions barbares, ou qu'ils
peuvent s'expliquer par la fraude et la collusion. Il est certain, cependant, que
les sauvages compétents croient en leurs propres pouvoirs, même s'ils ne
seront pas moins sûrs de les vaincre par l'imposture. Les voyants sont choisis
au Zoulouland, comme parmi les Esquimaux et les Samoyèdes, dans la classe
qui fournit en Europe les personnes qui étaient autrefois, mais qui ne sont
plus, les sujets hypnotiques les plus appréciés , les « enfants anormaux »,
épileptiques et hystériques. Ceux-ci sont soumis à « un entraînement long et
méthodique ».[14] Stoll, parlant du Guatemala, dit que « certainement la
plupart des phénomènes induits et spontanés qui nous sont familiers se
produisent chez les sauvages » et fait appel aux voyageurs pour des
observations . .[15] Des informations sont susceptibles d'arriver, à mesure
que les voyageurs instruits s'intéressent au sujet.

Le Dr Callaway traduit certaines communications zoulous qui indiquent le
degré de confiance en ce peuple très pratique et sceptique . D'amusantes
illustrations de leur scepticisme seront citées plus loin, sous « Possession »,
mais ils acceptent comme voyants certains hystériques. Ceux-ci sont testés
par leur habileté à trouver des objets cachés à leur insu. Ils se comportent
alors à peu près comme M. Stuart Cumberland, mais n'ont pas l'avantage du
contact musclé avec celui qui sait où sont cachés les objets cachés. Les voisins
nient même avoir caché quoi que ce soit. « Lorsqu'ils persistent dans leur
déni… il découvre tout ce qu'ils ont caché. Ils voient qu'il est un grand *inyanga*
(voyant) lorsqu'il a trouvé toutes les choses qu'ils ont cachées.' Sans doute
est-il guidé, peut-être dans un état hypersensible, par les indications
inconscientes des spectateurs excités.

Le fait est que, même si le prestidigitateur sauvage recourra sans aucun doute
à la fraude partout où il le peut, l'expérience des races inférieures est
néanmoins en faveur de l'emploi comme voyants de la classe de personnes
qui, en Europe, étaient, jusqu'à récemment, censées constituer les meilleurs
sujets hypnotiques. Ainsi, en Afrique de l'Ouest, « les anciens présidents, lors
de votre initiation à la société secrète de votre tribu, découvrent ce don [de
l'ebumtupisme , ou seconde vue], et vous choisissent ainsi comme « sorcier
». les Karens , les « Wees » ou prophètes, « sont des hommes nerveux et
excitables, tels qu'ils voudraient devenir médiums », comme le diagnostique
M. Tylor comme médiums.

Bref, pour ne pas multiplier les exemples, il y a un élément d'observation réelle et de *bonne foi* empêtré dans la supercherie d'une pratique sauvage. Bien que les sujets puissent être sélectionnés en partie en raison des phénomènes physiques de convulsions qu'ils manifestent et qui impressionnent favorablement leurs clients, ce sont aussi des sujets qui fournissent occasionnellement cette preuve de facultés supranormales qui est étudiée par les psychologues modernes, comme Richet, Janet , et William James.

L'exemple suivant, qui n'est nullement unique, montre la conception que les sauvages ont de leur propre magie, après qu'ils soient devenus chrétiens. Catherine Wabose , une voyante indienne convertie, a décrit son jeûne préliminaire, à l'âge de la puberté. Après six jours d'abstinence alimentaire, elle fut transportée dans un lieu inconnu, où un être radieux l'accueillit. Plus tard, un objet rond et sombre lui promit le don de prophétie. Elle a trouvé ses sens naturels grandement aiguisés par le manque de nourriture. Elle a exercé ses pouvoirs pour la première fois alors que de nombreux membres de sa famille mouraient de faim. Une loge de médecine, ou « tabernacle » comme l' appelle Lufitau , a été construite pour elle, et elle s'y est glissée. Comme on le sait, ces loges sont violemment secouées pendant la guerre. séjour de magicien en eux, que les premiers jésuites attribuaient d'abord aux efforts musculaires des voyants. En 1637, le Père Lejeune fut étonné des mouvements violents d'une grande loge, occupée par un petit homme. Un sorcier, avec une apparence de candeur , jura qu'« un grand vent entra avec violence », et le Père fut assuré que s'il y entrait lui-même, il deviendrait clairvoyant. Il n'a pas fait l'expérience. La convertie méthodiste Catherine a donné la même description de sa propre expérience : « La loge a commencé à trembler violemment par des moyens surnaturels. Je l'ai su grâce au courant d'air comprimé au-dessus et au bruit du mouvement. Elle battait un petit tambour et chantait, maintenant elle reste tranquille. L'esprit radieux « orbiculaire » l'informa alors qu'ils « devaient aller vers l'ouest pour chasser ; comme tu es myope ! "Le conseil a été suivi et couronné d'un succès instantané." Cela a établi sa réputation.[17] La conversion de Catherine fut provoquée par le rêve de son fils mourant, qui voyait une figure sacrée et recevait de lui des vêtements blancs. Ses chants magiques racontent comment des mains invisibles secouent la loge magique. Ils invoquent le Grand Esprit qui

'Illumine la terre
Illumine le ciel ! Ah, dis quel Esprit, ou Corps, est ce Corps, Qui remplit le monde autour, Parle, homme, ah, dis Quel Esprit, ou Corps, est ce Corps ?

C'est comme un hymne sauvage au *fühlende de Hegel Seele : l'* âme sensible omniprésente
                                                                                        .
Cela nous rappelle également « la doctrine des Upanishads sanscrits : il n'y a pas de limite à la connaissance du Soi qui sait ».[18]

Malheureusement, on n'a pas demandé à Catherine de donner d'autres exemples de ce qu'elle considérait comme ses réussites.

Acosta, qui n'a pas la meilleure réputation possible comme autorité, nous apprend que les clairvoyants péruviens « racontent ce qui s'est passé dans les régions les plus reculées avant que les nouvelles puissent arriver. A deux ou trois cents lieues de distance, ils racontaient ce que les Espagnols avaient fait ou souffert dans leurs guerres civiles. A Du Pont, en 1606, un sorcier « rendit un véritable oracle de la venue de Poutrincourt , disant que son Diable le lui avait dit ».[19]

Nous donnons maintenant un cas moderne, issu d'un laboratoire scientifique, de connaissances apparemment acquises d'une manière non normale, par une personne du genre habituellement choisie pour être prophète ou sorcier par les sauvages.

Le professeur Richet écrit :[20]

« Le lundi 2 juillet 1888, après avoir passé toute la journée dans mon laboratoire, j'ai hypnotisé Léonie à 20 heures, et pendant qu'elle essayait de déchiffrer un schéma caché dans une enveloppe, je lui ai dit tout à coup : « Qu'est-il arrivé à M . Langlois ? Léonie connaît M. Langlois pour l'avoir vu il y a quelque temps deux ou trois fois dans mon laboratoire de physiologie, où il me sert d' assistant . — « Il s'est brûlé, répondit Léonie , — Bien, dis-je, et où s'est -il brûlé ?" - " A la main gauche. Ce n'est pas du feu : c'est... je ne connais pas son nom. » demanda-t-il, « est-ce que la substance qu'il verse ? » – « Elle n'est pas rouge, elle est brune ; il s'est fait très mal, la peau est directement gonflée. »

« Or, cette description est admirablement exacte. Ce jour-là, à 16 heures, M. Langlois avait voulu verser du brome dans une bouteille. Il l'avait fait maladroitement, de sorte qu'un peu de brome coulait sur sa main gauche, qui tenait l'entonnoir, et le brûlait aussitôt gravement. Bien qu'il ait immédiatement mis sa main dans l'eau, partout où le brome l'avait touchée, une ampoule s'est formée en quelques secondes, une ampoule qu'on ne pouvait pas mieux décrire qu'en disant : « la peau était enflée ». Je n'ai pas besoin de dire que Léonie n'avait pas quitté ma maison, ni vu personne de mon laboratoire. J'en suis *absolument certain,* et je suis certain de n'avoir parlé à personne de l'incident de la brûlure. D'ailleurs, c'était la première fois depuis près d'un an que M. Langlois manipulait du brome, et lorsque Léonie l'avait vu six mois auparavant au laboratoire, il se livrait à des expériences d'un tout autre genre.

Ici, le raisonneur sauvage en déduirait que l'esprit de Léonie avait visité M. Langlois. Le chercheur moderne dira probablement que Léonie a pris conscience de ce qui se passait dans la tête de M. Richet. Cette manière supranormale d'acquérir des connaissances a été observée au siècle dernier par M. de Puységur dans un de ses premiers cas de somnambulisme. MM. Binet et Féré disent : « Il n'est pas encore admis que le sujet soit capable de deviner les pensées du magnétiseur sans aucune communication matérielle ; » tout en admettant, au minimum, que « les recherches doivent être poursuivies dans ce sens ».[21] Ils semblent penser que Léonie a pu lire des « signes involontaires » chez M. Richet. C'est une hypothèse difficile.

Voici un cas consigné dans son journal par M. Dobbie, d'Adélaïde, en Australie, qui a pratiqué l'hypnose à des fins curatives. Il explique (10 juin 1884) qu'il avait hypnotisé Miss —— à plusieurs reprises pour soulager des douleurs rhumatismales et des maux de gorge. Il la trouva clairvoyante.

« Ce qui suit est un compte rendu textuel de la deuxième fois que j'ai testé ses pouvoirs à cet égard, le 12 avril 1884. Quatre personnes étaient présentes pendant la *séance* . L'un des membres de la société a noté les réponses au fur et à mesure qu'elles étaient prononcées.

« Son père se trouvait à ce moment-là à plus de cinquante kilomètres, mais nous ne savions pas exactement où, alors je l'ai interrogée ainsi : « Pouvez-vous retrouver votre père à l'heure actuelle ? Au début , elle a répondu qu'elle ne pouvait pas le voir, mais au bout d'une minute ou deux, elle a dit : « Oh, oui ; maintenant je peux le voir, M. Dobbie. "Où est-il?" "Assis à une grande table dans une grande pièce, et il y a beaucoup de gens qui entrent et sortent." "Que fait-il?" "J'écris une lettre, et il y a un livre devant lui." « À qui écrit-il ? "Au journal." Ici, elle s'est arrêtée et a dit en riant : "Eh bien, je déclare, il écrit à l'AB" (en nommant un journal). " Vous avez dit qu'il y avait un livre là-bas. Pouvez-vous me dire de quel livre il s'agit ? " "Il y a des lettres dorées dessus." "Pouvez-vous les lire ou me dire le nom de l'auteur?" Elle a lu, ou prononcé lentement, « WLW » (donnant le nom complet de l'auteur). Elle a répondu à plusieurs questions mineures *concernant* les meubles de la pièce, puis je lui ai dit : « Est-ce que cela vous pose des efforts ou des difficultés de voyager de cette façon ? "Oui, un peu ; je dois réfléchir."

"Je me tenais maintenant derrière elle, tenant une demi-couronne à la main, et je lui ai demandé si elle pouvait me dire ce que j'avais dans la main, ce à quoi elle a répondu : "C'est un shilling." Il semblait qu'elle pouvait voir ce qui se passait à des kilomètres plus facilement que ce qui se passait dans la pièce.

« Son père rentra chez lui près d'une semaine plus tard et fut parfaitement stupéfait lorsque sa femme et sa famille lui racontèrent ce qu'il avait fait ce soir-là ; et, bien qu'avant cette date il ait été complètement sceptique quant à la clairvoyance, il a franchement admis que mon clairvoyant avait parfaitement raison sur tous les points. Il nous a également informé que le livre en question était un livre neuf, qu'il avait acheté après avoir quitté son domicile, de sorte que sa fille ne pouvait pas deviner qu'il avait le livre devant lui. Je puis ajouter que la lettre a paru en temps voulu dans le journal ; et j'ai vu et manipulé le livre.

Un certain nombre de cas de soi-disant « clairvoyance » seront trouvés dans les « Actes de la Société pour la Recherche Psychique ». [22] Comme le font remarquer les auteurs de ces essais, même après avoir écarté, dans chaque cas, la fraude, la mauvaise observation et la fausses informations, les résidus de cas peuvent rarement justifier ni la théorie sauvage de l'âme errante (qui n'est pas sérieusement proposée ici) ni la théorie de Hegel selon laquelle le *fühlende Seele* n'est pas conditionnée par l'espace. Car, si le transfert de pensée est un fait, le clairvoyant apparent ne lit peut-être que l'esprit d'une personne à distance. Cependant, les résultats, s'ils étaient réussis, suggéreraient naturellement au penseur sauvage la croyance en l'âme errante, ou la corroboreraient si elle avait déjà été suggérée par les phénomènes courants du rêve.

À ces exemples de connaissances acquises autrement que par les canaux reconnus des sens, nous pourrions ajouter les contes écossais de la « seconde vue ». Cette expression n'est qu'un terme local couvrant des exemples de ce qu'on appelle la « clairvoyance » : vues de choses éloignées dans l'espace, hallucinations visuelles qui coïncident avec un événement notable, prémonitions de choses futures, etc. Les croyances et les expériences hallucinatoires sont encore très courantes dans les Highlands, où j'en ai moi-même recueilli de nombreux exemples récents. M. Tylor observe que les exemples « prouvent un peu trop ; ils se portent garants non seulement des apparitions humaines, mais aussi de fantômes tels que des chiens démoniaques, et de présages symboliques encore plus fantaisistes. C'est parfaitement vrai. Je n'ai trouvé aucun cas de chiens démons ; mais les lumières errantes, probablement d'origine météorique ou miasmatique, sont certainement considérées comme des signes de mort. Il s'agit évidemment d'une hypothèse superstitieuse, les lumières étant de véritables phénomènes mal interprétés. Encore une fois, il n'est pas rare d'observer des funérailles là où aucun enterrement n'a lieu ; on prétend alors qu'un véritable enterrement, semblable et situé dans une situation similaire, eut lieu peu après. Selon l'hypothèse des croyants, les percepteurs voient d'une manière ou d'une autre

"Une telle réfraction des événements s'élève souvent avant qu'ils ne se produisent."

Même le sauvage ne peut expliquer cette expérience par l'errance de son âme dans l'espace ; et je ne suggère aucune explication. Je donne cependant un ou deux exemples. Ils sont publiés dans le « Journal of the Caledonian Medical Society », 1897, par le Dr Alastair Macgregor, sous l'autorité du MSS. de son père, ministre de l'île de Skye.

« Il m'a dit un jour que lorsqu'il s'est rendu pour la première fois à Skye, il s'est moqué de l'idée qu'un pouvoir tel que la seconde vue soit authentique ; mais il dit qu'après avoir été là pendant quelques années comme ecclésiastique, il avait été si souvent consulté *au préalable* par des gens qui disaient avoir eu des visions d'événements qui se sont produits par la suite, à la connaissance de mon père, exactement conformément à la forme et aux détails. de la vision prédite, qu'il fut obligé d'avouer que certaines personnes possédaient, apparemment au moins, cette malheureuse faculté.

« Comme mon père l'exprimait, cette faculté n'était « ni volontaire ni constante, et était considérée comme plutôt gênante qu'agréable pour ceux qui la possédaient. Le don était possédé par des individus des deux sexes, et ses crises survenaient à l'intérieur et à l'extérieur, assis » et debout, la nuit et le jour, et à tout emploi que le pratiquant pourrait avoir la chance d'être engagé. "'

Voici un exemple typique de vision d'un enterrement :

« Le greffier de session de Dull, un petit village du Perthshire , était malade et mon grand-père, ecclésiastique là-bas à l'époque, devait faire ses devoirs pour lui. Un beau soir d'été, vers 19 heures, un jeune homme et une jeune femme sont venus faire remplir des papiers, car ils allaient se marier. Mon grand-père était avec le couple dans la salle du greffier, sans doute en train de s'occuper des papiers, quand soudain *tous les trois* j'ai vu par la fenêtre un cortège funèbre qui passait sur la route. D'après leur tenue vestimentaire, la plupart des personnes en deuil semblaient être des ouvriers agricoles ; en effet, la jeune femme reconnut certains d'entre eux comme des natifs de Dull, partis vivre et travailler près de Dunkeld. Mon grand-père et les jeunes mariés firent naturellement des remarques sur l'heure inopportune des funérailles, et, remplissant à la hâte les papiers, mon grand-père sortit chercher la clé du cimetière, qui était conservée dans le presbytère, car, sans le savoir, clé, la procession ne pouvait pas entrer dans l'acre de Dieu. Se demandant comment il se faisait qu'il n'ait reçu aucune information sur les funérailles, il se rendit au presbytère par un raccourci, prit la clé et se précipita vers la porte du cimetière, où, bien sûr, il s'attendait à trouver le cortège qui l'attendait. *Il n'y avait personne* à part le jeune couple, aussi émerveillé que mon grand-père !

« Eh bien, à la même heure du soir du même jour de la semaine suivante, les funérailles, cette fois en réalité, sont arrivées de manière tout à fait inattendue. Les faits étaient qu'un garçon, originaire de Dull, avait été encorné par un taureau à Dunkeld et avait été si horriblement mutilé que ses restes avaient été ramassés et mis dans un cercueil et emmenés sans délai à Dull. Une tombe fut creusée le plus rapidement possible, le pauvre garçon n'ayant aucun parent, et les restes furent enterrés. Mon grand-père et le jeune couple reconnurent plusieurs personnes en deuil parmi celles qu'ils avaient vues sortir du bureau du greffier, exactement une semaine auparavant, dans le cortège fantôme. La jeune femme connaissait personnellement certains d'entre eux et leur racontait ce qu'elle avait vu, mais ils niaient bien sûr avoir eu connaissance de l'affaire, ayant été alors à Dunkeld.

Je donne un autre exemple, car l'expérience était à la fois auditive et visuelle, et la prédiction était annoncée avant l'événement.

« Les paroissiens de Skye étaient évidemment largement imprégnés de la croyance romaniste dans les pouvoirs d'intercession conférés à leur ecclésiastique ; ainsi , lorsqu'ils avaient un « avertissement » ou une « vision », ils consultaient généralement mon père pour savoir ce qu'ils pouvaient faire pour empêcher que le désastre à venir n'arrive à leurs parents ou amis. De cette façon, mon père avait l'occasion de noter les détails de « l'avertissement » ou de la « vision » directement lorsqu'on le lui avait annoncé. Ayant bénéficié d'une formation médicale préalable à sa formation théologique, il était capable de noter des faits solides, non embellis par une imagination surajoutée. Entrant dans cette méthode d'étude des cas avec un esprit parfaitement ouvert, à l'exception d'une légère touche de scepticisme , il fut très surpris de découvrir à quelle fréquence les réalisations se produisaient exactement conformément aux détails de la vision tels que détaillés dans son carnet. Finalement, il fut obligé d'abandonner son scepticisme et d'admettre que certaines personnes possédaient sans aucun doute le don de l'étrangeté. Presque le premier cas qu'il a pris (cas X.) était celui d'une femme qui avait un jour une vision de son fils tombant d'un haut rocher à Uig, dans Skye, avec un mouton ou un agneau.

« CAS X. — Elle entendit son fils s'exclamer en gaélique : « C'est un agneau fatal pour moi. Comme son fils vivait à plusieurs kilomètres d'Uig et était pêcheur, la réalisation semblait très improbable à mon père, mais un mois plus tard, la réalisation ne fut que trop vraie. À l'insu de sa mère, qui l'avait mis en garde contre tout contact avec des moutons ou des agneaux, le fils, un jour, au lieu de sortir sur son bateau, pensa prendre des vacances à l'intérieur des terres et partit pour Uig, où un fermier s'enrôla. ses services pour séparer quelques agneaux des brebis. L'un des agneaux s'est enfui, et le jeune pêcheur a couru après lui, et, sans regarder où il allait, en attrapant l'agneau, il a été tiré par lui jusqu'au bord d'un des rochers très pittoresques mais extrêmement dangereux d'Uig. Réalisant trop tard sa situation critique, il s'est exclamé : « C'est un agneau fatal pour moi », mais en marchant avec un tel élan, il n'a pas pu se relever à temps et, avec l'agneau, il est tombé dans le ravin en contrebas. et a bien sûr été tué sur le coup. Le fermier, voyant le danger du garçon, courut à son secours, mais eut seulement le temps de l'entendre crier en gaélique avant de disparaître au bord du précipice. Cela avait été prédit par la mère un mois auparavant. Était-ce simplement une coïncidence ?

Les remarques du Dr Macgregor sur la nature involontaire et indésirable des visions sont confirmées par ce que Scheffer , déjà cité, dit concernant les Lapons.

En plus des visions qui viennent ainsi de manière non recherchée, contribuant à la connaissance de choses lointaines ou même futures, nous pouvons jeter un coup d'œil sur les visions provoquées par diverses méthodes. Des drogues (*impepo*) sont utilisées, les voyants tourbillonnent dans une danse sauvage jusqu'à perdre connaissance, ou la transe est induite par diverses sortes d'auto-suggestion ou « d'auto-hypnotisme ». Le jeûne est également pratiqué . Dans la vie moderne, la transe auto-induite est courante parmi les « médiums » – un sujet sur lequel nous reviendrons plus tard.

Jusqu'à présent, on le remarquera, nos preuves prouvent que *des croyances* exactement similaires quant au pouvoir occasionnel de l'homme d'ouvrir les portes de la distance ont été entretenues dans une grande variété de pays et d'époques, et par des races dans toutes les conditions de culture. On dit que les prétendues expériences se produisent encore et ont été étudiées par des physiologistes de l'éminence de M. Richet. La question ne peut que se poser quant au résidu de fait dans ces récits, et elle ne cesse de se poser.

Dans le chapitre suivant, nous discutons d'un mode de production d'hallucinations qui présente pour les anthropologues l'intérêt d'une diffusion universelle. Nous croyons que l'étendue de son aire de répartition chez les races sauvages n'a pas été observée auparavant. Nous ajoutons ensuite des faits de l'expérience moderne, dont nous n'avons personnellement aucun doute sur l'authenticité ; et la conclusion provisoire semble être que les sauvages ont observé une circonstance psychologique qui a été ignorée par les psychologues de profession et qui, certainement, ne rentre pas dans l'hypothèse matérialiste ordinaire.

[Note 1 : Callaway, *Religion des Zoulous* , p. 232.]

[Note 2 : Graham Dalzell, *Darker Superstitions of Scotland* , p. 481.]

[Note de bas de page 3 : Voir de bonnes preuves dans *les mémoires de Ker of Kersland* .]

[Note 4 : Autus Gelius , XV. 18, Dio Cassius, lxvii., Crespet , *De la Haine du Diable , Procès de Jeanne d'Arc* .]

[Note 5 : Voir « Shamanism in Siberia », *JAI* , novembre 1894, pp. 147-149, et comparer Scheffer . L'article est très instructif et intéressant.]

[Note 6 : Williams mentionne la seconde vue aux Fidji, mais ne donne aucun exemple.]

[Note 7 : *Culture primitive,* je . 447. M. Tylor cite *Mythes du Nouveau Monde* du Dr Brinton , p. 269. La référence dans l'édition récente est p. 289. Le cas de Carver est présenté plus tard sous la rubrique « Possession ».]

[Note 8 : *Journal Historique* p. 362 ; *Atlantic Monthly* , juillet 1866.]

[Note 9 : Probablement *de l'impepo* , mangé par les voyants, selon Callaway.]

[Note 10 : *La religion de l' Amazulu de Callaway* , p. 358.]

[Note de bas de page 11 : Oxford, 1674.]

[Note 12 : *Voyages* .]

[Note 13 : Tiré de Charlevoix, *Journal Historique* , p. 362.]

[Note 14 : Bastian, *Uber psych. Beobacht* . p.21.]

[Note 14 : Op. cit. p.26.]

[Note 15 : Miss Kingsley, *Voyages en Afrique de l'Ouest* , p. 460.]

[Note 16 : *Culture primitive* , ii, 181 ; *La Birmanie* de Mason , p. 107.]

[Note 17 : Schoolcraft, je . 394.]

[Note 18 : *Les religions des peuples primitifs de Brinton* , p. 57.]

[Note 19 : Achats, p. 629.]

[Note de bas de page 20 : *Procédures SPR* , vol. vi. 69.]

[Note 21 : Binet et Féré , *Animal Magnetism* , p. 64.]

[Note de bas de page 22 : Vol. vii. Mme Sidgwick, pp. 30, 356 ; vol. vi. p. 66, Professeur Richet, p. 407, Drs. Dufay et Azam.]

[Note 23 : Les exemples de l'Ancien Testament et de la *Vie de Sainte Columba* d' Adamnan doivent seulement être évoqués comme étant trop familiers pour être cités.]

V

VISIONS DE CRISTAL, SAUVAGES ET CIVILISÉES

Parmi les méthodes sauvages visant à provoquer des hallucinations d'où la connaissance peut être obtenue de manière supranormale, diverses formes de « contemplation des cristaux » sont les plus curieuses. On retrouve l'habitude de regarder l'eau, généralement dans un récipient, de préférence en verre, chez les Indiens Rouges (Lejeune), les Romains (Varro, cité dans *Civitas Dei* , iii. 457), les Africains de Fès (Leo Africanus) ; tandis que les Maoris utilisent une goutte de sang (Taylor), les Égyptiens utilisent de l'encre (Lane) et les sauvages australiens emploient une boule de pierre polie dans laquelle le voyant « se met » pour découvrir les résultats d'une expédition.[1]

J'ai déjà donné, dans l'introduction, le récit d'Ellis sur le cas polynésien. Un trou étant creusé dans la porte de sa maison et rempli d'eau, le prêtre cherche une vision du voleur qui a emporté les biens volés. La théorie polynésienne veut que le dieu transporte l'esprit du voleur au-dessus de l'eau, dans laquelle il se reflète. Les Peaux-Rouges de Lejeune font regarder leurs patients vers l'eau, dans laquelle ils verront des images de choses, sous forme de nourriture ou de médicaments, qui leur feront du bien. Dans le langage moderne, la connaissance instinctive existant implicitement dans le subconscient du patient est ainsi amenée à la portée de sa conscience ordinaire.

En 1887, feu le capitaine JT Bourke, de la cavalerie américaine, observateur original et attentif, visita les Apaches dans l'intérêt du Bureau ethnologique. Il apprit que l'une des tâches principales des guérisseurs était de découvrir où se trouvaient les biens perdus ou volés. Na-a-cha, l'un de ces *Jossakeeds* , possédait un cristal de quartz magique qu'il appréciait grandement. Le capitaine Bourke lui présenta un cristal encore plus fin. "Il ne pouvait pas me donner d'explication sur son utilisation magique, sauf qu'en y regardant, il pouvait voir tout ce qu'il voulait voir", le capitaine Bourke semble n'avoir jamais entendu parler des expériences modernes d'observation des cristaux. Le capitaine Bourke a également découvert que les Apaches , comme les Grecs, les Australiens, les Africains, les Maoris et bien d'autres races, utilisent le bull-roarer, le turndun ou *les losanges* - un morceau de bois qui, en tourbillonnant, provoque un étrange rugissement du vent. – dans leurs cérémonies mystiques. Le capitaine Bourke connaissait l'usage répandu des losanges ; celle du cristal ne l'était pas.

Pour les Iroquois, Mme Erminie Smith fournit des informations sur le cristal. "Placé dans une gourde d'eau, il pourrait rendre visible l'apparition d'une personne qui en a ensorcelé une autre." Elle donne le cas, à l'époque européenne, d'un guérisseur qui a trouvé l'habitat de la sorcière, mais n'a eu qu'une vue indistincte de son visage. Lors d'un deuxième essai, il réussit.[2] On peut ajouter que les chercheurs de trésors parmi les Huille-che « cherchent sérieusement » ce qu'ils veulent trouver « dans une dalle lisse de pierre noire, que je suppose être du basalte ».

La gentillesse de Monsieur Lefébure me permet de donner un autre exemple venu de Madagascar.[4] Flacourt , décrivant les Malgaches, dit qu'ils *squillent* (mot qui n'est pas dans Littré), c'est-à-dire devinent par des cristaux qui « tombent du ciel quand il tonne ». Bien entendu, la pluie révèle les cristaux, comme les instruments en silex appelés des «coups de foudre» dans de nombreux pays. ' Lorsqu'ils squillent , ils ont une de ces pierres au coing de leurs tablettes , dissans qu'elle à la vertu de faire faire opération à leur figure de géomance .' Ils utilisaient probablement les cristaux comme le font les Apaches . Le 15 juillet, une Malgache aperçut, que ce soit dans son cristal ou autrement, deux navires français qui, comme la flotte espagnole, n'étaient « pas en vue », ainsi que des officiers, des médecins et d'autres à bord, qu'elle avait vus avant leur retour. en France, à Madagascar. Les premiers navires ne sont arrivés que le 11 août.

Le Dr Callaway donne la pratique zouloue, où le chef « voit ce qui va se passer en regardant dans le récipient ».[5] Les chamanes de Sibérie et de Russie orientale emploient la même méthode.[6] Le cas de l'Inca Yupanqui est très curieux. « Alors qu'il s'approchait d'une fontaine, il vit tomber un morceau de cristal, à l'intérieur duquel il aperçut une figure d'Indien ayant la forme suivante… L'apparition disparut alors, tandis que le cristal restait. L'Inca s'en est occupé, et on dit qu'il y a ensuite vu tout ce qu'il voulait.'[7]

On retrouve donc ici la croyance selon laquelle les hallucinations peuvent être provoquées par l'une ou l'autre forme d'observation des cristaux, dans l'ancien Pérou, de l'autre côté du continent chez les Huille-che, à Fès, à Madagascar, en Sibérie , chez Apaches , Hurons, Iroquois, noirs australiens, Maoris et en Polynésie. Il s'agit assurément d'une large répartition géographique. On retrouve également cette pratique en Grèce (Pausanias, VII. XXI. 12), à Rome (Varro), en Egypte et en Inde.

Même si les anthropologues n'ont prêté aucune attention à ce sujet, il était évidemment familier à l'Europe ultérieure. « Miss X » l'a retracé parmi les premiers chrétiens, dans les premiers conciles, dans les condamnations épiscopales des *specularii* , et ainsi jusqu'au Dr Dee, sous Jacques VI ; Aubrey ; le Régent d'Orléans dans les Mémoires de Saint-Simon ; les mesméristes modernes (Gregory, Mayo) et les spiritualistes du milieu de l'époque victorienne, qui, comme d'habitude, expliquaient les phénomènes, à leur manière préhistorique, par des « esprits[8] ». Jusqu'à ce que cette dame examine le sujet, personne n'avait pensé à remarquer qu'une croyance si universelle avait probablement une base de faits, ou personne si l'on excepte deux professeurs de chimie et de physiologie, les Drs. Grégory et Mayo. Miss X a fait des expériences, en commençant par accident, comme George Sand, lorsqu'elle était enfant.

Les hallucinations qui apparaissent à ses yeux dans l'encre ou le cristal sont :

1. Des souvenirs ravivés « survenant ainsi, et ainsi seulement, des strates subconscientes » ;

'2. Objectivation d'idées ou d'images - (a) consciemment ou (b) inconsciemment - dans l'esprit du percepteur ;

'3. Visions, éventuellement télépathiques ou clairvoyantes, impliquant l'acquisition de connaissances par des moyens supranormaux.

Les exemples donnés de la dernière classe, celle qui serait si utile à un prêtre ou à un guérisseur chargé de retrouver des choses perdues, sont d'un très faible intérêt.[10]

Depuis que Miss X a attiré l'attention sur ce sujet, des expériences ont prouvé sans aucun doute qu'un bon pourcentage de personnes, saines d'esprit et en bonne santé, peuvent voir des paysages vifs et des figures de personnes en mouvement, dans des boules de verre et d'autres véhicules. Cette faculté, le Dr Parish l'attribue à la « dissociation », pratiquement à la somnolence. Mais il parle par conjectures, et sans avoir été témoin d'expériences, comme nous le montrerons plus loin. Je propose maintenant une série d'expériences avec une boule de verre, réalisées sous ma propre observation, dans lesquelles la connaissance n'a apparemment pas été acquise de manière ordinaire. De l'absence de fraude , je suis personnellement convaincu, non seulement par la moralité de toutes les personnes concernées, mais par la nature des circonstances. J'en suis sûr que la mémoire adaptative n'a pas modifié ultérieurement les récits tels qu'ils ont été racontés à l'origine, car ils m'ont été rapportés, alors que je n'étais pas présent, en moins d'une semaine, exactement tels qu'ils sont donnés maintenant, sauf dans les cas spécialement signalés.

Au début de cette année (1897), j'ai rencontré une jeune dame qui m'a raconté trois ou quatre curieuses expériences hallucinatoires, suffisamment corroborées. Elle était innocente des études psychiques, et personnellement était et est en parfaite santé ; le pâle reflet de la pensée étant éloigné d'elle. J'ai reçu une boule de verre et j'étais présente lorsqu'elle l'a examinée pour la première fois. Elle a vu, je m'en souviens, l'intérieur d'une maison, avec le portrait en pied d'un inconnu. Il y avait, je pense, une ou deux autres images fantaisistes du genre familier. Mais bientôt (vivant comme elle l'était, parmi des étrangers) elle développa le pouvoir de « voir » des personnes et des lieux qui lui étaient inconnus, mais qui leur étaient familiers. Ces expériences me semblent être de bons exemples de ce qu'on appelle le « transfert de pensée » ; en fait, je n'ai jamais pu auparavant sortir d'un niveau de doute sur ce sujet, équilibre qui penche désormais considérablement du côté affirmatif. Il existe peut-être une abondance de meilleures preuves, mais, connaissant les personnes et les circonstances, et ayant assisté une fois à ce qui me semblait un exemple crucial, j'étais plus enclin à être convaincu. Cette attitude me paraît illogique, mais elle est naturelle et habituelle.

Nous ne pouvons pas dire quelles indications peuvent être accidentellement données dans les expériences de transfert de pensée. Mais, dans ces cas d'observation du cristal, les détails étaient trop nombreux pour être transmis, par un spectateur, par un clin d'œil ou une toux. Je ne veux pas dire que le succès était invariable. J'ai pensé au Dr WG Grace, et le voyant a vu un vieil homme ramper avec un bâton. Mais je doute que le Dr Grace soit très profondément ancré dans cette entité mystique, mon subconscient. Les « cris » qui se produisaient étaient parfois, mais pas toujours, ceux auxquels « l'agent » (ou la personne qui criait) pensait consciemment. Mais les exemples illustreront les différents types d'événements.

Ici, il faut d'abord considérer les arguments contre l'acceptation de la reconnaissance d'objets simplement décrits par une autre personne. L'observateur du cristal peut connaître si intimement le chercheur qu'il peut très bien deviner le sujet de sa méditation. Encore une fois, un homme est susceptible de penser à une femme, et une femme à un homme, le champ des conjectures est donc limité. En réponse à la première objection , je peux dire que l'observateur de cristal se trouvait parmi des étrangers qu'elle voyait tous, moi y compris, pour la première fois. Elle n'aurait pas non plus pu étudier leur histoire à l'avance, car elle ne pouvait pas savoir (normalement) lorsqu'elle quittait la maison, qu'on allait lui montrer une boule de verre, ni qui elle allait rencontrer. La deuxième objection est résolue par le fait que les femmes n'étaient généralement *pas* choisies pour les hommes, ni les hommes pour les femmes. En effet, ces choix étaient des exceptions, et dans chaque cas étaient marqués par des détails minutieusement particuliers. Une troisième objection est que la crédulité, ou l'amour des nouveautés étranges, ou le désir de rendre service, biaise les chercheurs et les rend impatients de reconnaître quelque chose de familier dans les descriptions du voyant. De la même manière, nous savons comment les gens reconnaissent des visages dans les photographies spirites les plus floues et les plus vagues , ou voient des airs de famille dans les bébés aux visages pâteux les plus rudimentaires . Prenez des descriptions de personnes dans un passeport ou dans une proclamation décrivant l'apparence personnelle d'un criminel. Ceux-ci conviennent aux hommes ou aux femmes visés, mais ils conviennent également à une foule d'autres personnes. La description donnée par le voyant peut alors être le fruit d'une coïncidence fortuite, ou peut être reconnue de manière trop crédule .

L'ensemble des coïncidences ne pouvait cependant pas être attribué à une sélection fortuite dans tout le champ possible des conjectures. Nous devons également nous rappeler qu'une série de telles affirmations augmente considérablement les chances d'éviter des conjectures accidentelles. De cette simple chance, je peux donner un exemple. J'écrivais une histoire dont le héros était George Kelly, l'un des « Sept hommes de Moidart ». Un an après avoir composé mon conte, j'ai trouvé la description gouvernementale de M. Kelly (1736). Cela correspondait exactement à mon dessin purement fantaisiste, jusqu'aux yeux, aux dents et au visage, sauf que j'ai donné à mon héros « environ six pieds », alors que le gouvernement lui a donné cinq pieds dix. Mais je savais d'avance que M. Kelly était un ecclésiastique ; sa curieuse carrière prouva qu'il était une personne d'une grande activité et d'une grande gentillesse - et il était d'origine irlandaise. Même une douzaine de ces suppositions, également exactes, ne pourraient suggérer aucun pouvoir de « vision », alors que l'on savait à l'avance tant de choses sur la personne devinée. Je donne maintenant des cas tirés de l'expérience de Miss Angus, comme on peut appeler l'observateur de cristal. La première s'est produite le lendemain du jour où elle a reçu la boule de verre pour la première fois. Elle écrit:

« Moi. — Une dame m'a demandé un jour de rechercher un ami auquel elle penserait. Presque aussitôt, je m'exclamai : "Voici une vieille, vieille dame qui me regarde avec un sourire triomphant sur le visage. Elle a un nez proéminent et un menton casse-noix. Son visage est très ridé, surtout sur les côtés de ses yeux, comme si elle souriait toujours. Elle porte un petit châle blanc avec un bord noir. *Mais !…* elle *ne peut pas* être vieille car ses cheveux sont assez bruns ! même si son visage a l'air tellement très très vieux. L'image disparut alors, et la dame dit que j'avais décrit avec précision la *mère de son amie* au lieu de lui-même ; que c'était une blague de famille que la mère devait se teindre les cheveux, ils étaient si bruns et elle avait quatre-vingt-deux ans. La dame m'a demandé si la vision était suffisamment distincte pour que je reconnaisse une ressemblance sur la photographie du fils ; le lendemain, elle m'a déposé plusieurs photographies, et en un instant, sans la moindre hésitation, je l'ai distingué grâce à sa merveilleuse ressemblance avec ma vision !

L'enquêteur m'a corroboré verbalement tous les faits, en une semaine, mais s'est penché sur une théorie de « l'électricité ». Elle a lu et confirme ce récit.

» II.— Un après-midi, j'étais assis à côté d'une jeune dame que je n'avais jamais vue ni entendu parler auparavant. Elle m'a demandé si elle pouvait regarder dans mon cristal, et pendant qu'elle le faisait, j'ai regardé par-dessus son épaule et j'ai vu un navire tanguant sur une mer très agitée et agitée, même si la terre était encore visible dans la pénombre. Cela disparut et, tout aussi soudainement, une petite maison apparut avec cinq ou six marches (j'oublie maintenant le nombre exact que j'ai alors compté) qui conduisaient à la porte. Sur la deuxième marche se tenait un vieil homme qui lisait un journal. Devant la maison il y avait un champ d'herbes épaisses et chaumes où quelques *agneaux*, j'allais dire, mais c'étaient plutôt de tout petits moutons. paissaient.

"Lorsque la scène a disparu, la jeune femme m'a dit que j'avais décrit de manière vivante un endroit des Shetland où elle et sa mère allaient bientôt passer quelques semaines."

J'ai entendu parler de ce cas par Miss Angus un jour ou deux après son apparition, et cela m'a ensuite été confirmé verbalement par l'autre dame. Elle le confirme à nouveau (21 décembre 1897). Les deux dames étaient jusqu'alors de parfaites inconnues l'une pour l'autre. Le vieil homme était apparemment le maître d'école. Dans son manuscrit, Miss Angus écrit « Skye », mais à l'époque, elle et l'autre dame disaient Shetland (que j'ai restauré). Aux Shetland, les moutons, comme les poneys, sont petits. Bien entendu, une coïncidence fortuite peut être invoquée. Le récit suivant est celui d'une autre dame, disons Miss Rose.

' III. — Écrit Miss Rose — Ma première expérience d'observation du cristal n'a pas été agréable, comme le montrera ce qui suit, que je raconte maintenant aussi exactement que je me souviens. J'ai demandé à mon amie, Miss Angus, de me permettre de regarder dans son cristal et, après l'avoir fait pendant un court moment, j'ai abandonné, disant que c'était très insatisfaisant, car, même si j'avais vu une pièce avec un feu vif à l'intérieur et un lit tout couvert de rideaux et des gens qui allaient et venaient, je ne pouvais pas distinguer qui ils étaient, alors j'ai rendu le cristal à Miss Angus, en lui demandant de me chercher. Elle dit aussitôt : « Je vois un lit dans lequel se trouve un homme qui a l'air très malade et une dame en noir à côté. Sans rien dire de plus, Miss Angus continuait à regarder, et, après un certain temps, j'ai demandé à jeter un coup d'oeil encore, et lorsqu'elle m'a rendu le ballon, j'ai reçu un choc, car là, parfaitement clair dans une lumière vive, J'ai vu étendu dans son lit un vieillard apparemment mort ; pendant quelques minutes, je ne pus regarder, et ce faisant, une fois de plus apparut une dame en noir et, de l'obscurité dense, un long objet noir était porté et il s'arrêta devant une ouverture sombre surplombée de rochers. Au moment où j'ai vu cela, j'habitais chez des cousins et c'était un vendredi soir. Dimanche, nous avons appris le décès du beau-père d'un de mes cousins ; Bien sûr, je savais que le vieux monsieur était très malade, mais je ne pensais pas du tout à lui en regardant dans le cristal. Je puis dire aussi que je n'ai pas reconnu dans les traits du mort ceux du vieux monsieur dont je parle de la mort. En regardant à nouveau dimanche, j'ai revu le lit à rideaux et quelques personnes.

Je donne maintenant la version de Miss Angus de ce cas, telle qu'elle l'a initialement reçue (décembre 1897). J'avais auparavant reçu une version orale, d'une personne présente à la divination. Cela différait, sur un point, de ce qu'écrit Miss Angus. Sa version est proposée car elle est réalisée de manière indépendante, sans consultation ni tentative de rapprochement des souvenirs.

« Lors d'une récente expérience de contemplation, pour la première fois, j'ai pu faire voir à quelqu'un d'autre ce que *j'avais* vu dans le cristal. Miss Rose m'a appelé un après-midi et m'a supplié de la chercher au bal. Je l'ai fait et je me suis immédiatement exclamé : « Oh ! voici un lit, avec un homme dedans qui a l'air très malade [j'ai vu qu'il était mort, mais je me suis abstenu de le dire], et il y a une dame vêtue de noir assise à côté du lit. ". Je n'ai pas reconnu cet homme comme étant quelqu'un que je connaissais, alors je lui ai dit de regarder. Au bout de très peu de temps, elle s'écria : "Oh ! je vois le lit aussi ! Mais, oh ! emporte-le, cet homme est *mort* !" Elle a eu un choc et a dit qu'elle n'y regarderait plus jamais. Bientôt, cependant, la curiosité la poussa à jeter un dernier regard, et la scène revint aussitôt, et lentement, d'un objet brumeux au bord du lit, la dame en noir devint tout à fait distincte. Elle a ensuite décrit plusieurs personnes présentes dans la pièce et a déclaré qu'elles portaient quelque chose tout drapé de noir. Lorsqu'elle a vu cela, elle a posé le ballon et n'a plus voulu le regarder. Elle a rappelé dimanche (c'était vendredi) avec sa cousine, et nous l'avons taquinée à propos de sa peur *du* cristal, alors elle a dit qu'elle y regarderait encore une fois. Elle a pris le ballon, mais l'a immédiatement reposé en disant : « Non, je ne regarderai pas, car le lit avec cet horrible homme est de nouveau là !

« Quand ils sont rentrés chez eux, ils ont appris que le beau-père du cousin était décédé cet après-midi,[11] mais pour montrer qu'il n'avait jamais été dans nos pensées, même si nous savions tous qu'il n'allait pas bien, personne ne *l'* a *suggéré* ; son nom n'a jamais été mentionné en relation avec la vision.

La « clairvoyance », bien entendu, n'est pas illustrée ici, le cadavre étant méconnu et la coïncidence sans doute accidentelle.

Le cas suivant est attesté par un civil, une légère connaissance de Miss Angus, qui le voyait maintenant pour la deuxième fois seulement, mais mieux connu de sa famille.

« IV.— Le jeudi mars — ? 1897, je déjeunais avec mes amis les Angus, et pendant le déjeuner la conversation tournait sur les boules de cristal et les visions que, chez certains, peuvent y voir. Le sujet est survenu parce que Mlle Angus venait de recevoir une boule de cristal de la part de M. Andrew Lang. Je lui ai demandé de me le laisser voir, puis d'essayer de voir si elle pouvait évoquer une vision d'une personne à laquelle je pourrais penser.... J'ai fixé mon esprit sur un ami, un jeune soldat du [régiment nommé], car je pensais que sa personnalité serait frappante et particulière, en raison de son uniforme, et aussi parce que j'étais sûr que Miss Angus ne pouvait pas connaître son existence. Je fixai mon esprit fermement sur mon ami, et bientôt Miss Angus, qui avait déjà eu deux visions troubles de visages et de personnes, s'écria : « Maintenant, je vois très distinctement un homme sur un cheval ; c'est un soldat ! un soldat en uniforme, mais ce n'est pas un officier. Mon excitation en entendant cela fut si grande que je cessai de concentrer mon attention sur la pensée de mon ami, et la vision s'évanouit et ne put plus être rappelée par la suite . — 2 décembre 1897.'

Le témoin donne le nom du soldat avec qui il s'était lié d'amitié alors qu'il était gravement malade. Voici le propre récit de Miss Angus : elle m'avait raconté l'histoire en juin 1897.

« Peu de temps après être devenu l'heureux possesseur d'un « cristal », j'ai réussi à convertir plusieurs « sceptiques » très décidés, et je vais ici rendre compte brièvement de mes expériences avec deux ou trois d'entre eux.

« L'un était avec un M...., qui était si déterminé à me dérouter qu'il a dit qu'il penserait à un ami qu'il ne me serait pas *possible de décrire !*

« Je n'avais rencontré M.... que la veille et je ne savais absolument rien de lui ni de ses amis personnels.

« J'ai pris le ballon, qui est immédiatement devenu brumeux, et de ce brouillard est apparu peu à peu une foule de gens, mais trop indistinctement pour que je puisse reconnaître qui que ce soit, jusqu'à ce que tout à coup un homme à cheval arrive au galop. Je me souviens avoir dit : « Je ne peux pas décrire à quoi il ressemble, mais il est habillé d'une manière très étrange – avec quelque chose de si brillant que le soleil qui brille sur lui m'éblouit et je ne peux pas le distinguer ! Alors qu'il s'approchait , je m'exclamai. "Eh bien, c'est un *soldat* en armure étincelante , mais ce n'est pas un *officier* , seulement un soldat !" Deux amis qui étaient dans la salle ont dit que l'excitation de M. —— était intense, et mon attention a été détournée du bal en l'entendant crier : « C'est merveilleux ! c'est parfaitement vrai ! Je pensais à un jeune garçon, un fils. d'un fermier, auquel je m'intéresse profondément, et qui est soldat dans le... à Londres, ce qui expliquerait la foule de gens autour de lui dans la rue !

Le cas suivant est présenté, d'abord dans la version de la dame qui a été inconsciemment recherchée, et ensuite dans celle de Miss Angus. L'autre dame écrit :

'V.—J'ai rencontré Miss A. pour la première fois dans la maison d'un ami dans le sud de l'Angleterre, et un soir il fut question d'une boule de cristal, et notre hôtesse demanda à Miss A. d'y regarder et, si possible , raconte-lui ce qui arrivait à un de ses amis. Miss A. a pris le cristal et notre hôtesse a posé sa main sur le front de Miss A. pour lui « vouloir ». N'y croyant pas, j'ai pris un livre et je suis allé de l'autre côté de la pièce. J'ai été tout à coup très surpris d'entendre Miss A., d'une manière assez agitée, décrire une scène qui avait très certainement été très souvent dans mes pensées, mais dont je n'avais jamais prononcé un mot. Elle décrivait avec précision un hippodrome dans en Écosse, et un accident qui est arrivé à une de mes amies seulement une semaine ou deux auparavant, et elle traversait manifestement les mêmes doutes et les mêmes inquiétudes que moi à l'époque quant à savoir s'il avait été réellement tué ou seulement très gravement blessé. Ce fut vraiment une révélation des plus merveilleuses pour moi, car c'était la toute première fois que je voyais un cristal. Notre hôtesse, bien entendu, était très ennuyée de n'avoir pas pu influencer Miss A., alors que moi, qui avais paru si indifférente, j'aurais dû l'influencer. — 28 novembre 1897.

Miss Angus elle-même écrit :

« Un autre cas était plutôt intéressant, car je suis entré d'une manière ou d'une autre dans les pensées d' *une* dame tandis qu'une *autre* faisait de son mieux pour m'influencer !

« Mademoiselle ———, une amie à Brighton, possède d'étranges pouvoirs « magnétiques » et se sentait tout à fait sûre de réussir avec moi et avec le ballon.

« Une autre dame, Miss H., qui était présente, a ri de tout cela, surtout lorsque Miss... a insisté pour me tenir la main et me tapoter le front avec l'autre main ! Miss H. prit un livre avec mépris et, traversant la pièce, nous abandonna à notre folie.

« En très peu de temps, je me suis senti excité, ce qui ne s'était jamais produit auparavant, lorsque j'ai regardé dans le cristal. J'ai vu une foule de gens et, d'une manière étrange, j'ai senti que j'étais dedans, et nous semblions tous attendre quelque chose. Bientôt un coureur passa, jeune, habillé pour la course. Son cheval passa devant lui, il sourit et fit un signe de tête à ceux qu'il connaissait dans la foule, puis il disparut de vue.

"En un instant, nous avons tous eu l'impression que quelque chose s'était passé, et j'ai traversé une grande agonie de suspense en essayant de voir ce qui semblait *juste* au-delà de ma vue. Bientôt, cependant, deux ou trois hommes s'approchèrent et le portèrent devant mes yeux, et de nouveau mon anxiété fut intense de savoir s'il était seulement très gravement blessé ou si la vie était réellement éteinte. Tout cela s'est produit en quelques instants, mais suffisamment longtemps pour m'avoir laissé si agité que je ne pouvais pas réaliser qu'il ne s'agissait que d'une vision dans une boule de verre.

« À ce moment-là, Miss H. avait posé son livre et s'est avancée tout à fait surprise et m'a dit que j'avais décrit avec précision une scène sur un hippodrome en Écosse dont elle avait été témoin une semaine ou deux auparavant – une scène qui avait très souvent été dans ses pensées, mais, comme nous étions étrangers l'un à l'autre, elle n'en avait jamais parlé. Elle a également dit que j'avais décrit exactement ses propres sentiments à ce moment-là et que je les avais rapportés de la manière la plus vivante.

"L'autre dame était plutôt déçue qu'après avoir concentré ses pensées si durement, j'aurais dû être influencé par quelqu'un qui s'était moqué de toute cette affaire."

[Cette anecdote m'a également été racontée, quelques jours après l'événement, par Miss Angus. Sa version était qu'elle avait vu pour la première fois un gentleman rider se rendre au poste et faire un signe de tête à ses amis. Puis elle le vit transporté sur une civière au milieu de la foule. Elle semblait, dit-elle, être réellement présente et se sentait quelque peu agitée. Le fait de l'accident m'a été signalé plus tard en Ecosse par une autre dame, inconnue de toutes les personnes .

VI.—Je peux ajouter brièvement une expérience du 21 décembre 1897. Un gentleman était récemment venu d'Angleterre dans la ville écossaise où habite Miss Angus. Il dîna avec sa famille et, vers 22 h 15 à 22 h 30, elle lui proposa de chercher dans la glace une scène ou une personne à laquelle il devait penser. Il se rappela mentalement un bal auquel il avait assisté récemment et une jeune femme à qui il avait été présenté. Cependant, il ne pouvait pas visualiser clairement le visage de la dame , et Miss Angus ne rapporta rien d'autre qu'une vue d'une salle de bal vide, avec un sol ciré et de nombreuses lumières. Le monsieur fit un nouvel effort et se souvint de son partenaire avec une certaine netteté. Miss Angus décrivit ensuite une autre pièce, qui n'était pas une salle de bal, confortablement meublée, dans laquelle une jeune fille aux cheveux bruns tirés en arrière de son front et vêtue d'une blouse blanche à col montant, lisait ou écrivait des lettres sous une lumière vive. dans un globe en verre sans abat-jour. La description des traits, de la silhouette et de la taille correspondait au souvenir de M.... ; mais il n'avait jamais vu cette Géraldine d'une heure qu'en tenue de bal. Lui et Miss Angus notèrent l'heure sur leurs montres (il était 10 h 30), et M. ——— dit qu'à la première occasion, il demanderait à la jeune dame comment elle était habillée et quel emploi elle avait à cette heure le 21 décembre. 22, il l'a rencontrée lors d'un autre bal, et sa réponse a corroboré l'image cristalline. Elle écrivait des lettres, vêtue d'un chemisier blanc à col montant, sous une lampe à gaz à incandescence dotée d'un globe de verre sans abat-jour. Elle était entièrement inconnue de Miss Angus et n'avait été vue qu'une seule fois par M..... M. ——— et la dame au tableau de cristal ont corroboré tout cela par écrit.

Je proposai alors à Miss Angus une expérience qui, après tout, n'était clairement pas de nature à établir un « test » pour les sceptiques. Le demandeur devait écrire et mettre dans une enveloppe l'exposé de ses pensées ; Miss Angus devait faire de même avec sa description du tableau qu'elle avait vu ; et ces documents devaient m'être envoyés, sans communication entre le demandeur et le cristalliseur. Bien entendu, cela ne pouvait en aucun cas prouver l'absence de collusion, dans la mesure où les deux parties pouvaient convenir à l'avance en privé de ce que devait être la vision.

En fait, personne n'est susceptible d'être convaincu ou ébranlé, à moins d'être lui-même un chercheur et un étranger à la voyante, comme l'étaient les personnes participant à ces expériences. Des preuves intéressantes pour *eux* — et, à un degré secondaire, pour ceux qui les connaissent — peuvent ainsi être obtenues ; mais les étrangers sont laissés au même choix de doutes que dans tous les rapports d'expériences psychologiques, « l'audition chromatique », les vues de chiffres colorés et les autres sujets illustrés par les recherches intéressantes de M. Galton.

Dans cette affaire des enveloppes, l'enquêteur était un certain M. Pembroke, qui venait de faire la connaissance de Miss Angus et n'était qu'un séjour dans le pays. Il écrivit, avant de savoir ce que Miss Angus avait vu dans le bal :

' VII. — Le dimanche 23 janvier 1898, pendant que Miss Angus regardait dans la boule de cristal, je pensais à mon frère, qui se trouvait, je crois, à cette époque, quelque part entre Sabathu (Pendjab, Inde) et l' Egypte . J'avais hâte de savoir à quelle étape de son voyage il avait atteint.

Miss Angus a vu et écrit avant de dire à M. Pembroke :

« Une route longue et très blanche, avec de grands arbres d'un côté ; de l'autre, une rivière ou un lac aux eaux grisâtres. Ciel bleu, avec un coucher de soleil cramoisi. Un grand navire noir est ancré à proximité, et sur le pont je vois un homme allongé, apparemment très malade. C'est un homme d'apparence puissante, blond et très bronzé. Sept ou huit Anglais, en vêtements très légers, se tiennent sur la route, à côté du bateau.

'28 janvier 1898.'

« Un grand navire noir », ancré dans « une rivière ou un lac », suggère naturellement le canal de Suez, où, en fait, le frère de M. Pembroke venait d'arriver, comme le prouvait une lettre reçue de lui huit jours après la fin de l'expérience. enregistré le 31 janvier. À cette date, M. Pembroke n'avait pas encore été informé de la nature de l'image de cristal de Miss Angus, et elle ne savait pas non plus où se trouvait son frère.

En février 1898, Miss Angus revint à l'endroit où je résidais. Nous avons visité ensemble la scène d'un crime historique et Miss Angus a regardé dans la boule de verre. Il lui était facile de « visualiser » les incidents du crime (le meurtre du cardinal Beaton), car ils sont assez familiers à beaucoup de gens.

Ce qu'elle a vu au bal était une grande dame pâle, « d'environ quarante ans, mais en paraissant trente-cinq », avec les cheveux tirés en arrière jusqu'aux sourcils, debout à côté d'une chaise haute, vêtue d'un large sou de brocart gris et raide, sans une fraise . Le costume correspond bien (comme nous l'avons constaté) à celui de 1546, et j'ai dit : « Je suppose que c'est Mariotte Ogilvy » – à qui les connaissances historiques de Miss Angus (et peut-être celles du grand public) ne s'étendaient pas. Mariotte était la maîtresse du cardinal et se trouvait au château la nuit précédant le meurtre, selon Knox. Elle avait été dans mon esprit, d'où (selon la théorie du transfert de pensée) elle est peut-être passée dans l'esprit de Miss Angus ; mais je n'avais jamais spéculé sur le costume de Mariotte. Bien entendu, rien d'autre que des conjectures ne découlent de ces images apparemment « rétrospectives » ; bien qu'une coïncidence des plus singulières et pittoresques se soit produite, qui peut être racontée sous un rapport très différent.

L'exemple suivant a été observé dans la même ville. La dame qui le fournit m'est bien connue, et cela a été verbalement corroboré par Miss Angus, pour qui la dame, son neveu absent et tout autour d'elle étaient entièrement étrangers.

« VIII. — J'avais très hâte de savoir si mon neveu serait envoyé en Inde cette année, alors j'ai dit à Miss Angus que j'avais pensé à quelque chose et je lui ai demandé de regarder dans la boule de verre. Elle le fit, mais se retourna presque immédiatement et regarda la mer par la fenêtre et dit : « J'ai vu un navire si distinctement que j'ai pensé que ce devait être un reflet. Elle regarda à nouveau le ballon et dit : « C'est un grand navire, et il passe devant un énorme rocher avec un phare dessus. Je ne vois pas qui est à bord du navire, mais le ciel est très clair et bleu. Maintenant, je vois un grand bâtiment, quelque chose comme un club, et devant il y a beaucoup de gens assis et qui se promènent. Je pense que ce doit être quelque part à l'étranger, car les gens sont tous vêtus de vêtements très légers, et il semble que être très ensoleillé et chaud. Je vois un jeune homme assis sur une chaise, les pieds tendus devant lui. Il ne parle à personne, mais semble écouter quelque chose. Il est brun et mince, et pas très grand ; et ses sourcils sont sombres et très distinctement marqués.

« Je n'avais jamais eu le plaisir de rencontrer Miss Angus auparavant, et elle ne savait absolument rien de mon neveu ; mais le jeune homme décrit lui ressemblait exactement, tant par son apparence que par la façon dont il était assis.

Dans ce cas, le transfert de pensée peut être invoqué. La dame pensait à son neveu à propos de l'Inde. Bien entendu, on ne prétend pas que le tableau ait un caractère prophétique.

Les exemples suivants présentent des caractéristiques curieuses et inhabituelles. Le mercredi 2 février 1897, Miss Angus regardait dans le cristal, pour amuser six ou sept personnes dont elle avait fait la connaissance ce jour-là. Un gentleman, M. Bissett, lui demanda « quelle lettre il y avait dans sa poche ». Elle aperçut alors, sous un ciel clair et comme très loin, un grand bâtiment dans lequel de nombreux hommes étaient entrés et sortis. aller et venir. Son impression était que la scène devait se dérouler à l'étranger. Dans la petite compagnie présente, il faut ajouter, se trouvait une dame, Mme Cockburn, qui avait de nombreuses raisons de penser à sa jeune fille mariée, alors située à environ cinquante milles de là. Après que Miss Angus eut décrit le grand bâtiment et la foule d'hommes, quelqu'un demanda : « Est-ce un échange ? «C'est peut-être le cas», dit-elle. «Maintenant arrive un homme très pressé. Il a un front large et des cheveux courts et bouclés ; un chapeau enfoncé jusqu'aux yeux. Le visage est très sérieux ; mais il a un délicieux sourire. M. et Mme Bissett reconnurent alors tous deux leur ami et agent de change, dont la lettre était dans la poche de M. Bissett.

La vision qui intéressait Miss Angus s'éteignit et fut interrompue par celle d'une infirmière d'hôpital et d'une dame en peignoir, *allongée* sur un canapé, *pieds nus* .[13] Miss Angus mentionna cette vision comme ennuyeuse, elle s'intéresse davantage à l'agent de change, qui semble avoir hérité de ce qui appartenait autrefois à un autre agent de change : « le sourire de Charles Lamb ». Mme Cockburn, pour laquelle aucune photo n'apparut, était plutôt contrariée et exprima en privé avec liberté une opinion très sceptique sur toute l'affaire. Mais le samedi 5 février 1897, Miss Angus était de nouveau avec M. et Mme Bissett. Lorsque Mme Bissett annonça qu'elle avait « pensé à quelque chose », Miss Angus vit une promenade dans un bois ou un jardin, au bord d'une rivière, sous un ciel bleu éclatant. Voici une dame, très bien habillée, faisant tournoyer une ombrelle blanche sur son épaule en marchant, d'une manière curieusement « trapue », à côté d'un monsieur en vêtements légers, comme on en porte en Inde. Il avait de larges épaules, un cou court et un nez droit, et semblait écouter en riant, mais avec indifférence, son compagnon visiblement vif. La dame avait un visage « tiré », signe d'une mauvaise santé. Suit alors une scène dans laquelle l'homme, sans la dame, regarde plusieurs Orientaux occupés à abattre des arbres. Mme Bissett a reconnu , dans la dame, sa sœur, Mme Clifton, en Inde, surtout lorsque Miss Angus a donné une imitation réaliste de la démarche de Mme Clifton, dont la particularité était causée par une maladie il y a quelques années. Mme et M. Bissett ont également reconnu leur beau-frère dans l'homme vu sur les deux photos. Lorsqu'on lui a montré un portrait de Mme Clifton en tant que fille, Miss Angus a dit que c'était "comme, mais trop joli". Une photographie réalisée récemment, cependant, la montrait « le visage dessiné » de l'image en cristal.[14]

Le lendemain, dimanche 6 février, Mme Bissett reçut, ce qui n'était pas habituel : une lettre de sa sœur en Inde, Mme Clifton, datée du 20 janvier. Mme Clifton décrivait un endroit dans un État natal, où elle avait été à une grande « fonction », dans certains jardins au bord d'une rivière. Elle a ajouté qu'ils allaient dans un autre endroit dans un certain but, "et ensuite nous irons au camp jusqu'à la fin février". L'une des tâches de M. Clifton est de diriger le déboisement préparatoire à la formation du camp, comme dans le tableau de cristal de Miss Angus.[15] La sceptique Mme Cockburn a entendu parler de ces coïncidences et une idée lui est venue. Elle a écrit à sa fille, dont on a parlé, et lui a demandé si, le mercredi 2 février, elle était allongée sur un canapé de sa chambre, pieds nus. La jeune dame avoua qu'il en était bien ainsi[16] et, lorsqu'elle apprit comment le fait avait été connu, elle s'exprima avec quelque chaleur sur l'abus des boules de verre, qui tendent à priver la vie de son intimité.

Dans ce cas, l' aspect *prima facie* des choses est qu'une pensée de M. Bissett à propos de son agent de change, *Dulce Ridentem* , s'est réfléchie d'une manière ou d'une autre dans l'esprit de Miss Angus par le biais de la boule de verre, et a été interrompue par une pensée de Mme Cockburn, comme à sa fille. Mais comment ces pensées en sont-elles venues à révéler les faits inconnus concernant le jardin au bord de la rivière, l'abattage d'arbres pour un camp et les pieds nus, est une question sur laquelle il est vain de théoriser.[17]

À la disparition de la scène de la jungle, est apparue l'image d'un homme en uniforme sombre, à côté d'une grande baie, dans laquelle se trouvaient des navires de guerre. Des cabanes en bois, comme dans un quartier de peste, se trouvaient à terre. M. Bissett a demandé : « Quelle est l'expression de cet homme ? "Il a l'air d'avoir donné beaucoup de derniers ordres." Alors apparut « un endroit comme un hôpital, avec cinq ou six lits, non, des couchettes : c'est un navire ». Voici à nouveau l'homme. Il a été décrit minutieusement, une particularité étant la façon dont ses cheveux poussaient, ou plutôt ne poussaient pas, sur ses tempes.

Miss Angus demanda alors : « Où est ma petite dame ? » – c'est-à-dire la dame au parasol virevoltant et à la démarche *saccadée* . "Oh, j'ai arrêté de penser à elle", dit Mme Bissett, qui avait pensé et reconnu dans l'officier en petit uniforme, son frère, l'homme aux cheveux singuliers, dont le visage, en fait, avait été ainsi marqué par une rencontre avec un tigre. On s'attendait à ce qu'il parte de Bombay, mais la nouvelle de son départ n'est pas parvenue (10 février) au moment où nous écrivons ces lignes.[18]

Dans ces cas indiens, le « transfert de pensée » peut expliquer la correspondance entre les personnages vus par Miss Angus et les idées dans l'esprit de M. et Mme Bissett. Mais l'hypothèse du transfert de pensée, même si elle couvrirait les cabanes en bois de Bombay (Mme Bissett sachant que son frère était sur le point de quitter cet endroit), ne peut guère expliquer la scène dans le jardin au bord de la rivière et la scène avec les arbres. L'incident des pieds nus peut être considéré comme une coïncidence fortuite, puisque Miss Angus voyait la jeune dame raccourcie et ne pouvait décrire son visage.

Dans le chapitre d'introduction, il a été observé que les phénomènes qui semblent indiquer une faculté supranormale inexplicable d'acquérir des connaissances sont « triviaux ». Ces anecdotes illustrent la trivialité ; mais les faits ont certainement laissé un certain nombre de personnes, totalement peu familières avec de telles expériences, sous l'impression que la boule de verre de Miss Angus était comme le télescope magique du prince Ali dans les « Mille et une nuits ».[19] Ces expériences, cependant, touchent parfois à des questions personnelles intimes. questions et ne peuvent pas être signalées dans de tels cas.

On remarquera que cette faculté est capricieuse et ne répond pas toujours à l'effort conscient de la pensée dans l'esprit du chercheur. Ainsi, dans le cas I., un lien entre la personne à laquelle on pense est discerné ; dans un autre, l'esprit d'un étranger présent semble être lu. Dans un autre cas (non mentionné ici), l'enquêteur a essayé de visualiser une carte pour qu'une personne présente puisse la deviner, tandis qu'on a demandé à Miss Angus de décrire un objet que l'enquêteur connaissait, mais qu'il a banni de sa pensée consciente. La double expérience fut un double succès.

Il semble à peine nécessaire de souligner que le hasard ne couvrira pas cet ensemble de cas où, dans chaque « supposition », le champ des conjectures est illimité et n'est même pas rétréci par la connaissance qu'a l'observateur des cristaux des personnes pour lesquelles il fait diversion. l'expérience. Comme il ne s'agit pas de « lecture musculaire » (dans le cas d'un contact entre l'enquêteur et l'observateur de cristal, les résultats étaient inattendus), et qu'aucun signe fait inconsciemment ne pourrait transmettre, par exemple, l'idée d'un soldat de cavalerie en uniforme, ou un accident sur un hippodrome en deux *tableaux*, je ne vois pas à l'heure actuelle d'explication plus plausible que celle du transfert de pensée, bien que je ne comprenne pas précisément comment cela peut expliquer certains des cas donnés.

Quiconque peut accepter l'assurance de ma croyance personnelle dans la bonne foi de toutes les personnes concernées verra combien cette faculté d'observation des cristaux doit être très utile à l'Apache, au guérisseur australien ou au prêtre polynésien. Aussi bizarre que soit la faculté, quelques succès réels, bien exploités et entretenus par la fraude, établiraient la réputation d'un sorcier. L'authenticité d'une faculté d'être ainsi affecté semble être prouvée, en dehors des preuves modernes, par la prévalence mondiale de l'observation des cristaux dans la région ethnographique. Mais la découverte de cette prédominance n'avait pas été faite, à ma connaissance, avant que les instances modernes ne m'incitent à remarquer les circonstances, sporadiquement rapportées dans les livres de voyage.

Les phénomènes sont certainement de nature à encourager la théorie sauvage de l'âme errante. Autrement, diraient les penseurs, comment le voyant peut-il visiter un lieu ou une personne lointaine et décrire correctement des hommes et des scènes qu'il n'a jamais vus dans son corps ? Ou bien ils encourageraient la croyance polynésienne selon laquelle « l'esprit » de la chose ou de la personne recherchée est suspendu par un dieu au-dessus de l'eau, du cristal, du sang, de l'encre ou quoi que ce soit. Ainsi, les anthropologues devraient être reconnaissants de la découverte de l'observation des cristaux en tant qu'objet largement diffusé et toujours florissant, même s'ils blâment ma crédulité enfantine. Je puis ajouter que je n'ai aucune raison de supposer que l'observation des cristaux puisse jamais être d'une utilité pratique pour la police ou pour les personnes qui ont perdu des objets portables. Mais je n'ai aucune objection à ce que des expériences soient faites à Scotland Yard.[20]

[Note 1 : Informations, avec une photographie des pierres, provenant d'un correspondant à West Maitland, Australie.]

[Note de bas de page 2 : *Rapport Ethnol*. *Bureau*, 1887-88, p. 460 ; vol. ii. p. 69. Le volume du capitaine Bourke sur *Les guérisseurs des Apaches* peut également être consulté.]

[Note 3 : Fitzroy, *Adventure*, vol. ii. p. 389.]

[Note 4 : *L'Histoire de la grande Ile Madagascar*, par le Sieur de Flacourt. Paris, 1661, ch. 76. Veue de deux Navires de France predite par les Negres, avant que l'on fr peust sçavoir des Nouvelles, &c.]

[Note 5 : *Religion des Amazulu*, p. 341.]

[Note 6 : *JAI*., novembre 1894, p. 155. Ryckov est cité ; *Journal*, p. 86.]

[Note 7 : *Rites et lois des Yncas*, Christoval de Molina, p. 12.]

[Note de bas de page 8 : Voir l'article de Miss X, SPR *Proceedings*, v. 486.]

[Note de bas de page 9 : Op. cit. v.505.]

[Note 10 : Si un lecteur souhaite faire des expériences, il ne devrait pas être étonné si la première figure de cristal représente « le mort drapé » ou une personne malade au lit. Pour une raison quelconque, ou sans raison, il s'agit plutôt d'un prélude habituel, ne signifiant rien.]

[Note 11 : dimanche après-midi. Cela ne veut pas dire que les images de vendredi étaient prophétiques. Il est probable que Miss Rose a vu ce que Miss Angus avait vu à l'aide d'une « suggestion ».]

[Note 12 : Mlle Angus ne pouvait pas être sûre de la couleur des cheveux.]

[Note 13 : La position était telle que Mlle Angus ne pouvait pas voir le visage de la dame.]

[Note 14 : J'ai vu les photographies.]

[Note 15 : On m'a montré la lettre du 20 janvier, qui confirmait la preuve des images de cristal. Le camp a été formé à des fins officielles dans lesquelles M. Clifton était concerné. Une lettre du 9 février le corrobore inconsciemment.]

[Note 16 : L'incident des pieds s'est produit entre 16h30 et 19h30. L'image cristalline était vers 22 heures.]

[Note 17 : Mlle Angus n'avait fait la connaissance de Mme Cockburn et des Bissett qu'au cours de la semaine suivante . De leurs relations à distance, elle n'avait aucune connaissance.]

[Note 18 : J'ai vu une photographie de ce monsieur, le major Hamilton, qui correspond à la description complète donnée par Miss Angus, telle que rapportée par Mme Bissett. Tous les noms propres ici, comme partout, sont modifiés.

Ce récit, j'ai écrit à partir de la déclaration verbale de Mme Bissett. Il a ensuite été lu et corroboré par elle-même, M. Bissett, M. Cockburn, Mme Cockburn et Miss Angus, qui ont ajouté des dates et des signatures.]

[Note 19 : Les lettres attestant chacune de ces expériences sont en ma possession. Les vrais noms ne sont en aucun cas donnés dans ce récit, par ma propre volonté, mais (avec l'autorisation de la personne concernée) peuvent être communiqués en privé.]

[Note 20 : La faculté de voir des « images fantaisistes » dans le verre est loin d'être rare. Je n'ai rencontré que trois autres personnes en dehors de Miss Angus, dont deux hommes, qui ont réussi à observer les cristaux « télépathiquement ». En corrigeant les « révisions » (16 mars), j'ai appris que le frère de M. Pembroke (p. 105) écrivait du Caire le 27 janvier. Le « cri » du 23 janvier représentait son navire dans le canal de Suez. Il fut, comme le montre sa lettre, en quarantaine à Suez, à Moses's Wells, du 25 au 26 janvier. Le major Hamilton (pp. 109, 110), en revanche, quitta Bombay, certes, mais pas par mer, comme le montre sa lettre. dans l'image de cristal. Voir l'Annexe C. M. Starr, un critique américain, ajoute les Cherokees, les Aztèques et les Tonkaways aux rangs des observateurs de cristaux.]

VI

ANTHROPOLOGIE ET HALLUCINATIONS

Nous avons examiné des cas, sauvages ou civilisés , dans lesquels la connaissance est censée être acquise par aucun canal sensoriel connu. Tous ces exemples chez les sauvages, que ce soit par simple clairvoyance, ou par l'aide du regard sur une surface lisse, ou dans les rêves, ou en transe, ou par seconde vue, confirmeraient s'ils n'étaient pas à l'origine de la croyance en l'âme séparable. . L'âme, si elle veut visiter des lieux éloignés et collecter des informations, doit quitter le corps, dirait-on, et doit jusqu'à présent être capable de mener une vie indépendante. Peut-être devrions-nous ensuite étudier les cas de « possession », lorsque la connaissance est censée être transmise par une âme, un fantôme, un esprit ou un dieu étranger , s'installant chez un homme et parlant de ses lèvres. Mais il semble préférable de considérer d'abord les prétendus phénomènes supranormaux qui ont pu conduire le raisonneur sauvage à croire qu'il *n'était* pas le seul propriétaire d'une âme séparable : que d'autres personnes étaient également douées.

Le sentiment, comme de séparation, qu'éprouverait un rêveur ou un voyant sauvage après un rêve ou une vision dans laquelle il visitait des lieux éloignés, le satisferait que *son* âme, au moins, était volatile. Mais une certaine expérience de ce qu'il considérerait comme des visites des esprits d'autrui serait nécessaire avant de reconnaître que d'autres hommes, ainsi que lui, avaient la faculté d'envoyer leur âme en voyage.

Or, les rêves ordinaires, dans lesquels le rêveur semblait voir des personnes réellement éloignées ; fournirait au raisonneur sauvage un certain nombre de preuves affirmatives. Cela fait partie de l'affirmation de M. Tylor selon laquelle les sauvages (comme certains enfants) sont sujets à la difficulté que la plupart d'entre nous ont pu éprouver à l'occasion en décidant : « Est-ce que cela s'est réellement produit ou est-ce que j'en ai rêvé ? Ainsi, les rêves ordinaires offriraient au premier penseur une certaine preuve que les âmes des autres hommes pourraient visiter la sienne, tout comme il croit que la sienne peut les visiter.

Mais les hommes, on peut le supposer, n'étaient pas, au stade supposé de la pensée, assez obsédés pour ne pas faire une grande distinction pratique entre l'expérience du sommeil et celle de l'éveil dans son ensemble. Comme nous l'avons montré, la distinction est faite par les plus bas sauvages que nous connaissons. En revanche, une hallucination claire à la veille, de la présence d'une personne réellement absente, ne pouvait qu'en dire plus aux premiers philosophes qu'une vingtaine de rêves, car être facilement oublié est l'essence d'un rêve . Les sauvages, en effet, assez curieusement, ont adopté notre théorie selon laquelle « les rêves vont par des contraires ». Le Dr Callaway illustre cela pour les Zoulous, et M. Scott pour les Mang'anza . Ils *font* donc la distinction entre le sommeil et l'éveil. Nous devons donc examiner les hallucinations *éveillées* dans le domaine de l'expérience réelle et sur la base de preuves récentes accessibles. Si ces hallucinations s'accordent, dans une certaine mesure, au-delà de ce qu'une coïncidence fortuite peut expliquer, avec des événements réels mais inconnus, alors de telles hallucinations renforceraient considérablement, dans l'esprit d'un des premiers penseurs, la théorie sauvage selon laquelle un homme à distance peut, volontairement ou involontairement, projeter son esprit dans un voyage, et être vu là où il n'est pas présent.

Lorsque M. Tylor a écrit son livre, l'étude des hallucinations occasionnelles à l'éveil des personnes saines d'esprit et en bonne santé en était à ses balbutiements. On a en effet beaucoup écrit sur les hallucinations, mais il s'agissait principalement de fausses perceptions chroniques de maniaques, d'ivrognes et de personnes en mauvaise santé comme Nicolai et Mme A. Les hallucinations de personnes de génie - Jeanne d' Arc , Luther, Socrate, Pascal furent attribués par certains à la folie de ces personnages célèbres. Presque aucun écrivain avant M. Galton n'avait reconnu l'apparition d'hallucinations une fois dans la vie, peut-être, chez des personnes saines, sobres et mentalement saines. Si l'on savait que ces phénomènes se produisaient, ils étaient considérés comme des rêves de sommeil inconscient. C'est encore pratiquement l'hypothèse du Dr Parish, comme nous le verrons plus loin. Mais au cours des vingt dernières années, les hallucinations peu fréquentes des personnes saines d'esprit ont été reconnues par M. Galton et discutées par le professeur James, M. Gurney, le Dr Parish et de nombreux autres écrivains.

Deux résultats ont suivi. Premièrement, les « fantômes » se révèlent être, lorsqu'il ne s'agit pas d'illusions provoquées par la confusion d'un objet avec un autre, alors des hallucinations. Comme ceux-ci représentent le plus souvent une personne vivante qui n'est pas présente, par parité de raison, l'apparence d'une personne morte est au même niveau, n'est pas un « fantôme » remplissant l'espace, mais simplement une hallucination . Une telle apparence ne peut, *à première vue* , suggérer aucune conclusion raisonnable quant à l'existence continue des morts. D'un autre côté, les nouvelles études ont soulevé la question peut-être insoluble : « Les hallucinations des personnes saines d'esprit, représentant les vivants, ne coïncident-elles pas plus fréquemment que la simple chance ne peut l'expliquer, avec la mort ou une autre crise de la personne apparemment vue ? Si cela pouvait être prouvé, il semblerait alors y avoir un *lien causal* , une relation de cause à effet entre l'hallucination et la crise coïncidente. Cette connexion s'expliquerait provisoirement par une action non comprise de l'esprit ou du cerveau de la personne en crise, sur celui de la personne qui a l'hallucination. Ce n'est pas une idée nouvelle ; seul le nom, Télépathie, est moderne. Bien sûr, si tout cela était accepté, la prochaine étape consisterait à se demander si les hallucinations représentant les morts montrent des signes d'être provoquées par une action du côté du défunt. C'est un sujet sur lequel le peu que nous avons à dire devra être dit plus tard.

En attendant, le lecteur qui a persévéré jusqu'ici n'ira probablement pas plus loin. Les préjugés contre les « spectres » et les « fantômes » sont très forts ; mais alors, nos fantasmes innocents ne sont ni (tel que nous comprenons leur nature) des fantômes ni des spectres. Kant a brisé les limites de ses outils métaphysiques, non pas contre ces fantasmes, mais contre les entités logiquement inconcevables qui étaient à la fois matérielles et non matérielles, à la fois « spirituelles » et « remplissant l'espace ». Il n'y a pas une telle difficulté à propos des hallucinations qui, quoi qu'on puisse en dire, sont des faits familiers de l'expérience. Les seules objections réelles sont les affirmations selon lesquelles les hallucinations sont toujours *morbides* (ce qui n'est plus la croyance universelle des physiologistes et des psychologues) et que les prétendues coïncidences entre le fantasme d'une personne et la mort inconnue de cette personne à distance sont « pures ». des coups de chance. C'est la question sur laquelle nous reviendrons plus tard.

Entre-temps, les défenseurs de la théorie selon laquelle il existe un lien de cause à effet non compris entre la mort ou une autre crise d'un côté et la perception représentant la personne affectée par la crise de l'autre côté, soulignent que de telles hallucinations , ou d'autres effets sur le percepteur, existent selon une échelle croissante régulière de puissance et de perceptibilité. Supposons que la mort de « A » dans le Yorkshire affecte la conscience de « B » dans le Surrey avant qu'il ne sache quoi que ce soit sur le fait (supposons que cela soit pour les besoins de l'argumentation), alors l'effet peut avoir lieu (1) sur les émotions de « B » , produisant un vague *malaise* et une certaine tristesse ; (2) sur ses nerfs moteurs, le poussant à un certain acte ; (3) ou peut se traduire par ses sens, comme un toucher ressenti, une voix entendue, une figure vue ; ou (4) peut se traduire par une phrase ou une idée.

Parmi ceux-ci, (1) l'effet émotionnel est, bien entendu, le plus vague. Nous avons peut-être tous eu une soudaine crise de tristesse que nous ne pouvions pas expliquer. Les gens agissent rarement sur la base de telles impressions et, lorsqu'ils le font, ils se trompent souvent. Ainsi, un de mes amis a été soudainement tellement submergé, au golf, par une misère inexplicable (bien qu'il ait gagné son match) qu'il s'est excusé auprès de son adversaire et est rentré chez lui après le neuvième trou. Tout allait bien à la maison. Probablement quelque véritable motif d'appréhension lui était obscurément venu à l'esprit et s'était exprimé dans son émotion.

Mais on peut illustrer ce qui ressemblait à une coïncidence par l'expérience du même ami. Il habitait, jeune homme marié, un appartement dans une maison appartenant à une connaissance. La salle était couverte par une sorte de verrière, sur une partie de son étendue. Il séjournait à la campagne avec sa femme et, alors qu'ils rentraient chez eux, la dame fut envahie par la conviction irrésistible que quelque chose de terrible était arrivé, et *non* à ses enfants. En arrivant chez eux, ils découvrirent qu'une de leurs servantes était tombée à travers la verrière et s'était suicidée. Ils ont également appris que la sœur de la jeune fille était arrivée à la maison immédiatement après l'accident, expliquant qu'elle avait été poussée à venir par le sentiment que quelque chose de terrible s'était produit. L'avocat également, qui représentait le propriétaire de la maison, était apparu sans être convoqué, convaincu, auquel il ne pouvait résister, que pour une raison inconnue, il y était recherché.[1] Il ne s'agissait donc pas ici d'une hallucination, mais d'un effet émotionnel atteignant simultanément la conscience de trois personnes et coïncidant avec une crise inconnue.[2]

Des cas dans lesquels une personne se sent poussée à un acte (2) sont également enregistrés. En effet, l' avocat de notre anecdote en est un exemple. Pour ne pas nous déranger (3) avec des « voix », les hallucinations visuelles, coïncidant avec une crise lointaine et inconnue, sont tracées à partir du simple sentiment que quelqu'un est dans la pièce, suivi d'une image mentale ou visuelle d' *une* personne *mourant* à une distance, jusqu'à une sorte de « vision » d'une personne ou d'une scène, et ainsi de suite jusqu'aux hallucinations faisant appel à la fois au toucher, à la vue et à l'ouïe. Comme quelques centaines de ces récits d'hallucinations coïncidentes à tous degrés ont été recueillis auprès de témoins directs, souvent connus personnellement et généralement interrogés personnellement par l'étudiant, il est difficile de nier qu'il existe une preuve prima facie d' *enquêter* . .[3]

Il n'est pas ici question des « esprits », avec toutes leurs difficultés physiques et métaphysiques. Il n'y a pas non plus de désir d'esquiver le fait que de nombreux « pressentiments » et hallucinations de personnes saines d'esprit ne coïncident avec aucun fait vérifiable. Nous ne posons que provisoirement la possibilité d'une influence, dans sa nature inconnue, d'un esprit sur un autre à distance, cette influence se traduisant par une hallucination. Une enquête sur ce sujet, dans les domaines ethnographiques et modernes, est peut-être nouvelle mais n'implique aucune « superstition ».

Nous revenons maintenant à M. Tylor, qui traite des hallucinations, entre autres expériences, qui ont amené les premiers penseurs sauvages à croire aux fantômes ou aux âmes séparables, l'origine de la religion.

Quant aux causes des hallucinations en général, M. Tylor a quelque chose à dire, mais cela n'a rien de systématique. « La maladie, l'épuisement et l'excitation » amènent les sauvages à contempler des « spectres humains », dans « la réalité objective » à laquelle ils croient. Mais si un moderne instruit, ni malade, ni épuisé, ni excité, a une hallucination de la présence d'un ami, lui aussi croit que c'est « objectif », il est son ami en chair et en os, jusqu'à ce qu'il découvre son erreur, par examen ou réflexion. Comme le remarque le professeur William James dans ses « Principes de psychologie », de telles hallucinations solitaires de personnes saines d'esprit et en bonne santé, une fois dans la vie, sont difficiles à expliquer et ne sont en aucun cas rares. "Parfois", observe M. Tylor, "le fantôme a la qualité caractéristique de ne pas être visible à l'ensemble d'une compagnie assemblée", et il ajoute "pour affirmer ou laisser entendre qu'ils sont visibles parfois, et pour certaines personnes, mais pas toujours". , ou à tout le monde, est de donner une explication des faits qui n'est pas, en effet, notre explication moderne habituelle, mais qui est un produit parfaitement rationnel et intelligible des premières sciences.

Ce n'est en effet pas le cas et la science ultérieure n'a pas non plus produit d'explication rationnelle et intelligible des hallucinations collectives, partagées par plusieurs personnes à la fois, et peut-être non perçues par d'autres personnes présentes. M. Tylor, il est vrai, affirme que « dans les pays civilisés , la rumeur selon laquelle quelqu'un aurait vu un fantôme suffit à en faire voir d'autres dont l'esprit est dans un état de réceptivité propre ». Mais c'est discuter en cercle ; Qu'est-ce qu'un « état correctement réceptif » ? Si la maladie, le surmenage, « l'attente d'attention » faisaient « un état de réception propre », j'aurais vu plusieurs fantômes dans plusieurs « maisons hantées ». Mais la seule chose de ce genre que j'ai jamais vue s'est produite alors que je ne pensais à rien de moins, que j'étais en bonne santé et que je ne savais pas (et je n'ai appris que longtemps après) que c'était le fantôme habituel et légitime. voir. M. Podmore remarque que divers membres de la Société Psychique ont séjourné dans diverses « maisons hantées », « certains d'entre eux dans un état d'attente et d'excitation nerveuse », ce qui ne leur a jamais fait voir de fantômes, car ils n'en ont vu aucun.[4]

M. Tylor traite les hallucinations éveillées de la même manière qu'il traite de la « clairvoyance voyageuse ». Il ne les étudie pas « dans le domaine de l'expérience ». Il ne s'intéresse pas à la vérité des faits, aussi importante que nous le pensons, mais à sa théorie selon laquelle les hallucinations, entre autres causes, donneraient naturellement naissance à la croyance aux esprits, et donc à la première philosophie de l'animisme. Or, certes, l'hallucination de la présence d'une personne, par exemple au moment de sa mort à distance, suggérerait à un sauvage que quelque chose du mourant, quelque chose symbolisé dans le mot « ombre » ou « souffle » *(spiritus)* , était venu lui dire adieu. La théorie « spiritualiste » moderne, encore une fois, selon laquelle « l'esprit » de l'homme mort est réellement présent au percepteur, dans l'espace, correspond et dérive de la philosophie animiste du sauvage. Mais nous pouvons croire à de tels « spectres de mort », ou apparitions hallucinatoires de mourants, sans être ni sauvages ni spiritualistes. Nous pouvons croire sans prétendre l'expliquer, ou nous pouvons avancer la théorie de la « télépathie », le « lien magique » de Hegel, selon lequel l'esprit lointain s'imprime d'une manière ou d'une autre, dans une hallucination plus ou moins parfaite, sur l'esprit de la personne qui perçoit le spectre. S'il en est ainsi, ou même si aucune explication n'est proposée, la vérité des récits d'apparitions fortuites devient importante, car elle indique une nouvelle région de l'enquête psychique. Alors le témoignage des sauvages quant à leurs propres hallucinations, coïncidant avec la mort de leurs amis absents, confirmera, *quantiquement*, le témoignage de nombreux observateurs modernes de tous les rangs de la vie et de tous les degrés de culture, depuis Lord Brougham jusqu'à un certain nombre d'observateurs modernes. vieille infirmière.[5]

Quant aux hallucinations coïncidant avec la mort de la personne apparemment vue, M. Tylor dit : « Les récits de cette classe, je ne peux ici que les préciser sans discuter sur eux, ils circulent en abondance. » [6] Or, les hallucinations modernes elles-mêmes peuvent on ne peut guère les qualifier, peut-être, de « survivances à la sauvagerie », bien que l'opinion selon laquelle l' hallucination d'une personne doit être son « esprit » soit en réalité une telle survivance. C'est de cette opinion, de l'animisme dans ses origines hallucinatoires, que M. Tylor s'intéresse, et non des hallucinations elles-mêmes ou des preuves de leur existence véridique.

M. Tylor raconte trois anecdotes, racontées dans deux cas par les voyants, de fantasmes de vivants vus par eux (et dans un cas également par un compagnon) alors que la personne réelle mourait à distance. Il ajoute : « Mon propre point de vue est que seuls les rêves et les visions auraient pu introduire dans l'esprit des hommes une idée telle que celle des âmes étant des images éthérées des corps. »[7] L'idée est peut-être parfaitement erronée ; mais si l'apparition d'apparitions fortuites comme celles dont parle M. Tylor pouvait s'avérer trop fréquente pour que le simple hasard puisse se produire, alors il y aurait une présomption en faveur de certaines facultés inconnues de notre nature – un thème propre à l'anthropologie.

Les hallucinations dont nous entendons le plus sont celles dans lesquelles une personne voit le fantôme d'une autre personne qui, à son insu, est à l'heure de la mort ou à proximité. M. Tylor, en plus de ses trois cas dans la vie civilisée , fait allusion à un cas dans la vie sauvage, en faisant référence à d'autres cas.[8] Nous nous tournons vers son exemple sauvage, en le proposant dans son intégralité à partir de l'original.[9]

« Chez les Maoris » (dit M. Shortland), « il est toujours inquiétant de voir la silhouette d'une personne absente. Si la silhouette est très sombre et que son visage n'est pas visible, la mort, bien qu'elle puisse être attendue avant longtemps, n'a pas saisi sa proie. Si le visage de la personne absente apparaît, le présage avertit le spectateur qu'il est déjà mort.

La déclaration suivante est tirée de la bouche d'un témoin oculaire :

« Un groupe d'indigènes a quitté leur village, avec l'intention de s'absenter quelque temps, pour une expédition de chasse au cochon. Une nuit, alors qu'ils étaient assis en plein air autour d'un feu flamboyant, on vit s'approcher la silhouette d'un parent resté malade à la maison. L'apparition n'apparut qu'à deux personnes du groupe et disparut aussitôt après qu'ils eurent poussé une exclamation de surprise. De retour au village, ils se sont renseignés sur le malade et ont ensuite appris qu'il était mort à peu près au moment où on l'avait vu.

Je donne maintenant des cas maoris , qui m'ont été communiqués par M. Tregear , FRGS, auteur d'un « Maori Comparative Dictionary ».

Un chef maori très intelligent m'a dit : « Je n'ai vu que deux fantômes. J'étais un garçon à l'école d'Auckland et un matin, j'étais endormi dans mon lit lorsque je me suis retrouvé excité par quelqu'un qui me secouait par l'épaule. Je levai les yeux et vis penchée sur moi la forme bien connue de mon oncle, que je supposais être dans la Baie des Îles. Je lui ai parlé, mais la forme s'est estompée et a disparu. Le courrier suivant m'a apporté la nouvelle de son décès. Les années ont passé et je n'ai vu ni fantôme ni esprit, pas même lorsque mon père et ma mère sont morts, et j'étais absent à chaque fois. Puis un jour, j'étais assis en train de lire, lorsqu'une ombre sombre est tombée sur mon livre. J'ai levé les yeux et j'ai vu un homme debout entre moi et la fenêtre. Il me tournait le dos. J'ai vu à sa silhouette qu'il était Maori et je lui ai crié : « Oh mon ami ! Il s'est retourné et j'ai vu mon autre oncle, Ihaka. La forme s'effaça comme l'autre. Je ne m'attendais pas à apprendre la mort de mon oncle, car je l'avais vu sain et sauf quelques heures auparavant. Cependant, il était entré dans la maison d'un missionnaire et il (avec plusieurs Blancs) fut empoisonné en mangeant une tarte à base de viande en conserve, la boîte ayant été ouverte et la viande y étant restée toute la nuit. C'est tout ce que j'avais moi-même vu d'esprits.

Un autre exemple maori peut être proposé :[10]

De M. Francis Dart Fenton, anciennement au Département autochtone du gouvernement, Auckland, Nouvelle-Zélande. Il a donné le récit par écrit à son ami, le capitaine JH Crosse, de Monkstown, Cork, de qui nous l'avons reçu. En 1852, lorsque l'incident s'est produit, M. Fenton était « engagé dans la formation d'une colonie sur les rives du Waikato ».

'25 mars 1860

« Deux scieurs, Frank Philps et Jack Mulholland, étaient engagés pour couper du bois pour le révérend R. Maunsell à l'embouchure du ruisseau Awaroa — un endroit très isolé, un vaste marais, sans personne à des kilomètres d'eux. Comme d'habitude, ils étaient accompagnés d'un Maori pour les aider à abattre les arbres. Il venait de Tihorewam , un village de l'autre côté de la rivière, à environ six milles de là. Alors que Frank et l'indigène coupaient un arbre, l'indigène s'arrêta brusquement et dit : « Pourquoi êtes-vous venus ? regardant en direction de Frank. Frank a répondu : « Que veux-tu dire ? Il dit : « Je ne vous parle pas ; je parle à mon frère. » Frank a dit : « Où est-il ? L'indigène répondit : "Derrière toi. Que veux-tu ?" (aux autres Maoris), Frank a regardé autour de lui et n'a vu personne. L'indigène ne vit plus personne, mais baissa la scie et dit : « Je vais traverser la rivière ; mon frère est mort.

« Frank s'est moqué de lui et lui a rappelé qu'il l' avait plutôt bien quitté dimanche (cinq jours auparavant) et qu'il n'y avait eu aucune communication depuis. Le Maori ne parla plus, mais monta dans son canoë et traversa. Lorsqu'il arriva au débarcadère, il rencontra des gens qui venaient le chercher. Son frère venait de mourir. Je l'ai bien connu.

En réponse aux questions quant à son autorité pour ce récit, M. Fenton écrit :

'18 décembre 1883.

« Je connaissais bien toutes les parties concernées, et c'est bien vrai, *valeat quantum* , comme disent les avocats. Les incidents de ce genre ne sont pas rares chez les Maoris .

« FD FENTON, *Juge en chef décédé du tribunal autochtone de Nouvelle-Zélande »*

Voici un exemple quelque peu analogue de la Terre de Feu :

« Jemmy Button était très superstitieux » (dit l'amiral Fitzroy, parlant d'un Fuégien amené en Angleterre). « Alors qu'il était en mer, à bord du « Beagle », il a dit un matin à M. Bynoe que pendant la nuit, un homme s'était approché de son hamac et lui avait murmuré à l'oreille que son père était mort. Il croyait pleinement que tel était le cas », et il avait parfaitement raison…. «Il a rappelé le rêve à Bennett.»

M. Darwin mentionne également ce cas, une hallucination auditive fortuite.

Je n'ai trouvé aucun autre cas sauvage tout à fait pertinent. Il s'agit, indéniablement, d'un « puir show pour Kirkintilloch », d'une maigre collection de spectres de mort sauvages, mais elle peut être si maigre en raison du manque de recherche ou du manque de documents, les voyageurs faisant généralement caca les superstitions obscures de les païens, ou craignant de paraître superstitieux s'ils racontent des cas. Aussi peu nombreux soient-ils,

ils constituent indéniablement des parallèles exacts avec ceux enregistrés dans la vie civilisée .

En comblant une lacune de l'œuvre anthropologique de M. Tylor, en s'interrogeant sur la proportion entre les fantasmes du vivant qui coïncident avec une crise de l'expérience de la personne vue, et ceux qui ne le font pas, il faut évidemment rejeter toute des preuves de personnes malades, anxieuses, surmenées ou en proie à un chagrin poignant au moment de l'hallucination. On verra plus loin que ni le chagrin ni la passion amoureuse (qui dominent l'association de nos idées comme elles le font) n'engendrent beaucoup de fantasmes. Notre affaire, cependant, concerne les fausses perceptions de personnes dignes de confiance, autant que nous le sachions, saines d'esprit, en bonne santé, généralement pas visionnaires et dans un état d'esprit imperturbable.

Il reste une cause normale aux hallucinations subjectives : l'attente. Cela semble être une véritable cause d'hallucination ou, du moins, d'illusion. En attendant le bruit d'une voiture, vous pouvez l'entendre souvent avant qu'il n'arrive, vous prenant d'autres sons pour celui que vous désirez. De même, dans une enquête portant sur 17 000 personnes, le SPR a recueilli treize cas d' apparition hallucinatoire d'une personne devant une autre qui attendait *son* arrivée. Encore une fois, il est très concevable qu'une bagatelle, l'ouverture accidentelle d'une porte, un bruit familier dans un lieu inconnu, puissent toucher le cerveau et provoquer une hallucination d' une personne passant par la porte, ou du lieu où le son maintenant entendu était autrefois familier. L'attente, encore une fois, et la nervosité pourraient sans aucun doute provoquer une hallucination chez une personne qui se sentait mal à l'aise dans une maison portant le nom de « hantée », bien que, comme nous l'avons vu, l'effet soit beaucoup moins fréquent que la cause. Toutes ces sortes de causes sont sans aucun doute plus répandues chez les sauvages superstitieux que chez les Européens instruits. Et il va de soi que les sauvages , où un homme « croit voir quelque chose », seront plus disposés que nous à penser qu'ils « voient quelque chose » aussi. Mais les hallucinations collectives, partagées par plusieurs personnes à la fois, sont particulièrement déroutantes. Même s'ils surviennent alors que tous sont dans une condition d'attente tendue, il est étrange que tous les voient de *la même manière* .[12] Des exemples se produiront plus tard. Lorsqu'il n'y a pas d'excitation, le mystère augmente. Notons que parmi les multitudes attendantes qui regardaient Bernadette contempler la Sainte Vierge à Lourdes, pas une seule personne, aussi superstitieuse ou hystérique soit-elle, ne prétendait partager la vision. Encore une fois, une seule personne, et sur des preuves douteuses, aurait partagé, une fois, les visions de Jeanne d'Arc . Dans les deux cas, toutes les conditions censées produire une hallucination collective étaient présentes au plus haut degré. Pourtant, aucune hallucination collective ne s'est produite.

Les récits d'hallucinations coïncidant avec une mort, récits bien attestés, sont abondants dans les temps modernes, si abondants qu'il suffit de renvoyer les curieux aux deux gros volumes de MM. Gurney et Myers, « Phantasmes des vivants », et au « Rapport » du SPR. du recensement des hallucinations »(1894). M. Tylor dit : « La théorie spiritualiste insiste spécialement sur les cas d'apparitions, où la mort de la personne correspond plus ou moins au moment où un ami aperçoit son fantôme. Mais les visionnaires, remarque-t-il avec raison, voient souvent des fantômes de personnes vivantes alors que rien ne se passe. C'est le cas, et la question se pose de savoir si davantage de fantômes de ce type sont observés (*et non* par des « visionnaires ») en relation avec la mort ou une autre crise de la personne dont l'apparence hallucinatoire est perçue, qu'il ne devrait se produire s'il n'y a aucun lien entre eux. une cause inconnue entre les décès et les apparitions. Comme l'observe M. Tylor, « l'homme, encore dans un état intellectuel médiocre, en est venu à associer dans sa pensée ces choses qu'il trouvait par expérience comme étant liées dans les faits. » [13] Les premiers hommes ont-ils alors découvert par expérience que *les* apparitions de ses amis étaient « en fait liés » à leur mort ? Et si oui, ce lien découvert était-il en fait à l'origine de sa croyance selon laquelle l' apparition hallucinatoire d'une personne absente annonçait parfois sa mort ?

Que cette croyance existe en Nouvelle-Zélande, nous l'avons vu, et nous l'avons constaté, confirmé par cet exemple, l'une des « nombreuses relations de ce type », dit l'auteur. Un chef maori était absent depuis longtemps sur le chemin de la guerre. Un jour, il entra dans la hutte de sa femme et resta assis, muet, près du foyer. Elle courut chercher des témoins, mais à son retour le fantasme n'était plus visible. Peu après, la femme se remaria.

Son mari revint alors en parfaite santé et pardonna à la dame, car elle avait agi sur la base de ce qui, pour un esprit maori , semblait être une bonne preuve légale de son décès. Bien sûr, même si elle est une légende, l'histoire est la preuve de l'existence de cette croyance.[14]

Quelle est donc la cause de la croyance selon laquelle le fantôme d'un homme est un signe de sa mort ? Selon la théorie de la philosophie sauvage, telle qu'expliquée par M. Tylor lui-même, l'âme d'un homme peut quitter son corps et devenir visible aux autres, non seulement à la mort, mais en bien d'autres occasions, dans le rêve, la transe, la léthargie. Toutes ces conditions sont bien plus fréquentes, dans la carrière de tout homme, que le fait de mourir. Pourquoi alors le fantasme des sauvages est-il censé annoncer la mort ? Est-ce parce que, dans un nombre de cas suffisant pour susciter des remarques, l'homme primitif a découvert que l'apparition et la mort étaient des « choses liées en fait » ?

Je donne un exemple où la philosophie des sauvages les amènerait à *ne pas* relier le fantasme d'un homme vivant à sa mort.

Le Woi Les Worung , une tribu australienne, soutiennent que « le Murup [spectre] d'un individu pouvait être envoyé par magie, comme, par exemple, lorsqu'un chasseur s'endormait imprudemment pendant qu'il chassait. » [15] Dans ce cas, le chasseur est exposé à la magie de ses ennemis. Mais le Murup , ou âme détachée, serait visible à distance lorsque son propriétaire dort seulement – selon la philosophie sauvage. Pourquoi, alors, lorsque le spectre est aperçu, croit-on que son propriétaire est en train de mourir ? Les choses sont-elles forcément « liées en fait » ?

Comme on le sait, la Société de Recherches Psychiques a tenté un petit recensement, dans le but de découvrir si les hallucinations représentant des personnes éloignées ont coïncidé, dans les douze heures, avec leur mort, dans un rapport plus grand que ne le permettent les lois du hasard. . S'il en est ainsi, les Maoris pourraient avoir une certaine base pour étayer leur théorie selon laquelle de telles hallucinations sont le signe d'un décès. Je ne crois pas qu'un tel recensement puisse nous permettre de parvenir à une conclusion affirmative que la science accepterait. Malgré toutes les précautions prises, tous les avertissements préalables et les « acceptations » faites plus tard, les collecteurs de preuves « sélectionneront » des cas affirmatifs déjà connus, ou (ce qui est tout aussi mortel) seront soupçonnés de le faire. De nouveau, des illusions de mémoire, augmentant la proximité de la coïncidence, apparaîtront – ou il sera facile de dire qu'elles sont entrées. Les « tolérances » à leur égard ne seront pas acceptées.

Une fois de plus, 17 000 cas, bien que plus nombreux que ce qui est habituel dans les enquêtes biologiques, ne suffisent décidément pas pour un débat populaire sur les probabilités ; un million, dira-t-on, ne serait pas de trop. Enfin, en admettant l'honnêteté, la précision de la mémoire et la non-sélection (dont aucune ne sera accordée par les adversaires), il est facile de dire que des choses étranges doivent se *produire* et que la grande proportion de réponses affirmatives concernant les hallucinations fortuites n'est qu'un échantillon. de ces choses étranges.

D'autres objections sont avancées par les professeurs de vulgarisation scientifique qui n'ont pas examiné — ou, après avoir examiné, mal rapporté — les résultats du recensement en détail. Je peux donner un exemple de leur méthode.

M. Edward Clodd est l'auteur de plusieurs manuels scientifiques : « L'histoire de la création », « Un manuel de l'évolution » et d'autres. Or, dans une critique signée d'un livre, une critique publiée dans « The Sketch » (13 octobre 1897), M. Clodd écrit à propos du recensement : « On a demandé à des milliers de personnes si elles avaient déjà vu des apparitions, et parmi celles-ci quelques centaines, pour la plupart des étrangers inintelligents, répondirent par l'affirmative. Environ huit ou dix d'entre eux – des mortels enviés – avaient vu des « anges », mais la majorité, comme l'Américain dans l'histoire de la mangouste, n'avait vu que des « serpents » . ainsi que l'intégrité des témoins. M. Clodd a reconnu très franchement et avec bonne humeur le caractère erroné de sa remarque. Autrement , nous pourrions nous demander : M. Clodd préfère-t-il être considéré comme non « compétent » ou « véridique » ? Il ne peut pas être les deux à cette occasion, car ses propos signés et publiés étaient absolument inexacts. Premièrement, on *n'a pas demandé* à des milliers de personnes « si elles avaient vu des apparitions ». On leur demanda : « Avez-vous jamais, en vous croyant parfaitement éveillé, eu la vive impression de voir, ou d'être touché par un être vivant ou un objet inanimé, ou d'entendre une voix ; Quelle impression, autant que vous avez pu le découvrir, n'était due à aucune cause physique extérieure ? Deuxièmement, ce n'est pas le fait que « quelques centaines d' *étrangers, pour la plupart inintelligents,* aient répondu par l'affirmative ». Parmi les hommes et femmes anglophones, 1 499 ont répondu par l'affirmative à la question citée ci-dessus. Parmi les étrangers (naturellement « inintelligents »), 185 ont répondu par l'affirmative. Troisièmement, lorsque M. Clodd dit : « La majorité n'avait vu que des « serpents », il n'est pas facile de savoir quel sens précis a le mot « serpents » dans la terminologie de la science populaire. Si M. Clodd entend, par « serpents », des hallucinations fantastiques d'animaux, celles-ci s'élèvent à 25, contre 830 représentant des formes humaines de personnes reconnues , non reconnues , vivantes ou mortes. Mais si par « serpents » M. Clodd entend des hallucinations purement subjectives, dont on sait qu'elles ne coïncident avec aucun événement — et c'est *son* sens — sa déclaration est en accord avec celle du recensement. Bien entendu, ses observations étaient des erreurs purement accidentelles.

Le nombre d'hallucinations représentant des personnes reconnues vivantes ou mourantes dans les réponses reçues était de 352. Parmi les cas directs dans lesquels la coïncidence de l'hallucination avec la mort de la personne apparemment vue a été affirmée, il y en a eu 80, dont 26 sont cités. .

Les hallucinations non fortuites ont été multipliées par quatre, pour permettre l'oubli des « ratés ». Après avoir comparé les résultats, il a été décidé que les hallucinations recueillies coïncidaient avec la mort 440 fois plus souvent que ne le devrait la loi des probabilités. Il y avait donc une preuve, ou une présomption, en faveur d'une certaine relation de cause à effet entre la mort de A et l'hallucination de B.

Si nous devions attaquer l'opinion du Comité des Hallucinations, selon laquelle « entre les morts et les apparitions de mourants, il existe un lien qui n'est pas dû au seul hasard », l'attaque ne devrait pas porter seulement sur la méthode, mais sur les détails. Les événements n'étaient jamais très récents et étaient souvent lointains. L'éloignement était cependant moindre qu'il n'y paraît, car les questions ont souvent reçu une réponse plusieurs années avant la publication du Rapport (1894). Il n'y avait pratiquement aucune preuve documentaire, aucune note ou lettre écrite entre l'hallucination et l'arrivée de la nouvelle du décès. De telles lettres, selon les preuves, avaient existé dans certains cas, mais avaient été perdues, brûlées, mangées par des fourmis blanches, ou écrites sur une feuille de papier buvard ou sur le mur blanchi à la chaux d'une caserne. Si je peux en juger par mon propre succès à égarer, perdre et détruire négligemment des papiers, des chèques aux notes faites à des fins littéraires, des lettres intéressantes d'amis aux manuscrits de romanciers, ou si je peux en juger par les triomphes de Sir Walter Scott en matière de du même genre, je ne devrais pas penser beaucoup à la disparition des preuves documentaires au profit des spectres de la mort. Personne ne pensait, au moment de la rédaction de ces notes, que la Science en demanderait la production ; et même si les gens l'avaient deviné, il est humain de perdre ou de détruire de vieux papiers.

L'éloignement des événements est plus remarquable, car, si ces choses se produisent, pourquoi si peu de cas récents ont-ils été découverts ? Là encore, les voyants étaient parfois anxieux, même si de tels cas étaient exclus du calcul final : ils savaient souvent que la personne vue était en mauvaise santé : ils connaissaient souvent très bien son aspect personnel. Or, ce qu'on appelle les « hallucinations subjectives », les hallucinations non fortuites, représentent généralement des personnes qui nous sont très familières, des personnes très présentes dans notre esprit. Je connais sept cas dans lesquels de telles hallucinations se sont produites. 1, 2, de mari à femme ; 3, fils à mère ; 4, frère à sœur ; 5, sœur à sœur ; 6, cousin (vivant dans la même maison) à cousin ; 7 ans, ami (habitant à un kilomètre et demi) de deux amis. En aucun cas il n'y a eu une mort-coïncidence. Ce n'est que dans le cas 4 qu'il y a eu une sorte de coïncidence, le frère ayant eu l'intention de faire (à l'insu de la sœur) ce qu'on l'a vu faire : conduire une charrette à chiens avec une dame. Mais il *n'avait pas* conduit. Nous ne pouvons bien sûr pas *prouver* que ces sept cas n'étaient *pas* télépathiques, mais il n'y a aucune preuve qu'ils l'étaient. Or, la plupart des cas fortuits, sur lesquels le Comité s'est appuyé comme exemples les plus choisis, représentaient des personnes familièrement connues des voyants. On dirait qu'ils étaient décontractés ; mais, bien sûr, si la télépathie existe, elle existe très probablement (comme le dit Hegel) entre parents et amis.[16]

Les dattes pourraient être plus fraîches !

Dans le cas 1, le percepteur savait que sa tante en Angleterre (lui étant en Australie) n'allait pas très bien. Aucune anxiété.

2. Connaissance occasionnelle. Aucune anxiété. Cas d'accident ou de suicide.

3. Une connaissance qui craignait de mourir en couches, et qui l'a fait. Percepteur peu intéressé, ni du tout anxieux.

4. Père en Angleterre et fils en Inde. Aucune anxiété.

5. Oncle à nièce. Mort subite. Aucune anxiété. Aucune connaissance de la maladie.

6. Beau-frère de la belle-sœur et sa servante. Aucune anxiété signalée. *Russe* .

7. De père en fils. Aucune anxiété signalée. *Russe* .

8. Ami à ami. Aucune connaissance de maladie ou d'anxiété n'a été signalée.

9. De grand-mère à petit-fils. Aucune anxiété. Aucune connaissance de la maladie.

10. Connaissance fortuite de sept personnes et apparemment d'un chien. Maladie connue. *Russe.*

11. Demi-frère à demi-frère. Aucune anxiété. Aucune connaissance de la maladie.

12. Ami à ami. Aucune anxiété ni connaissance de la maladie.

13. Connaissance occasionnelle. Aucune anxiété.

14. Tante du neveu et de sa femme. Maladie connue. Aucune anxiété.

15. Sœur à frère. Maladie connue. Aucune anxiété.

16. De père en fille. Aucune connaissance de la maladie. Aucune anxiété.

17. De père en fils. Beaucoup d'anxiété. (Indénombrable.)

18. Soeur à soeur. Maladie connue. "Aucun danger immédiat", suppose-t-il.

19. De père en fils. Beaucoup d'anxiété. *Russe.* (Indénombrable.)

20. Ami à ami. Maladie connue. Percipient allaitait un patient. *Brésilien.* (Très mauvais cas !)

21 Ami à ami. Maladie connue. Aucune anxiété.

22. Frère à frère. Maladie connue. Aucune anxiété.

23. Grand-père à petite-fille. Maladie connue. Aucune anxiété pressante.

24. Grand-père en petit-fils. Maladie connue. Aucune anxiété.

25. La main du père . Maladie chronique. Aucune anxiété. Perceptible une fille. *Russe.*

20. Mari à femme. L'anxiété en temps de guerre.

27. Frère à sœur. Un peu anxieux de ne recevoir aucune lettre.

28. Ami à ami. Aucune anxiété.

L'anxiété n'est signalée, ou à supposer, que dans deux ou trois cas. Dans une douzaine d'entre eux, l'existence d'une maladie était connue.

On peut donc soutenir, à l'opposé, que dans les hallucinations fortuites sélectionnées, les personnes observées appartenaient à la classe la plus habituellement observée dans les hallucinations non fortuites et, probablement, purement subjectives, représentant des personnes réelles ; aussi que la connaissance de leur maladie, même lorsqu'il n'existait aucune anxiété, les maintenait dans certains cas devant l'esprit ; aussi que plusieurs cas sont étrangers et que « la plupart des étrangers sont des imbéciles ». D'un autre côté, l'affection, la familiarité et la connaissance de la maladie n'avaient *produit* d'hallucinations, même dans le cas de ces perceptifs, que dans les douze heures (souvent beaucoup moins) suivant l'événement de la mort.

Il aurait été souhaitable, bien sûr, de publier tous les cas *non* fortuits, et de montrer dans quelle mesure, dans ces cas non *véridiques*, *les fantasmes* reconnus étaient ceux de parents, d'amis chers, connus pour être malades et sujets d' anxiété. 17].

Le recensement contient en fait un chapitre sur les « conditions mentales et nerveuses liées aux hallucinations », telles que l'anxiété, le chagrin et le surmenage. Est-ce que celles-ci produisent , ou produisent probablement, de nombreuses hallucinations vides de sens *qui ne* coïncident pas avec la mort ou une grande crise ? Si tel est le cas, alors tous les cas dans lesquels une hallucination fortuite est survenue chez une personne anxieuse ou surmenée sembleront probablement être des coïncidences fortuites comme les autres. Il a été demandé à tous ceux qui percevaient toutes sortes d'hallucinations, de succès ou d'échecs, s'ils étaient en deuil ou en anxiété. Or, sur 1 622 cas d'hallucinations de toutes sortes connues (coïncidences ou non), une tension mentale a été signalée dans 220 cas ; dont 131 étaient des cas de deuil suite à des décès connus ou d'anxiété. Ces troubles mentaux ne surviennent donc que chez douze pour cent. des instances. Dans l'ensemble, il ne semble pas juste de soutenir que l'anxiété produit tellement d'hallucinations qu'elle explique à elle seule celles que nous avons analysées comme étant des coïncidences.

L'impression laissée dans mon esprit par le recensement concorde assez étroitement avec celle de ses auteurs. Assez bien persuadés de la possibilité de la télépathie, pour d'autres raisons, et même enclins à croire qu'elle produit effectivement des hallucinations fortuites, les preuves du recensement, à elles seules, ne me convaincraient ni moi ni ses auteurs. Nous voulons de meilleurs records ; nous voulons des preuves documentaires enregistrant les cas avant l'arrivée de la nouvelle de la coïncidence. Les souvenirs sont très adaptatifs.

Les auteurs ont cependant fait un effort vaillant, au prix de beaucoup de travail , et ont largement tenu compte de tous les inconvénients imaginables.

Personnellement, je suis assez illogique pour être d'accord avec Kant et pour être davantage convaincu par le poids cumulé des centaines de cas contenus dans les « Fantasmes du vivant », dans d'autres sources, dans mon propre cercle de connaissances, et même par la coïncidence traditions des peuples européens et sauvages, que par les statistiques du recensement. L'ensemble, le recensement et tout le reste, a un poids très considérable, et il existe des cas individuels qu'on ne se sent pas en mesure de contester. Ainsi, même si je ne considérerais jamais la figure hallucinatoire d'un ami, perçue par moi-même, comme une preuve de sa mort, j'éprouverais une légère anxiété jusqu'à ce que j'apprenne son bien-être.

Je proposerai à ce sujet, dans un esprit kantien, une anecdote du genre de celles qui, se produisant en grande quantité, disposent l'esprit à une sorte de croyance. Il n'est pas donné comme preuve pour être soumis à un jury, car je ne l'ai reçu que de la bouche d'un officier et VC très vaillant et distingué, dont le propre rôle dans l'affaire sera décrit.

Ce monsieur commandait une petite force britannique dans l'une des plus éloignées et des moins accessibles de nos dépendances, non reliée par télégraphe, au moment de l'incident, au continent éloigné. Dans la force se trouvait un jeune capitaine particulièrement fou. Un soir, il alla danser et, comme les couchages étaient épuisés, il passa la nuit, comme un héros homérique, sur un canapé sous la loggia *résonnante* . Le lendemain, contrairement à son habitude, il était de très mauvaise humeur et, après avoir mordu pendant quelque temps, il demanda la permission de faire un voyage de trois jours jusqu'à la station télégraphique la plus proche. Son commandant, mon informateur, était de bonne humeur et a donné congé. Au bout d'une semaine, le capitaine... revint, avec sa bonne humeur habituelle. Il admettait maintenant que, alors qu'il était éveillé dans la véranda, après le bal, il avait vu l'un de ses frères préférés , alors au Pérou, par exemple. Il ne pouvait pas se débarrasser de cette impression ; il avait fait le long voyage jusqu'à la station télégraphique la plus proche, et de là avait télégraphié à un autre frère, disons à Hong Kong : « Tout va bien pour John ? Il reçut une réponse : « Tout va bien par le dernier courrier », et retourna ainsi, l'esprit soulagé, à ses fonctions. Mais le courrier suivant apportant des lettres du Pérou apporta la nouvelle de la mort de son frère péruvien la nuit de la vision dans la véranda.

Bien entendu, cela ne constitue pas une preuve. Comme preuve, nous avons besoin du récit du capitaine —, du récit de son frère de Hong Kong, de la date de la danse, de la date officielle de la mort du frère péruvien, etc. Mais le caractère de mon informateur m'indispose à l'incrédulité. Les noms des lieux sont volontairement modifiés, mais les lieux étaient aussi éloignés les uns des autres que ceux donnés dans le texte.

Nous nous trouvons capables de comprendre les cogitations du Maître de Ravenswood après avoir vu le meilleur spectre de la fiction :

« Elle est morte en exprimant son désir ardent de me voir. Est-ce donc possible ? Des désirs forts et sincères, formés au cours de la dernière agonie de la nature, peuvent-ils survivre à sa catastrophe, surmonter les terribles limites du monde spirituel et placer devant nous ses habitants dans les couleurs et les couleurs de la vie ? Et pourquoi cela s'est-il manifesté à l'œil, qui ne pouvait pas raconter son histoire à l'oreille ? (« Ses lèvres desséchées remuaient rapidement, même si aucun son n'en sortait. ») « Et pourquoi devrait-on faire une brèche dans les lois de la nature, alors que son but reste inconnu ?

Les raisonnements du Maître sont tels que Scott aurait dû penser à des anecdotes similaires. Ils ne représentent plus nos opinions. La mort et l'apparition étaient une coïncidence presque à la minute près : il serait impossible de prouver que la vie était complètement éteinte, quand Alice semblait mourir, « alors que l'horloge du village lointain sonnait une heure, juste avant » l'expérience de Ravenswood. Nous ne postulons pas, comme lui, « une violation des lois de la nature », mais seulement un exemple possible de loi. L'histoire n'a pas été « dévoilée à l'oreille », car l'impact télépathique n'a affecté que le sens de la vue.

Il faudrait peut-être répondre ici à certaines critiques scientifiques de la théorie selon laquelle la télépathie, ou l'action d'un esprit ou d'un cerveau distant sur un autre, peut être la cause d'« hallucinations fortuites », que ce soit chez les races sauvages ou civilisées . Mais, pour ne pas retarder l'argumentation par une controverse, la réponse aux objections a été reléguée en annexe[18].

[Note 1 : La dame, son mari et l'avocat, que je connaissais tous, m'ont raconté l'histoire par écrit ; la sœur de la servante a été perdue de vue.]

[Note de bas de page 2 : Voir trois autres affaires dans *Proceedings* , SPR, ii. 122, 123. Deux autres sont proposés par M. Henry James et M. J. Neville Maskelyne de l'Egyptian Hall.]

[Note 3 : Voir « Fantasmes des vivants » et « Une théorie des apparitions », *Actes* , SPR, vol. ii., par MM. Gurney et Myers.]

[Note 4 : *Études en recherche psychique,* p. 388.]

[Note 5 : Ceci, au moins, méprise à mon avis un argument qui n'est pas illogique. M. Leaf a soutenu de l'autre côté que « le darwinisme a peut-être fait quelque chose pour le totémisme, en prouvant l'existence d'une grande parenté avec les singes. Mais le totémisme peut difficilement être cité comme preuve du darwinisme. C'est vrai, mais le darwinisme et le totémisme sont des questions d'opinion et non des faits d'expérience personnelle. Pour celui qui croit aux hallucinations fortuites, au moins, les prétendues expériences parallèles des sauvages doivent apporter une certaine confirmation aux siennes. Sa croyance, pense-t-il, est justifiée par l'expérience humaine. Sur quoi suppose-t-il que repose la croyance du sauvage ? Son expérience et leur croyance coïncident-elles par pur hasard ?]

[Note de bas de page 6 : *Prim. Culte.* je . 449.]

[Note de bas de page 7 : Ibid. je . 450.]

[Note de bas de page 8 : *Prim. Culte.* vol. je . p. 450.]

[Note de bas de page 9 : Tiré des Traditions de Shortland *en Nouvelle-Zélande,* p. 140.]

[Note 10 : Gurney et Myers, « Phantasmes des vivants », vol. ii. ch. vp 557.]

[Note de bas de page 11 : *L'« Aventure » et le « Beagle »,* iii. 181, cf. 204.]

[Note 12 : On dira, bien sûr, qu'ils ont travaillé leurs histoires pour les rendre conformes.]

[Note de bas de page 13 : *Prim. Culte.* je . 116.]

Les Manières des Néo-Zélandais de Polack , i . 268.]

[Note 15 : Howitt, op. cit. p. 186.]

[Note 16 : En examinant les cas, on retrouve, en 1894, ces dates d'événements rapportés, dans vingt-huit cas : 1890, 1882, 1879, 1870, 1863, 1861, 1888, 1885, 1881, 1880, 1878, 1874. , 1869, 1869, 1845, 1887, 1881, 1877, 1874, 1873, 1860 (?), 1864 (?), 1855, 1830 (?!), 1867, 1862, 1888, 1870.]

[Note 17 : Sur ce point, voir *Rapport* , p. 260. Cinquante fantasmes sur l'ensemble se sont produits pendant l'anxiété ou l'anxiété présumée. Parmi ceux-ci, trente et un ont coïncidé (dans les douze heures) avec le décès de la personne apparemment vue. Dans les dix-neuf autres cas, la personne vue s'est rétablie dans huit cas.]

[Note de bas de page 18 : Annexe A.]

VII

POSSESSION DÉMONIAQUE

Il existe une sorte d'hallucinations, à savoir les Fantasmes des Morts, dont il semble préférable de ne rien dire ici. Si de tels fantasmes sont vus par des sauvages lorsqu'ils sont éveillés, ils corroboreront sans doute grandement cette croyance en l'endurance de l'âme après la mort, qui est indéniablement suggérée aux premiers raisonneurs par les phénomènes du rêve. Mais s'il est assez facile de produire des preuves des fantasmes reconnus des morts dans la vie civilisée , il serait en effet très difficile de découvrir de nombreux bons exemples dans ce que nous savons des sauvages. Certains exemples fidjiens sont donnés par M. Fison dans son ouvrage et celui de M. Howitt « Kamilaroi and Kurnai », d'autres se trouvent dans le récit de John Tanner, captif depuis son enfance parmi les Indiens rouges. Mais le fait, déjà évoqué, qu'un jeune Australien est devenu sorcier parce qu'il avait vu le fantasme de sa mère décédée, prouve que de telles expériences ne sont pas courantes ; et les noirs australiens ont admis que, pour leur part, ils n'avaient jamais vu de fantômes, mais qu'ils avaient seulement entendu parler de fantômes par leurs vieux hommes. M. David Leslie, cité précédemment, donne un témoignage direct zoulou au sujet d'un bois hanté, où les *Esemkofu* , ou fantômes de personnes tuées par un chef tyrannique, étaient entendus et ressentis par son informateur indigène ; le percepteur a également été bombardé de pierres, comme par le *Poltergeist européen* . Le Zoulous qui meurt devient communément un Ihlozi et reçoit sa part du sacrifice. Les *Esemkofu* , quant à eux, sont des esprits perturbés et obsédants[1].

En règle générale, d'après nos informations, ce ne sont pas des fantasmes de morts reconnus , en vision de veille, qui corroborent la croyance sauvage en la persistance de l'esprit des défunts. Le raisonneur sauvage fonde plutôt sa foi sur les prétendus phénomènes de bruits et de mouvements physiques d'objets apparemment intacts, qui font que tant de maisons dans la société civilisée sont fermées ou évitées, comme étant « hantées ». De tels troubles, le sauvage les attribue naturellement aux « esprits ». Par conséquent, nos preuves concernant les fantasmes reconnus de morts sauvages sont très maigres, il est donc inutile d'examiner les preuves civilisées , beaucoup plus abondantes. Les faits attestés peuvent, bien entendu, être expliqués théoriquement comme le résultat de la télépathie d'un esprit qui n'est plus incarné ; et si les preuves étaient aussi abondantes que celles concernant les hallucinations fortuites des vivants ou des mourants, elles seraient d'une extrême importance. Mais elle n'est pas si abondante et, en admettant même qu'elle soit exacte, diverses explications n'impliquant rien de si désagréable pour la science que l'action d'une intelligence désincarnée peuvent être et ont été avancées.

Nous passons donc d'un thème dans lequel les témoignages civilisés sont plus volumineux que ceux issus de la vie sauvage, à un sujet dans lequel les témoignages sauvages sont beaucoup plus complets que les archives civilisées modernes . Ce sujet est ce qu'on appelle la possession démoniaque.

Dans la philosophie de l'animisme et dans la croyance de nombreux peuples, sauvages et civilisés , les esprits des morts, ou les esprits en général, peuvent s'installer dans le corps d'hommes vivants. De tels hommes, ou femmes, sont qualifiés de « inspirés » ou de « possédés ». Ils parlent avec des voix qui ne sont pas les leurs, ils agissent d'une manière étrangère à leur caractère naturel, on dit qu'ils émettent des prophéties et qu'ils affichent des connaissances qu'ils n'auraient pas pu normalement acquérir et, en fait, qu'ils ne possèdent pas consciemment, dans leur vie. condition normale. Le sauvage explique tous ces phénomènes et d'autres semblables par l'hypothèse qu'un esprit étranger — peut-être un démon, peut-être un fantôme ou un dieu — a pris possession du patient. Le possédé, étant plein d'esprit, délivre des sermons, des oracles, des prophéties et ce que les Américains appellent des « discours inspirants », avant de retourner à sa conscience normale. Bien que beaucoup de ces prophètes soient des imposteurs conscients, d'autres sont sincères. Le Dr Mason mentionne un prophète qui s'est converti au christianisme. "Il ne pouvait pas expliquer ses exercices antérieurs, mais a dit qu'il lui semblait certainement qu'un esprit parlait, et qu'il devait dire ce qu'il communiquait." Le Dr Mason raconte également l'anecdote suivante :

« …Un autre individu avait un esprit familier qu'il consultait et avec lequel il conversait ; mais, en entendant l'Évangile, il professait s'être converti et n'avait plus de communication avec son esprit. Cela l'avait quitté, dit-il ; ça ne lui parlait plus. Après une longue épreuve, je l'ai baptisé . J'ai suivi son cas avec intérêt et, pendant plusieurs années, il a mené une vie chrétienne irréprochable ; mais, perdant son zèle religieux et étant en désaccord avec certains membres de l'église, il partit pour un village éloigné, où il ne pouvait pas assister aux services du sabbat, et on rapporta peu après qu'il avait de nouveau des communications avec son esprit familier. . J'ai envoyé un prédicateur autochtone lui rendre visite. L'homme dit qu'il avait entendu la voix avec laquelle il avait conversé auparavant, mais qu'elle parlait très différemment. Son langage était extrêmement agréable à entendre et produisait un grand chagrin. Il disait : « Aimez-vous les uns les autres ; agissez avec justice, agissez avec droiture », avec d'autres exhortations telles que celles qu'il avait entendues de la part des enseignants. Un assistant fut placé dans le village près de lui, lorsque l'esprit le quitta de nouveau ; et depuis lors, il a conservé le caractère d'un chrétien cohérent.

les spirites appellent le « changement de contrôle ». Après avoir reçu et abandonné la doctrine chrétienne, le malade parla de nouveau inconsciemment, mais sous l'influence de la foi qu'il avait abandonnée. De la même manière, nous constaterons qu'un « médium » américain moderne, après avoir été pendant un certain temps constamment en compagnie d'observateurs instruits et psychologiques, a obtenu de nouveaux « contrôles » d'un caractère plus urbain et civilisé que son ancien « esprit familier ». [3]

Il est admis que les possédés font parfois preuve d'une éloquence dont ils sont incapables dans leur état normal.[4] En Chine, les femmes possédées, qui n'ont jamais composé un seul vers de poésie dans leur vie normale, expriment leurs pensées en vers et sont censées faire preuve de pouvoirs clairvoyants.[5]

Le livre — *Demon Possession in China* — du Dr Nevius , missionnaire pendant quarante ans, a été violemment attaqué par les revues médicales de son pays natal, les États-Unis. Le médecin eut l'audace de déclarer qu'il ne pouvait pas trouver de meilleure explication du phénomène que la théorie des Apôtres, à savoir que les patients étaient possédés. N'ayant pas la peur de l'homme sous les yeux, il remarqua aussi que les explications scientifiques actuelles avaient le défaut de ne rien expliquer.

Par exemple, « M. Tylor laisse entendre que tous les cas de prétendue possession démoniaque sont identiques à l'hystérie, au délire et à la manie, ainsi qu'à d'autres troubles physiques et mentaux similaires. Le Dr Nevius , cependant, a donné ce qu'il considérait comme des notes de possession et, dans son diagnostic, les a distinguées de l'hystérie (quoi que cela puisse signifier), du délire et de la manie. On ne peut pas non plus honnêtement nier que, si les notes spéciales de possession existent réellement, elles marquent une espèce tout à fait distincte d'affection mentale. Le Dr Nevius a ensuite observé que, selon M. Tylor, « les médecins scientifiques expliquent désormais les faits selon un principe différent », mais, dit le Dr Nevius , « nous cherchons en vain à découvrir ce qu'est ce principe. »[6] Dr Nevius Nevius , qui avait le courage de ses opinions, consulta alors un ouvrage intitulé « Dérangement nerveux », du Dr Hammond, professeur à la faculté de médecine de l'université de New York.[7] Il a trouvé ce médecin scientifique admettant que nous en savons très peu sur le sujet. Il savait, ce qui est très gratifiant, que « l'esprit est le résultat d'une action nerveuse » et que la soi-disant « possession » est le résultat de « dérangements matériels des organes ou des fonctions du système ».

Le Dr Nevius était prêt à admettre cette dernière doctrine dans les cas d'idiotie, de folie, d'épilepsie et d'hystérie ; mais alors, dit-il, ce n'est pas ce que j'appelle possession. Les Chinois ont des noms pour toutes ces maladies, « qu'ils attribuent à des causes physiques », mais pour la possession ils ont un nom différent. Il s'attendait à ce que le Dr Hammond explique les conditions anormales de la soi-disant possession, mais « il n'a même pas tenté de le faire ». Le Dr Nevius a ensuite parcouru les travaux du Dr Griesinger , du Dr Baelz , du professeur William James, de M. Ribot et, de manière générale, la littérature sur la « personnalité alternée ». Il trouva M. James professant sa conviction que la « personnalité alternative » (dans l'expression populaire, le démon ou l'esprit familier) de Mme Piper en savait beaucoup sur des choses que Mme Piper, dans son état normal, ne savait pas, et je ne pouvais pas le savoir. Ainsi, après avoir consulté de nombreux médecins, le Dr Nevius ne s'en trouva pas mieux et revint à sa foi en la Possession Diabolique. Il fut donc informé qu'il avait écrit « l'un des livres les plus extraordinairement pervers de nos jours » sur la base d'« histoires de fantômes transparentes » — qui n'apparaissent pas dans son livre.

L'attitude du Dr Nevius ne peut pas être qualifiée de strictement scientifique. Parce que les pathologistes et les psychologues sont incapables d'expliquer ou de donner le *mode* d'un ensemble de phénomènes, il ne s'ensuit pas que le diable, ou un dieu, ou un fantôme, soit dedans.

Mais c'était bien entendu précisément la conclusion naturelle des sauvages.

Le Dr Nevius catalogue ainsi les symptômes de la possession :

1. L'action automatique, persistante et cohérente d'une nouvelle personnalité, qui se fait appeler *shieng* (génie) et appelle le patient *hiang* (brûleur d'encens, « médium »).

2. Possession de connaissances et de pouvoir intellectuel non possédés par le patient (dans son état normal), ni explicables par l'hypothèse pathologique.

3. Changement complet du caractère moral du patient.

De ces notes, la seconde, bien sûr, confirmerait le plus la croyance sauvage qu'une nouvelle intelligence était entrée dans le patient. S'il faisait preuve d'une connaissance du futur ou du lointain, la conclusion selon laquelle une intelligence nouvelle et plus sage aurait pris possession du corps du patient serait, pour le sauvage, irrésistible. Mais les modernes les plus prudents, *même s'ils acceptaient les faits* , n'en seraient pas réduits à des conclusions aussi extrêmes. Il dirait que la connaissance du lointain dans l'espace, ou dans le passé, pourrait être communiquée par télépathie au cerveau d'une personne vivante ; tandis que, pour connaître l'avenir, il pourrait voler, avec Hartmann, au contact de l'Absolu.

Mais la question de la preuve des faits est, bien entendu, la seule vraie question. Or, dans le livre du Dr Nevius , cette preuve repose presque entièrement sur les rapports écrits d'enseignants chrétiens autochtones, car les Chinois étaient strictement réticents lorsqu'ils étaient interrogés par les

Européens. « Mon frère païen, tu as une sœur qui est démoniaque ? » » demande l'Européen intelligent. Il est préférable de laisser la réponse du frère païen dans l'obscurité d'une langue orientale remarquablement difficile et abondante. Nous sommes donc obligés de nous appuyer sur les rapports de M. Leng et d'autres enseignants chrétiens autochtones. Leur style est parfaitement modeste et rationnel. Nous apprenons que Mme Sen, une dame dans son état normal incapable d'efforts lyriques, bégayait en chiffres dans sa personnalité secondaire et détectait la circonstance que M. Leng était en route pour la voir, alors qu'elle ne pouvait pas l'apprendre. de manière normale.[8] « Ils traversent maintenant le ruisseau et seront là lorsque le soleil sera à peu près aussi haut ; » ce qui était exact. Les autres témoins ont été interrogés et corroborés.[9] Le Dr Nevius lui-même a examiné Mme Kwo , lorsqu'elle était possédée, parlant en vers et, physiquement, boiteuse.[10]

Les récits sont de ce type ; le malade, en revenant à lui, ne sait rien de ce qui s'est passé ; Les prières chrétiennes sont souvent efficaces et il existe de nombreuses anecdotes de mouvements d'objets intacts.[11]

Par un heureux hasard, alors que ce chapitre passait dans la presse, un récit scientifique d'un démoniaque et de sa guérison fut publié par le Dr Pierre Janet.[12] Le Dr Janet a expliqué, avec un succès complet, tout ce qui concerne la possession, à l'exception des faits qui, de l'avis du Dr Nevius , nécessitaient une explication. Ces faits ne se sont pas produits dans le cas du démoniaque « exorcisé » par le Dr Janet. Ainsi, l'essai érudit de cette éminente autorité n'aurait pas satisfait le Dr Nevius . Les faits qui l'intéressaient ne se présentaient pas chez le patient du Dr Janet et le Dr Janet ne les explique donc pas.

Le plan le plus simple, ici, est de nier que les faits auxquels croit le Dr Nevius se présentent jamais ; mais, si jamais c'est le cas, l'explication du Dr Janet ne les explique pas.

1. Son patient, Achille, n'a *pas* mis en scène une nouvelle personnalité.

2. Achille n'a fait preuve *d'aucune* connaissance ou puissance intellectuelle qu'il ne possédait pas dans son état normal.

3. Son caractère moral *n'a pas été* complètement changé ; il était seulement plus hypocondriaque et hystérique que d'habitude.

Achille était un pauvre diable de commerçant français qui, comme le capitaine Booth, avait enfreint les lois de stricte chasteté et de vertu. Il a réfléchi à cela jusqu'à devenir dérangé et a pensé que Satan l'avait. Il était convulsé, anesthésié , suicidaire, blasphématoire involontaire. Il n'a pas été « exorcisé » par une prière ou par un ordre, mais après un long traitement mental et physique. Sa guérison n'explique pas les guérisons auxquelles croyait le Dr Nevius . Son cas ne présentait pas les caractéristiques pour lesquelles le Dr Nevius demandait une explication à la science. L'essai du Dr Janet est le *dernier cri* de la science et laisse le Dr Nevius là où il l'a trouvé.

La science peut donc dire, et elle le fait, au Dr Nevius que les preuves de ses faits sont sans valeur, par la bouche du professeur W. Romaine Newbold, dans « Proceedings, SPR », février 1898 (pp. 602-604). Et le même numéro du même périodique nous montre le Dr Hodgson acceptant des faits semblables à ceux du Dr Nevius , et les expliquant par… la possession ! (p. 406).

Dr Nevius couvrent pratiquement tout le domaine de la « possession » chez les peuples non européens. Mais d'autres exemples provenant d'autres domaines sont inclus ici.

Un exemple assez impressionnant de possession peut être choisi dans les « Voyages missionnaires » de Livingstone (p. 86). L'aventurier Sebituane fut harcelé par les Matabele dans une nouvelle terre de son choix. Il songeait à descendre le Zambèze jusqu'à ce qu'il soit en contact avec les hommes blancs ; mais Tlapáne , « qui avait des relations sexuelles avec les dieux », tourna son visage vers l'ouest. Tlapáne avait l'habitude de se retirer, « peut-être dans une grotte, pour rester dans un état hypnotique ou hypnotique » jusqu'à ce que la lune soit pleine. Puis il reviendrait *fr prophète* . « Frappant du pied, sautant et criant d'une manière particulièrement violente, ou frappant le sol avec une massue » (pour appeler ceux qui sont sous terre), « ils provoquent une sorte de crise et, pendant qu'ils y sont, prétendent que leurs paroles sont inconnues d'eux-mêmes. " comme ils le sont probablement, lorsque la condition est authentique. Tlapáne , après avoir provoqué l'état de « possédé », a pointé vers l'est : « Là, Sebituane , je vois un feu ; évite-le, il pourrait te brûler. Les dieux disent : N'y allez pas ! Puis, désignant l'ouest, il dit : « Je vois une ville et une nation d'hommes noirs, d'hommes de l'eau, leur bétail est rouge, ta propre tribu est en train de périr, tu gouverneras les hommes noirs, épargneras ta future tribu.

Jusqu'à présent, de simples conseils ; alors,

« Toi, Ramosinii , ton village périra complètement. Si Mokari quitte le village le premier, il périra le premier ; et toi, Ramosinii , tu seras le dernier à mourir.

Alors,

"Comme un voyant audacieux en transe,
voyant tout son propre malheur,"

« Les dieux ont donné de l'eau à boire aux autres hommes, mais à moi ils ont donné
de l'eau amère. Ils m'appellent. J'y vais.'[13]

Tlapáne est mort, Mokari est mort, Ramosinii est mort, leur village a été détruit peu de temps après, et ainsi Sebituane a erré vers l'ouest, sans désobéir à la voix, a été attaqué par les Baloiana , conquis et les a épargnés.

Telle est la « possession » chez les sauvages. Il est superflu de multiplier les exemples de cette croyance universelle, si librement illustrée dans le Nouveau Testament et dans les procès pour sorcellerie. L'étude scientifique des phénomènes, comme le déplorait Littré , « était à peine esquissée » il y a quarante ans. Dans les années qui ont suivi, les psychologues et les hypnotiseurs ont consacré une grande attention au thème de ces « personnalités secondaires », que l'animisme explique par la théorie de la possession. Les explications des philosophes modernes diffèrent, et il ne nous appartient pas de discuter de leurs idées physiologiques et pathologiques.[14] Notre affaire est de nous demander si, dans le domaine de l'expérience, il existe une quelconque preuve que les personnes ainsi « possédées » font réellement preuve de connaissances qu'elles n'auraient pas pu acquérir par les voies normales ? Si de telles preuves existent, les faits renforceraient naturellement la conviction que le possédé a été inspiré par une intelligence qui n'est pas la sienne, c'est-à-dire par un esprit. Or, plusieurs hommes de science sont fermement convaincus qu'une certaine Mme Piper, une Américaine, fait preuve, dans son état de possédée, de connaissances qu'elle ne pourrait normalement pas acquérir. Le cas de cette dame est précisément au niveau de celui de certains voyants sauvages ou barbares. Ainsi : « Le prêtre fidjien est assis, regardant fixement une dent de baleine, au milieu d'un silence de mort. Au bout de quelques minutes, il tremble, de légers tics du visage et des membres apparaissent, qui se transforment en fortes convulsions…. Maintenant, le dieu est entré. »[15]

En Chine, « la femme professionnelle s'assoit à une table en contemplation, jusqu'à ce que l'âme d'une personne décédée dont on souhaite communiquer entre dans son corps et parle à travers elle aux vivants… »[16]

Ce dernier récit décrit exactement Mme Piper. Lorsqu'elle est consultée, elle passe par des convulsions et entre en transe, après quoi elle parle d'une voix nouvelle, prend une nouvelle personnalité et feint d'être possédée par l'esprit d'un médecin français (qui ne connaît pas le français) : le Dr. Phinuit . Elle affiche alors une connaissance variable des personnes mortes et vivantes liées à ses clients, qui sont généralement des étrangers, souvent présentés sous des noms feints. Mme Piper et son mari ont été surveillés par des détectives et n'ont été découverts lors d'aucune tentative d'obtention d'informations. Elle resta quelques mois en Angleterre sous la direction du SPR. D'autres fantômes, outre le Dr Phinuit , des fantômes plus civilisés que lui, l'influencent désormais, et ses dernières performances dépasseraient, dit-on, ses efforts antérieurs.[17]

Des volumes de preuves sur Mme Piper ont été publiés par le Dr Hodgson, qui a démasqué Madame Blavatsky et Eusapia Paladino.[18] Il était d'abord convaincu que Mme Piper, dans son état de transe, acquiert des connaissances qui ne lui seraient pas normalement accessibles autrement. Il a été admis que son esprit familier devine, tente d'extraire des informations des personnes qui sont assises avec elle et tente de dissimuler sophistiquement ses échecs. Suivent ici les déclarations du professeur James de Harvard.

« Les choses les plus convaincantes dites à propos de ma propre maison immédiate étaient soit très intimes, soit très insignifiantes. Malheureusement, les premières choses ne peuvent pas être publiées. Parmi les choses insignifiantes, j'ai oublié le plus grand nombre, mais les suivantes sont *rares. nantes* , pourront servir d'échantillons à leur classe. Elle a dit que nous avions perdu récemment un tapis et moi un gilet. (Elle a accusé à tort une personne d'avoir volé le tapis, qui a ensuite été retrouvé dans la maison.) Elle a raconté que j'avais tué un chat gris et blanc avec de l'éther et a décrit comment il avait "tourné en rond" avant de mourir. Elle raconta comment ma tante new-yorkaise avait écrit une lettre à ma femme, la mettant en garde contre tous les médiums, puis se lançait dans une critique des plus amusantes, pleine de traits *vifs* , du caractère de l'excellente femme. (Bien sûr, personne d'autre que ma femme et moi ne connaissions l'existence de la lettre en question.) Elle a été ferme sur les événements de notre crèche, et a donné des conseils frappants lors de notre première visite chez elle sur la manière de gérer certaines « crises de colère ». " de notre deuxième enfant, " petit Billy-boy ", comme elle l'appelait, reproduisant son nom de crèche. Elle racontait comment le berceau grinçait la nuit, comment une certaine chaise à bascule grinçait mystérieusement, comment ma femme avait entendu des pas dans un escalier, etc. etc. Aussi insignifiantes que ces choses paraissent à la lecture, leur accumulation a un effet irrésistible ; et je répète encore une fois ce que j'ai dit auparavant, à savoir que, en tenant compte de tout ce que je sais de Mme Piper, le résultat est de me faire sentir aussi absolument certain que je le suis de tout fait personnel au monde qu'elle sait des choses dans ses transes. qu'elle n'a pas pu entendre à l'état de veille, et que la philosophie définitive de ses transes reste encore à trouver. Les limites de ses informations de transe, sa discontinuité et ses irrégularités, et son apparente incapacité à se développer au-delà d'un certain point, bien qu'elles finissent par éveiller l'impatience morale et humaine face au phénomène, sont pourtant, d'un point de vue scientifique, parmi les plus importantes. particularités intéressantes, car là où il y a des limites, il y a des conditions, et leur découverte est toujours le début d'une explication.

« C'est tout ce que je peux vous dire sur Mme Piper. J'aurais aimé que ce soit plus « scientifique ». Mais *valcat quantique !* c'est le mieux que je puisse faire.

Ailleurs, M. James écrit :

'M. Hodgson et d'autres ont longuement étudié les transes de cette dame et sont tous convaincus que des pouvoirs cognitifs supranormaux s'y manifestent. Ils sont, *à première vue* , dus au « contrôle spirituel ». Mais les conditions sont si complexes qu'une décision dogmatique pour ou contre l'hypothèse doit encore être reportée. »[19]

Encore-

« Dans les transes de ce médium, je ne peux résister à la conviction que des connaissances apparaissent qu'elle n'a jamais acquises par l'usage ordinaire, à l'état de veille, de ses yeux, de ses oreilles et de son esprit.

"Les transes ont brisé, pour mon propre esprit, les limites de l'ordre admis de la nature."

M. Paul Bourget (qui n'est pas superstitieux), après avoir consulté Mme Piper, conclut :

' L'esprit à des procédés de connaître non soupçonnés par notre analyser .'[20]

Dans ce traité, j'ai peut-être montré « la volonté de croire » à un degré inhabituel ; mais, pour moi, l'intérêt de Mme Piper est purement anthropologique. Elle présente une survivance ou une recrudescence de phénomènes sauvages, réels ou simulés, de convulsion et de personnalité secondaire, et entretient une survivance de l'explication animiste.

L'honnêteté et l'excellent caractère de Mme Piper, dans son état normal, sont attestés par ses amis et observateurs en Angleterre et en Amérique ; je ne remets pas non plus en cause son caractère normal. Mais les « personnalités secondaires » ont souvent plus de M. Hyde que de Dr Jekyll dans leur composition. Il était autrefois admis que, lorsqu'elle était « possédée », Mme Piper trichait quand elle le pouvait, c'est-à-dire qu'elle faisait des suppositions, essayait de soutirer des informations à sa gardienne, décrivait un de ses amis, vivant ou mort, comme « Ed. », qui peut être Edgar, Edmund, Edward, Edith ou n'importe qui. Elle mélangeait et répétait ce qu'elle avait appris lors d'une précédente séance avec la même personne ; et la grande majorité de ses réponses partaient de vagues références à des faits probables (par exemple qu'un homme âgé est orphelin), pour aboutir ainsi à des affirmations plus précises. Le professeur Macalister a écrit :

« Elle est assez éveillée jusqu'au bout pour profiter des suggestions. Je lui ai laissé voir une tache d'encre sur mon doigt, et elle a dit que j'étais écrivain.… À l'exception de ma sœur Helen, qui est en vie, il n'y avait pas une seule hypothèse qui soit presque exacte. Mme Piper n'est pas anesthésiée pendant la soi-disant transe, et si vous me demandez mon opinion personnelle, c'est que tout cela est une imposture, et une mauvaise imposture.

M. Barkworth a déclaré que, d'après son expérience, « Mme. Les pouvoirs de Piper sont du type ordinaire de lecture de pensées [c'est-à-dire de lecture musculaire], dépendant de sa prise sur la main du visiteur. Chacun de ces messieurs n'avait qu'une seule « séance ». M. Paul Bourget m'a également informé, au cours d'une conversation, que Mme Piper lui tenait la main pendant qu'elle racontait l'histoire mélancolique liée à une clé en sa possession, et qu'elle ne racontait pas l'histoire rapidement et couramment, mais très lentement et avec hésitation. Il a néanmoins déclaré qu'il ne se sentait pas en mesure de rendre compte de sa performance.

Alors que ces pages parcouraient la presse, le dernier rapport du Dr Hodgson sur Mme Piper était publié.[22] Il est tout à fait impossible, dans l'espace qui nous est imparti, de critiquer cet ouvrage. Il faudrait examiner minutieusement des dizaines de déclarations dans lesquelles de nombreux faits sont supprimés comme trop intimes, tandis que d'autres sont remarquablement incohérents. Le Dr Hodgson mérite l'éloge de sa patience et de son industrie extraordinaires, dont il a fait preuve dans la tâche très désagréable de surveiller une malheureuse dame dans les caprices de la « transe ». Ses raisonnements sont parfaitement calmes, parfaitement dépassionnés, et son parti pris n'a pas semblé jusqu'ici prêter à la crédulité. Il faut en effet le considérer comme un expert dans cette branche de la psychologie. Mais il précise lui-même qu'à son avis, aucun rapport écrit ne peut transmettre les impressions produites par plusieurs années d'expérience personnelle. Il résume les résultats de cette expérience en ces mots :

« À l'heure actuelle, je ne peux prétendre avoir aucun doute sur le fait que les principaux « communicateurs » auxquels j'ai fait référence dans les pages précédentes sont véritablement les personnalités qu'ils prétendent être, qu'ils ont survécu au changement que nous appelons la mort et qu'ils ils ont communiqué directement avec nous, que nous appelons vivants, à travers l'organisme fasciné de Mme Piper. »[23]

Cela signifie que le Dr Hodgson, à l'heure actuelle, dans ce cas, accepte l'hypothèse de la « possession » telle que la comprennent les Maoris et les Fidjiens, les Chinois et les Karens .

Les rapports publiés ne me donnent pas une telle impression. À titre personnel, je suis convaincu que ceux que j'ai honorés dans cette vie ne profiteraient pas plus de « l'organisme en transe » de Mme Piper (s'ils en avaient l'occasion) que je ne me retrouverais volontairement dans une « séance ». avec cette dame. Il n'est pas nécessaire d'être éloquent sur ce point ; et les curieux peuvent consulter par eux-mêmes les écrits du Dr Hodgson. En attendant, il suffit de remarquer qu'une femme américaine « possédée » produit sur une intelligence moderne hautement instruite et sceptique la même impression que les « possédés » zoulous produisent sur certaines intelligences zouloues.

Les Zoulous admettent la « possession » et la divination, mais ne sont pas les plus crédules de l'humanité. Le possédé ordinaire est habituellement consulté sur la maladie d'un patient absent. Les enquêteurs n'aident pas le devin en lui tenant la main, mais sont censés frapper violemment le sol si la supposition du devin est juste ; doucement si c'est faux. Un Zoulous sceptique , nommé John, ayant un shilling à consacrer à des recherches psychiques, frappait violemment à *chaque* supposition. Le devin était désespérément perplexe ; John a gardé son shilling et l'a dépensé pour une exposition beaucoup plus méritoire de bâtons animés.[24]

Uguise a donné au Dr Callaway le récit d'une personne possédée avec laquelle Mme Piper ne pouvait pas rivaliser. Son esprit parlait, non pas de sa bouche, mais du haut du toit. Il émettait une sorte de propos interrogateurs qui étaient toujours exacts. Il rapporta alors correctement un certain nombre de circonstances singulières, ordonna des remèdes pour un enfant malade et proposa de restituer les honoraires, si une satisfaction suffisante n'était pas donnée.[25]

En Chine et au Zoulouland, comme dans le cas de Mme Piper, les esprits aiment diagnostiquer et prescrire aux patients absents.

Un bon exemple de possession sauvage est donné dans ses voyages par le capitaine
Jonathan Carver (1763).

Carver attendait avec impatience l'arrivée des commerçants chargés de provisions, près des Mille Lacs. Un prêtre, ou jossakeed , proposa d'interroger le Grand Esprit et d'obtenir des informations. Une grande loge fut aménagée et la couverture dressée (ce qui est inhabituel), afin que l'on puisse observer ce qui s'y passait. Au centre se trouvait un arrangement de pieux en forme de coffre, si éloignés les uns des autres « que tout ce qui se trouvait à l'intérieur pouvait être facilement discerné ». La tente était éclairée « par un grand nombre de torches ». Le prêtre entra et fut d'abord enveloppé dans une peau d'élan, comme les voyants des Highlands étaient enveloppés dans une peau de taureau noir. Quarante mètres de corde faite de peau d'élan furent ensuite enroulés autour de lui, jusqu'à ce qu'il « soit enroulé comme une momie égyptienne ».

J'ai montré ailleurs[26] que cette coutume de lier par des liens le voyant qui doit être inspiré existait dans le spiritualisme gréco-égyptien, chez les Samoyèdes, les Esquimaux, les Indiens -Hareskin du Canada et chez les Noirs australiens.

« La tête, le corps et les membres sont enroulés autour de cordons d'écorce filandreux. »[27] Il s'agit d'une gamme extraordinaire de diffusion d'une cérémonie apparemment dénuée de sens. L'idée selon laquelle, en dénouant les liens, le voyant *démontre* l' action des esprits , à la *manière* des frères Davenport ? *une maman* . Ils ont dû être dégainés pour lui, par d'autres.[29] Encore une fois, un cadavre, chez les Australiens, est étroitement attaché, dès qu'il est hors d'haleine, s'il doit être enterré, ou avant d'être exposé sur une plate-forme, si telle est la coutume.[30] Encore une fois, dans les Highlands, la seconde vue était ainsi acquise : le voyant potentiel « devait faire passer une faneuse (attache) de cheveux, *qui attachait un cadavre au cercueil* , autour de son milieu d'un bout à l'autre », puis regarder entre ses jambes jusqu'à ce qu'il voie un enterrement traverser deux marches.[31] Le voyant du Groenland est lié « avec la tête entre les jambes ».[32]

Est-il possible, à en juger par l'Australie, l'Écosse, l'Egypte, que l'enchaînement, comme celui d'un cadavre ou d'une momie, soit une manière symbolique de mettre le voyant au niveau du mort, qui communiquera alors avec lui ? En trois points éloignés, nous trouvons des liens entre les voyants et les cadavres ; mais il nous faut prouver que les cadavres sont ou ont été attachés aux autres points où le voyant est attaché : dans une peau de renne chez les Samoyèdes, une peau d'élan en Amérique du Nord, une peau de taureau dans les Highlands.

Lier le voyant n'est pas une coutume universelle des Indiens-Rouges ; elle semble cesser au Labrador et ailleurs, vers le sud, où le prophète entre dans une loge magique, non liée. Chez les Narquapees , il s'assoit les jambes croisées, et la loge commence à répondre aux questions en sautant partout.[33] L'Esquimau bondit, bien qu'il soit ligoté.

Ce serait décisif si nous pouvions constater que, partout où le sorcier est destiné, les morts le sont également. Je note les exemples suivants, mais les Creeks n'engagent pas, je pense, le magicien.

Parmi les ruisseaux,

«Le cadavre est placé dans un trou, enveloppé d'une couverture autour de lui, et les jambes pliées en dessous *et attachées ensemble* .»[34] Les Groenlandais morts étaient «enveloppés et cousus dans leurs plus belles peaux de cerf.»[35]

Carver put seulement apprendre que, parmi les Indiens qu'il connaissait, les cadavres étaient « enveloppés dans des peaux » ; il ne prétend pas qu'ils étaient également enveloppés de cordes, mais il n'était pas autorisé à voir toutes les cérémonies.

Ma théorie est, du moins, plausible, car cette manière d'enterrer les morts, bien attachés, la tête entre les jambes (comme dans la pratique des voyants écossais et groenlandais), est très ancienne et largement répandue. Ellis dit, à propos des Tahitiens, « le corps du mort était… placé en position assise, les genoux surélevés, *le visage enfoncé entre les genoux* ,… et le corps entier était attaché avec une corde ou un cinet , enroulé à plusieurs reprises. '[36]

Le lien peut avoir été initialement destiné à empêcher le cadavre, ou le fantôme, de « marcher ». Je ne sais pas si les prophètes tahitiens ont jamais été attachés à attendre l'inspiration. Mais je soutiens que la fréquence de la forme sauvage d'enterrement avec le cadavre attaché ou enveloppé, parfois la tête entre les jambes ; et la récurrence de la pratique sauvage consistant à lier de la même manière le sorcier indique probablement un objectif visant à introduire le voyant dans la société des morts. La coutume, appliquée aux prophètes, pourrait survivre, même là où le rite funéraire avait changé, ou ne pouvait être déterminé, et pourrait survivre, pour les cadavres, là où il était devenu hors d'usage, pour les voyants. Les Écossais justifiaient leur pratique consistant à mettre la tête entre les genoux lorsque, liés par une attache de cheveux de cadavre, ils apprenaient à avoir une seconde vue, par ce que faisait Elijah. Le prophète, au sommet du Carmel, « se jeta à terre et mit son visage entre ses genoux ».[37] Mais les cas ne sont pas analogues. Élie avait entendu un « bruit de pluie abondante » prémonitoire dans un ciel sans nuages. Il était probablement engagé dans la prière et non dans la prophétie.

Kirk, en passant, note que si le vent tourne, alors que le voyant écossais est lié, il met sa vie en danger. Ainsi , en Écosse, on dit aux enfants que si le vent change pendant qu'ils font des grimaces, la grimace sera permanente. Le voyant deviendra de la même manière ce qu'il prétend être, un cadavre.

Cet abandon du conte de Carver peut être excusé en raison de la curiosité du sujet. Il poursuit :

« Étant ainsi lié comme une momie égyptienne » (Carver faisant inconsciemment valoir mon point de vue), « le voyant a été soulevé dans l'enceinte en forme de coffre. Je pouvais maintenant aussi le discerner aussi clairement que jamais, et je pris soin de ne pas détourner les yeux un instant » — effort dans lequel il échoua probablement.

Le curé commença alors à marmonner, et finit par parler dans un jargon mêlé de dialectes à peine inintelligibles. Il criait maintenant, priait et écumait à la bouche, jusqu'à ce qu'au bout de trois quarts d'heure environ, il soit épuisé et sans voix. "Mais en un instant , il sauta sur ses pieds, bien qu'au moment où il y fut mis, il lui parut impossible de bouger ni ses jambes ni ses bras, et il secoua sa couverture, aussi vite que si les bandes avec lesquelles elle avait été liée ont été brisés, prophétisa-t-il. Le Grand Esprit ne disait pas quand les commerçants arriveraient, mais, juste après midi, le lendemain, un canot arriverait, et les gens à bord diraient quand les commerçants devaient apparaître.

Le lendemain, peu après midi, une pirogue contourna une pointe de terre à environ une lieue de là, et les hommes à bord, qui avaient rencontré les commerçants, dirent qu'ils viendraient dans deux jours, ce qu'ils firent. Carver, se déclarant libre de toute teinture de crédulité, nous laisse « tirer les conclusions qui nous plaisent ».

La conclusion naturelle est une « information privée », dont la seule difficulté est que Carver, qui connaissait la topographie et les chances qu'un messager secret arrive pour inciter le Jossakeed , ne fait pas allusion à cette théorie.[38] Il semble penser que de tels succès ne sont pas rares.

Tout ce que la psychologie peut enseigner à l'anthropologie, sur tout ce thème de la « possession » ; est que les personnalités secondaires ou alternées sont des faits *in rerum natura* , que l'homme ou la femme d'une personnalité peut n'avoir aucun souvenir conscient de ce qui a été fait ou dit dans l'autre, et que les cas de connaissances dites supranormales acquises dans l'état secondaire sont des faits in rerum natura. cela vaut la peine de s'enquérir, s'il y a une chance d'obtenir de bonnes preuves.

Quelques exemples de sauvages assez respectables sont donnés dans « Le Fakirisme occidental » du Dr Gibier et dans « Old New Zealand » de M. Manning ; mais, bien que les parallèles civilisés modernes dépendent du cas solitaire de Mme Piper (car aucun autre cas n'a été bien observé), aucune conclusion affirmative ne peut être tirée de la pratique chinoise, maorie , zouloue ou indienne.

[Note 1 : *Chez les Zoulous* , p. 120.]

[Note de bas de page 2 : *Birmanie* , p. 107.]

[Note 3 : Hodgson, *Actes* , SPE, vol. XIII. point. xxxiii. Le Dr Hodgson n'est en aucun cas d'accord avec cette vision du cas – le cas de Mme Piper.]

[Note de bas de page 4 : *Prim. Culte* . ii. 184.]

[Note 5 : Nevius *Possession démoniaque en Chine* , une curieuse collection d'exemples par un missionnaire américain. Les rapports des missionnaires catholiques abondent en cas.]

[Note 6 : Op. cit. p. 169.]

[Note 7 : Putnam, 1881.]

[Note 8 : Nevius , p. 33.]

[Note de bas de page 9 : Ibid. p. 35.]

[Note 10 : Op. cit. p. 38.]

[Note 11 : Voir « Fétichisme et spiritualisme ».]

[Note 12 : *Nécroses et Idées Fixes* . Alcan, Paris, 1898. Ceci est le premier d'une série d'ouvrages liés au Laboratoire de Psychologie , à la Salpétritère , à Paris.]

[Note 13 : « Macleod reviendra, mais Macrimmon ne reviendra jamais ! »]

[Note 14 : Voir Ribot , *Les Maladies de la Personnalité* , ; Bourru et Burot , *Variations de la Personnalité* ; Janet, *L'Automatisme Psychologique* ; James, *Principes de psychologie* ; Myers, dans *Actes* de SPR, « Le mécanisme du génie », « Le soi subliminal. »]

[Note de bas de page 15 : *Prim. Culte* . ii. 133.]

[Note 16 : *Le chinois de Doolittle* , i . 143 ; ii. 110, 320.]

[Note de bas de page 17 : *Actes* , SPR, pt. xxxiii.]

[Note de bas de page 18 : *Actes* , SPR, vi. 436-650 ; viii. 1-167 ; XIII. 284-582].

[Note 19 : *La volonté de croire* , p. 814.]

[Note 20 : *Figaro* , 14 janvier 1895.]

[Note de bas de page 21 : *Actes* , vi. 605, 606.]

[Note de bas de page 22 : *Actes* , SPR, partie xxxiii. vol. XIII.]

[Note 23 : Op. cit. partie xxxiii. p. 406.]

[Note 24 : Voir « Fétichisme ». Comparez Callaway, p. 328.]

[Note de bas de page 25 : Callaway, pp. 361-374.]

[Note 26 : *Cock Lane et Common Sense* , p. 66.]

[Note 27 : Brough Smyth, je . 475. Ce point est contesté, mais je ne l'ai pas inventé, et un cas apparaît dans les travaux de M. Curr sur les indigènes.]

[Note de bas de page 28 : *Prim. Culte* . je . 152.]

[Note 29 : Eusèbe, *Prap* . *Evang* . verset 9.]

[Note 30 : Brough Smyth, je . 100, 113.]

[Note 31 : Kirk, *Secret Commonwealth* 1691.]

[Note 32 : Crantz , p. 209.]

[Note 33 : Père Arnaud, dans *le Labrador de Hind* , ii. 102.]

[Note 34 : Major Swan, 1791, lettre officielle sur les Indiens Creek, Schoolcraft, v. 270.]

[Note 35 : Crantz , p. 237.]

[Note 36 : *Recherches polynésiennes* , i . 519.]

[Note 37 : 1 Rois XVIII. 42.]

[Note de bas de page 38 : Carver, p. 123, 184.]

VIII

FÉTICHISME ET SPIRITUALISME

Il a été montré comment la doctrine des âmes s'est développée selon la théorie anthropologique. L'hypothèse selon laquelle les âmes des morts furent plus tard élevées au rang de dieux, ou fournissèrent des modèles sur la base desquels de tels dieux pourraient être façonnés de manière inventive, sera critiquée dans un chapitre ultérieur. Ici, il suffit de dire que la conception d'une âme survivante séparable d'un homme mort non seulement n'était pas essentielle à l'idée que le sauvage se faisait de son dieu suprême, comme il me semble, mais aurait été totalement incompatible avec cette conception. Il existe cependant de nombreuses formes de religion sauvage en plus du credo en un Être suprême, et celles-ci contribuent par leurs courants à l'océan de la foi. Ainsi, parmi les types de croyances qui ont servi au développement du polythéisme, se trouvait le fétichisme, lui-même une adaptation et une extension de l'idée d'âmes séparables. À cet égard, comme le culte des ancêtres, il diffère de la croyance en un Être suprême qui, comme nous tenterons de le démontrer, ne dérive pas du tout de la théorie des fantômes ou des âmes.

Le fétiche (*fétiche*) semble provenir du portugais *feitiço* , talisman ou amulette, appliqué par les Portugais à divers objets matériels considérés par les nègres de la côte ouest avec plus ou moins de révérence religieuse. Ces objets peuvent être considérés comme sacrés dans une certaine mesure pour un certain nombre de raisons incongrues. Ils peuvent être des jetons, ou avoir une valeur dans la magie sympathique, ou simplement être *étranges* , et donc probablement dotés de qualités mystiques inconnues. Ou bien ils ont peut-être été signalés dans un rêve, ou rencontrés à un moment de chance et associés à la bonne fortune, ou bien ils peuvent (comme un arbre avec un mouvement inexpliqué dans ses branches, comme le rapporte Kohl) avoir semblé montrer des signes de vie. par des mouvements spontanés ; en fait, une chose peut être ce que les Européens appellent un fétiche pour de nombreuses raisons. Pour notre objectif actuel, comme le dit M. Tylor, « classer un objet comme fétiche exige une déclaration explicite selon laquelle un esprit est considéré comme incarné en lui, ou agissant à travers lui, ou communiquant par lui, ou, du moins, que les gens » il convient de penser habituellement cela à de tels objets ; ou il doit être démontré que l'objet est traité comme ayant une conscience ou un pouvoir personnel, qu'on parle avec lui, qu'on l'adore...' et ainsi de suite. L'esprit qui l'habite peut être humain, comme lorsqu'un fétiche est fabriqué à partir du crâne d'un ami, l'esprit dans lequel on peut même demander des oracles, comme la tête de son dans la légende galloise.

Nous avons essayé de montrer que la croyance en l'âme humaine peut être, au moins en partie, basée sur des phénomènes supranormaux que le matérialisme ignore. Nous allons maintenant essayer de rendre probable que le fétichisme (la croyance dans les âmes possédant des objets inanimés) puisse aussi avoir des sources qui ne sont peut-être pas normales, ou qui, en tout cas, semblaient surnormales aux sauvages. Nous disons « peut-être pas normal » parce que les phénomènes dont il est question ici sont des plus déroutants. Nous pouvons croire à une cause supranormale de certaines hallucinations, mais les prétendus mouvements d'objets inanimés qui fournissent probablement une origine du fétichisme, une suggestion de la présence d'un esprit dans les choses mortes, laissent l'esprit curieux dans la perplexité. En suivant la discussion de M. Tylor sur le sujet, il est nécessaire de combiner ce qu'il dit du spiritualisme dans son quatrième chapitre avec ce qu'il dit du fétichisme dans son quatorzième chapitre et les suivants. Pour une raison quelconque, son livre est conçu de telle manière qu'il critique le « spiritualisme » bien avant de présenter sa doctrine sur l'origine et le développement de la croyance aux esprits.

Nous avons vu une raison sauvage de supposer que les esprits humains habitent certaines choses sans vie, comme les crânes et autres reliques des morts. Mais comment a-t-on pu penser qu'un esprit habitait un morceau de pierre ou un bâton sans vie et immobile ? M. Tylor nous amène peut-être à une conjecture plausible en écrivant : « M. Darwin a vu deux femmes malaises sur l'île de Keeling, qui tenaient une cuillère en bois habillées comme une poupée : cette cuillère avait été portée sur la tombe d'un homme mort, et devenant inspirée à la pleine lune, en fait folle, elle dansait convulsivement, comme une table ou un chapeau dans une séance spirituelle moderne. » Or M. Lefébure a souligné (dans « Mélusine ») que, selon De Brosses , les prestidigitateurs africains donnaient aux petits objets une apparence de mouvement indépendant, qui étaient alors acceptés comme fétiches, étant visiblement animés. M. Lefébure compare ensuite, comme M. Tylor, les prétendus phénomènes physiques du spiritualisme, les vols et les mouvements d'objets inanimés apparemment intacts.

La question se pose alors : y a- t-il une part de vérité dans ces histoires mondiales et anciennes d'objets inanimés agissant comme des choses animées ? Le fétichisme a-t-il une de ses origines dans le domaine même de l'expérience supranormale dans la région X ? Nous ne proposons pas de répondre à cette question, car on peut dire que les preuves, bien que pratiquement universelles, reposent sur l'imposture et l'illusion. Mais nous pouvons, au moins, donner une esquisse de la nature de l'évidence, en commençant par celle des mouvements apparemment *volontaires* d'objets, *non* intacts. M. Tylor cite dans « Journey in Asia » (1719) de John Bell le récit d'un lama mongol qui souhaitait découvrir certaines pièces de damas volées. Sa méthode consistait à s'asseoir sur un banc, lorsqu'« il le portait, ou, comme on le croyait communément, il le portait, jusqu'à la tente même » du voleur. Ici, on pense innocemment que le banc se déplace automatiquement. Encore une fois, M. Rowley raconte comment, à Manganjah , le sorcier, pour découvrir un criminel, plaça, avec des cérémonies magiques, deux bâtons de bois entre les mains de quelques jeunes hommes. « Les bâtons tournoyaient et entraînaient les hommes comme des fous », pour finalement s'échapper et rouler jusqu'aux pieds de la femme d'un chef, qui fut alors dénoncée comme coupable.[2]

M. Duff Macdonald décrit la même pratique chez les Yaos :[3]

« Le sorcier fait parfois saisir aux hommes un bâton qui, au bout d'un certain temps, se met à bouger comme s'il était doté de vie, et finit par les emporter corporellement et avec une grande rapidité jusqu'à la maison du voleur.

Le procédé est exactement celui de Jacques Aymard dans le célèbre récit de la découverte du meurtrier lyonnais.[4]

En Mélanésie, assez loin, le Dr Codrington a trouvé une pratique similaire, et ici, les indigènes disent explicitement que les bâtons sont déplacés par des esprits . [5] Le sorcier et un ami tiennent un bâton de bambou à chaque extrémité et demandent ce qui se passe. le fantôme de l'homme afflige un patient. A l'évocation du fantôme droit, « le bâton s'agite violemment ». De la même manière, le bambou « courait partout » avec un homme ne le tenant que par la paume de ses mains. Encore une fois, une cabane est construite avec une cloison au milieu. Les hommes sont assis là, les mains *sous* une extrémité du bambou, tandis que l'autre extrémité est étendue dans la moitié vide de la hutte. Ils appellent ensuite les noms des personnes récemment décédées, jusqu'à ce qu'ils « sentent le bambou bouger dans leurs mains ». Un bambou placé sur un arbre sacré, « quand le nom d'un fantôme est appelé, se déplace tout seul et soulève et traîne les gens ». Installé dans un arbre, il les soulèverait du sol. Dans d'autres cas , la tenue des bâtons produit des convulsions et de la transe.[6] Les bâtons divinatoires des Maoris sont également « guidés par les esprits »[7], et ceux des sorciers zoulous montent, descendent et sautent[8].

Ces performances zoulous doivent être vraiment très curieuses. Dans le dernier chapitre, nous avons raconté comment un Zoulou nommé John, ayant un shilling à investir dans l'intérêt de la recherche psychique, refusa de payer un devin perplexe et réserva son capital à une prestation bien plus méritoire . Il a essayé un médium nommé Unomantshintshi , qui a deviné par Umabakula , ou bâtons de danse :

« S'ils disent « non », ils tombent tout d'un coup ; s'ils disent oui, ils se lèvent, sautent beaucoup et sautent sur celui qui est venu s'enquérir. Ils « se fixent à l'endroit où le malade est atteint ; … s'ils ont la tête, ils sautent sur sa tête…. Beaucoup croient en Umabakula plus qu'au devin. Mais il n'y en a pas beaucoup qui ont l' Umabakula .

L'informateur du Dr Callaway ne connaissait que deux Umabakulistes , John fut très satisfait, paya son shilling et rentra chez lui.[9]

Les bâtons mesurent environ un pied de long. Il n'est pas rapporté qu'ils soient mus par des esprits et ne semblent pas non plus être considérés comme des fétiches.

M. Tylor cite également une forme d'expérience familière avec le pendule. Chez les Karens, un anneau est suspendu par un fil au-dessus d'une vasque métallique. Les parents des morts frappent le bassin, et quand celui qui était le plus cher au fantôme le touche, l' esprit tord le fil jusqu'à ce qu'il se brise, et l'anneau tombe dans le bassin. Chez nous, une bague est retenue par un fil au-dessus d'un gobelet, et nos mouvements inconscients la font osciller jusqu'à ce qu'elle sonne l'heure. La manière dont les Karens y parviennent est moins évidente. Ces appareils sauvages aux bâtons animés correspondent clairement aux « tables tournantes » plus modernes. Ici, quand les joueurs sont honnêtes, la poussée est certainement *inconsciente* .

J'ai testé cela de deux manières : d'abord en essayant le minimum d' action musculaire consciente qui ferait bouger une table devant laquelle j'étais seul, et en comparant l'inconscience absolue de l'action musculaire lorsque la table commençait à bouger en réponse à aucune *poussée* volontaire . Encore une fois, j'ai essayé avec un ami, qui m'a dit : « Vous poussez », lorsque j'ai doucement retiré mes mains, même si elles semblaient reposer sur la table, qui tournait toujours. Mon ami poussait lui-même inconsciemment. Il est indéniable que, pour un expérimentateur solitaire, la table *semble* faire de sa propre volonté de petites fléchettes d'une manière curieuse. Ainsi, l'inconscience de l'action musculaire des sauvages engagés dans l'expérience avec les bâtons leur ferait croire que des esprits animaient le bois. La même erreur a assailli les tourneurs de table de 1855 à 1865 et a été, dans une certaine mesure, dénoncée par Faraday. Bien sûr, les sauvages seraient encore plus convaincus par la cuillère dansante du conte de M. Darwin, par les bâtons dansants des Zoulous et tout le reste, que les phénomènes soient supranormaux ou simplement actionnés par des cordes invisibles. La même remarque s'applique aux expérimentateurs modernes lorsque, comme ils le déclarent, divers objets bougent sans être touchés, sans contact physique.

Encore plus analogue que l'utilisation sauvage de bâtons inspirés pour diriger l'enquêteur vers un objet perdu ou vers un criminel, l'emploi moderne de la baguette magique, une branche fourchue qui, tenue par les extrémités, tourne dans les mains, est encore plus analogue que les tables tournantes. de l'interprète lorsqu'il atteint l'objet de sa quête. Lui, comme le sauvage cité, est parfois agité d'une manière convulsive ; et on cite des cas où la brindille se tord lorsqu'elle est tenue dans une paire de pinces ! Le traité moderne le plus connu sur la baguette divinatoire est celui de M. Chevreul , « La Baguette Divinatoire » (1854). Nous avons aussi « L'Histoire du Merveilleux dans les Temps Modernes », de M. Figuier (1860). En 1781 , Thouvenel publie ses 600 expériences avec Bleton et autres ; et Hegel fait référence à la collection de centaines de cas d'Amoretti. Le cas de Jacques Aymard , qui au XVIIe siècle découvrit un meurtrier en utilisant le bâton de façon véritablement sauvage, est bien connu. Dans l'Angleterre moderne, la tige est utilisée dans l'intérêt de particuliers et d'organismes publics (comme le Trinity College de Cambridge) pour la découverte de l'eau.

Le professeur Barrett a récemment publié un livre de 280 pages, dans lequel sont rassemblées des preuves d'échecs et de succès.[10] Le professeur Barrett donne environ cent cinquante cas, dans lesquels il n'a pu découvrir, de bonne autorité, que douze échecs. Il propose une variété de tests destinés à vérifier les fraudes et les coïncidences fortuites, et il publie des avis, hostiles ou agnostiques, de géologues. En règle générale, les preuves sont ce qu'on appelle dans d'autres enquêtes des preuves de première main. Les spectateurs effectifs, et souvent les propriétaires du terrain, ou les personnes dans l'intérêt desquelles l'eau était nécessaire, ayant été présents, donnent leur témoignage ; et il est certain que le « devin » est appelé par des gens sensés et instruits, généralement trop pratiques pour avoir une théorie, et satisfaits d'obtenir ce qu'ils veulent, surtout là où les experts scientifiques ont échoué.[11]

Selon M. Barrett, la perception subconsciente des indications de la présence d'eau produit un « spasme » musculaire également inconscient, qui fait tournoyer la tige jusqu'à ce qu'elle se brise souvent. Pourtant, « il est presque impossible d'imiter son mouvement caractéristique par un quelconque effort volontaire ». J'ai moi-même tenu les mains d'un artiste amateur lorsque la brindille bougeait, et ni à la vue ni au toucher je n'ai pu détecter de sa part un mouvement musculaire, encore moins un spasme. L'intéressé était huissier dans un grand domaine et, ayant découvert par hasard qu'il possédait le don, il s'en servait lorsqu'il voulait faire creuser des puits pour les locataires du domaine.

Le sujet dans son ensemble est obscur ; je ne suis pas non plus concerné ici par les succès ou les échecs de la baguette magique. Mais les mouvements de la brindille n'ont jamais, à ma connaissance, été attribués par les artistes anglais modernes à l'opération des esprits. On dit « électricité ». M. Tylor écrit simplement :

"L'action de la célèbre baguette divinatoire, avec sa sensibilité curieusement polyvalente à l'eau, au minerai, aux trésors et aux voleurs, semble appartenir en partie à la supercherie et en partie à la direction plus ou moins consciente d'opérateurs plus honnêtes . "

Comme la baguette divinatoire est le seul cas dans lequel l'automatisme, quelles que soient sa nature et ses causes, a été trouvé d'une valeur pratique par les hommes pratiques, et comme il est évidemment associé à un certain nombre de phénomènes analogues, tant dans la vie civilisée que sauvage , il mérite certainement l'attention de la science. Mais aucun progrès ne sera réalisé tant que des chercheurs scientifiquement formés n'auront pas eux-mêmes organisé et testé un grand nombre d'expériences. La connaissance de l'ignorance géologique des sourciers, des exemples de fraude de leur part et des cas d'échec ou d'échec signalé, avec un parti pris généralement hostile, peut empêcher de telles expériences d'être réalisées par des experts scientifiques à une échelle adéquate. De tels experts devraient, bien entendu, éviter d'irriter les sourciers.

Il vaut la peine de remarquer des cas où la verge agit comme celle des Mélanésiens, des Africains et d'autres sauvages. M. Thomas Welton a publié une traduction anglaise de « La Verge de Jacob » (Lyon, 1693). En 1651, il demanda à son domestique d'apporter dans le jardin « un bâton qui se trouvait derrière la porte du salon ». Dans une grande terreur, elle l'a amené au jardin, sa main fermement accrochée dessus, et elle ne pouvait pas le lâcher. Lorsque Mme Welton a pris le bâton, « il l'a entraînée avec une vitesse très considérable presque au centre du jardin », où un puits a été trouvé. Il est peu probable que M. Welton ait eu connaissance des exemples sauvages récemment publiés. La coïncidence avec les cas africain et mélanésien n'est donc probablement pas intentionnelle.

Encore, en 1694, la verge était utilisée par le Père Menestrier et d'autres, tout comme par les sauvages, pour indiquer par ses mouvements les réponses à toutes sortes de questions. Des expériences de ce genre n'ont pas été faites par le professeur Barrett et d'autres chercheurs modernes, sauf par M. Richet, comme moyen de détecter une action automatique. Mais il serait tout aussi judicieux d'utiliser la brindille que d'utiliser la planchette ou tout autre appareil « autoscopique ». Si ces connaissances suscitent des connaissances inconsciemment présentes à l'esprit, la simple recherche d'eau ne devrait pas être le seul domaine du bâton. Dans la même classe que ces bâtons est le rameau fourchu qui, en Chine, est tenu à chaque extrémité par deux personnes et fait écrire dans le sable. Le petit appareil appelé *planchette* , ou l'autre, *ouija* , est bien entendu, consciemment ou inconsciemment, poussé par les interprètes. Dans le cas de la brindille, tenue par les chercheurs d'eau, la difficulté de la déplacer consciemment de manière à échapper à une observation rapprochée est considérable.

Dans le cas de l' *ouija* (petit trépied qui, sous les mains des opérateurs, court autour d'une table inscrite de lettres qu'il pointe), j'ai connu de curieux succès remportés par des amateurs. Ainsi, dans la maison d'une dame propriétaire d'un vieux *château* dans un autre comté, le *ouija*, opéré par deux dames que je connais, écrivit de nombreux détails sur une visite faite au *château* dans un certain but par Marie Stuart. Cette visite et son objet, purement personnel, sont inconnus de l'histoire, et le *château* n'est pas mentionné dans l'itinéraire minutieux, mais inévitablement incomplet, de la résidence de la reine en Écosse de M. Hay Fleming. Après la communication, la propriétaire du *château* a expliqué qu'elle connaissait déjà les circonstances décrites, puisqu'elle les avait récemment lues dans des documents conservés dans son coffre à charte, où ils se trouvent toujours.

Bien entendu, la croyance que nous accordons à de tels récits est entièrement conditionnée par notre connaissance du caractère personnel des interprètes. Il s'agit ici simplement de la pratique civilisée et sauvage de *l'automatisme*, de l'apparente obtention de connaissances inaccessibles autrement, par les mouvements d'un bâton ou d'un morceau de bois. Ces mouvements, effectués sans effort ni direction conscients, semblent, à la philosophie sauvage, être provoqués par les esprits intérieurs, sources du fétichisme.

Ces exemples, démontrant donc le mouvement inconscient des objets par les opérateurs, montrent clairement que les mouvements même des objets touchés peuvent être attribués, par certains amateurs civilisés et sauvages, aux « esprits ». Les objets ainsi déplacés peuvent, par les sauvages, être considérés dans certains cas comme des fétiches, et leurs mouvements peuvent avoir contribué à faire naître la croyance que les esprits peuvent habiter les objets inanimés. Lorsque des objets apparemment intacts deviennent volatils, le mystère est plus profond. Cette animation apparente et ce comportement ludique des objets inanimés sont rapportés tout au long de l'histoire et attestés par d'immenses quantités de preuves de tous degrés. Il serait fastidieux de donner un compte rendu complet de l'antiquité et de la diffusion des rapports sur de tels événements. On les retrouve chez les néoplatoniciens, au Moyen Âge anglais et continental, chez les Esquimaux, les Hurons, les Algonquins, les Tartares, les Zoulous, les Malais, les Nasquapees, les Maoris, dans les procès de sorcières, dans l'ancien Pérou (immédiatement après la conquête espagnole), en Chine. , dans la Russie moderne, en Nouvelle-Angleterre (1680), tout au long de la carrière du spiritualisme moderne, en Haïti (où ils sont attribués à « Obeah ») et, sporadiquement, partout.[12]

Parmi tous ces cas, nous devons rejeter tout ce que le média payant moderne fait dans le noir. La seule chose à faire avec les récits ethnographiques et modernes de telles merveilles est de les « classer pour référence ». Si un exemple spontané se produit, après une inspection appropriée, nous pouvons alors comparer nos vieilles histoires. Le professeur James déclare : « Leurs ressemblances mutuelles suggèrent un type naturel, et j'avoue que jusqu'à ce que ces documents, ou d'autres similaires, soient positivement expliqués, je ne peux pas avoir l'impression (en dépit d'un si grand nombre de fraudes détectées) comme si le cas de la médiumnité physique elle-même, en tant que phénomène de la nature, était définitivement fermée.... Tant que les histoires se multiplient dans divers pays et que si peu d'entre elles sont positivement expliquées, ce n'est pas une bonne méthode de les ignorer. »[13] Ici, elles ne sont pas ignorées, car, quelle que soit la ou les causes des phénomènes, elles renforceraient s'ils n'étaient pas originaires, la croyance sauvage que les esprits détiennent la matière inanimée, d'où est venu le fétichisme. Quant aux faits, nous ne pouvons évidemment pas « expliquer » des événements de ce genre, dont nous ne connaissons que les rapports. Un invocateur ne peut pas expliquer un tour simplement à partir d'une description, en particulier d'une description faite par un non-illusionniste. Mais, en règle générale, rien ne prête autant à douter sur ce thème que « l'explication » donnée — sauf, bien entendu, dans le cas de « séances sombres » organisées et préparées par des médiums rémunérés. Nous savons parfois comment est née « l'explication ».

Ainsi, la maison d'un certain M. Zoller, avocat et membre du Conseil fédéral suisse, maison à Stans, dans Unterwalden , fut rendue tout simplement inhabitable en 1860-1862. Les perturbations, y compris les mouvements d'objets, étaient d'une description vraiment odieuse et se produisaient en plein jour. M. Zoller, profondément attaché à sa maison, qui avait de nombreuses associations intéressantes avec le rôle joué par sa famille dans la lutte contre la France révolutionnaire, fut obligé d'abandonner les lieux. Il avait fait toutes sortes de recherches imaginables et avait fait appel en vain à la police locale et *aux savants* .

Mais l'affaire s'expliquait ainsi : alors que les phénomènes pouvaient encore être cachés à la curiosité du public, un client appela chez M. Zoller, qui était absent. Le client resta donc dans le salon. Des coups forts et violents résonnaient dans la pièce. Le client, par hasard, avait déjà ressenti les effets d'une batterie électrique, apparemment pour une raison médicale. M. Zoller écrit : « Mon fils aîné était présent à ce moment-là et, lorsque mon client m'a demandé s'il existait une machine électrique dans la maison (la famille ayant été enjointe de garder les perturbations aussi secrètes que possible), il a laissé S. penser que c'était le cas. Par conséquent, les phénomènes étaient attribués à l'idée singulière de M. Zoller de rendre sa maison inhabitable avec une « machine électrique » — qu'il ne possédait pas.[14] Un certain nombre de citoyens parmi les plus respectés, dont le commissaire de police et le premier magistrat chargé de la justice, ont publié une déclaration selon laquelle ni Zoller, ni aucun membre de sa famille, ni aucun d'entre eux n'ont produit ou n'auraient pu produire les phénomènes dont ils ont été témoins en Août

1862. Cette déclaration fut publiée dans le Schwytzer Zeitung du 5 octobre 1863.[15] Aucune machine électrique connue des mortels n'aurait pu produire la grande variété d'effets allégués, et aucune n'a jamais été trouvée ; et comme M. Zoller a changé ses serviteurs sans échapper à ses tribulations, on ne peut guère leur reprocher ce qui, *à première vue* , semble qu'ils ne pourraient pas faire. Cependant, « l'électricité », comme la Mésopotamie, est « une parole bénie ».[16]

Ma propre position sur la question des « phénomènes physiques » est, je l'espère, claire. Ils m'intéressent, pour mon propos actuel, comme étant, quelles que soient leur nature et leur origine réelles, des choses qui suggéreraient à un sauvage sa théorie du fétichisme. « Un objet inanimé peut être habité par un esprit, comme le prouvent ses mouvements extraordinaires. Ainsi, le premier penseur pourrait raisonner et vénérer l'objet. Il serait souhaitable que des observateurs compétents accordent plus d'attention à des pratiques aussi sauvages que l'observation du cristal et l'automatisme, illustrées par les bâtons des Mélanésiens, des Zoulous et des Yaos . Nos rares informations sont tirées d'allusions parasites, mais elles ont l'avantage de ne pas être contaminées par la théorie, le spectateur européen ne connaissant pas le large éventail de telles pratiques ni leur valeur en psychologie expérimentale.

Nous avons maintenant terminé notre étude des phénomènes moins normaux et habituels, qui ont donné naissance à la croyance en des âmes séparables, existant par elles-mêmes, conscientes et puissantes. Nous avons montré que les facteurs supranormaux qui, une fois réfléchis, ont probablement soutenu cette croyance, sont représentés dans la vie civilisée aussi bien que dans la vie sauvage, tandis que quant à leur existence parmi les fondateurs de religion, nous ne pouvons historiquement rien savoir du tout. Si nous pouvons déduire de certaines considérations, les expériences supranormales étaient peut-être plus répandues parmi les ancêtres lointains des races sauvages connues que parmi leurs descendants modernes. Nous avons suggéré que la clairvoyance, le transfert de pensée et la télépathie ne peuvent pas être rejetés comme de simples fables par un chercheur prudent, tandis que même les histoires bien plus obscures de « manifestations physiques » ne sont que mal expliquées par ceux qui ne peuvent pas les expliquer. Encore une fois, ces facultés ont présenté – dans l'acquisition de connaissances autrement inaccessibles, dans des hallucinations fortuites et d'autres manières – exactement le genre de faits sur lesquels la doctrine sauvage des âmes pourrait être basée, ou par laquelle elle pourrait être étayée. Ainsi, bien que la réalité des faits et facultés supranormaux reste au moins une question ouverte, la théorie dominante du matérialisme ne peut être admise comme dogmatiquement certaine dans sa forme actuelle. Pas plus que toute autre théorie, et même moins que certaines autres théories, elle ne peut rendre compte des faits psychiques que, au minimum, nous ne pouvons honnêtement pas laisser de côté.

Nous n'avons donc plus rien à dire sur les aspects supranormaux des origines de la religion. Nous nous préoccupons désormais des questions de croyance et de pratique vérifiables. Nous devons nous demander si, lorsque la doctrine des âmes a été conçue par les premiers hommes, elle a suivi précisément le cours de développement habituellement indiqué par la science anthropologique.

[Note de bas de page 1 : Darwin, *Journal* , p. 458 ; Tylor, *Prim. Culte* . ii. 152. La cuillère n'était pas intacte.]

[Note 2 : Rowley, *La mission des universités* , p. 217.]

[Note 3 : *Africana* , vol. je . p. 161.]

Coutume et mythe de l'auteur , « Le bâton divin. »]

[Note 5 : *Mélanésie de Codrington* , p. 210.]

[Note 6 : Op. cit. pp. 229-325.]

[Note de bas de page 7 : *Prim. Culte* . vol. je . p. 125.]

[Note 8 : Callaway, *Amazulu* , p. 330.]

[Note de bas de page 9 : Callaway, *Amazulu* , p. 368.]

[Note 10 : *Le soi-disant bâton divinatoire* , SPR 1897.]

[Note 11 : Voir notamment *The Waterford Experiments* , p. 106.]

*Cock
Lane et Common Sense* de l'auteur .]

[Note de bas de page 13 : *Actes* , xii. 7, 8.]

[Note 14 : *Récit personnel* , par M. Zoller. Hanke, Zurich, 1863.]

[Note 15 : Daumer , *Reich des Wundersamen* , Regensburg, 1872, pp. 265, 266.]

[Note 16 : Une critique des explications modernes des phénomènes évoqués ici se trouve à l'Annexe B.]

[Note de bas de page 17 : Voir l'Annexe B.]

IX

ÉVOLUTION DE L'IDÉE DE DIEU

Au philosophe anthropologue, « un homme simple » poserait naturellement la question : « Ayant obtenu votre idée de l'esprit ou de l'âme – votre théorie de l'animisme – à partir de l'idée des fantômes, et ayant obtenu votre idée des fantômes à partir de rêves et de visions, comment arrivez-vous à l'idée de Dieu ? Or, par « Dieu », le proverbial « homme simple » de la controverse désigne un Être éternel primordial, auteur de toutes choses, le père et l'ami de l'homme, le gardien invisible et omniscient de la moralité.

La réponse habituelle, quoique non invariable, de l'anthropologue pourrait être donnée dans les mots de M. Im Thurn, auteur d'un ouvrage des plus intéressants sur les Indiens de la Guyane britannique :

« De la notion de fantômes », dit M. Im Thurn, « une croyance est née, mais très progressivement, en des esprits supérieurs, et finalement en un Esprit le plus élevé, et, au rythme de la croissance de ces croyances, une habitude de révérence. pour et le culte des esprits.... Les Indiens de Guyane ne connaissent pas Dieu. »[1]

Comme autre exemple de l'hypothèse de M. Im Thurn selon laquelle Dieu est un développement tardif de l'idée d'esprit, on peut citer l'érudite « Histoire du Nouveau Monde » de M. Payne, un ouvrage qui repose sur de nombreuses recherches :[2]

« Non seulement les sauvages les plus inférieurs n'ont pas de dieux, mais ils ne reconnaissent même pas ces êtres inférieurs habituellement appelés esprits, dont la conception a invariablement précédé celle des dieux dans l'esprit humain.

M. Payne diffère ici, *tout à fait* , de M. Tylor, qui ne trouve aucune preuve suffisante pour des sauvages totalement non religieux, et de Roskoff , qui a écarté les arguments de Sir John Lubbock. M. Payne définit donc, à des fins ethnologiques, un dieu comme « un esprit bienveillant, incarné en permanence dans un objet tangible, généralement une image, et à qui de la nourriture, des boissons, etc., sont régulièrement offertes dans le but de obtenir de l'aide dans les affaires de la vie.

Selon cette théorie, « les sauvages les plus bas » sont dépourvus de l'idée de Dieu ou d'esprit. Plus tard, ils développent l'idée de l'esprit, et lorsqu'ils ont fixé l'esprit, pour ainsi dire, dans un objet tangible et l'ont gardé à bord d'un salaire, alors l'esprit a atteint la dignité et le sauvage à la conception d'un dieu. Mais bien qu'un dieu de ce genre soit, de l'avis de M. Payne, une fleur de culture relativement tardive, les races de chasseurs en général (à quelques exceptions près) n'ont pas de dieux, mais « la conception d'un créateur ou d'un faiseur de toutes choses… évidemment un grand esprit » est « l'un des premiers efforts de la logique primitive ».[3]

La propre logique de M. Payne n'est pas très claire. La « logique primitive » du sauvage l'amène à rechercher une cause ou un créateur de choses, qu'il trouve dans un grand esprit créateur. Pourtant, les sauvages les plus bas n'ont même aucune idée de l'esprit, et les races de chasseurs, en règle générale, n'ont pas de dieu. M. Payne veut-il dire qu'un grand esprit créateur n'est *pas* un dieu, alors qu'un esprit gardé à bord d'un salaire dans un objet tangible est un dieu ? Nous ne sommes pas en mesure, en raison de témoignages qui seront donnés plus tard, d'être d'accord avec la vision des faits de M. Payne, tandis que son raisonnement semble quelque peu incohérent, les sauvages les plus bas n'ayant, à son avis, aucune idée de l'esprit, bien que l'idée d'un l'esprit créateur est pourtant l'un des premiers efforts de la logique primitive.

Selon de telles théories, la croyance en un Être moral suprême est un résultat très tardif (ou très précoce ?) de l'évolution, dû à l'action de la pensée avancée sur la conception originale des fantômes. Cette opinion de M. Im Thurn est, en gros, la théorie habituelle des anthropologues. Nous souhaitons, d'autre part, montrer que l'idée de Dieu, telle qu'elle est conçue par notre homme simple et curieux, est matérialisée (parmi des fables contradictoires) dans les degrés les plus bas de sauvagerie connus, et ne peut donc pas provenir du spéculations ultérieures d'hommes, relativement civilisés et avancés, sur les données originelles des fantômes. Nous démontrerons, contrairement à l'opinion de M. Spencer, de M. Huxley et même de M. Tylor, que l'Être suprême et, dans un cas au moins, les esprits occasionnels de la foi sauvage, sont des influences morales actives. Ce qui est encore plus important, c'est qu'il sera indéniable que l'anthropologie a simplifié son problème en négligeant ou en ignorant ses faits. Alors que le véritable problème est de rendre compte de l'évolution à partir des fantômes du dieu moral éternel et créateur de « l'homme ordinaire », le germe d'un tel dieu ou l'existence d'un tel dieu dans les croyances des plus bas sauvages sont niés par les anthropologues, ou laissés de côté. de vue, ou expliqué par des théories contredites par les faits, ou, au mieux, est expliqué par des influences européennes ou islamites. Or, comme le problème est de rendre compte de l'évolution de la conception la plus élevée de Dieu, dans la mesure où cette conception existe parmi les races les plus arriérées, le problème ne pourra jamais être résolu tant que cette conception la plus élevée de Dieu sera pratiquement ignorée.

Ainsi, les anthropologues, en règle générale, au lieu d'affronter et de résoudre leur problème, l'ont simplement éludé – sans doute involontairement. Ceci, bien sûr, n'est pas la pratique de M. Tylor, même si même son grand ouvrage s'intéresse beaucoup plus au développement de l'idée d'esprit et aux formes inférieures de l'animisme qu'au véritable point crucial : l'évolution de l'idée. (toujours obscurci par la mythologie) d'un Dieu moral, incréé et immortel parmi les sauvages les plus bas. Cette négligence des anthropologues est née d'une seule circonstance. Ils tiennent pour acquis que Dieu est toujours (sauf lorsque le mot Dieu est appliqué à un être humain vivant) considéré comme Esprit. Ainsi, après avoir rendu compte du développement de l'idée d'esprit, ils considèrent Dieu comme cette idée portée à sa plus haute puissance et comme l'étape finale de son évolution. Mais si nous pouvons montrer que l'idée primitive d'un être immortel, moral et créateur n'implique pas nécessairement ou logiquement la doctrine de l'esprit (ou du fantôme), alors cette idée d'un être éternel, moral et créateur peut avoir existé avant même l'avènement de l'esprit (ou du fantôme). la doctrine de l'esprit a été développée.

Nous pouvons admettre que le récit de M. Tylor sur le processus par lequel les dieux sont nés des fantômes est un peu *touffu* – plutôt enfoui dans les faits. Nous « pouvons à peine voir la forêt derrière les arbres ». Nous voulons savoir comment les dieux, créateurs des choses (ou de la plupart des choses), pères célestes et amis, gardiens de la moralité, voyant ce qui est bon ou mauvais dans le cœur des hommes, sont nés, comme on le suppose, de fantômes. ou les âmes survivantes des morts. Nous allons démontrer que de tels dieux moraux, pratiquement omniscients, sont connus des sauvages les plus infâmes – Bushmen, Fuégiens, Australiens.

Ici, le chercheur doit faire attention à ne pas adopter l'opinion commune selon laquelle les dieux s'améliorent, moralement et autrement, en raison directe des progrès dans l'évolution de la culture et de la civilisation . Ce n'est pas nécessairement le cas; c'est généralement l'inverse qui se produit. Nous devons encore moins tenir pour acquis, à la suite de M. Tylor et de M. Huxley, que « l'alliance [de la religion et de la moralité] appartient presque, ou entièrement, aux religions situées au-dessus du niveau sauvage – et non aux croyances antérieures et inférieures » ; ou que « parmi les sauvages australiens » et « dans sa condition la plus simple », « la théologie est totalement indépendante de l'éthique ». [4] Ces affirmations peuvent être prouvées (par des preuves sur lesquelles l'anthropologie est obligée de s'appuyer) comme étant erronées. Et, précisément parce que ces affirmations sont avancées, l'anthropologie a la tâche plus facile d'expliquer l'origine de la religion ; tandis que, précisément parce que ces affirmations sont incorrectes, sa conclusion, déduite de prémisses jusqu'ici fausses, est invalidée.

Étant donné les âmes, acquises en pensant selon les lignes déjà décrites, M. Tylor en développe des dieux. Mais il ne fait pas partie de ces écrivains sûrs de chaque détail. Il « tente à peine de dissiper le brouillard qui recouvre une grande partie du sujet ».[5]

L'âme humaine, dit-il, a été le modèle sur lequel l'homme « a formulé ses idées sur les êtres spirituels en général, depuis le plus petit elfe qui se joue dans l'herbe jusqu'au créateur céleste et souverain du monde, le Grand Esprit ». Ici, il est tenu pour acquis que le Souverain Céleste a été dès le début considéré comme un « être *spirituel* » – ce qui est justement la difficulté. L'était-il ?[6]

Le processus de formulation de ces idées est plutôt obscur. Le sauvage « vit dans la terreur des âmes des morts en tant qu'esprits nuisibles ». Cela pourrait donner naissance à un diable ; cela ne donnerait pas un Dieu qui « crée la justice ». Heureusement, « les ancêtres déifiés sont généralement considérés comme des esprits bienveillants ». L'ancêtre mort est « désormais transformé en divinité ».[7] Des exemples de culte des ancêtres suivent. Mais nous ne sommes pas plus près de chez nous. Car chez les Zoulous, de nombreux Amatongo (esprits ancestraux) sont sacrés. « Pourtant, leur père [c'est-à-dire le père de chaque famille réelle] est bien avant tous les autres lorsqu'ils adorent les Amatongo .... Ils ne connaissent pas les anciens morts, ni leurs noms élogieux, ni leurs noms. »[8] Ainsi, chaque nouvelle génération de Zoulous doit avoir un nouveau premier objet de culte : l'Itongo de son propre père . Ce père et son nom même seront oubliés dans une génération ou deux. Le nom d'un tel homme ne peut donc pas survivre comme celui du Dieu ou de l'Être suprême d'âge en âge ; et, évidemment, un homme mort aussi réel, bien que connu, est beaucoup trop connu pour être pris pour le créateur et le souverain du monde, malgré certains titres africains flatteurs et superstitions sur les rois qui contrôlent le temps. Les Zoulous, un peuple aussi « impie » que possible, ont un premier ancêtre mythique, Unkulunkulu , mais il est « hors de portée des rites » et est un centre de mythes plutôt que de culte ou d'idées morales.[9]

Après d'autres exemples de culte des ancêtres, M. Tylor se lance dans une longue discussion sur la théorie de la « possession » ou de l'inspiration,[10] qui n'aide pas l'argumentation à ce stade. De là il passe au fétichisme (déjà discuté par nous) et aux transitions du fétiche (1) à l'idole ; (2) à l'ange gardien (« moi subliminal ») ; (3) aux esprits des arbres et des rivières, ainsi qu'aux esprits locaux qui provoquent les volcans ; et (4) au polythéisme. Un fétiche peut habiter un arbre ; les arbres étant généralisés , le fétiche d'un chêne devient le dieu de la forêt. Ou encore, les fétiches deviennent des « dieux-espèces » ; les dieux de *toutes* les abeilles, hiboux ou lapins sont ainsi évolués.

Ensuite,[11]

« De même que les chefs et les rois sont parmi les hommes, les grands dieux le sont parmi les esprits inférieurs.... À de rares exceptions près, partout où un système religieux sauvage ou barbare est décrit en détail, les grands dieux font leur apparition dans le monde spirituel aussi distinctement que les chefs dans la tribu humaine.

Très bien; mais d'où vient le grand Dieu parmi les tribus qui n'ont ni chef ni roi et qui n'en ont probablement jamais eu, comme chez les Fuégiens, les Bushmen et les Australiens ? Le créateur et le dirigeant du monde connu de *ces* races ne peut pas être l'ombre d'un roi ou d'un chef, reflétée et magnifiée dans le brouillard de la pensée ; pour chef ou roi, ces peuples n'en ont pas. Cette théorie (celle de Hume) ne fonctionnera pas là où les gens ont un grand Dieu mais pas de roi ou de chef ; ni là où ils ont un roi mais pas de Zeus ou autre dieu -roi suprême , comme (je le conçois) chez les Aztèques.

Nous atteignons maintenant, dans la théorie de M. Tylor, de grandes divinités fétichistes, telles que le Ciel et la Terre, le Soleil et la Lune, et des « divinités départementales », les dieux de l'Agriculture, de la Guerre, etc., inconnus des bas sauvages.

Ensuite, M. Tylor présente un personnage important. «La théorie des Mânes familiaux, rapportée aux dieux tribaux, conduit à la reconnaissance de divinités supérieures de la nature de l'Ancêtre Divin, ou Premier Homme», qui se classe parfois comme Seigneur des Morts. A titre d'exemple, M. Tylor donne le Maori Maui, qui, comme l'Indien Yama, a marché le premier des hommes sur le chemin de la mort. Mais que Maui et Yama soient le Soleil ou non, les religions maorie et sanscrite considèrent ces héros comme bien postérieurs aux dieux originels. Au Kamschatka, le Premier Homme est le « fils » du Créateur, et c'est sur l'origine de l'idée du Créateur, et non du Premier Homme, que nous nous interrogeons. Adam est appelé « le fils de Dieu » dans une généalogie biblique, mais, bien sûr, Adam a été créé et non engendré. Le cas de la croyance zouloue sera analysé plus loin. Dans l'ensemble, nous ne pouvons pas expliquer la conception du Créateur comme une forme de conception d'un Premier Ancêtre divin idéalisé , car la conception d'un Créateur se produit là où le culte des ancêtres n'a pas lieu ; et encore parce que, en supposant que l'idée d'un Créateur vienne en premier et que le culte des ancêtres devienne plus populaire par la suite, l'idée populaire d'Ancêtre pourrait être transférée à l'idée en déclin de Créateur. Le Créateur pourrait être reconnu comme le Premier Ancêtre, *après coup* .

M. Tylor aborde ensuite le dualisme, l'idée d'êtres bons et mauvais hostiles. Nous devons, comme il le dit, faire attention à ne pas tenir compte de l'enseignement européen, même si, admet-il, le sauvage a cette croyance dualiste en une forme « primitive ». Mais la conception sauvage n'est pas simplement celle de « bon = amical pour moi », « mauvais = hostile pour moi ». L'éthique, comme nous le montrerons, entre déjà en jeu dans sa théologie.

M. Tylor arrive enfin à l'Être suprême des croyances sauvages. Ses paroles, bien pesées, doivent être citées textuellement :

« Pour délimiter les doctrines du monothéisme, une définition plus précise est nécessaire [que la simple idée d'un Créateur Suprême], attribuant les attributs distinctifs de la Divinité à aucun autre que le Créateur Tout-Puissant. On peut affirmer que, dans ce sens strict, aucune tribu sauvage de monothéistes n'a jamais été connue.[12] Aucun représentant équitable de la culture inférieure n'est non plus, au sens strict du terme, panthéiste . La doctrine qu'ils défendent largement et qui leur ouvre une voie tendant dans l'une ou l'autre de ces directions, est le polythéisme culminant dans le règne d'une divinité suprême. Bien au-dessus de la doctrine des âmes, des Mânes divins, des dieux locaux de la nature, des grands dieux de classe et d'élément, on peut discerner dans la théologie barbare des ombres, surannées ou majestueuses, de la conception d'une Divinité Suprême, désormais à être retracé dans une puissance croissante et une gloire éclairante tout au long de l'histoire de la religion. Ce n'est pas une tâche sans importance, aussi partielle soit-elle, de sélectionner et de regrouper les données typiques qui montrent la nature et la position de la doctrine de la suprématie, telle qu'elle apparaît dans la culture inférieure.[13]

Nous montrerons que certains bas sauvages sont aussi monothéistes que certains
chrétiens. Ils ont un Être suprême, et les « attributs distinctifs de la Divinité » ne sont pas attribués par eux à d'autres êtres, pas plus que le christianisme les attribue aux anges, aux saints, au diable et, aussi étrange que cela puisse paraître, chez les sauvages, à des « fils » médiateurs. .'

On ne sait pas si, chez les Andamanais et autres tribus, cette dernière notion est due à l'influence missionnaire. Mais, en ce qui concerne tout le chapitre des Êtres Suprêmes sauvages, nous devons, comme le conseille M. Tylor, continuer à surveiller la contamination chrétienne et islamite. Les notions sauvages, comme le dit M. Tylor, même ainsi contaminées, peuvent avoir « dans une certaine mesure, un substrat naturel ». Nous choisirons des exemples sauvages de l'idée d'un Être suprême qui sont attestés par d'anciens hymnes indigènes, ou qui sont inculqués dans les institutions sauvages les plus sacrées et les plus secrètes, les Mystères religieux (manifestement les dernières choses à être touchées par l'influence missionnaire), ou se trouvent parmi les races insulaires basses défendues du contact européen par la férocité jalouse et les jungles venimeuses des hommes et du sol. Nous notons également des cas dans lesquels des missionnaires ont trouvé des noms indigènes tels que « Père », « Ancien du Ciel », « Créateur de Tout », prêts à l'emploi entre leurs mains.

Il est à remarquer que, bien que cette branche de l'enquête soit pratiquement omise par M. Spencer, M. Tylor ne peut y consacrer qu'une vingtaine de pages de son gros ouvrage. Il dispose ainsi les germes probables de l'idée sauvage d'un Être suprême : Un dieu de la foule polythéiste est simplement élevé à la primauté, ce qui, bien sûr, ne peut pas se produire là où il n'y a pas de polythéisme. Ou encore, le principe du culte de Mânès peut faire d'un « ancêtre primitif » une divinité suprême, par exemple. Unkulunkulu , qui est si loin d'être suprême, qu'il est abject. Ou encore, un grand phénomène ou une grande force dans le culte de la Nature, par exemple le Soleil ou le Ciel, est élevé à la suprématie. Ou bien la philosophie spéculative s'élève du Multiple vers l'Un en essayant de discerner à travers et au-delà de l'univers une Cause Première. Les conceptions animistes atteignent ainsi leur limite extrême dans la notion d'Anima Mundi. Il peut accumuler tous les pouvoirs de tous les dieux polythéistes, ou il peut « apparaître vaste, sombre et calme… trop bienveillant pour avoir besoin du culte humain… trop simplement existant pour se préoccuper de la petite race des hommes. » [14] Mais il est toujours animiste.

Or, outre les objections déjà notées en passant, comment pouvons-nous dire que l'Être suprême des bas sauvages était, dans sa conception originale, *animiste* ? Comment savoir qu'il a été envisagé, à l'origine, comme *Esprit* ? Nous montrerons qu'il ne l'était probablement pas, que la question « esprit ou non esprit » n'a pas été posée du tout, que le Créateur et Père céleste, avant la mort, était simplement considéré comme un être immortel, pas de question « d'esprit » . étant élevé. Si tel était le cas, l'animisme n'était pas nécessaire pour la première idée d'un éternel moral. On verra que cette hypothèse conduit à des conclusions très singulières.

Cela sera exposé et illustré plus en détail dans un instant, mais je trouve que cela était déjà venu à l'esprit du Dr Brinton.[15] Il parle spécialement d'un dieu céleste ; il dit : « Il arriva que l'idée de Dieu était liée aux cieux *bien avant que l'homme ne se demande : les cieux sont-ils matériels et Dieu est-il spirituel* ? Cependant, le Dr Brinton ne développe pas son idée et je ne sais pas non plus qu'elle a été développée précédemment.

La notion d'un Dieu dont personne ne s'est interrogé sur la spiritualité est nouvelle pour nous. Pour nous, et sans doute ou probablement pour les barbares d'un certain niveau de culture, un tel Être divin *doit* être animiste, *doit* être un « esprit ». Pour ne prendre qu'un seul cas, sur lequel nous reviendrons, les habitants des îles Banks (Mélanésie) croient aux fantômes et à l'existence d'êtres qui n'étaient pas et n'ont jamais été humains. Tous pourraient être appelés esprits de la même manière », dit le Dr Codrington, mais, *par hypothèse* , les êtres « qui n'ont jamais été humains » sont seulement appelés « esprits » par nous, parce que nos habitudes de pensée ne nous permettent de les envisager que *comme* des esprits. 'esprits'. Ils n'ont jamais été des hommes, « les indigènes soutiendront toujours qu'il (le *Vui*) était *quelque chose de différent* et lui refuseront le corps charnel d'un homme », tout en étant résolus à ce qu'il ne soit pas un fantôme.[16]

Ce point sera amplement illustré plus tard, lorsque nous étudierons ce chapitre étrangement négligé, ce chapitre essentiel, les croyances supérieures des sauvages les plus inférieurs. De l'existence d'une croyance en un Être Suprême, et pas simplement comme « prétendue », il existe des preuves aussi solides que celles que nous possédons pour tout fait dans la région ethnographique.

Il est certain que les sauvages, lorsqu'ils ont été approchés pour la première fois par des voyageurs curieux et des missionnaires, ont maintes fois reconnu notre Dieu dans le leur.

Les détails mythiques et les fables sur le Dieu sauvage sont en effet différents ; les aspects éthiques, bienveillants, réprimandants, gratifiants et créatifs des Dieux sont susceptibles d'être les mêmes.[17]

« Il n'est pas nécessaire de commencer à parler, même aux plus dégradés de ces gens, de l'existence de Dieu ou d'un état futur, « les faits étant universellement admis. »[18]

« Les hommes intelligents parmi les Bakwains ont exploré l'idée que l'un d'entre eux ait jamais vécu sans une conception assez claire du bien et du mal, de Dieu et de l'état futur ; Rien de ce que nous désignons comme péché ne leur est jamais apparu autrement », à l'exception de la polygamie, dit Livingstone.

Nous pouvons maintenant être d'accord avec M. Tylor sur le fait que les théologiens modernes, familiers avec les croyances sauvages, soutiendront difficilement qu'« elles sont des produits directs ou presque directs de la révélation » (vol. ii, p. 356). Mais on peut affirmer que, compte tenu de leur éthique naissante (niée ou minimisée par de nombreux anthropologues) et de la distance qui sépare les hauts dieux de la sauvagerie des fantômes dont ils sont censés être issus ; considérant aussi que l'élément relativement pur et élevé qui, *par hypothèse*, est le plus récent dans l'évolution, *n'est pas aussi* le plus honoré , mais souvent juste l'inverse ; en gardant surtout à l'esprit que nous ne savons rien historiquement de l'état mental des fondateurs de religion, nous pouvons hésiter à accepter *en masse l'hypothèse anthropologique* . Au mieux, il s'agit de conjectures, et les faits sont tels que les opposants ont plus de raisons qu'on ne l'admet communément de considérer la majeure partie de la religion sauvage comme dégénérée ou corrompue par ses propres éléments les plus élevés. Je ne suis pas encore en train de plaider positivement en faveur de cette hypothèse, mais je vois ce que ses défenseurs veulent dire, ou devraient vouloir dire, et la force de leur position. M. Tylor, avec son équité unique, dit que « la théorie de la dégénérescence, sans doute dans certains cas avec justice, peut revendiquer de telles croyances comme des restes mutilés et pervertis d'une religion supérieure » (vol. ii. p. 336).

Je ne prétends pas savoir comment les sauvages les plus bas ont développé la théorie d'un Dieu qui lit dans les cœurs et « crée la justice ». Il m'est aussi facile, presque, de croire qu'ils « n'ont pas été laissés sans témoin », comme croire que leur Dieu est né du fantôme maléfique d'un sale guérisseur espiègle.

préfigurations pittoresques ou majestueuses » d'un Être suprême, parmi les très bas sauvages, ne sont qu'esquissées à la légère par M. Tylor ; dans le système de M. Herbert Spencer, ils semblent presque omis. Dans ses « Principes de sociologie » et « Institutions ecclésiastiques », on cherche en vain une mention adéquate ; en vain pour presque toute remarque, de cette partie de son sujet. L'observateur de la conduite, l'être amical et créatif de foi basse et sauvage, d'où a-t-il évolué ? Les circonstances de son existence, pour autant que je puisse voir ; la chasteté, le altruisme, la pitié, la loyauté envers la parole promise, l'interdiction de l'homicide même extra-tribal, imposée à divers endroits à ses fidèles, sont des problèmes qui semblent avoir échappé à l'attention de M. Spencer. Nous sommes intrigués par les difficultés sans fin de son système : par exemple comment des sauvages peuvent oublier les noms mêmes de leurs arrière-grands-pères, et pourtant se souvenir des « personnes traditionnelles de génération en génération », de sorte qu'« avec le temps, toute expansion et toute idéalisation peuvent être atteint, »[19]

Encore une fois, M. Spencer soutiendra qu'il est étrange que « les hommes primitifs aient eu, comme certains le pensent, la conscience d'un pouvoir universel d'où eux et toutes les autres choses procédaient », et pourtant « accomplissaient spontanément envers ce pouvoir un acte comme celui-là ». exécutés par eux sur le cadavre d'un camarade sauvage »- par des offrandes de nourriture.[20]

Tout d'abord, il n'y aurait rien d'étrange à cela si l'idée grossière de « Pouvoir Universel » était apparue *plus tôt* et était remplacée, en partie, par une propitiation ultérieure des morts et des fantômes. La nouvelle idée religieuse allait bientôt se réfracter et influencer par son rituel l'ancienne conception. Et deuxièmement, c'est précisément ce « pouvoir universel » qui n'est *pas* favorisé par les offrandes de nourriture, aux Tonga, (malgré M. Huxley), en Australie et en Afrique, par exemple. Nous ne pouvons échapper à la difficulté en disant que là, le vieux fantôme du Pouvoir Universel est considéré comme mort, décrépit ou comme un *roi -fainéant* qui ne mérite pas d'être propitié, car cela n'est pas vrai du punisseur du péché, du maître de la générosité et du sanction solitaire de la foi entre les hommes et les peuples.

Il semblerait donc, dans l'ensemble, que la question posée par l'homme ordinaire à l'anthropologue : « Ayant introduit votre idée de l'esprit dans l'esprit du sauvage, comment en développe-t-il ce que j'appelle Dieu ? n'a pas reçu de réponse. Dieu ne peut pas être le reflet des rois humains là où il n'y a pas eu de rois ; ni un président élu dans une société de dieux polythéiste où il n'y a pas encore de polythéisme ; ni un premier ancêtre idéal où les hommes n'adorent pas leurs ancêtres ; tandis que, encore une fois, l'esprit d'un homme décédé, réel ou idéal, ne répond pas à une conception sauvage commune du Créateur. Tout cela deviendra beaucoup plus évident à mesure que nous étudierons en détail les dieux les plus élevés des races inférieures.

Bien entendu, notre étude ne prétend pas embrasser la religion de tous les sauvages du monde. Nous nous contentons d'exemples typiques et, en règle générale, bien observés. Nous allons des croyances des races nomades les plus arriérées et les moins bien équipées, à celles des peuples dotés d'une aristocratie, de rois héréditaires, de maisons et d'agriculture, en passant par l'Être suprême des Incas hautement civilisés et par le Jéhovah des Hébreux .

[Note 1 : *Journal Anthrop. Inst.* XI. 874. Nous reviendrons sur ce passage.]

[Note de bas de page 2 : Vol. je . p. 389, 1892.]

[Note 3 : Payne, je . 458.]

[Note de bas de page 4 : *Prim. Culte.* vol. ii. p. 381 ; *Science et tradition hébraïque* , pp. 346, 372.]

[Note de bas de page 5 : *Prim. Culte* . vol. ii. p. 109.]

[Note 6 : Ibid. vol. ii. p. 110.]

[Note de bas de page 7 : Ibid. vol. ii. p. 113.]

[Note de bas de page 8 : *Prim. Culte* . vol. ii. pp. 115, 116, citant Callaway et d'autres.]

[Note 9 : La religion zouloue sera analysée plus tard.]

[Note de bas de page 10 : *Prim. Culte* . vol. ii. p. 130-144.]

[Note de bas de page 11 : Ibid. vol. ii. p. 248.]

[Note 12 : Et très peu de populations civilisées , voire aucune, sont monothéistes en ce sens.]

[Note de bas de page 13 : *Prim. Culte* . vol. ii. pages 332, 333.]

[Note de bas de page 14 : *Prim. Culte* . vol. ii. pages 335, 336.]

[Note 15 : *Mythes du Nouveau Monde* , 1868, p. 47.]

[Note de bas de page 16 : J'ai observé ce point dans *Mythe, rituel et religion* , sans
voir l'implication selon laquelle l'idée d'« esprit » n'était pas nécessairement présente dans la conception sauvage des êtres, créateurs ou créateurs primordiaux.]

[Note 17 : Voir un ou deux cas dans *Prim. Culte* . vol. ii. p. 340.]

[Note 18 : Livingstone, parlant des Bakwain , *Missionary Travels* , p. 168.]

[Note 19 : *Principes de sociologie* , vol. je . p. 450.]

[Note 20 : Op. cit. vol. je . p. 302.]

X

DIEUX HAUTS DES RACES BASSES

Pour éviter toute idée fausse, nous devons répéter les précautions nécessaires concernant l'acceptation de preuves concernant des dieux élevés de races inférieures. Le missionnaire qui ne voit pas dans chaque dieu étranger un diable est susceptible d'accueillir favorablement les traces d'une révélation surnaturelle originelle, obscurcie par tous les peuples sauf les Juifs. Nous ne nous fierons cependant pas beaucoup aux preuves missionnaires et, lorsque nous le ferons, nous devons maintenant être également sur nos gardes contre les préjugés anthropologiques du missionnaire lui-même. Après avoir lu M. Spencer et M. Tylor, et se trouvant parmi les adorateurs des ancêtres (comme il le fait parfois), il est enclin à penser que le culte des ancêtres explique toute trace de croyance en l'Être Suprême. Nous devons être vigilants face à tous les préjugés des observateurs.

Il est peut-être nécessaire également de souligner une fois de plus un autre point faible de tout raisonnement sur la religion sauvage, à savoir que nous ne pouvons pas toujours dire ce qui a pu être emprunté aux Européens. Ainsi, les Fuégiens, en 1830-1840, étaient très éloignés, mais une tribu, près du détroit de Magellan, adorait une image appelée Cristo. Fitzroy attribue cette trace évidente de catholicisme à un capitaine Pelippa , qui visita la région quelque temps avant sa propre expédition. Il est moins probable que les Espagnols aient établi une croyance en une divinité morale dans des régions où ils n'ont laissé aucune trace matérielle de leur foi. Les Fuégiens ne se prêtent pas facilement au prosélytisme . « Lorsqu'elle est découverte par des inconnus, l'impulsion immédiate d'une famille fuégienne est de s'enfuir dans les bois. Parfois, ils émergent pour troquer, mais « parfois rien ne pousse un seul individu de la famille à apparaître ». Fitzroy pensait qu'ils n'avaient aucune idée d'un état futur, parce que, entre autres raisons non données, « le mauvais esprit les tourmente dans *ce* monde, s'ils font le mal, par les tempêtes, la grêle, la neige, etc. ». La raison pour laquelle le mauvais esprit devrait punir les mauvaises actions n'est pas évidente. «Un grand homme noir est censé être toujours errant dans les bois et les montagnes, qui est certain de connaître chaque mot et chaque action, à qui on ne peut échapper et qui influence le temps selon la conduite des hommes.»[1]

Il n'y a aucune trace de propitiation par la nourriture, ou le sacrifice, ou autre chose que la conduite. Considérer la Divinité comme « un homme non naturel magnifié » n'est pas propre aux théologiens fuégiens et n'implique pas l'animisme, mais bien l'inverse. Mais le fait est que ce juge éthique des sauvages peut-être les plus bas « crée la justice » et sonde le cœur. Sa moralité est tellement au-dessus des normes sauvages ordinaires qu'il considère le meurtre d'un étranger et d'un ennemi, pris en flagrant délit de vol, comme un péché. Le frère de York (York était un Fuégien amené en Angleterre par Fitzroy) a tué un « homme sauvage » qui volait ses oiseaux. « La pluie est tombée, la neige est tombée, la grêle est tombée, le vent souffle, souffle, souffle fort. C'est très mauvais de tuer un homme. Le grand homme des bois n'aime pas ça, il est très en colère. Voilà l'éthique dans la religion sauvage. Le sixième commandement est en vigueur. L'Être interdit également de tuer les clapets avant qu'ils ne puissent voler. "C'est très mauvais de tirer sur un petit canard, qu'il y ait du vent, qu'il pleuve, souffle, souffle fort."[2]

Or, ce grand homme n'est pas un chef déifié, car les Fuégiens « n'ont aucune supériorité les uns sur les autres… mais le médecin-sorcier de chaque parti a beaucoup d'influence ». M. Spencer considère ce « grand homme » moral des Fuégiens comme étant « manifestement un médecin météorologique décédé ». [3] Mais, premièrement, il n'y a aucune preuve que l'être soit considéré comme étant jamais mort. Encore une fois, il n'est pas démontré que les Fuégiens soient des adorateurs des ancêtres. Ensuite, Fitzroy ne pensait pas que les Fuégiens croyaient à une vie future. Enfin, quand les guérisseurs furent-ils des moralistes aussi remarquables ? Les pires esprits parmi les Patagons voisins sont ceux des guérisseurs morts. En règle générale , partout, le fantôme d'un « docteur-sorcier », d'un chaman, ou quel que soit son nom, est le pire et le plus méchant de tous les fantômes. Comment donc les Fuégiens, dont il n'est pas prouvé qu'ils étaient des adorateurs des ancêtres, sont-ils nés du fantôme malin d'un ancêtre, un être dont le point fort est la moralité, cela n'est pas facile à concevoir. Les Chonos voisins ont une grande foi en un bon esprit, qu'ils appellent Yerri. Ouais , et considère-toi comme l'auteur de tout bien ; c'est lui qu'ils invoquent en cas de détresse ou de danger. Même s'ils sont affamés, ils ne touchent pas à la nourriture avant qu'une courte prière n'ait été murmurée sur chaque portion, « l'homme en prière regardant vers le haut ».[4] Ils ont des magiciens, mais aucun détail n'est donné quant aux esprits ou aux fantômes. Si la religion fuégienne et chono se situe à ce niveau, et si celle-ci est la plus ancienne, alors la théologie de nombreux autres sauvages supérieurs (comme celle des Zoulous) est décidément dégénérée. «Le bantou donne à celui qui est habitué au nègre l'impression qu'il avait autrefois les mêmes idées, *mais qu'il en avait oublié la moitié* », dit Miss Kingsley.[5]

De toutes les races qui existent aujourd'hui, les Australiens sont probablement ceux dont la culture est la plus basse et, comme la faune du continent, sont les plus proches du modèle primitif. Ils n'ont ni métaux, ni arcs, ni poteries, ni agriculture, ni habitations fixes ; et aucune trace de culture supérieure n'a été trouvée nulle part au-dessus ou dans le sol du continent. Ceci est important car, à certains égards, leurs conceptions religieuses sont si élevées qu'il serait naturel de les expliquer soit comme le résultat de l'influence européenne, soit comme des reliques d'une civilisation supérieure dans le passé. La première notion est discréditée par le fait que leurs meilleures idées religieuses sont transmises en relation avec leurs mystères anciens et secrets, tandis que pour la seconde idée, selon laquelle ils sont dégénérés d'une civilisation plus élevée, il n'y a absolument aucune preuve .

M. Spencer a en effet suggéré que les coutumes matrimoniales singulièrement complexes des Noirs australiens témoignent d'une condition plus polie dans leur histoire passée. De cette étape, comme nous l'avons dit, aucune trace matérielle n'a jamais été découverte et la dégénérescence ne peut pas non plus être récente. Notre premier récit sur les Australiens est celui de Dampier, qui visita la Nouvelle-Hollande au cours de la malheureuse année 1688. Il trouva que les indigènes étaient « le peuple le plus misérable du monde ». Les Hodmadods , de Mononamatapa , bien qu'un peuple méchant, mais pour la richesse, sont des gentlemen pour ceux-ci : qui n'ont pas de maisons, de moutons, de volailles et de fruits de la terre…. Ils n'ont pas de maison, mais reposent en plein air. Curieusement, Dampier atteste de leur *altruisme* : principal trait éthique de leur enseignement religieux. « Que ce soit peu ou beaucoup, chacun a sa part, aussi bien les jeunes et les tendres que les vieux et les faibles, qui ne peuvent pas partir à l'étranger, que les forts et les vigoureux. Dampier n'a vu aucun métal utilisé, ni aucun arc, simplement des boomerangs (« coutelas en bois ») et des lances à pointes durcies au feu. « Leur lieu d'habitation n'était qu'un feu avec quelques branches devant » (le *gunyeh*).

Cette description reste exacte pour la plupart des tribus australiennes peu sophistiquées, mais Dampier semble n'avoir vu que des noirs ichtyophages de la côte.

Il y a un autre point important. Dans les *Bora* , ou mystères australiens, au cours desquels la connaissance du Créateur et de ses commandements est transmise, les dents de devant des initiés sont encore cassées. Or, Dampier observait que « tous, hommes et femmes, vieux et jeunes, manquent des deux dents de devant de la mâchoire supérieure ». Si l'on doit prendre cela au pied de la lettre, le rite Bora, en 1688, devait inclure les femmes, au moins localement. Dampier se trouvait sur la côte nord-ouest, à 16 degrés de latitude et 122-1/4 degrés de longitude est (Dampier Land, Australie occidentale). Les indigènes n'avaient ni bateaux, ni canots, ni rondins d'écorce ; mais il semble qu'ils aient eu leurs mystères religieux et leur altruisme il y a deux cents ans.[6]

Les Australiens ont été étudiés très soigneusement par de nombreux observateurs, et les résultats ont complètement renversé la déclaration audacieuse de M. Huxley selon laquelle « dans sa condition la plus simple, telle qu'on peut la rencontrer chez les sauvages australiens, la théologie est une simple croyance en l'existence, en des pouvoirs, en et les dispositions (généralement malignes) d'entités fantomatiques qui peuvent être apaisées ou effrayées ; mais aucun culte ne peut véritablement exister. Et à ce stade, la théologie est totalement indépendante de l'éthique.

Des remarques plus grossières défiant les faits connus n'ont pas pu être faites. Les Australiens, assurément, croient aux « esprits », souvent malveillants et probablement considérés dans la plupart des cas comme des fantômes d'hommes. Ceux-ci aident le sorcier et l'inspirent parfois. Le fait que ces fantômes soient *vénérés* n'apparaît pas et est nié par Waitz . Encore une fois, en matière de culte, « il n'y a pas » de *sacrifice* à des dieux supérieurs, comme il devrait y en avoir si ces dieux étaient des fantômes affamés. Le culte chez les Australiens est l'observance de certaines « lois », exprimées dans un enseignement moral, censé être conforme aux instituts de leur Dieu. Le culte prend la forme, comme à Eleusis, de mystères tribaux, originellement institués, comme à Eleusis, par le Dieu. Les jeunes hommes sont initiés par de nombreuses cérémonies, dont certaines sont cruelles et farfelues, mais l'initiation comprend une instruction éthique, conforme aux commandements supposés d'un Dieu qui veille sur la conduite. Comme chez nous, l'idéal éthique, avec sa sanction théologique, est probablement plutôt au-dessus des normes morales de la pratique ordinaire. La conclusion que nous devrions tirer de ces faits est incertaine, mais les faits, au moins, ne peuvent être contestés et contredisent précisément la déclaration de M. Huxley. Il avait tout à fait tort lorsqu'il disait : « Le code moral, tel que le sous-entend l'opinion publique, ne tire aucune sanction des dogmes théologiques. »[7] Il repose, pour son origine et sa sanction, sur de tels dogmes.

Les preuves concernant la religion australienne sont abondantes et s'ajoutent chaque année. Je me contenterai ici des récits de M. Howitt.[8]

En ce qui concerne l'évolution possible du Dieu australien à partir du culte des ancêtres, il faut noter que M. Howitt attribue aux groupes la possession de « chefs », une sorte de chefs, alors que certains chercheurs, dans la collection de Brough Smyth, ne croient pas aux chefs réguliers. M. Howitt écrit :

"L'Esprit Suprême, auquel toutes les tribus auxquelles je fais référence ici [dans le sud-est de l'Australie] croient, soit comme un être bienveillant, soit plus fréquemment comme un être malveillant, il me semble qu'il représente le chef défunt."

Aujourd'hui, les traces de « leadership » parmi les tribus sont extrêmement faibles ; aucun de ces chefs ne dirige de vastes régions du pays, aucun n'est connu pour être adoré après la mort, et la malveillance de l'Esprit suprême n'est pas illustrée par les détails de la propre déclaration de M. Howitt, mais bien l'inverse. En effet, il poursuit aussitôt en remarquant que « *Darumulun* n'était pas, me semble-t-il, partout considéré comme un être malveillant, mais il était redouté comme quelqu'un qui pouvait punir sévèrement les infractions commises contre ces ordonnances et coutumes tribales dont la première institution est attribuée. à lui.'

Punir les transgressions de sa loi n'est pas l'essence d'un être malveillant. Darumulun « surveillait les jeunes du ciel, prompts à punir, par la maladie ou la mort, le manquement à ses ordonnances », morales ou rituelles. Son nom est trop sacré pour être prononcé autrement qu'à voix basse, et l'anthropologue remarquera que les noms des morts humains sont également souvent tabous. Mais le nom divin n'est pas pour autant tabou et sacré lorsque le simple folklore le concernant est raconté. Les informateurs de M. Howitt distinguaient instinctivement la mythologie et la religion de Darumulun .[9] Cette distinction – le secret sur la religion, la franchise sur la mythologie – est essentielle et explique notre ignorance des croyances religieuses intérieures des premiers temps. les courses. M. Howitt lui-même en savait peu jusqu'à ce qu'il soit initié. Le grand-père de l'ami de M. Howitt, *avant que les hommes blancs n'arrivent à Melbourne* , l'emmena dehors la nuit et, désignant une étoile, lui dit : « Vous serez bientôt un homme ; vous voyez *Bunjil* [Être suprême de certaines tribus] là-haut, et il peut vous voir, ainsi que tout ce que vous faites ici. M. Palmer, parlant des Mystères des Australiens du Nord (mystères sous sanction divine), mentionne la nature de l'instruction morale. Chaque garçon reçoit, « de la part d'un des aînés, des conseils si aimables, paternels et impressionnants, qu'ils adoucissent souvent le cœur et font pleurer les jeunes ». Il doit éviter l'adultère, ne pas profiter d'une femme s'il la trouve seule, il ne doit pas se quereller.[10]

Aux Mystères, le vrai nom de Darumulun peut être prononcé, à d'autres moments, il est « Maître » (*Biamban*) ou « Père » (*Papang*), exactement comme nous disons « Seigneur » et « Père ».

On sait que toutes ces choses ne sont pas dues aux missionnaires, dont les instructions ne seraient certainement pas transmises dans les *Bora* , ou les mystères tribaux, qui, encore une fois, sont en partie décrits par Collins dès 1798, et doivent avoir été pratiqués en 1688. M. Howitt mentionne, parmi les leçons morales divinement sanctionnées, le respect de la vieillesse, l'abstinence de l'amour anarchique et l'évitement des péchés si populaires, poétiques et sanctionnés par l'exemple des dieux, dans la Grèce classique.[11] Une représentation est faite du Maître Biamban ; et il est interdit de fabriquer de telles idoles, sauf aux Mystères, «sous peine de mort». Ceux qui sont fabriqués sont détruits dès la fin des rites.[12] La vie future (apparemment) est alors illustrée par l'enterrement d'un ancien vivant, qui sort d'une tombe. Cela peut cependant symboliser la « nouvelle vie » des Mystae : « Pire encore, j'ai fui ; j'ai trouvé mieux », comme on le chantait dans un rite athénien. Le résultat global est, par ce que M. Howitt appelle « un élément quasi religieux », d'« imprimer dans l'esprit de la jeunesse, d'une manière indélébile, les règles de conduite qui forment la loi morale de la tribu ».]

De nombreuses autres autorités pourraient être invoquées pour sanctionner religieusement la morale en Australie. Un être vigilant observe et récompense la conduite des hommes ; il est nommé avec révérence, s'il est nommé du tout ; sa demeure est les cieux ; il est le Maître et Seigneur des choses ; ses leçons « adoucissent le cœur »[14]

« Que veut ce valet qu'un *Dieu* devrait avoir ?

Je vais maintenant démontrer que la religion patronnée par l' Être suprême australien et inculquée dans ses Mystères est en réalité utilisée pour contrecarrer le caractère immoral que les indigènes acquièrent en s'associant aux chrétiens anglo-saxons.

M. Howitt[16] rend compte du Jeraeil , ou Mystères du Kurnai. Les vieillards estimaient qu'à cause de leurs relations avec les Blancs, « les garçons étaient devenus égoïstes et n'étaient plus enclins à partager avec leurs amis ce qu'ils avaient obtenu par leurs propres efforts ou ce qu'ils leur avaient donné ». Il n'est pas nécessaire de dire que l'altruisme est l'essence même de la bonté et la doctrine morale centrale du christianisme. Il en est ainsi dans les Mystères religieux des Yao africains ; un homme égoïste, nous le verrons, est qualifié de « non-initié ». Il en est ainsi des Kurnai australiens, dont les mystères et l'enseignement éthique sont sous la sanction de leur Être Suprême. Voilà pour le dogme anthropologique selon lequel la théologie ancienne n'avait pas d'éthique.

Les Kurnai ont commencé par pétrir le ventre des jeunes sur le point d'être initiés (c'est-à-dire s'ils ont fréquenté des chrétiens), pour chasser l'égoïsme et l'avidité. Le rite principal, plus tard, consiste à bander les yeux de chaque garçon, avec une couverture étroitement tirée sur sa tête, à émettre des vrombissements avec le *toundun* , ou *losanges grecs* , puis à arracher les couvertures et à demander à l'initié de lever la tête vers le ciel. . L'initiateur le montre du doigt en criant : « Regardez là, regardez là, regardez là ! Ils ont vu de cette manière solennelle la demeure de l'Être Suprême, « Notre Père », Mungan-ngaur (Mungan = « Père », ngaur = « notre »), dont la doctrine est ensuite dévoilée par le vieil initiateur (« chef »). 'd'une manière impressionnante.'[17] 'Il y a longtemps, il y avait un grand Être, Mungan-ngaur , qui vivait sur la terre.' Son fils Tundun est *l'ancêtre direct* des Kurnai. Mungan a initié les rites et a détruit la terre par l'eau lorsqu'ils ont été impiement révélés. « Mungan a quitté la terre et est monté au ciel, où il demeure toujours.

Ici, Mungan-ngaur , un être non défini comme esprit, mais immortel et résidant au ciel, est le père, ou plutôt le grand-père, et non le créateur, du Kurnai. Cela *peut* être interprété comme un culte des ancêtres, mais le mythe opposé, celui de la fabrication ou de la création, est fréquent dans de nombreuses régions australiennes très isolées et coexiste avec les mythes évolutionnistes. Les préceptes de Mungan-ngaur sont :

1. *Écouter et obéir aux vieillards* . 2. *Partager tout ce qu'ils ont avec leurs amis* .
3. *Vivre en paix avec leurs amis* .

4. *Ne pas interférer avec les filles ou les femmes mariées* .

5. *Obéir aux restrictions alimentaires jusqu'à ce qu'elles en soient libérées par les vieillards* .

M. Howitt conclut : « J'ose affirmer qu'on ne peut plus soutenir que les Australiens n'ont aucune croyance qui puisse être qualifiée de religieuse, c'est-à-dire au sens de croyances qui régissent la moralité tribale et individuelle sous une sanction surnaturelle. » Sur ce sujet, l'opinion de M. Hewitt est devenue plus affirmative à mesure qu'il était profondément initié.[18]

Les Australiens sont les sauvages les plus bas et les plus primitifs, et pourtant aucune propitiation par la nourriture n'est faite à leur souverain moral, au ciel, comme s'il était un fantôme.

Les lois de ces êtres divins australiens s'appliquent aussi bien aux rituels qu'à l'éthique, comme on pouvait naturellement s'y attendre. Mais l'élément moral est évident, le respect est évident : nous n'avons pas ici un simple fantôme, apaisé par la nourriture ou le sacrifice, ou par des rites purement magiques. Son image même (modelée à grande échelle dans la terre) n'est pas une idole vulgaire : faire une telle chose, sauf dans les rares occasions sacrées, est une offense capitale. Or, la mythologie du Dieu n'a souvent, dans ou hors des rites, rien de rationnel.

Dans l'ensemble, il est évident que M. Herbert Spencer, par exemple, sous-estime la nature de la religion australienne. Il cite un cas où l'on s'adresse au fantôme d'un homme récemment mort, à qui il est demandé de ne pas apporter de maladie, « ni de faire de grands bruits la nuit », et dit : « Ici, nous pouvons reconnaître les éléments essentiels d'une secte » . Mais M. Spencer ne fait pas allusion aux éléments beaucoup plus essentiellement religieux qu'il aurait pu trouver chez l'autorité même qu'il cite, M. Brough Smyth.[19] D'après mon examen, cela semble être la seule référence de M. Spencer à l'Australie dans son ouvrage sur les « Institutions ecclésiastiques ». Pourtant, les faits que lui et M. Huxley ignorent jettent un éclairage très différent du leur sur ce qu'ils considèrent comme « la condition la plus simple de la théologie ».

Parmi les causes de confusion dans la pensée religieuse, M. Tylor mentionne « l'application partielle et unilatérale de la méthode historique d'enquête aux doctrines théologiques ».[20] Nous avons peut-être ici des exemples. Dans son aspect le plus élevé, la « théologie la plus simple » d'Australie est exempte des défauts de la théologie populaire grecque. Le Dieu décourage le péché, même si, dans le mythe, il est loin d'être impeccable. Il est presque trop vénéré pour être nommé (sauf dans la mythologie) et ne doit pas être représenté par des idoles. Il n'est pas ému par le sacrifice ; il n'en a pas la chance ; comme la Mort en Grèce, « lui seul, de tous les dieux, n'aime pas les cadeaux ». Le statut de la théologie ne correspond donc pas à ce que l'on recherche dans une culture très basse. Ce ne serait guère un paradoxe de dire que le populaire Zeus, ou Arès, est dégénéré de Mungan-ngaur , ou de l'être fuégien qui interdit de tuer un ennemi et qui, presque littéralement, « marque la chute du moineau ».

Si nous connaissions toute la mythologie de Darumulun , nous la trouverions probablement (comme une grande partie du mythe de Pundjel ou de Bunjil) à un niveau très différent de la théologie. Il existe deux courants, le religieux et le mythique, qui circulent ensemble à travers la religion. L'ancien courant, religieux, même parmi les très bas sauvages, est pur de l'habitude magique propice aux fantômes. Ce dernier courant, mythologique, est plein de magie, de momies et de légendes scandaleuses. Parfois, ce dernier courant pollue complètement le premier, parfois ils coulent côte à côte, parfaitement distincts, comme dans la piété éthique aztèque, comparés au rituel sanglant aztèque. L'anthropologie a principalement gardé les yeux fixés sur le courant impur, les convoitises, les momies, les conjurations et les fraudes des sacerdoces, tout en négligeant relativement, ou totalement (comme nous l'avons montré) ce qui est honnête et de bonne réputation.

Le pire côté de la religion est le moins sacré, et donc le plus visible. Les deux éléments coexistent dans presque toutes les races, et personne, dans notre manque total d'informations historiques sur les débuts, ne peut dire lequel, si l'un ou l'autre, est l'élément le plus ancien, ou lequel, si l'un ou l'autre, est dérivé de l'autre. . Supposer que la propitiation des cadavres, puis des fantômes est venue en premier est agréable et semble logique à certains écrivains qui ne sont pas sans préjugés contre toute religion en tant que superstition non scientifique. Mais on en sait si peu ! Les premiers missionnaires du Groenland pensaient qu'il n'y avait là aucune trace de croyance en un Être divin. "Mais lorsqu'ils parvinrent à mieux comprendre leur langue, ils découvrirent que c'était tout le contraire… et pas seulement, mais ils purent clairement comprendre à partir d'un dialogue libre qu'ils eurent avec des Groenlandais parfaitement sauvages (évitant à l'époque toute application directe à leurs cœurs) que leurs ancêtres ont dû croire en un Être suprême et lui ont rendu certains services, que leur postérité a peu à peu négligés... »[21] M. Tylor n'y fait pas référence comme une trace de l'influence chrétienne scandinave sur le Esquimau.[22]

Bien entendu, cette ligne peut être adoptée. Mais un Esquimau dit à un missionnaire : « Tu ne dois pas imaginer qu'aucun Groenlandais ne pense à ces choses-là » (théologie). Il a ensuite exposé l'argument de la conception. ' Il doit certainement y avoir un Être qui a créé toutes ces choses. Il doit être très bon aussi... Ah, si seulement je le connaissais, comme je l'aimerais et l' honorerais . Comme l'écrit saint Paul : « Ce que l'on peut connaître de Dieu est manifeste en eux, car Dieu le leur a montré... étant compris par les choses qui sont faites... mais ils sont devenus vains dans leurs imaginations, et leur cœur insensé s'est obscurci. »[23] En fait, la mythologie a submergé la religion. La théorie de saint Paul sur l'origine de la religion n'est pas celle d'une « idée innée », ni d'une révélation directe. Les gens, dit-il, sont parvenus à croire en un Dieu grâce à l'Argument for Design. La science croit avoir anéanti les idées téléologiques. Mais elles font partie des origines probables de la religion et conduiraient à croire en un Créateur que le Groenlandais jugeait bénéfique et après lequel il aspirait. Il s'agit d'une étape initiale très différente du développement religieux, si initiale soit-elle, de l'alimentation d'un cadavre ou d'un fantôme.

De toutes ces preuves, il n'apparaît pas comment les sauvages non polythéistes, non monarchiques et non adorateurs de Manès ont développé l'idée d'un Créateur relativement suprême, moral et bienveillant, à naître, immortel, surveillant la vie des hommes. «Il peut aller partout et tout faire.»[24]

[Note de bas de page 1 : Fitzroy, ii. 180. Darwin. *Descente de l'homme* , p. 67.]

[Note de bas de page 2 : Ibid. Nous semblons avoir peu d'informations sur la religion fuégienne avant ou après la croisière du *Beagle* .]

[Note 3 : *Principes de sociologie* , i . 422.]

[Note 4 : Fitzroy, ii. 190, 191]

[Note 5 : *Voyages en Afrique de l'Ouest* , p. 442.]

[Note 6 : *Premiers voyages en Australie* , 102-111 (Hakluyt Society).]

[Note 7 : *Science et tradition hébraïque* , p. 846.]

[Note de bas de page 8 : *Journal de l'Anthrop. Institute* , 1884. Voir, pour des récits moins dignes, op. cit. XXIV. XXV.]

[Note de bas de page 9 : *Journal* , xiii. 193.]

[Note de bas de page 10 : *Journal* , xiii. 296.]

[Note 11 : Op. cit. p. 450.]

[Note de bas de page 12 : P. 453.]

[Note de bas de page 13 : P. 457.]

[Note 14 : Voir Brough Smyth, *Aborigines* , i . 426 ; Taplin, *Races autochtones d'Australie* . Selon Taplin, Nurrumdere était un homme noir déifié, mort sur terre. Ce n'est pas le cas de Baiame , mais on dit, assez vaguement, que c'est le cas de Daramulun . *JAI* , XIII. 194, XXV. 297.]

[Note 15 : D'après un bref compte rendu de la cérémonie du feu, ou *Engwurra* de certaines tribus d'Australie centrale, il semble que les cérémonies religieuses liées aux totems soient les performances les plus remarquables. On célébrait également « certains ancêtres mythiques » de « l' *alcheringa* », *ou temps du rêve ;* ces êtres humains réels ou idéaux semblent « plonger leur identité dans celle de l'objet auquel ils sont associés et dont ils sont censés être issus ». Il semble également y avoir des lieux hantés par des « individus spirituels », mêlés en quelque sorte aux Totems, mais rien n'est dit sur le sacrifice à ces Mânes. Le bref compte rendu est rédigé par le professeur Baldwin Spencer et MFJ Gillen, *Proc. Société Royale. Victoria* , juillet 1897. Cette cérémonie du feu n'est pas destinée aux garçons – ce n'est pas une sorte de confirmation dans l'église sauvage – mais elle est destinée aux adultes.]

[Note 16 : *J. Anthrop. Inst* . 1886, p. 310.]

[Note 17 : *J. Anthrop. Inst* . 1885, p. 313.]

[Note 18 : *J. Anthrop. Inst* . XIII. p. 459.]

[Note 19 : *Institutions ecclésiastiques* , p. 674.]

[Note de bas de page 20 : *Prim. Culte* . ii. 450.]

[Note de bas de page 21 : Cranz , p. 198, 199.]

[Note 22 : *Journal Anthrop. Inst* . XIII. 348-356.]

[Note 23 : Rom. je . 19. Cranz , je . 199.]

[Note 24 : Dans l'ouvrage de M. Carr , *The Australian Race* , des rapports sur des indigènes « impies » sont donnés, par exemple, dans la région de Mary River et dans le Gippsland. Ces rapports sont généralement le résultat de l'ignorance ou du mépris des observateurs blancs, cf. Tylor, je . 419. Le lecteur est renvoyé à l'introduction pour des informations supplémentaires sur les croyances australiennes et pour les réponses aux objections.]

XI

LES DIEUX SUPRÊMES NE SONT PAS NÉCESSAIREMENT DÉVELOPPÉS À PARTIR DES « ESPRITS »

Avant de passer à l'examen des dieux supérieurs d'autres bas sauvages, je dois ici encore insister et développer la théorie, difficile à concevoir pour nous, selon laquelle l'Être suprême des sauvages appartient à une autre branche de la foi que les fantômes ou les dieux fantômes. ou des fétiches, ou des Totems, et il n'est pas nécessaire qu'ils soient – et ce n'est probablement pas le cas – essentiellement dérivés de ceux-ci. Nous devons essayer de nous débarrasser de notre théorie selon laquelle un Être puissant, moral et éternel a été, dès le début, *ex officio*, conçu comme « esprit » ; et était donc nécessairement dérivé d'un fantôme.

Tout d'abord, quel a été le processus de développement ?

Nous avons examiné la théorie de M. Tylor. Mais, pour prendre un cas pratique : voici les Australiens, errant en petites bandes, sans dirigeants plus formels que des « chefs » tout au plus ; pas des adorateurs des ancêtres ; pas des polythéistes ; sans divinités départementales à sélectionner et à agrandir ; pas apte à spéculer sur *Anima Mundi*. Comment, alors, ont-ils comblé le fossé entre le fantôme d'un combattant bientôt oublié et cette conception d'un Père d'en haut, « qui voit tout », moral, qui, sous des noms divers, se retrouve partout sur un immense continent ? Je ne vois pas que ce problème ait été résolu ou franchement affronté.

La distinction entre la divinité australienne, à sa puissance la plus élevée, non favorisée par le sacrifice, et le fantôme ordinaire, décroissant, facilement oublié et favorisé à moindre coût d'un membre d'une tribu, est essentielle. Il n'est pas facile de montrer comment, dans « les ténèbres arriérées » de la vie australienne, la notion de Mungan-ngaur est née de l'idée du fantôme d'un guerrier. Mais il n'y a aucune nécessité logique de croire en l'évolution de tel dieu à partir de ce fantôme. Ces deux facteurs religieux – fantôme et dieu – semblent avoir des sources parfaitement différentes, et il semble extraordinaire que les anthropologues n'aient pas (à ma connaissance) observé cette circonstance auparavant.

M. Spencer, en effet, parle fréquemment d'êtres humains vivants adorés comme des dieux. Je ne sais pas si celles-ci se trouvent aux niveaux les plus bas de la sauvagerie, et M. Jevons a souligné qu'avant de pouvoir saluer un homme comme un dieu, il faut avoir l'idée de Dieu. Le meurtre du capitaine Cook est notoirement le résultat d'une expérience scientifique en théologie.

"S'il est un dieu, il ne peut pas être tué." Alors ils essayèrent avec un poignard et découvrirent que l'honnête capitaine n'était qu'un mortel marin britannique – pas de dieu du tout. "Il y a des diplômes." Les hommes-dieux de M. Spencer deviennent de véritables dieux – après la mort.[1]

Or, l'Être suprême de la foi sauvage, en règle générale, ne mourut jamais. Il appartenait à un monde qui ne connaissait pas la mort.

L'une des causes de notre aveuglement sur ce point semble être la suivante : depuis l'enfance, on nous a enseigné que « Dieu est un Esprit ». Nous ne pouvons désormais concevoir un être éternel que comme un « esprit ». Nous savons que les légions de dieux sauvages sont désormais considérées comme des esprits. C'est pourquoi nous n'avons jamais remarqué qu'il n'y a aucune raison pour que nous tenions pour acquis que les premières divinités des premiers hommes étaient supposées être des « esprits ». Il serait plus judicieux de parler de ces dieux, non pas comme des « esprits », mais comme des « êtres éternels indéfinis ». Pour nous, un tel être est nécessairement un esprit, mais il ne l'était en aucun cas pour un des premiers penseurs, qui n'a peut-être pas encore atteint la conception d'un fantôme.

Les anthropologues disent qu'un fantôme s'est transformé en un dieu. Or, l'idée même d'un fantôme (en dehors d'un spectre ou d'une récupération) implique la *mort antérieure* de son propriétaire. Un fantôme est le fantasme d'un homme *mort* . Mais les anthropologues nous répètent sans cesse, avec raison, que l'idée de la mort comme ordonnance universelle est inconnue des sauvages. Les maladies et la mort sont des choses qui n'existaient pas autrefois et qui, normalement, ne devraient pas survenir, pense le sauvage. Ils sont, à son avis, provoqués de manière supranormale par des magiciens et des esprits. La mort est venue au monde par une erreur, un accident, une erreur rituelle, une décision d'un dieu qui existait avant la mort. Des dizaines de mythes circulent partout à ce sujet.[2]

L'Etre Suprême sauvage, avec plus de pouvoir, d'omniscience et de moralité, est l' idéalisation du sauvage, tel qu'il le conçoit, *moins* le corps charnel (en règle générale) et *moins* la mort. Il n'est pas nécessairement un « esprit », bien que ce terme puisse maintenant lui être appliqué. À l'origine, il n'était pas différencié entre « esprit » et « non-esprit ». Il est un Être, conçu sans que la question de « l'esprit » ou de « l'absence d'esprit » soit soulevée ; peut-être a-t-il été conçu à l'origine avant que cette question puisse être soulevée par les hommes. Lorsque nous appelons « esprit » l'Être suprême des sauvages, nous introduisons nos propres idées animistes dans une conception où il n'existait peut-être pas à l'origine. Si le Dieu est « le sauvage lui-même élevé à la nième puissance », il est d'autant moins esprit . M. Matthew Arnold aurait tout aussi bien pu dire : « Le philistin britannique n'a aucune connaissance de Dieu. Il croit que le Créateur est un homme non naturel magnifié, vivant dans le ciel.

L'Être Suprême du Gippsland, du Fuégien ou des Pieds-Noirs n'est qu'un *Être* anthropomorphe, pas un *mrart* ou un « esprit ». L'Etre Suprême est un *wesen*, Être, *Vui* ; nous n'avons guère de terme pour une existence immortelle aussi indéfinie. Si l'être est un premier ancêtre idéalisé (comme chez les Kurnai), il n'est pour autant ni homme ni fantôme de l'homme. Dans la conception originale, il s'agit d'une intelligence puissante qui était dès le début : qui était déjà active bien avant que, par une violation de ses lois, une erreur dans la transmission d'un message, une violation d'un rituel, ou que sais-je encore, la mort n'entre dans le monde. monde. Il n'a pas été affecté par l'entrée de la mort, il existe toujours.

Les esprits modernes ont besoin de se familiariser avec cette idée indéterminée de l'Être suprême sauvage, qui, logiquement, pourrait être antérieure à l'évolution de la notion de fantôme ou d'esprit.

Mais comment cela s'applique-t-il lorsque, comme chez les Kurnai, l'Être suprême est considéré comme un ancêtre ?

On peut très bien montrer que, lorsque l'Être suprême d'un peuple sauvage est ainsi le Premier Ancêtre idéalisé , il ne peut jamais avoir été envisagé par ses adorateurs comme un *fantôme* ; ou, du moins, cela ne peut logiquement pas avoir été envisagé ainsi là où existe la croyance presque universelle selon laquelle la mort est venue au monde par accident ou inutilement.

Adam est le premier ancêtre mythique des Hébreux, mais il est mort [grec : uper crétin] et n'a pas été adoré. Yama, le premier des hommes aryens à mourir, était vénéré par les Aryens védiques, mais *avoué* comme un dieu fantôme . M. Tylor donne une liste des premiers ancêtres déifiés. L'Ancêtre des Maudans n'est pas mort, il n'est donc pas un fantôme ; *émigravit* , il « s'est déplacé vers l'ouest ». Là où le Premier Ancêtre est aussi le Créateur (Indiens Dog-rib), il peut difficilement être, et n'est pas, considéré comme un mortel. Tamoi , des Guaranis , était « l'ancien du ciel », ce n'était clairement pas un homme mortel. Le Maori Maui fut le premier à mourir, mais il ne fait pas partie des dieux maoris originaux . Haetsh , parmi les Kamchadals , répond précisément à Yama. Unkulunkulu sera décrit plus tard.[3]

Voici la liste : Là où le Premier Ancêtre est équivalent au Créateur et est suprême, il est – dès le début – immortel et immortel. Quand il meurt, il est un dieu fantôme avoué.

Or, le culte des fantômes et le culte des ancêtres morts sont impossibles avant que l'ancêtre ne soit mort et ne soit un fantôme. Mais l'idée essentielle de Mungan-ngaur et de Baiame , ainsi que de la plupart des dieux supérieurs d'Australie et d'autres races inférieures, est qu'ils *ne sont jamais morts du tout* . Ils appartiennent à la période précédant la mort au monde, comme Qat chez les Mélanésiens. Ils surgissent à une époque qui n'a pas connu la mort et qui n'a pas réfléchi aux fantasmes ni aux fantômes évolués. Ils auraient pu être conçus, dans la nature du cas, par une race d'immortels qui n'ont jamais rêvé d'un fantôme. Pour ces dieux, la théorie des fantômes n'est pas nécessaire et est superflue, voire contradictoire. Les premiers penseurs qui ont développé ces êtres n'avaient pas besoin de savoir que les hommes meurent (même si, bien entendu, ils le savaient dans la pratique), et encore moins d'avoir conçu par spéculation abstraite l'hypothèse des fantômes. Baiame , Cagn , Bunjil , selon leurs adorateurs, étaient *là* ; la mort s'est ensuite introduite parmi les hommes, mais n'a affecté en aucune façon ces êtres divins.

La théorie des fantômes, selon l'évidence même de l'anthropologie, n'est donc pas nécessaire à l'évolution des grands dieux sauvages. Cela n'est nécessaire que pour l'évolution de la propitiation des fantômes et du véritable culte des ancêtres morts. Par conséquent, les dieux élevés décrits n'étaient pas nécessairement autrefois des fantômes ; ils n'étaient pas idéalisés. ancêtres *mortels* . Ils étaient, naturellement, dès le début, avant l'arrivée de la mort, des Pères immortels, résidant maintenant dans les hauteurs. Entre eux et leurs ancêtres mortels apothéosés , il y a un grand gouffre – le fleuve de la mort.

La distinction explicitement affirmée selon laquelle les dieux créateurs supérieurs n'ont jamais été des hommes mortels, tandis que les autres dieux sont des esprits d'hommes mortels, est faite dans tous les domaines. « Les ancêtres *connus* pour être humains *n'étaient pas* vénérés comme des dieux [originaux], et les ancêtres adorés comme des dieux [originaux] n'étaient pas considérés comme des humains. »[4]

Les deux espèces peuvent avoir un nom générique, tel que *kalou* ou *wakan* , mais la distinction spécifique est universellement faite par les petits sauvages. D'un côté, les dieux originels ; de l'autre, des dieux non originaux qui étaient autrefois des fantômes. Or, cette distinction est souvent calmement ignorée ; tandis que, lorsqu'une race a développé (comme les derniers Scandinaves) l'hypothèse euhémériste (« tous les dieux étaient autrefois des hommes »), cette hypothèse est acceptée comme un énoncé de fait historique par certains écrivains.

Cela fait partie de ma théorie selon laquelle le culte des fantômes, plus populaire, des âmes des personnes que les hommes ont aimées, a envahi la religion peut-être plus ancienne du Père Suprême. Les êtres puissants, qu'ils soient ou non conçus à l'origine comme des « esprits », en sont venus, plus tard, selon la théorie animiste, à être considérés comme des esprits. Eux même (mais pas parmi les sauvages les plus inférieurs) en sont venus à être apaisés par la nourriture et les sacrifices. L'alternative, pour un Être Suprême, lorsque l'animisme prévalait autrefois, était le sacrifice (comme pour les divinités fantômes les plus populaires) ou la négligence. Nous trouverons des exemples des deux alternatives. Mais le sacrifice ne prouve pas qu'un Dieu était, dans sa conception originelle, un fantôme, ou même un esprit. « La doctrine commune de l'Ancien Testament n'est pas que Dieu est esprit, mais que l'esprit [*rúah* = 'vent', 'souffle vivant'] de Jéhovah, sortant de lui, œuvre dans le monde et parmi les hommes.'[5]

Pour reprendre. Les grands dieux de la sauvagerie – directeurs moraux et omnivoyants des choses et des hommes – ne sont pas du tout explicitement envisagés comme des esprits par leurs adorateurs. La notion d'âme ou d'esprit n'est pas ici à sa place. Nous pouvons mieux décrire Pirnmeheal , Nápi et Baiame comme des « hommes non naturels magnifiés », ou des êtres indéfinis qui existaient depuis le début et qui sont immortels. Ils sont, comme les dieux épicuriens faciles, *nihil indiga nostri* . N'étant pas des fantômes, ils n'exigent aucune nourriture des hommes et ne reçoivent aucun sacrifice, comme le font les fantômes, ou les dieux développés à partir de fantômes, ou les dieux à qui le rituel des fantômes a été transféré. C'est précisément pour cette raison, apparemment, que M. Grant Allen semble parler d'eux comme de « dieux dont il faut parler, non de dieux à adorer ; des conceptions mythologiques plutôt que des êtres religieux. »[6] Tout cela est plutôt dur pour les plus bas sauvages. S'ils sacrifient à un dieu, alors le dieu est un fantôme affamé ; s'ils ne le font pas, alors le dieu est « un dieu dont on parle, pas un dieu à adorer ». Heureusement, les faits du rituel Bora et les instructions qui y sont données prouvent que Mungan-nganr et d'autres noms *sont* des dieux à adorer, par éthique. conformité à leur volonté et par une cérémonie solennelle, pas seulement des dieux dont il faut parler.

Ainsi, l'élément le plus élevé de la religion des plus bas sauvages ne semble pas dériver de leur théorie des fantômes. Pour autant que nous puissions le dire, en l'absence inévitable de preuves historiques, on aurait pu croire aux dieux les plus élevés des sauvages, en tant que créateurs, pères et seigneurs de nature indéterminée, avant que le sauvage n'ait développé l'idée d'âmes à partir de rêves et de rêves. des fantasmes. Il est logiquement concevable que les sauvages aient adoré des divinités comme Baiame et Darumulun avant d'avoir développé l'idée que Tom, Dick ou Harry avaient une âme séparable, capable de survivre à sa mort corporelle. Les divinités de type supérieur, de par la nature même de leurs réflexions sauvages sur la mort et sur son caractère occasionnel et non originel, sont antérieures, ou peuvent être antérieures, ou on ne peut pas démontrer qu'elles ne sont pas antérieures, à la théorie des fantômes - l'origine présumée de la mort. religion. Pour leur évolution, la théorie des fantômes n'est pas logiquement exigée ; ils peuvent s'en passer. Pourtant , ce *sont eux* , et non les esprits, bogles, Mrarts , *Brewin* , etc., qui sont les dieux supérieurs, les dieux qui ont le plus d'analogies – en tant que créateurs, guides moraux, récompensateurs et punisseurs de conduite (bien que ce devoir soit aussi parfois assumé). par les esprits ancestraux) – avec notre conception civilisée du divin. Notre conception de

Dieu ne descend pas de fantômes, mais des êtres suprêmes de peuples qui n'adorent pas leurs ancêtres.

Comme il semble impossible de signaler une quelconque méthode par laquelle des sauvages bas, sans chef , non polythéistes et non métaphysiques (s'il en existe) ont fait évoluer à partir de fantômes les êtres éternels qui ont créé le monde et veillent sur la moralité : comme le peuple eux-mêmes distinguent unanimement ces êtres des dieux fantômes, je suppose que de tels êtres n'ont jamais été des fantômes. Dans ce cas, la théorie animiste me semble s'effondrer complètement. Pourtant, ces hauts dieux des bas sauvages préservent des âges les plus obscurs de la culture la plus mesquine l'esquisse d'un Dieu que notre pensée religieuse la plus élevée ne peut que remplir jusqu'à son idéal. Venu de quelque germe qu'il puisse, Jéhovah ou Allah ne vient pas d'un fantôme.

On pourra rétorquer que cela ne fait aucune différence réelle. Si les sauvages n'ont pas inventé les dieux en raison d'une croyance fallacieuse en l'esprit et l'âme, ils en sont néanmoins venus, d'une autre manière tout aussi illogique, à admettre l'hypothèse qu'ils avaient un juge et un père au ciel. Mais si la théorie des fantômes des dieux supérieurs est fausse, car manifestement superflue, cela *fait* une certaine différence. Cela prouve qu'une conclusion scientifique largement prêchée peut être aussi spectrale que Bathybius. Sur d'autres points plus importants, nous pouvons donc nous écarter de l'opinion scientifique la plus récente sans trop d'appréhension timide.

[Note 1 : *Principes de sociologie* , i . 417, 421. « Les guérisseurs sont traités comme des dieux…. Le guérisseur devient un dieu après la mort.']

[Note 2 : J'ai publié un chapitre sur les mythes sur l'origine de la mort dans la *mythologie moderne* .]

[Note de bas de page 3 : *Prim. Culte* . ii. 311-316.]

[Note 4 : Jevons, *Introduction* , p. 197.]

[Note 5 : Robertson Smith. *Les prophètes d'Israël* , p. 61.]

[Note 6 : *Évolution de l'idée de Dieu* , p. 170.]

XII

ÊTRES SUPRÊMES SAUVAGES

C'est parmi les « sauvages les plus bas » que les Êtres Suprêmes sont le plus considérés comme éternels, moraux (comme le dit la moralité de la tribu, ou au-dessus de sa pratique habituelle) et *puissants* . J'ai décrit ailleurs le dieu Bushman Cagn , tel qu'il a été représenté à M. Orpen par Qing, qui « n'avait jamais vu d'homme blanc auparavant, sauf en train de se battre ». M. Orpen a obtenu les faits de Qing en l'incitant à expliquer les images des indigènes sur les murs des grottes. « Cagn a tout fait, et nous le prions », ainsi : « Ô Cagn , ô Cagn , ne sommes-nous pas tes enfants ? Ne nous voyez-vous pas faim ? Donnez-nous à manger. Quant à l'éthique, "Au début, Cagn était très bon, mais il s'est gâté à force de combattre tant de choses". « Comment est-il venu au monde ? — Peut-être avec ceux qui ont apporté le Soleil : seuls les initiés savent ces choses. Il semble que Qing n'était pas encore initié à la danse (répondant à un rite élevé du *Bora australien*) dans laquelle se déroulaient les mythes les plus ésotériques.[1]

Dans la « Sociologie descriptive » de M. Spencer, la religion des Bushmen est ainsi éliminée. "Priez un insecte du genre chenille pour réussir dans la chasse." C'est plutôt maigre. Ils fabriquent du venin de flèche à partir de chenilles,[2] bien que le Dr Bleek , peut-être à juste titre, identifie Cagn avec i-kaggen , l'insecte.

Le cas des insulaires d'Andaman peut être particulièrement recommandé aux adeptes de la science anthropologique de la religion. Pendant longtemps, ces indigènes ont fait la joie des chercheurs émancipés sous le nom d'« Andamanais impies ». Ils ne fournissent aux « Institutions ecclésiastiques » de M. Spencer que quelques exemples de croyance fantomatique.[3] Pourtant, lorsque les Andamanais sont étudiés scientifiquement *in situ* par un Anglais instruit, M. Man, qui connaît leur langue, vit avec eux depuis onze ans et a présidé à nos efforts bienveillants « pour les récupérer de leur état sauvage », le tour des Andamanais se révèle être d'une richesse assez embarrassante en éléments supérieurs de la foi. Ils ont non seulement une *religion profondément philosophique, mais aussi une mythologie* excessivement absurde , comme les Noirs australiens, les Grecs et d'autres peuples. Si, dans l'ensemble, l'étudiant des Andamanais désespère de la possibilité d'une théorie ethnologique de la religion, il n'est guère à blâmer.

Les gens sont probablement des Négritos, et probablement « les premiers habitants, dont l'occupation remonte à la préhistoire ».[4] Ils utilisent l'arc, fabriquent des pots et sont considérablement au-dessus du niveau australien. Il y a des hommes myopes, qui obtiennent un statut « en racontant un rêve extraordinaire dont les détails sont déclarés confirmés ultérieurement par quelque événement imprévu, comme, par exemple, une mort subite ou un accident ». Ils doivent produire de nouveaux rêves probants de temps en temps. Ils voient des fantasmes de morts et des hallucinations fortuites.[5] Tout cela est tel que nous devrions nous y attendre.

Leur religion n'est probablement pas due aux missionnaires, car ils ont toujours abattu tous les étrangers et n'ont aucune tradition de présence d'étrangers sur les îles avant notre récente arrivée.[6] Leur Dieu, Puluga , est « comme le feu », mais invisible. Il n'est jamais né et est immortel. C'est par lui que toutes choses ont été créées, à l'exception des puissances du mal. Il connaît même les pensées du cœur. Il est irrité par *yubda* = péché, ou méfait, c'est-à-dire le mensonge, le vol, les agressions graves, le meurtre, l'adultère, la mauvaise découpe de la viande et (en tant que crime de sorcellerie) par le fait de brûler de la cire.[7] « Pour ceux qui souffrent ou sont en détresse, il est pitoyable et daigne parfois apporter du soulagement. » Il est le Juge des âmes, et la crainte d'une punition future « affecte dans *une certaine mesure leur plan d'action dans la vie présente* ».

Cet Être n'a pas pu évoluer à partir du fantôme ordinaire d'un homme myope, car je ne trouve pas que les fantômes ancestraux soient vénérés, ni qu'il n'y ait aucune trace d'une influence missionnaire précoce, alors que M. Man consultait des personnes âgées et, dans la religion indigène , Andamanais bien instruit pour ses faits.

Pourtant Puluga vit dans une grande maison en pierre (clairement dérivée de la nôtre à Port Blair), mange et boit, cherche sa nourriture et est marié à une crevette verte.[9] Il y a l'histoire habituelle d'un déluge provoqué par la colère morale de Puluga . Toute la théologie a été scrupuleusement recueillie auprès d'indigènes qui ne connaissaient pas les autres races.

Le récit de la religion andamanaise ne correspond pas à l'hypothèse anthropologique. L'influence étrangère semble être plus que d'habitude exclue par les conditions insulaires et la jalousie des « premiers habitants ». L'évidence devrait nous faire réfléchir sur l'extrême obscurité de l'ensemble du problème.

L'étude anthropologique des religions a jusqu'ici presque entièrement négligé les mystères des diverses races, sauf dans la mesure où ils confirment l'entrée des jeunes gens dans les rangs des adultes. Leur enseignement ésotérique, moral et religieux, nous est presque inconnu, sauf dans quelques cas. Il est certain que les mystères de la Grèce étaient des survivances de cérémonies sauvages, car on sait qu'ils comportaient des rites sauvages spécifiques, comme l'usage des losanges *pour* faire un vrombissement et la coutume du badigeonnage rituel de terre ; et les *ballets d'action* sacrés , dans lesquels, comme le disent Lucian et Qing, des faits mystiques sont « dansés ». [10]

Mais, tandis que la Grèce conservait ces reliques de sauvagerie, il y avait quelque chose enseigné à Eleusis qui remplissait des esprits comme celui de Platon et Pindare est avec une crainte religieuse joyeuse. Or, un « adoucissement du cœur » similaire était le résultat de l'enseignement du *Bora australien* : les mystères Yao inculquent la victoire sur soi-même ; et, jusqu'à ce que nous soyons admis aux secrets de tous les autres mystères sauvages du monde entier, nous ne pouvons pas dire si, parmi les momies, les frivolités et même la licence, de hautes doctrines éthiques ne sont pas présentées sous la sanction de la religion . La Vie Nouvelle, et peut-être la vie future, sont indéniablement indiquées dans les mystères australiens par la Résurrection simulée.

Je ne dirai donc plus, comme en 1887, que le génie hellénique a dû ajouter à « une vieille danse de médecine » tout ce que les mystères d'Eleusis possédaient de beauté, de conseil et de consolation [11]. Ces éléments, ainsi que les facteurs barbares présents dans les rites, peuvent avoir été développés à partir d'une doctrine si sauvage qu'elle adoucit le cœur des Australiens et des Yaos . Que ce genre de doctrine reçoive une sanction religieuse, c'est certain, là où l'on connaît le secret des mystères sauvages. Il est donc tout à fait incorrect, et étrangement présomptueux, de nier, avec presque tous les anthropologues, l'alliance de l'éthique et de la religion chez les races les plus arriérées. Nous devons toujours nous souvenir de leur secret sur leur religion intérieure, de leur franchise sur leurs récits mythologiques. Celles-là, nous les connaissons : la religion intérieure, nous devrions commencer à reconnaître que nous ne la connaissons pas.

Le cas des Andamanais nous a appris combien nos connaissances sont encore vagues, et combien notre problème est obscur. L'exemple des Mélanésiens renforce ces leçons. Il est difficile d'intégrer les Mélanésiens dans une quelconque théorie. Le Dr Codrington en a fait le sujet d'une étude minutieuse et rapporte que, même si le chercheur européen peut communiquer assez librement sur des sujets courants, « le vocabulaire de la vie ordinaire est presque inutile lorsqu'on aborde le domaine des mystères et des superstitions ». Les habitants des îles Banks sont très exempts d'un élément de population asiatique d'un côté et d'un élément polynésien de l'autre.

Les habitants des îles Banks « croient en deux ordres d'êtres intelligents différents des hommes vivants ». (1) Les fantômes des morts, (2) « Des êtres qui n'étaient pas et n'ont jamais été humains ». Ceci, comme nous l'avons montré et continuerons de le montrer, est la doctrine sauvage habituelle. D'un côté se trouvent les âmes séparables des hommes, qui survivent à la mort du corps. De l'autre, les êtres, les créateurs, qui existaient avant les hommes et avant que la mort n'entre dans le monde. Il est logiquement impossible d'affirmer que ces êtres ne sont que les fantômes d'ancêtres réels ou lointains, ou d'ancêtres idéaux. Ces êtres supérieurs ne peuvent pas être définis en toute sécurité comme des « esprits », leur essence est vague et, répétons-le, l'idée de leur existence pourrait avoir été élaborée *avant que la théorie des fantômes ne soit atteinte par les hommes* . Le Dr Codrington dit : « la conception peut difficilement être celle d'un être purement spirituel, et pourtant, quel que soit le nom que les indigènes leur donnent, ils sont tels qu'en anglais il faut les appeler esprits ».

C'est notre point de vue. « Dieu est un esprit », ces êtres sont des dieux, donc « ce sont des esprits ». Mais à leur conception initiale, notre idée d'« esprit » fait défaut. Ce sont des êtres qui existaient avant la mort et qui existent toujours.

Les êtres qui n'ont jamais été humains, qui ne sont jamais morts, sont *Vui* , les fantômes sont *Tamate* . Le Dr Codrington utilise « fantômes » pour *Tamate* et « esprits » pour *Vui* . Mais comme rendre *Vui* « esprits » revient à exprimer l'essentiel, nous appellerons *Vui* « êtres » ou, simplement, *Vui* . Un Vui n'est pas un esprit qui a été un fantôme ; l'histoire peut le représenter comme s'il était un homme, « mais l'indigène soutiendra toujours qu'il était quelque chose de différent et lui refusera le corps charnel d'un homme. »[13]

Cette distinction, fantôme d'un côté – être originel, pas un homme, pas le fantôme d'un homme, de l'autre – est radicale et presque universelle dans la religion sauvage. L'anthropologie, négligeant la distinction essentielle sur laquelle insiste, dans ce cas, le Dr Codrington, confond les deux espèces sous le nom d'« esprits », et les fait dériver toutes deux des fantômes des morts. Le Dr Codrington, il faut le dire, ne généralise pas , mais se borne aux sauvages sur lesquels il a fait une étude particulière. Mais, d'après les autres exemples de la même distinction que nous avons offerts, et le reste que nous offrirons, nous nous croyons justifiés de considérer la distinction entre un ou plusieurs êtres primitifs et éternels, d'une part, et des fantômes ou des esprits exaltés. du domaine du fantôme, d'autre part, comme commun, sinon universel.

Il existe des Vuis corporels et incorporels , mais le corps du Vui corporel n'est «*pas* un corps humain ».[14] Le chef est Qat, « toujours à portée de main pour aider et invoqué dans les prières ». "Qat, Marawa , regarde-moi de haut, lisse la mer pour nous deux, afin que je puisse traverser la mer en toute sécurité!" Qat « créa les hommes et les animaux », bien que, dans un certain district, il soit revendiqué comme ancêtre (p. 268). Deux strates de croyance ont ici été confondues.

Le mythe de Qat est une jungle de facettes et d'ébats, avec un ou deux incidents graves, comme le début de la Mort et l'arrivée de la Nuit. Sa mère était ou devint une pierre ; les pierres jouent un rôle considérable dans les superstitions.

Les Vuis incorporels , « qui n'ont rien de tel qu'une vie humaine, occupent une place bien plus élevée que Qat et ses frères dans le système religieux ». Ils n'ont ni noms, ni formes, ni légendes, ils reçoivent des sacrifices et sont liés d'une manière incertaine aux pierres ; ces pierres ressemblent généralement de manière fantaisiste à des fruits ou à des animaux (p. 275). Le seul sacrifice, dans les îles Banks, est celui de l'argent des coquillages. Les esprits malicieux sont des Tamate , fantômes des hommes. Il existe une croyance au *mana (rapport* magique). Le Dr Codrington ne peut pas déterminer le lien entre cette croyance et celle des esprits. Mana est l'étrangeté, X est l'inconnu. Une impression de sens ravivée est *nunuai* , comme lorsqu'un pêcheur fatigué, à moitié endormi la nuit, sent le « tirage » d'un saumon et frappe automatiquement.[15] Le fantôme commun est un sac de *nunuai* , tout comme l'homme vivant, selon certains philosophes, est un sac de « sensations ». Les fantômes ne sont considérés que comme des lumières spirituelles, qui accompagnent si couramment les hallucinations parmi les civilisés . Sauf dans les prières à Qat et Marawa , la prière n'invoque que les morts (p. 285). « Dans les îles occidentales, les offrandes sont faites aux fantômes et consumées par le feu ; dans les îles orientales (Banks), ils sont destinés aux esprits (êtres, *Vui*), et il n'y a pas de feu sacrificiel. Or, le culte des fantômes va, dans ces îles, avec la culture supérieure, « un progrès plus considérable dans les arts de la vie » ; le culte des non-fantômes, *Vui* , va de pair avec la culture matérielle inférieure.[16] C'est plutôt l'inverse de ce à quoi on devrait s'attendre, conformément à la théorie anthropologique. Cependant, selon notre théorie, l'animisme et le culte des fantômes pourraient avoir un développement ultérieur et appartenir à un niveau de culture plus élevé que le culte d'un ou plusieurs êtres qui n'ont jamais été des fantômes. Dans l'Île du Lépreux, « les fantômes ne semblent pas recevoir de prières ou de sacrifices », mais provoquent des maladies et font de la magie.[17]

La croyance à l'âme, en Mélanésie, ne semble *pas* provenir de leurs rêves ou visions dans lesquels des personnes décédées ou absentes leur sont présentées, car ils ne semblent pas croire que l'âme sort du rêveur, ou se présente. comme un objet dans ses rêves », et la croyance en d'autres esprits ne semble pas non plus être fondée sur « l'apparition de la vie ou du mouvement dans les choses inanimées ».

Pour moi, il semble plutôt que toutes les impressions avaient leurs images rémanentes *nunuai , réelles, sans corps, persistantes ;* que l'âme est le complexe de tous ces *nunuai* ; qu'il existe dans l'univers une sorte d'autre magique, appelé *mana* , possédé, dans des proportions différentes, par différents hommes, *Vui* , *tamate* et objets matériels, et que l' *atai* ou *ataro* d'un homme mort, son fantôme, conserve son ancien , et acquiert un nouveau *mana* .[19] C'est une sorte de métaphysique étrange à trouver chez des sauvages très arriérés et isolés. Mais la leçon de la Mélanésie nous enseigne combien nous savons très peu de choses sur la religion des races inférieures, combien elle est complexe, combien il est difficile de l'introduire dans nos théories, si nous la prenons pour acquis, compte tenu de notre ignorance, et ne se contentent pas de sélectionner les faits qui conviennent à notre hypothèse, tout en ignorant le reste. Les Fidjiens ont un niveau de culture matérielle plus élevé que celui des Mélanésiens.

La religion fidjienne, autant que nous le comprenons, ressemble aux autres religions dans la mesure où elle trace une ligne infranchissable entre les fantômes et les dieux éternels. Le mot *Kalou* s'applique à tous les êtres surnaturels, ainsi qu'aux choses mystiques ou magiques. Il semble répondre à *mana* en Nouvelle-Zélande et en Mélanésie, à *wakan* en Amérique du Nord et à *fée* en vieux français, comme lorsque Perrault dit à propos de la clé de Barbe Bleue : « maintenant la clé était *fée* ». Tous les dieux sont *Kalou* , mais toutes choses qui sont *Kalou* ne sont pas des dieux. Les dieux sont *Kalou vu* ; les fantômes déifiés sont *Kalou yalo* . Les premiers sont éternels, sans commencement de jours ni fin d'années ; ces derniers sont sujets à l'infirmité et même à la mort.[20]

L'Être suprême, si nous pouvons lui appliquer le terme, est Ndengei , ou Degei , « qui semble être une imitation de l'idée abstraite de l'existence éternelle ». Cette idée n'est pas facile à développer à partir de la conception d'une âme humaine qui est morte dans un fantôme et peut mourir à nouveau. Son mythe le représente comme un serpent, emblème de l'éternité, ou un corps de pierre à tête de serpent. Sa seule manifestation est donnée par le fait de manger. Il est tellement négligé qu'il existe une chanson sur son manque d'adorateurs et de dons. « Nous avons créé les hommes », dit Ndengei , « nous les avons placés sur terre, et pourtant ils ne partagent avec nous que l'enveloppe inférieure. » [21] Voici un cas extrême de l'Éternel créateur auto-existant, mythiquement logé dans le corps d'un serpent, et réduit à une plaisanterie.

Il n'est pas facile de voir une explication si nous rejetons l'hypothèse selon laquelle il s'agit d'une forme de foi ancienne et déchue, « avec à peine un temple ». Les autres immortels à naître sont des guerriers mythiques et des adultères, comme les divinités populaires de la Grèce. Pourtant , Ndengei reçoit des prières par l'intermédiaire de deux de ses fils, divinités médiatrices. Les prêtres sont possédés ou inspirés par des esprits et des dieux. On ne sait pas vraiment si Ndengei est un dieu inspirant ou non ; mais le fait que des prières lui soient adressées est incompatible avec la croyance en son inaction éternelle. Un prêtre est représenté parlant au nom de Ndengei , probablement par inspiration. « Mon propre esprit s'éloigne de moi, et puis, quand il est vraiment parti, mon dieu parle par moi », est le récit de cette « personnalité alternée » donné par un prêtre.[22]

Après nous avoir informés que Ndengei est affamé, M. Williams raconte ensuite qu'on lui avait offert, autrefois, des centaines de porcs.[23] Il envoie de la pluie sur terre. Les animaux, les hommes, les pierres peuvent tous être *Kalou* . Il existe un Hadès aussi fantastique que celui du « Livre des Morts » égyptien, et la seconde vue fleurit.

Les mystères incluent la résurrection simulée des morts et semblent être dirigés vers des fantômes propitiatoires plutôt que vers Ndengei . Il y a des scènes de licence ; « des détails d'une indécence presque incroyable ont été transmis en privé au Dr Tylor. »[24]

Supposons qu'un réformateur religieux surgisse dans l'une des nombreuses tribus sauvages qui, comme nous le montrerons, possèdent, mais négligent, un Créateur éternel. Il ferait ce que, dans le domaine laïc, faisait le Mikado du Japon. Le Mikado était un Dendid ou Ndengei politique – un potentat horrible, renfermé et impuissant. Le pouvoir était exercé par le magnat. Un Mikado de génie s'affirme ; c'est ainsi qu'est né le Japon moderne. De la même manière, un réformateur religieux comme Khuen Ahten en Égypte prêchait des dieux mineurs, des fantômes et des bêtes sacrées, et proclamait le Créateur primordial, Ndengei , Dendid , Mtanga . «Le roi aura à nouveau son compte .» Sans les prophètes, Israël, au moment où la Grèce et Rome ont connu Israël, aurait adoré une horde de petits dieux, et même des bêtes et des fantômes, tandis que l'Éternel serait devenu un simple nom - peut-être, comme Ndengei . et Atahocan et Unkulunkulu , une plaisanterie. L'Ancien Testament raconte l'effort prolongé déployé pour maintenir Jéhovah à sa place suprême. Faire et réussir cet effort était la *différence* d'Israël. D'autres peuples, même les plus bas, avaient, comme nous le prouvons, la conception germinale d'un Dieu – assurément non démontrée comme dérivée de la théorie des fantômes, n'ayant logiquement pas besoin de la théorie des fantômes, partout explicitement opposée à la théorie des fantômes. "Mais leur cœur insensé était obscurci."

Il est impossible de prouver, historiquement, lequel des deux éléments principaux de la croyance – l'idée d'un ou plusieurs êtres éternels, ou l'idée de fantômes survivants – est venu en premier dans l'esprit des hommes. L'idée d'êtres éternels primitifs, telle que la comprennent les sauvages, ne dépend ni n'exige la théorie des fantômes. Mais comme nous trouvons presque toujours ensemble des fantômes et un Être suprême, là où nous trouvons l'un ou l'autre, parmi les sauvages les plus bas, nous n'avons aucune base historique pour affirmer que l'un ou l'autre est antérieur à l'autre. Là où nous n'avons aucune preuve de la croyance au Créateur, nous ne devons pas conclure qu'une telle croyance n'existe pas. Nos connaissances sont confuses et limitées ; souvent, il vient d'hommes qui ne connaissent pas la langue indigène, ou la langue sacrée indigène, ou à qui on n'a pas confié ce que les trésors sauvages constituent comme son secret. De plus, si quelque part on trouve des fantômes sans dieux, c'est une conclusion de l'argument selon lequel une idée familière aux tribus sauvages très basses, comme les Australiens, et passant de plus en plus au second plan ailleurs, bien que toujours existante et traçable, pourrait, en certains cas, être perdus et complètement oubliés.

Pour prendre un exemple de divinité à moitié oubliée. M. Im Thurn, un bon observateur, a écrit sur « L'animisme des Indiens de la Guyane britannique ». M. Im Thurn dit à juste titre : « L'homme qui, entre tous, a rendu cette étude possible est M. Tylor. Mais il n'est pas injuste de remarquer que M. Im Thurn voit naturellement très distinctement ce que M. Tylor lui a appris à voir, à savoir l'animisme. Il a également été persuadé, par M. Dorman, que le Grand Esprit des tribus nord-américaines n'est « presque certainement rien d'autre qu'une figure d'origine européenne, reflétée et transmise presque de manière méconnaissable sur le miroir de l'esprit indien ». mon avis : je conçois que les Indiens Rouges avaient leur Eternel natal, comme les Australiens, les Fidjiens, les Andamanais, les Dinkas , les Yao, etc., comme nous le montrerons plus tard.

M. Im Thurn s'étend cependant sur l'origine onirique de la théorie des fantômes, donnant des exemples tirés de sa propre connaissance de la difficulté avec laquelle les Indiens guyanais discernent les hallucinations des rêves des faits de la vie éveillée. Leurs hallucinations éveillées sont également si vives qu'elles peuvent être prises pour des réalités.[25] M. Im Thurn adopte l'hypothèse que, des fantômes, « une croyance est née, mais très progressivement, en des esprits supérieurs et, finalement, en un Esprit le plus élevé ; et, au rythme de la croissance de ces croyances, une habitude de respect et d'adoration des esprits. Dans cette hypothèse, l'esprit le plus récent et le plus vénérable devrait, bien sûr, être « l'Esprit le plus élevé ». Mais, comme d'habitude, c'est l'inverse qui se produit. Les Indiens guyanais croient à l'existence continue, mais non éternelle, du fantôme de l'homme.[26] Ils ne croient en aucun esprit qui n'ait pas été autrefois les occupants de corps matériels.[27]

La croyance en un Esprit Suprême ne s'obtient que « dans la forme de religion la plus élevée » – andamanaise, par exemple – puisque M. Im Thurn utilise « esprit » là où nous devrions dire « être ». « Les Indiens de Guyane ne connaissent pas de dieu. »[28]

« Mais il est vrai qu'on a trouvé dans toutes ou presque toutes les langues de Guyane divers mots qu'on a supposés être les noms d'un Être Suprême, Dieu, un Grand Esprit, dans le sens que ces expressions ont dans la langue. des religions supérieures.

Étant interprétés, ces noms de Guyane signifient :

"Aucun de ceux-ci n'implique en aucune façon les attributs d'un dieu."

L'Ancien des Jours, Notre Père au Pays du Ciel, Notre Créateur, transmettent plutôt le sens de Dieu à un esprit européen. M. Im Thurn décide cependant que les êtres ainsi désignés étaient de supposés ancêtres venus en Guyane d'un autre pays, « on dit parfois qu'il s'agissait de ce pays tout naturel (?) qui est séparé de la Guyane par l'océan de l'air. '[29]

M. Im Thurn a observé avec désinvolture (sans rien dire sur la morale alliée à l'animisme) :

«La peur d'offenser involontairement les innombrables êtres visibles et invisibles… empêchait les Indiens de respecter très strictement leurs propres droits et d'offenser les droits d'autrui.»

Cette remarque a été abandonnée lors d'une discussion sur l'article de M. Im Thurn et a clairement démontré que même une croyance très basse « conduit à la droiture ».[30]

Il est probable que peu de ceux qui ont suivi les faits présentés ici seront d'accord avec la théorie de M. Im Thurn selon laquelle « Notre Créateur », « Notre Père », « L'Ancien du Ciel » est simplement un ancêtre humain idéalisé . Il se place naturellement à sa place parmi les autres grands dieux des bas sauvages. Mais nous avons besoin de beaucoup plus d'informations sur le sujet que ce que M. Im Thurn a pu nous donner.

Son témoignage est d'autant meilleur qu'il est un fidèle partisan de M. Tylor. Et M. Tylor dit : « L'animisme sauvage est presque dépourvu de cet élément éthique qui, pour l'esprit moderne et instruit, est le ressort même de la religion pratique. » [31] « Pourtant, il maintient très strictement les Indiens dans leurs propres droits et les empêche d'offenser les droits d'autrui. Notre propre religion connaît rarement autant de succès.[32]

Chez les Indiens de Guyane, nous avons le cas présumé d'un peuple encore plongé dans le cas de l'animisme ou du culte des fantômes, qui, par hypothèse, n'a pas encore développé l'idée d'un dieu.

Lorsque les noms familiers de Dieu, tels que Créateur, Père, Ancien des Jours, apparaissent dans la langue indienne, M. Im Thurn explique l'Être négligé qui porte ces titres comme un lointain ancêtre déifié. Bien entendu, lorsqu'un Être portant des titres similaires se produit là où les ancêtres ne sont pas vénérés, comme en Australie et dans les îles Andaman, l'explication suggérée par M. Im Thurn pour le problème de la religion en Guyane ne correspondra pas aux faits.

Il est évident qu'a *priori* une autre explication est envisageable. Si un peuple comme les Andamanais, ou les tribus australiennes que nous avons étudiées, avait une conception telle que celle des Puluga , ou des Baiame , ou des Mungan-ngaur et développait ensuite, *plus tard* , le culte des ancêtres avec ses sacrifices et ses cérémonies propitiatoires, le culte, en tant que forme de culte la plus récente et infiniment la plus pratique, rejetterait progressivement la croyance en un Puluga , ou Mungan-ngaur , ou Cagn dans l'ombre. L'esprit ancestral, pour parler franchement, peut être « quadrillé » par les personnes auxquelles il porte un intérêt particulier pour des raisons familiales. Le Père égal de tous les hommes ne peut être « au carré » et refuse (jusqu'à ce qu'il soit corrompu par le mauvais exemple des fantômes ancestraux) de se rendre utile à un homme plutôt qu'à un autre. Pour ces raisons très intelligibles, simples et pratiques, si la croyance en un Mungan-ngaur venait en premier dans l'évolution, et la croyance en un fantôme familial praticable et soudoyable venait en deuxième position, le culte des fantômes évincerait inévitablement le culte de Dieu. 33] Le nom du Père et Créateur deviendrait une simple survie, *nominis umbra* , un culte et un sacrifice destinés au fantôme ancestral. Cette explication correspondrait à l'état de la religion que M. Im Thurn a découvert, à tort ou à raison, en Guyane britannique.

Mais si l'idée d'un Père et Créateur universel est arrivée en dernier lieu dans l'évolution, en tant que raffinement, alors, bien sûr, elle devrait être le plus récent, et donc le plus à la mode et le plus puissant des cultes guyanais. C'est précisément l'inverse qui se produirait. La croyance indiquée dans des noms tels que Père et Créateur ne peut pas non plus être expliquée de manière satisfaisante comme un raffinement du culte des ancêtres, car, répétons-le, cela se produit là où les ancêtres ne sont pas adorés.

Ces considérations, si désagréables soient-elles pour les adeptes de l'animisme, ou de la théorie des fantômes, ne sont pas, en elles-mêmes, illogiques, ni contradictoires avec la théorie de l'évolution, qui, en revanche, leur convient parfaitement. Ce dieu prospère mieux celui qui est le plus adapté à son environnement. Qu'un dieu fantôme facile à vivre et affamé qui aime sa famille, ou un Créateur moral qui ne se laisse pas corrompre, soit mieux adapté à un environnement de sauvages pas particulièrement scrupuleux, n'importe quel homme peut décider. La question de savoir si un groupe de sauvages peu scrupuleux développeront facilement un Créateur moral incorrigible, lorsqu'ils ont un dieu fantôme familial prêt à rendre service, est une question tout aussi facile à résoudre.

Il ne fait aucun doute que les sauvages qui se trouvent sous l'œil vigilant d'une divinité morale qu'ils ne peuvent pas « quadriller » l'abandonneront dès qu'ils auront développé un dieu fantôme réalisable, utile aux fins familiales, qu'ils pourront *quadriller* . De manière non moins manifeste, les sauvages, qui possèdent déjà une foule de dieux fantômes utiles, ne développeront pas avec enthousiasme un être moral qui méprise les dons et ne se soucie que de l'obéissance. « Il y a une grande part de nature humaine dans l'homme » et, si la description des Guyanais par M. Im Thurn est exacte, tout ce que nous savons de la nature humaine et de l'évolution nous assure que le Père, ou Créateur, ou Ancien de Les jours venaient en premier ; les dieux fantômes, en dernier. Ce qui a été dit ici à propos des Indiens de Guyane (à savoir qu'ils sont désormais davantage adorateurs des fantômes et des esprits, avec seulement un nom survivant pour attester de la connaissance d'un Père et Créateur céleste) s'applique également aux Zoulous. Les Zoulous sont le grand type d'une race animiste ou adoratrice des fantômes sans Dieu. Mais avaient-ils un Dieu (sur le modèle australien) qu'ils ont oublié, ou n'ont-ils pas encore fait naître un Dieu à partir de l'animisme ?

Les preuves recueillies par le Dr Callaway sont honnêtes, mais confuses. Un indigène, entre autres, a avancé la théorie même que nous proposons ici comme alternative à celle de M. Im Thurn. « Unkulunkulu » (le premier ancêtre idéalisé mais méprisé) « n'était pas vénéré [par les hommes]. Car ce n'est pas de l'adoration quand les gens voient des choses, comme la pluie, ou la nourriture, ou le maïs, et disent : « Oui, ces choses ont été faites par Unkulunkulu …. Ensuite, ils [les hommes] ont eu le pouvoir de changer ces choses, afin qu'elles deviennent les Amatongos " [pourrait appartenir aux esprits ancestraux]. *Ils les ont emmenés à Unkulunkulu .* »[34]

L'animisme a supplanté le théisme. Rien de plus explicite. Mais, bien que nous ayons trouvé un texte zoulou authentique adapté à notre théorie provisoire, l'exemple philosophique le plus éminent ne doit pas nous réduire à supposer que ce texte règle la question. Le Dr Callaway a rassemblé de grandes quantités de réponses zouloues à ses questions, et il est clair qu'un répondant, comme le théologien indigène que nous avons cité, a peut-être adapté sa réponse à ce qu'il avait appris de la doctrine chrétienne. Ayant maintenant la notion chrétienne d'un Créateur divin, et sachant aussi que l' Unkulunkulu , sans culte, est censé avoir « créé les choses », alors que seuls les esprits ancestraux sont vénérés, l'indigène a peut-être déduit que le culte (par les chrétiens donné au Créateur)) fut à un moment donné transféré par les Zoulous d' Unkulunkulu aux Amatongo . La vérité est que la théorie anthropologique (les esprits d'abord, les Dieux en dernier) et notre théorie (l'Être suprême d'abord, les esprits ensuite) peuvent trouver une justification dans les précieuses collections du Dr Callaway. Pour cette raison, le problème doit être résolu après une étude de tout le domaine de la religion sauvage et barbare ; elle ne peut être réglée par le seul cas ambigu des Zoulous.

Unkulunkulu est représenté comme « le premier homme qui s'est séparé au début ». « Ils adorent les ancêtres », dit le Dr Callaway, « et croient que leur premier ancêtre, le Premier Homme, était le Créateur. »[35] Mais ils peuvent, comme beaucoup d'autres peuples, avoir eu une tradition originale différente, et l'ont modifié, simplement parce qu'ils sont désormais de fervents adorateurs des ancêtres. Unkulunkulu était antérieur à la Mort, qui survenait parmi les hommes de la manière mythique habituelle.[36] La question de savoir si Unkulunkulu existe toujours est plutôt discutable : le Dr Callaway pense que non.[37] Sinon, il fait exception à la règle en Australie, à Andaman, parmi les Bushmen, les Fuégiens et les sauvages en général, moins avancés culturellement que les Zoulous. L'idée d'un Créateur de choses qui a cessé d'exister n'apparaît donc pas dans une religion relativement primitive, mais dans une religion relativement tardive. Par analogie avec la poterie, l'agriculture, l'utilisation du fer, les villages, les rois héréditaires, etc., la notion d'un Créateur mort est tardive et non précoce. Cela se produit là où les hommes ont du fer, du bétail, de l'agriculture, des rois, des maisons, une armée disciplinée, *et non* là où les hommes n'ont rien de tout cela. Le culte des ancêtres athée des Zoulous, par conséquent, selon la parité du raisonnement, est, comme leur culture matérielle, un développement non pas précoce mais tardif. Les Zoulous « entendent parler d'un roi qui est au-dessus » – « le roi céleste ».[38] « Nous n'avons pas entendu parler de lui d'abord par les hommes blancs.... Mais il n'est pas comme Unkulunkulu , qui, disons-nous, a tout fait.

Ici peuvent être vaguement décrites les idées d'un Dieu et d'un démiurge subordonné. "Le roi est en haut, Unkulunkulu est en bas." Le Roi d'en haut punit le péché en frappant le pécheur avec la foudre. Les Zoulous ne savent pas non plus comment ils ont péché. « Il ne restait que ce mot sur le ciel », « qui », dit le Dr Callaway, « implique qu'il aurait pu y avoir d'autres mots qui sont maintenant perdus ». Il y a une grande confusion de pensée. Unkulunkulu a fait du paradis, où règne le roi inconnu, une tâche difficile pour un premier homme.[39]

« Au fil du temps, nous en sommes venus à adorer les Amadhlozi (esprits) uniquement, parce que nous ne savons que dire d' Unkulunkulu . »[40] « C'est donc pour cette raison que nous recherchons pour nous-mêmes les Amadhlozi (esprits) .), que nous ne pensons peut-être pas toujours à Unkulunkulu .'

Tout cela témoigne d'une légère ombre persistante d'une croyance trop éthérée, trop lointaine, pour une race conquérante pratique, qui préfère les fantômes intelligibles et utiles, avec une considération particulière pour leurs propres familles.

Ukoto , un très vieux Zoulou, a déclaré : « Quand nous étions enfants, on disait : « Le Seigneur est au ciel ». ... Ils avaient l'habitude de désigner le Seigneur d'en haut ; nous n'avons pas entendu son nom. Unkulunkulu était compris, par ce patriarche, comme désignant les ancêtres immédiats, dont il donnait les mimes et les généalogies.[41] « Nous avons entendu dire que le

Créateur du monde était le Seigneur qui est là-haut ; les gens avaient toujours l'habitude, quand j'étais enfant, de pointer vers le ciel.

Une très vieille femme était très réticente à parler d' Unkulunkulu ; enfin elle dit : « Ah ! c'est bien lui qui est le Créateur, qui est au ciel, dont parlaient les anciens . Puis la vieille femme se mit à bavarder avec humour sur la façon dont les hommes blancs faisaient toutes choses. Encore une fois, Unkulunkulu aurait été créé par Utilexo . Utilexo était invisible, Unkulunkulu était visible et obtenait donc un crédit qui ne lui était pas vraiment dû.[42] Lorsqu'on dit que le ciel appartient au chef (le chef étant un Zoulous vivant), « ils ne croient pas ce qu'ils disent », l'expression n'est qu'un simple compliment hyperbolique.[43]

Après cet examen des preuves, il semble tout aussi logique de conjecturer que les Zoulous ont eu autrefois une idée d'un Être suprême telle que celle des races inférieures, et qu'ils l'ont ensuite presque perdue ; au point de dire que les Zoulous, bien qu'étant une race monarchique, n'ont pas encore développé un Roi-Dieu à partir de la foule des esprits (Amatongo). Les Zoulous, les Normands du Sud, pour ainsi dire, sont une race militaire très pratique. Une divinité quelque peu abstraite ne leur plaisait pas. Les esprits de famille serviables, qui fournissaient continuellement une excuse pour un dîner de rosbif, leur plaisaient. Les races les moins développées ne tuent généralement pas leurs troupeaux pour se nourrir. Il faut un sacrifice comme prétexte. Aux dieux des Andamanais, des Bushmen, des Australiens, aucun sacrifice n'est offert. Aucun sacrifice n'est offert à l'Être Suprême de la plupart des peuples africains. Il n'y a aucune fête dans le culte de ces Êtres Suprêmes, pas de festin, en tout cas. Ils ne doivent pas être « touchés » par des cadeaux ou des sacrifices. Les Amatongo doivent être « attrapés », soudoyables, fournissent une excuse pour un bon dîner, et ainsi les Amatongo pratiques sont honorés , tandis que, dans la génération actuelle de Zoulous, Unkulunkulu est une plaisanterie et le Seigneur du Ciel est le l'ombre d'un nom. Il est clair que cela n'indique pas le développement récent mais lointain des idées supérieures, maintenant remplacées par le culte de l'esprit.

Nous verrons ensuite comment cette vision, à l'opposé de la théorie anthropologique, fonctionne lorsqu'elle est appliquée à d'autres races, en particulier aux autres races africaines.

[Note 1 : Lorsque j'ai écrit *Mythe, rituel et religion* (ii. 11-13), je considérais Cagn comme « seulement un guérisseur idéalisé et à succès ». Mais je pense maintenant que j'ai confondu dans mon esprit les aspects religieux et mythologiques de Cagn . Celui d'origine inconnue, existant avant le soleil, Créateur de toutes choses, prié mais ne recevant pas de sacrifice, n'est pas un guérisseur, sauf dans son mythe.]

[Note 2 : Les omissions dans le système de M. Spencer peuvent éventuellement s'expliquer par le fait que, comme il nous le dit, il a recueilli ses faits « par procuration ». Alors que nous trouvons Waitz très intéressé et émerveillé par l'Être suprême bienveillant de nombreuses tribus africaines, ce personnage n'est mentionné que comme un « Être suprême bienveillant présumé » dans l'ouvrage de M. Spencer, Descriptive Sociology, *et* est généralement laissé complètement hors de vue dans ses *Principes . de Sociologie* et *Institutions Ecclésiastiques* . Pourtant, nous disposons exactement du même type de preuves de la part des observateurs concernant cet Être Suprême « prétendument » bienveillant que nous avons pour la *canaille* des fantômes et des fétiches. S'il s'agit d'une divinité d'une conception morale plutôt élevée, il n'a bien sûr pas besoin d'être apaisé par des sacrifices humains ou des poulets froids. *Ce* genre de preuve matérielle de la foi en lui doit être absent en raison de la nature de l'affaire ; mais le témoignage coïncident des voyageurs sur la croyance en un Être suprême ne peut être rejeté comme « prétendu ».]

[Note de bas de page 3 : P. 676, 677.]

[Note 4 : Homme, *JAI* . XII. 70.]

[Note de bas de page 5 : Homme, *JAI* . XII. 96-98.]

[Note de bas de page 6 : XII. 156, 157.]

[Note de bas de page 7 : XII. 112.]

[Note de bas de page 8 : XII. 158.]

[Note de bas de page 9 : XII. 158.]

[Note 10 : *Mythe, rituel et religion* , i . 281-288.]

[Note 11 : Lobeck , *Aglaophamus* , 133.]

[Note de bas de page 12 : *JAI* . X. 263.]

[Note de bas de page 13 : *JAI* . 267.]

[Note de bas de page 14 : *JAI* . X. 267.]

[Note 15 : P. 281. Il s'agit d'un *nunuai* que je connais. Les poissons volants, à l'île Banks, jouent le *rôle* du saumon. Les indigènes le croient réel, mais sans forme ni substance.]

[Note 16 : Codrington, *Mélanésie* , p. 122.]

[Note de bas de page 17 : *JAI* . X. 294.]

[Note 18 : Op. cit. X. 313.]

[Note de bas de page 19 : *JAI* . X. 300.]

Fidji de Williams , p. 218. Voir les remarques de M. Thomson citées plus loin.]

[Note 21 : *Fidji* , p. 217.]

[Note de bas de page 22 : Ibid. p. 228.]

[Note de bas de page 23 : Ibid. p. 230.]

[Note de bas de page 24 : *JAI* . XIV. 30.]

[Note de bas de page 25 : *JAI* . XI. 361-366.]

[Note de bas de page 26 : Ibid. XI. 374.]

[Note de bas de page 27 : Ibid. XI. 376.]

[Note de bas de page 28 : Ibid. XI. 376]

[Note de bas de page 29 : *JAI* . XI. 378.]

[Note de bas de page 30 : Ibid. 382.]

[Note de bas de page 31 : *Prim. Culte* . ii. 360.]

[Note 32 : Il est cependant concevable que les esprits guyanais, qui ont tant d'influence morale, l'exercent par des charmes magiques. « La croyance au pouvoir des charmes pour le bien ou le mal produit non seulement de l'honnêteté, mais aussi beaucoup de douceur », dit Livingstone à propos des Africains. Quelle que soit la manière dont ils travaillent, les esprits travaillent pour la justice.]

[Note 33 : De toute évidence, il ne pouvait y avoir de Dieu de la Famille avant l'institution de la Famille.]

[Note de bas de page 34 : Callaway, *Rel. d' Amazulu* , p. 17.]

[Note de bas de page 35 : Callaway, p. 1.]

[Note 36 : Op. cit. p. 8.]

[Note de bas de page 37 : Op. cit. p. 7.]

[Note de bas de page 38 : Op. cit. p. 19.]

[Note de bas de page 39 : Callaway, p. 20, 21.]

[Note de bas de page 40 : P. 26, 27.]

[Note de bas de page 41 : P. 49, 50.]

[Note 42 : p. 67.]

[Note 43 : p. 122.]

XIII

DES ÊTRES SUPRÊMES PLUS SAUVAGES

Si bon nombre des sauvages les plus bas que nous connaissons entretiennent des idées d'un Être suprême, comme celles que nous trouvons chez les Fuégiens, les Australiens, les Bushmen et les Andamanais, existe-t-il des exemples, outre les Zoulous, de tribus plus élevées en culture matérielle qui semblent avoir eu de telles notions. , mais de les avoir en partie oubliés ou négligés ? Miss Kingsley, une écrivaine vive, observatrice et sans préjugés, bien que décousue, donne précisément ce récit des races bantoues. L'oubli, ou la négligence, se manifestera en laissant l'Être Suprême tranquille, car il n'a besoin d'aucune propitiation, tout en consacrant des sacrifices et des rituels aux fétiches et aux fantômes. Que cela soit fait est tout à fait naturel si l'Être suprême (qui ne veut aucun sacrifice) a été le premier à évoluer dans la pensée, tandis que les fétiches et les esprits vénaux sont apparus à la suite de la théorie des fantômes. Mais si, à la suite de la théorie des fantômes, l'Être suprême est arrivé en dernier lieu dans l'évolution, il devrait être l'objet de culte le plus à la mode, le plus récent, le plus puissant et le plus propice à la conciliation. Lui, c'est l'inverse.

Pour prendre un exemple : les Dinkas du Haut Nil (« impies », dit Sir Samuel Baker) « rendent un hommage très théorique à l'Etre tout-puissant, demeurant dans le ciel d'où il voit toutes choses. On l'appelle « Dendid » (grande pluie, c'est-à-dire bénédiction universelle ?). Il est tout-puissant, mais, étant toute bienfaisance, il ne peut faire aucun mal ; ainsi, n'étant pas craint, on ne s'adresse pas à lui dans la prière. Le mauvais esprit, quant à lui, reçoit des sacrifices. Les Dinkas ont un vieux chant étrange :

« Au début, quand Dendid a créé toutes choses,
il a créé le Soleil, et le Soleil naît, meurt et revient ! Il a créé les étoiles, et les étoiles naissent, meurent et reviennent ! Il a créé l'homme, et l'homme naît, meurt et ne revient plus !

C'est comme la plainte de Moschus.[1]

Russegger compare les Dinkas et tous les peuples voisins qui partagent les mêmes croyances aux déistes modernes.[2] Ils sont loin de l'athéisme et de la secte ! Des suggestions sur une influence égyptienne ancienne sont faites, mais la religion égyptienne populaire n'était pas monothéiste et la pensée sacerdotale pouvait difficilement influencer les ancêtres des Dinkas . M. Lejean dit que ces peuples sont si pratiques et utilitaires que la religion missionnaire n'a aucune prise sur eux. M. Spencer ne donne pas les idées des Dinkas , mais il n'est pas facile de voir comment le trop bienfaisant Dendid pourrait être issu de la propitiation des fantômes, « l'origine de toutes les religions ». Les Dinkas , un peuple pratique, semblent plutôt avoir simplement oublié d'être reconnaissants envers leur Créateur ; ou ont décidé, plus grâce à la clarté de leur tête qu'à la chaleur de leur cœur, qu'il ne voulait pas de gratitude. Comme le philosophe français, ils cultivent *l'indépendance du cœur* , étant en cela remarquablement différents des Pawnees.

Prenons maintenant un cas dans lequel le culte des ancêtres, et aucune autre forme de religion (au-delà des simples superstitions), a été déclaré comme étant la pratique d'un peuple africain. M. Spencer donne l'exemple des indigènes du district sud-est de l'Afrique centrale décrit par M. Macdonald dans « Africana ».[3] Le mort devient un dieu fantôme, reçoit prière et sacrifice, est appelé Mulungu (= grand ancêtre ou = ciel ?), est préféré aux esprits plus anciens, aujourd'hui oubliés ; ces esprits anciens peuvent cependant avoir un sommet de montagne pour demeure, un grand chef étant mieux rappelé ; on prie le dieu de la montagne pour qu'il pleuve ; les dieux supérieurs étaient probablement des dieux locaux similaires dans un habitat plus ancien des Yao.[4]

Tel est le *résumé principal* du rapport de M. Duff Macdonald que fait M. Spencer. Il omet tout ce que dit M. Macdonald à propos d'un être parmi les Yaos , analogue au Dendid des Dinkas , ou au Darumulun d'Australie, ou au Huron Ahone . Pourtant, l'analyse détecte, dans le rapport de M. Macdonald, de nombreuses traces d'un tel Être, bien que M. Macdonald lui-même croit au culte des ancêtres comme source de la religion locale. Ainsi, Mulungu , ou Mlungu, utilisé comme nom propre, « est considéré comme le grand esprit, *msimu* , de tous les hommes, un esprit formé en additionnant tous les esprits des défunts.[5] Il s'agit là d'un aspect singulier de la philosophie sauvage et indique (dit M. Macdonald) « une quête d'un Être qui est la totalité de toute existence individuelle… ». Si elle sortait de la bouche des hommes civilisés plutôt que de celle des sauvages, elle serait considérée comme de la philosophie. Les expressions de ce genre chez les indigènes sont en partie traditionnelles et en partie dictées par les grandes pensées du moment. Il s'agit bel et bien d'une philosophie, mais d'une philosophie dépendante de la théorie des fantômes.

Je continue en montrant que les Wayao ont, bien que M. Spencer l'omette, un Être qui répond précisément à Darumulun , s'il est dépouillé (peut-être) de son aspect éthique. Sur ce point, nous sommes dans l'incertitude, simplement parce que M. Macdonald n'a pas pu percer les secrets de ses mystères, qui, en Australie, ont été révélés à quelques Européens.

Là où Mulungu est utilisé comme nom propre, il « désigne certainement un Être personnel, que les Wayao disent parfois être le même que Mtanga ». À d'autres moments, c'est un être qui possède de nombreux serviteurs puissants, mais qui est lui-même tenu bien en dehors de la scène des affaires terrestres, comme les dieux d'Épicure.

C'est bien entendu précisément la caractéristique de la théologie africaine qui nous intéresse. L'Être suprême, malgré la puissance que devrait naturellement lui conférer sa prétendue place de dernier né du monde fantôme, est négligé, soit à moitié oublié, soit pour des raisons philosophiques. C'est pour ces raisons qu'Épicure et Lucrèce rendent leurs dieux *otiosi*, indifférents, et les Wayao, avec leur esprit collectif universel, ne sont pas de médiocres philosophes.

« Ce Mulungu » ou Mtanga, « dans le monde d'outre-tombe, est représenté comme attribuant aux esprits leur propre place », que ce soit pour des raisons éthiques ou non, nous n'en sommes pas informés.[6] Santos (1586) dit « ils reconnaissent un Dieu qui, tant dans ce monde que dans l'autre, mesure la rétribution pour le bien ou le mal commis dans ce monde ».

« Dans l'hypothèse indigène sur la création, « le peuple de Mulungu » joue un rôle très important. Ses ministres qui font son plaisir sont donc, comme Mulungu lui-même, considérés comme antérieurs au monde existant. Par conséquent, selon Wayao, ils ne peuvent pas du tout être des fantômes de morts ; nous ne pouvons pas non plus les appeler correctement des « esprits ». Ce sont *des êtres* originaux, créatifs, mais indéfinis. Le mot Mulungu, cependant, est maintenant appliqué aux esprits des individus, mais qu'il signifie « ciel » (Sel) ou « ancêtre » (Bleek), on ne peut pas prouver que Mulungu lui-même était à l'origine considéré comme « esprit ». .' Car, manifestement, supposons que l'idée d'êtres puissants, indéfinis, soit apparue en premier dans l'évolution, et ait été suivie par l'idée de fantôme, cette idée pourrait alors être appliquée pour expliquer les pouvoirs créateurs préexistants.

Mtanga est par « certains » localisé comme le dieu de Mangochi, un Olympe abandonné par les Yao dans leurs pérégrinations. Ici, certains tiennent, sa voix est encore audible. « D'autres disent que Mtanga n'a jamais été un homme… il a été concerné par la première introduction des hommes au monde. On lui attribue le mérite d'avoir… créé des montagnes et des rivières. Il est intimement associé à une année d'abondance. Il s'appelle Mchimwene juene, « un très chef ». Il a une sorte d'opposé maléfique, *Chitowe*, mais cet être, le Satan du credo, « est un enfant ou un sujet de Mtanga », un ange maléfique, en fait.[7]

Le dieu du tonnerre, Mpambe, en Yao, Njasi (la foudre) est aussi un ministre de l'Etre Suprême. "Il est envoyé par Mtanga avec de la pluie." Les Européens sont plus intelligents que les autochtones, car nous « sommes restés plus longtemps avec le peuple de Dieu (Mulungu). »

Je ne crois pas que, bien qu'associés à de bonnes récoltes, Mtanga ou Mulungu reçoive un quelconque sacrifice ou propitiation. « Le chef s'adresse à son propre dieu »[8] ; le chef « ne s'inquiétera pas de son arrière-arrière-grand-père ; il présentera son offrande à son prédécesseur immédiat en disant : « Ô père, je ne connais pas tous tes parents ; vous les connaissez tous : invitez-les à festoyer avec vous. »[9]

"Toutes les offrandes sont censées indiquer un manque d'esprit", Mtanga , en revanche, est *nihil indiga . nostri* .

Un dieu du village reçoit de la bière à boire, comme Indra a obtenu Soma. Un chef mort est favorisé par des sacrifices humains. Je ne trouve aucune trace d'un quelconque cadeau à Mtanga . Ses mystères sont vraiment inconnus de M. Macdonald : ils ont fait rire un Yao voyageur et « émancipé ».[10]

« Ces rites sont censés être inviolablement cachés par les initiés, qui disent souvent qu'ils mourraient s'ils les révélaient. »[11]

Comment peut-on prétendre comprendre une religion si l'on ne connaît pas son secret ? Ce secret, en Australie, donne la certitude du caractère éthique de l'Être Suprême. M. Macdonald dit à propos de l'initiateur (un chiffre grotesque) :—

« Il donne des conférences et on dit qu'il donne de nombreux bons conseils… les conférences condamnent l'égoïsme, et une personne égoïste est appelée *mwisichana* , c'est-à-dire « non-initié ». »

Il ne pourrait y avoir de meilleure preuve de la présence de l'élément éthique dans les mystères religieux. Chez les Yao, comme chez les Kurnai australiens, la leçon secrète centrale de la religion est la leçon du désintéressement.

Il n'est pas dit que Mtanga ait institué ou présidé les mystères. A en juger par l'analogie avec Eleusis, les Bora, les initiations des Peaux-Rouges, etc., nous pouvons nous attendre à ce que telle soit cette croyance ; mais M. Macdonald en sait très peu sur la question.

Les contes légendaires disent que « toutes choses dans ce monde ont été créées par « Dieu ». « Au début, il n'y avait pas d'hommes, mais « Dieu » et des bêtes. « Dieu » ici, c'est Mlungu. L'autre affirmation est apparemment dérivée du culte des ancêtres existant, les personnes décédées devenant « Dieu » (Mlungu). Mais Dieu est antérieur à la mort, car les Yao ont une forme du mythe habituel de l'origine de la mort, aussi du sommeil : « mort et sommeil ne sont qu'un mot, ils sont d'une même famille ». Dieu demeure dans les hauteurs, tandis qu'un « grand » malveillant, qui perturbait les mystères et tuait les initiés, fut transformé en montagne.[12]

Malgré des informations manifestement défectueuses, j'ai extrait de l'autorité choisie par M. Spencer une masse de faits, soulignant une croyance Yao en un être primordial, créateur de montagnes et de rivières ; existant avant les hommes; non passible de mort - ce qui est arrivé tard parmi eux - bienfaisant ; non favorisé par le sacrifice (pour autant que l'on en ait la preuve) ; morale (si l'on en juge par l'analogie des mystères), et pourtant occupant le fond religieux, tandis que le premier plan est occupé par les fantômes les plus récents. Pour prouver la théorie de M. Spencer, il aurait dû donner un compte rendu complet de cet être et montrer comment il a été développé à partir de fantômes qui sont oubliés en raison inverse de leur distance par rapport à la génération actuelle. Je conçois que M. Spencer trouverait un point médian entre un fantôme commun et Mtanga , dans le fantôme d'un chef attaché à une montagne, le lieu et le nom du lieu préservant le nom et la mémoire du fantôme. Mais je pense qu'il y a loin du fantôme d'un tel chef au Mtanga préhumain servi par les anges .

Nous disposons d'abondantes preuves du culte des ancêtres et du culte des fantômes. Mais la position de Mtanga soulève une de ces questions délicates et cruciales qui ne peuvent être résolues en ignorant leur existence. Mtanga est -il issu d'un fantôme ancestral ? Si tel est le cas, pourquoi, en tant que plus grand des êtres divins, « Très Chef », et ayant de puissants ministres sous ses ordres, est-il laissé sans opportunité, à moins que ce ne soit par des discours moraux lors des mystères ? En tant qu'idée beaucoup plus avancée que celle du fantôme d'un véritable père, il devrait être beaucoup plus tardif dans son évolution, plus frais dans sa conception et plus adoré. Comment expliquer son manque d'adoration ? A-t-il été initialement envisagé comme un fantôme et, si oui, par quel phénomène curieux mais uniforme de logique sauvage est-il considéré comme antérieur aux hommes, et bien qu'étant un fantôme, avant la mort ? N'est-il pas certain qu'un tel être puisse être conçu par des hommes qui n'avaient jamais rêvé de fantômes ? Y a-t-il une raison logique pour laquelle Mtanga ne devrait pas être considéré à l'origine sur le même pied que Munganngaur , mais maintenant à moitié oublié et négligé, pour des raisons pratiques ou philosophiques ?

La lumière est jetée sur ces problèmes par un successeur de l'autorité de M. Spencer, M. Duff Macdonald, à la mission de Blantyre. Ce monsieur, le révérend David Clement Scott, a publié « Un dictionnaire cyclopédique de la langue mang'anja en Afrique centrale britannique ».[13] En regardant d'abord les esprits ancestraux, nous trouvons *Mzimu* , « esprits des défunts, censés venir dans les rêves.' Bien qu'ils demeurent dans le monde des esprits, ils hantent également les fourrés, ils inspirent les Mlauli , les prophètes, et les font s'extasier et proférer des prédictions. Des offrandes leur sont faites. Voici une prière : « Veille sur moi, mon ancêtre, mort il y a longtemps ; dites-le au grand esprit à la tête de ma race et d'où est issue ma mère. Il y a de petites cabanes-temples, et le chef dirige les sacrifices de nourriture ou d'animaux. Il y a des pèlerinages religieux, avec sacrifice, dans les montagnes. Dieu, comme les hommes de cette région, a différents noms, comme Chiuta , « Dieu dans l'espace et le signe arc-en-ciel à travers » ; Mpambe , « Dieu Tout-Puissant » (ou plutôt « pré-excellent ») ; Mlezi , « Dieu qui soutient », et Mulungu , « Dieu qui est esprit ». Mulungu = Dieu, « pas d'esprits ni de fétichisme ». « On ne peut pas mettre le pluriel, car Dieu est Un », disent les indigènes. "Il n'y a pas d'idoles appelées dieux, et les esprits sont les esprits des personnes décédées, pas des dieux." Les idoles sont *les Zitunzi-zitunzi* . "Les esprits sont censés être avec Mulungu ." Dieu a créé le monde et l'homme. Notre auteur dit que « lorsque le chef ou le peuple sacrifie, c'est à Dieu », mais il dit aussi qu'ils sacrifient aux esprits des ancêtres. Il y a ici une certaine confusion d'idées : M. Macdonald ne parle pas de sacrifice à Mtanga .

M. Scott ne semble pas en savoir plus sur les Mystères que M. Macdonald, et son article sur Mulungu ne nous éclaire pas beaucoup. Mulungu , en tant que Dieu créateur, reçoit-il des sacrifices ou non ?[14] M. Scott ne donne aucun exemple de cela, sous *Nsembe* (sacrifice), où les ancêtres, ou les fantômes des chefs habitant les collines, se voient offrir de la nourriture ; pourtant, comme nous l'avons vu, sous *Mulungu* , il affirme que les chefs et le peuple sacrifient à Dieu. Il semble confondre le Créateur avec les esprits, et on ne peut se fier à cette partie de son témoignage. « Au fond de tout cela » (sacrifice aux esprits) « il y a Dieu ». Si je comprends bien M. Scott, les sacrifices ne sont en réalité faits qu'aux esprits, mais il essaie de faire valoir qu'après tout, la conception théiste est à l'origine de la pratique animiste, important ainsi sa théorie dans ses faits. Sa théorie serait en réalité meilleure si le sacrifice n'était *pas* offert au Créateur, mais cela n'était pas venu à l'esprit de M. Scott.

Il est clair, en tout cas, que la religion des Africains de la région de Blantyre comporte un élément qu'il n'est pas facile de dériver du culte ancestral des esprits, élément que M. Spencer n'a pas observé.

Personne qui a suivi les exemples déjà cités ne sera étonné par ce que Waitz appelle le « résultat surprenant » des récentes enquêtes menées auprès de la grande race noire. Parmi les branches où l'influence étrangère est la moins suspecte, on découvre, derrière leurs fétichismes et superstitions les plus ostentatoires, quelque chose qu'on ne peut pas exactement appeler monothéisme, mais qui tend pourtant dans cette direction.[15] Waitz cite Wilson pour le fait que, leur fétichisme mis à part, ils adorent un Être Suprême en tant que Créateur : et ne l' honorent pas par des sacrifices.

Les remarques de Waitz peuvent être citées dans leur intégralité :

« La religion des nègres peut être considérée par certains comme une forme particulièrement grossière de polythéisme et peut être étiquetée du nom spécial de fétichisme. Il s'ensuivrait, d'un examen minutieux, que, mis à part les traits extravagants et fantastiques qui sont enracinés dans le caractère du nègre et qui rayonnent dans toutes ses créations, en comparaison avec les religions des autres sauvages, il est ni de forme très spécialement différenciée ni de forme très spécialement brute.

« Mais cette opinion ne peut être considérée comme tout à fait vraie que si nous regardons l' *extérieur* de la religion du nègre, ou si nous estimons sa signification à partir de présupposés arbitraires, comme c'est particulièrement le cas avec Ad. Wuttke .

« Grâce à une compréhension plus profonde, à laquelle plusieurs chercheurs scientifiques ont réussi récemment à parvenir, nous arrivons plutôt à la conclusion surprenante que plusieurs des races noires – sur lesquelles nous ne pouvons pas encore prouver, et pouvons difficilement conjecturer, l'influence d'une race plus Les peuples civilisés - dans l'incarnation de leurs conceptions religieuses, sont plus avancés que presque tous les autres sauvages, à tel point que, même si nous ne les appelons pas monothéistes, nous pouvons toujours les considérer comme se tenant à la frontière du monothéisme, étant donné que leur religion est également mêlé à une grande masse de superstition grossière qui, à son tour, chez d'autres peuples, semble envahir complètement les conceptions religieuses plus pures.

Cette conclusion quant à un élément de foi pure dans la religion nègre n'aurait pas surpris Waitz , s'il avait eu devant lui, pendant qu'il travaillait, des preuves récentes de la même croyance parmi les sauvages inférieurs.

Ce volume de son livre a été composé en 1860. En 1872, il était devenu bien conscient de la croyance en un bon Créateur parmi les indigènes australiens et de l'absence parmi eux de culte des ancêtres.[16]

de Waitz sur l'Être suprême du nègre méritent d'être notées, en raison de son étonnement non dissimulé face à cette découverte.

Les observations de Wilson sur la religion du nord et du sud de la Guinée ont été publiées en 1856. Après avoir commenté la tâche délicate de découvrir ce qu'est réellement une religion sauvage, il écrit : « La croyance en un grand Être suprême, qui a créé et défend toutes choses, est universelle. .'[17] Les noms de l'être sont traduits par « Créateur », « Préservateur », « Bienfaiteur », « Grand Ami ». Bien que regroupant toutes les bonnes qualités, l'être a permis au monde de « tomber sous le contrôle des mauvais esprits », qui seuls reçoivent le culte religieux. Bien qu'il laisse les choses incontrôlées, l'être principal (comme chez Homère) ratifie le serment, lors d'un traité, et est invoqué pour punir les criminels lorsqu'il faut boire de l'eau d'épreuve. Jusqu'à présent, il a donc une influence éthique. Les « personnes grossièrement méchantes » sont enterrées en dehors du lieu habituel. Le fétichisme prévaut, avec le spiritualisme, et Wilson pense que les médiums pourraient trouver de bons trucs en Guinée. Il ne donne aucun exemple. Leurs hommes inspirés font des choses « inexplicables » en utilisant des stupéfiants.

Le Créateur de Guinée Sud, Anyambia (= bon esprit ?), est bon, mais capricieux. Il a un bon adjoint, Ombwiri (orthographié « Mbuiri » par Miss Kingsley) ; *lui seul n'a pas de prêtres* , mais communique directement avec les hommes. Le voisin Shekuni a les mystères du Grand Esprit. Aucun détail n'est donné. Ce grand être, Mwetyi , est témoin des alliances et punit le parjure. Ce peuple est un adorateur des ancêtres, mais on ne dit pas que son Être suprême reçoit des sacrifices, comme le font les fantômes, alors qu'il est si loin d'être impuissant, comme Unkulunkulu, que , sans la crainte de sa colère, « leurs traités nationaux n'auraient que peu d'importance ». ou aucune force. »[18] N'ayant aucune information sur les mystères, bien sûr, nous ne savons rien des autres influences morales qui sont, ou peuvent être exercées par ces êtres grands, puissants et pas totalement oiseux.

Le célèbre voyageur Mungo Park, qui visita l'Afrique en 1805, eut de bonnes occasions de comprendre les indigènes. Il ne se précipita pas à travers le pays avec une grande force armée, mais seul, ou presque seul, paya sa route avec ses boutons de cuivre. « J'ai conversé avec des personnes de tous rangs et de toutes conditions au sujet de leur foi », dit-il, « et je peux déclarer, sans l'ombre du moindre doute, que la croyance en un Dieu unique et en un état futur de récompense et de châtiment est entière et entière. universel parmi eux. Cela ne peut pas être strictement appelé monothéisme, car il existe de nombreux esprits subordonnés qui peuvent être influencés par des « cérémonies magiques ». Mais si le monothéisme signifie la croyance en un seul Esprit, ou une considération religieuse accordée à un seul Esprit, cela n'existe nulle part – non, pas dans l'Islam.

Park trouve remarquable que « le Tout-Puissant » ne reçoive des prières qu'à la nouvelle lune (il ne dit rien du sacrifice au Tout-Puissant) et que, étant le créateur et le conservateur de toutes choses, il est « d'une nature si exaltée qu'il est Il est inutile d'imaginer que les faibles supplications de misérables mortels peuvent renverser les décrets et changer le but de la Sagesse infaillible. Les prières de la nouvelle lune sont de simples questions de tradition ; "Nos pères l'ont fait avant nous." "Telle est la cécité de la nature sans aide", dit Park, qui ne fait pas la satire , à la manière de Swift, des prières des presbytériens de Yarrow.

Ainsi, l'Être suprême africain n'est pas propice, tandis que les esprits inférieurs sont contraints par la magie ou apaisés par la nourriture.

Nous retrouvons notre vieux problème : comment ce Dieu, dans la conception duquel il y a tant de philosophie, s'est-il développé à partir de ces fantômes affamés ? L'influence de l'Islam est à peine soupçonnable, Allah étant bien entendu adressé par des prières incessantes, alors que le dieu africain n'en reçoit aucune. En effet, il serait plus plausible de dire que Mahomet a emprunté Allah à la croyance répandue que nous étudions, que que l'Être suprême du nègre a été emprunté à Allah.

Park eut, comme nous l'avons vu, de nombreuses occasions de discussions familières avec les gens à la merci desquels il se prêtait.

« Mais il n'est pas fréquent que les nègres fassent de leurs opinions religieuses le sujet de conversation ; Lorsqu'on les interroge notamment sur leurs idées sur un État futur, ils s'expriment avec beaucoup de respect, mais s'efforcent d'abréger la discussion en disant : « *Mo o mo enta allo* " ("Personne n'en sait rien").'[19]

Park lui-même, dans une détresse extrême et presque désespéré, remarqua par hasard la beauté délicate d'une petite plante de mousse, et, réfléchissant que le créateur d'une chose si fragile ne pouvait être indifférent à aucune de ses créatures, reprit courage et atteint la sécurité.[20] Il n'appartenait pas à la philosophie nègre et il est peu probable qu'il l'ait inventée. La prière de la nouvelle lune, dite à voix basse, a été rapportée à Park, « par de nombreuses personnes différentes », comme contenant « des remerciements à Dieu pour sa bonté pendant l'existence de la lune passée, et pour solliciter le maintien de sa faveur pendant la nouvelle lune » . un.' Ceci, bien sûr, peut prouver l'influence islamiste et est en contradiction avec la tendance générale de la philosophie religieuse telle que décrite.

Nous arrivons maintenant à une théorie de l'Être suprême parmi une certaine race africaine qui serait entièrement fatale à toute mon hypothèse sur ce sujet, si elle pouvait être démontrée exacte dans les faits, et si elle pouvait être étendue de manière à s'appliquer aux Australiens . , Fuégiens, Andamanais et autres peuples très arriérés. C'est l'hypothèse que l'Être suprême est un « dieu d'emprunt », emprunté aux Européens.

La théorie est exposée très lucidement dans « Les peuples parlant le tshi de la Gold Coast » du major Ellis. [21] L'opinion du major Ellis coïncide avec celle de Waitz dans son « Introduction à l'anthropologie » (une opinion à laquelle Waitz ne semble pas sectaire). — à savoir que « la forme originelle de toute religion est un polythéisme brut et non systématique », la nature étant peuplée de puissances ou d'esprits hostiles, et chacun adorant ce qu'il pense le plus dangereux ou le plus utile. Il existe peu d'objets de vénération généraux, de nombreux locaux ou personnels.[22] Le major Ellis n'a rencontré ce passage qu'après s'être fait ses propres idées par l'observation de la race Tshi. Nous ne prétendons pas deviner quelle a pu être « la forme originelle de toute religion » ; mais nous avons donné et donnerons de nombreuses preuves de l'existence d'une foi plus élevée que celle-ci, parmi des peuples de culture matérielle bien inférieure à celle des races Tshi, qui ont des métaux et un sacerdoce organisé . Ils occupent, dans de petits villages (sauf Coomassie et Djabin), les forêts de la Gold Coast. La simple mention de Coomassie montre à quel point les Tshis (Ashantis et Fantis) sont largement supérieurs en civilisation aux Australiens nus et sans abri. Leurs communautés intérieures, cependant, ne sont que « de simples points dans une vaste étendue de forêt impénétrable ». Les peuples de la côte ont été en contact avec les Européens pendant des siècles, mais les « races de langue tshi sont maintenant à peu près dans la même condition, tant socialement que moralement, qu'elles étaient au moment de la découverte des Portugais. »[23]

Néanmoins, le Major Ellis explique leur Être Suprême comme le résultat de l'influence européenne ! *A priori,* cela paraît hautement improbable. Qu'une croyance puisse balayer tous ces points de forêt impénétrable, provenant des tribus côtières en contact avec les Européens, et que cette croyance, bien que la plus récente, soit infiniment la moins puissante, ne peut être considérée comme une hypothèse plausible. De plus, selon la théorie du major Ellis, les êtres suprêmes des races qui sont récemment entrées pour la première fois en contact avec les Européens, êtres suprêmes jalousement tenus à l'écart des Européens et vénérés dans le secret des mystères anciens, doivent également, par parité de raison, être le résultat de l'influence européenne. Malheureusement, le major Ellis ne fournit aucune preuve de ses déclarations sur l'histoire passée de la religion Tshi. Les autorités qu'il doit avoir et les références seraient les bienvenues.

« Dans la condition dans laquelle se trouvent aujourd'hui les indigènes de la Gold Coast, la religion n'est en aucun cas alliée aux idées morales. » [24] Nous avons donné de nombreuses preuves que, chez des tribus beaucoup plus arriérées, la morale repose sur une sanction religieuse. Si tel n'est pas le cas sur la Gold Coast , nous ne pouvons pas accepter ces Fantis et Ashantis relativement avancés comme représentant l'état « originel » de l'éthique et de la religion, pas plus que ces gens qui possèdent des villes, un roi, un sacerdoce, du fer et de l'or ne le représentent. la condition matérielle « originelle » de la société. Le major Ellis montre également que les Dieux exigent la chasteté des aspirants au sacerdoce.[25] Les croyances actuelles de la Gold Coast sont entretenues par des sacerdoces organisés comme des « affaires lucratives ». [26] Là où il n'y a ni gain ni prêtrise, comme chez les races plus arriérées, ce genre d'affaires ne peut pas être fait. Sur la Gold Coast, les hommes ne peuvent s'approcher des dieux que par l'intermédiaire des prêtres.[27] C'est la dégénérescence.

De toute évidence, si la religion a commencé sous une forme relativement pure et morale, elle *doit* dégénérer, à mesure que la civilisation avance, sous la direction de prêtres qui « exploitent » le lucratif et ne voient pas d'argent dans les éléments purs de la croyance et de la pratique. Les réformateurs se plaignaient précisément du fait que les éléments lucratifs du christianisme étaient exploités par le clergé, au mépris de l'éthique. De ces éléments lucratifs le credo des Apôtres était libre, et une liberté similaire caractérise la religion de l'Australie ou des Pawnees. Nous ne pouvons donc pas espérer retrouver l'état « originel » de la religion chez un peuple soumis à un sacerdoce avide d'argent, comme les races Tshi. Que la religion soit au départ pure comme neige, elle serait corrompue par le trafic sacerdotal dans son aspect animiste lucratif. Et les prêtres se forment relativement tard.

Le major Ellis discrimine les dieux Tshi comme suit :

> 1. Général, adoré par une tribu entière ou plusieurs tribus. 2. Divinités locales de rivière, colline, forêt ou mer. 3. Divinités de familles ou de sociétés. 4. Divinités tutélaires des individus.

La seconde classe, selon les indigènes, était nommée par la première classe, qui est « trop distante ou indifférente pour s'immiscer ordinairement dans les affaires humaines ». Ainsi, le dieu Huron, Ahone , ne punit personne. Il est tout en douceur et en lumière, mais il a un dieu adjoint, appelé Okeus . Dans notre hypothèse, cette indifférence des dieux supérieurs suggère l'éviction du grand Dieu désintéressé par une compétition animiste vénale. Tous de classe II. ' semblent avoir été initialement malins.' Bien que, dans la croyance indigène, la classe I. était antérieure à la classe II et « nommée » la classe II, le major Ellis pense que les esprits malins de la classe II. ont été élevés à la classe I. comme à la pairie, tandis que les classes III. et IV. « sont clairement le produit du sacerdoce » – donc tardifs.

Le major Ellis affirme ensuite que lorsque les Européens atteignirent la Gold Coast, au XVe siècle, ils « semblent avoir trouvé » un dieu du Nord, Tando , et un dieu du Sud, Bobowissi , toujours adorés. Bobowissi fait du tonnerre et de la pluie, vit sur une colline et reçoit ou a reçu des sacrifices humains. Mais, « après quelques années de relations avec les Européens », les villageois proches des forts européens « ajoutèrent à leur système une nouvelle divinité, qu'ils appelèrent Nana Nyankupon ». C'était le Dieu des chrétiens, emprunté à eux et adapté sous une nouvelle désignation, signifiant « Seigneur du ciel ». (Ceci est conjectural. *Nyankum* = pluie. *Nyansa* a « un sens ultérieur, « artisanat ». ')[28]

Maintenant, le major Ellis doit, plus tard, comparer le récit de Bosman sur le fétichisme (1700) avec ses propres observations. Selon la source d'information native de Bosman, les hommes choisissaient ensuite leurs propres fétiches. Ceux-ci sont *désormais* sélectionnés par les prêtres. L'autorité de Bosman était erronée – ou bien la prêtrise a étendu son champ d'action. Le major Ellis soutient que la révolution de la sélection amateur à la sélection sacerdotale des fétiches ne pourrait pas se produire en 190 ans, « sur une vaste étendue de pays, parmi des peuples vivant dans des communautés semiisolées, au milieu de forêts sans chemin, où il n'y a que peu d'opportunités ». pour l'échange d'idées, *et où nous savons qu'ils n'ont été influencés par aucune race supérieure* .

Pourtant, la théorie du major Ellis est que ce peuple isolé *a été* influencé par une race supérieure, au point d'adopter un Être suprême totalement nouveau, issu des Européens, un être qu'il ne cherchait en aucune façon à apaiser et qui n'était d'aucune utilité pratique. Et cela, dit-il, ils l'ont fait non pas sous l'influence des prêtres, mais face à l'opposition des prêtres.[29]

La logique du major Ellis ne semble pas cohérente. Quoi qu'il en soit, nous demandons des preuves de la façon dont, dans les « forêts impénétrables », une nouvelle Divinité Suprême est devenue universellement connue ? Sommes-nous certains que les voyageurs (non cités) n'ont pas découvert une divinité sans prêtres, ni rituels, ni « argent dans l'entreprise », après avoir découvert le Bobowissi taché de sang, remarquable et lucratif ? Pourquoi Nyankupon , le nouveau dieu supposé d'un nouveau groupe d'étrangers puissants, a-t-il été laissé totalement sans faveur ? Il fallait s'attendre à l'inverse.

Le major Ellis écrit : « Il est presque certain que l'ajout d'un dieu de plus à une famille déjà nombreuse » de dieux « s'est heurté à une farouche résistance de la part du clergé », qui, de l'aveu même, ajoute chaque jour des dieux inférieurs ! Pourtant , Nyankupon est universellement connu, malgré la résistance des prêtres. Nyankupon , je présume = Anzambi , Anyambi , Nyambi , Nzambi , Anzam , Nyam, le Nzam des Fans, « et de toutes les races côtières bantoues, le créateur de l'homme, des plantes, des animaux et de la terre ; il ne s'intéresse plus à l'affaire. »[30] La foule des *esprits* ne s'y intéresse que trop ; et, par conséquent, sont l'élément lucratif de la religion.

Il n'est pas très facile de croire que Nyam, sous tous ses noms, ait été récupéré des Portugais et soit passé apparemment des nègres aux Bantous dans toute l'Afrique occidentale, malgré l'isolement des groupes et la résistance du sacerdoce parmi les tribus. non influencé par une race supérieure.

Nyam, comme la classe I du major Ellis, nomme un dieu subordonné pour faire son travail : il est vraiment bon et gouverne les esprits malveillants.[31]

L'expansion de Nyankupon , telle que décrite par le major Ellis, est d'autant plus remarquable que « à cinq ou six milles de la mer, ou même moins, le pays était une *terra incognita* pour les Européens »[32] . Nyankupon était, prétend-on, adopté, parce que notre supériorité prouvait que les Européens étaient « protégés par une divinité plus puissante que n'importe laquelle de celles à qui eux-mêmes » (les races Tshi) « offraient des sacrifices ».

Alors, bien sûr, Nyankupon recevrait les meilleurs sacrifices de tous, en tant que divinité la plus puissante ? Loin de là, Nyankupon ne recevait aucun sacrifice et n'avait pas de prêtres. Aucun prêtre n'aurait une manière traditionnelle de le servir. Comme le dit l'homme malchanceux de Voltaire à son ange gardien : « Cela vaut la peine d'avoir un génie qui préside », de même les Tshis et les Bantous pourraient ironiser : « Une chose utile, un nouvel Être Suprême ! Un quart de continent environ adopte un nouveau dieu étranger et le laisse *planté là* ; non servi, non honoré et méconnu. Il en est donc venu à être considéré comme trop éloigné ou trop indifférent « pour s'immiscer directement dans les affaires du monde ». « Cette idée était probablement due au fait que les indigènes n'avaient connu aucune amélioration matérielle de leur condition… bien qu'ils soient également devenus des adeptes du dieu des blancs. »[33]

Mais c'était justement ce qu'ils n'avaient pas fait ! Même au détroit de Magellan, les Fuégiens choisissaient un capitaine espagnol occasionnel et adoraient une image du Christ. Nom et effigie qu'ils ont acceptés. Le peuple Tshi ne prenait ni l'effigie ni le nom d'une divinité des Portugais installés parmi eux. Ils n'imitaient ni les rites catholiques, ni n'adaptaient les leurs ; ils n'ont pas prié ni sacrifié au « nouveau » Nyankupon . Seuls son nom et l'idée de sa nature sont universellement diffusés dans la croyance ouest-africaine. Il ne vit ni chez lui ni sur une colline définie, mais « dans le pays de Nyankupon ». Nyankupon , de nos jours, est « ignoré plutôt qu'adoré », tandis que Bobowissi a des prêtres et des offrandes.

Il est clair que le major Ellis s'efforce d'expliquer, par une solution singulière (à savoir l'emprunt d'un Dieu aux Européens), et cette solution improbable et inadéquate, un phénomène de très large diffusion. Nyankupon ne peut être expliqué indépendamment de Taaroa , Puluga , Ahone , Ndengei , Dendid et Ta-li-y- Tochoo , dieux qui seront décrits plus tard, qui ne peuvent, selon aucune probabilité, être considérés comme d'origine européenne. Tous représentent l'Être Suprême primitif, plus ou moins ou totalement dépouillé, dans des conditions culturelles croissantes, de son influence éthique, et évincé par la horde de fantômes avides et de dieux fantômes utiles, dont les affaires sont lucratives. Nyankupon n'a aucune prétention d'être ou d'avoir été un « esprit ».[34]

La théorie du major Ellis est le résultat naturel de sa croyance dans un enchevêtrement de polythéisme comme « l'état originel de la religion ». Si tel était le cas, il n'y avait pas beaucoup de place pour le développement naturel de Nyankupon , en qui « les missionnaires trouvent un parallèle avec le Jahveh des Juifs ».[35] Selon notre théorie, Nyankupon prend sa place dans le processus régulier de corruption du théisme. par l'animisme.

Le cas parallèle de Nzambi Mpungu , le Créateur parmi les Fiorts (une souche bantoue), est ainsi déclaré par Miss Kingsley :

"Je n'hésite pas à dire que je crois pleinement à Nzambi Mpungu est un dieu purement indigène, et qu'il est un grand dieu sur toutes choses, mais son étude est encore plus difficile que l'étude de Nzambi , parce que les missionnaires jésuites qui ont acquis une si grande influence sur les Fiorts au XVIe siècle l'identifia à Jéhovah et travailla sur l'esprit indigène de ce point de vue. Par conséquent, des traces semi-mythiques de l'enseignement jésuite persistent, même aujourd'hui, dans les idées religieuses des Fiorts . »[36]

Nzambi Mpungu vit « derrière le firmament ». « Il ne s'intéresse pratiquement pas aux affaires humaines ; » ce qui n'est pas une idée jésuite de Dieu.

Dans tous les récits missionnaires sur la religion sauvage, nous devons nous garder de deux types de préjugés. L'un d'entre eux est le préjugé qui pousse l'observateur à nier toute religion à la race indigène, à l'exception du culte du diable. L'autre est le parti pris qui le pousse à rechercher les traces d'une pure tradition religieuse primitive. Pourtant, nous ne pouvons qu'observer ce phénomène réciproque : les missionnaires trouvent souvent un nom et une idée indigènes qui répondent si près à leur conception de Dieu qu'ils adoptent cette idée et ce nom dans leur enseignement. D'un autre côté, les sauvages, lorsqu'ils entendent pour la première fois l'explication de Dieu par les missionnaires, le reconnaissent , comme le font les Hurons et les Bakwain , pour ce qui leur a toujours été familier. Ceci est rapporté dans les tout premiers voyages pré-missionnaires, comme dans le livre de William Strachey sur la Virginie (1612), auquel nous nous tournons maintenant. Le Dieu découvert par Strachey en Virginie ne peut, quelle que soit la latitude de la conjecture, être considéré comme le résultat d'un contact avec les Européens. Pourtant, il répond presque exactement à l'Africain Nyankupon , qui est décrit comme un « dieu-emprunt ». Car la croyance en des êtres créateurs relativement purs, qu'ils soient moralement adorés, sans sacrifice, ou simplement négligés, est si largement répandue que l'anthropologie doit les ignorer, ou les considérer comme des « dieux d'emprunt » – ou abandonner sa théorie !

[Note 1 : Lejean , *Révérend des Deux Mondes* , avril 1862, p. 760. Citation pour le chant, Beltrame , *Dictionario della lingua denka* , MS.]

[Note de bas de page 2 : Waitz , ii. 74.]

[Note de bas de page 3 : 1882.]

[Note 4 : *Institutions ecclésiastiques* , 681.]

[Note de bas de page 5 : *Africana* , je . 66.]

[Note 6 : *Africana* , je . 67.]

[Note 7 : *Africana* , je . 71, 72_]

[Note de bas de page 8 : i 88.]

[Note de bas de page 9 : i . 68.]

[Note de bas de page 10 : i . 130.]

[Note de bas de page 11 : Ibid.]

[Note 12 : *Africana* , i 279-301.]

[Note 13 : Édimbourg, 1892.]

[Note 14 : Soit dit en passant, M. Macdonald montre que, contrairement à l'opinion de M. Spencer, ces sauvages ont des mots pour rêver et rêver. Ils interprètent les rêves par un système de symboles : « un canoë porte malheur » et « les rêves vont par des contraires ».]

[Note 15 : Waitz , *Anthropologie* , ii. 167.]

[Note 16 : Waitz et Gerland , *Anthropologie* , vi. 796-799 et 809. En 1874, le témoignage de M. Howitt sur l'élément moral des mystères n'a pas été publié. Waitz explore l'idée selon laquelle les croyances supérieures australiennes sont d'origine européenne. ' Nous schen vielmehr Ouralte Trümmer ähnlicher Mythologenie in ihnen ,' (vi. 798) épaves d'idées d'une antiquité immémoriale.]

[Note 17 : Wilson, p. 209.]

[Note 18 : Wilson, p. 392.]

[Note de bas de page 19 : Park's *Journey* , i . 274, 275, 1815.]

[Note de bas de page 20 : P. 245.]

[Note 21 : Londres, 1887.]

[Note de bas de page 22 : Ellis, p. 20, 21.]

[Note de bas de page 23 : P. 4.]

[Note de bas de page 24 : Ellis, p. dix.]

[Note de bas de page 25 : P. 120.]

[Note de bas de page 26 : P. 15.]

[Note de bas de page 27 : P. 125.]

[Note de bas de page 28 : Ellis, p. 24, 25.]

[Note de bas de page 29 : Ellis, p. 189.]

[Note 30 : Mlle Kingsley, p. 442.]

[Note de bas de page 31 : Ellis, p. 229.]

[Note de bas de page 32 : Ibid. p. 25.]

[Note de bas de page 33 : Op. cit. p. 27.]

[Note de bas de page 34 : Ellis, p. 29.]

[Note 35 : Op. cit. p. 28.]

[Note 36 : « Religion et droit africains », *Revue nationale* , septembre 1897, p. 132.]

XIV

AHONE. TI-RA-WÁ. NÀ-PI. PACHACAMAC. TUI LAGA. TAA-ROA

Dans ce chapitre, mon objectif est de placer certains créateurs américains à côté des êtres africains que nous avons examinés. Nous irons des Hurons aux Pawnees et aux Pieds-Noirs, et terminerons par Pachacamac , l'être suprême de l'ancienne civilisation Inca , avec Tui Laga et Taa-roa . On verra que les Hurons ont été accidentellement privés de leur Créateur bienveillant par un accident bibliographique, alors que ce Créateur correspond très bien au Pachucamac péruvien , souvent considéré comme une simple abstraction philosophique. Les Pawnees nous montreront un Créateur impliqué dans un rituel sacrificiel, ce qui n'est pas courant, tandis que les Pieds-Noirs présenteront un Créateur qui n'est pas du tout envisagé comme un esprit et qui, selon notre théorie, représente un stade très précoce de la conception théiste.

Pour poursuivre l'argumentation par analogie contre la théorie du major Ellis sur l'origine européenne de Nyankupon , il semble souhaitable d'abord de faire un parallèle avec son cas et avec celui de sa divinité subordonnée tachée de sang, Bobowissi , d'un côté où l'influence européenne est absolument hors de question. La Virginie fut colonisée de façon permanente pour la première fois par des Anglais en 1607, et « l' Histoire du travail en Virginie », de William Strachey, Gent., premier secrétaire de la Colonie, date des premières années (1612-1616). Il est donc difficile de suggérer que les indigènes avaient déjà adopté *notre* Être suprême, d'autant plus que Strachey dit que les prêtres indigènes s'opposaient vigoureusement au Dieu chrétien. Strachey trouva une population résidentielle, agricole et sédentaire, dirigée par des chefs dont l'un, Powhattan, était une sorte de Bretwalda. Les temples renfermaient les corps séchés des *weroances* , ou aristocratie, à côté desquels se trouvait leur Okeus , ou Oki, image « mal taillée », toute vêtue de noir, « qui leur fait tout le mal qu'ils subissent. Il est favorisé par les sacrifices de leurs propres enfants » (probablement une erreur) « et d'étrangers ».

M. Tylor cite une description de cet Oki, ou Okeus , avec son idole et ses rites sanglants, tirée de « History of Virginia » de Smith (1632)[1]. Les deux livres, celui de Strachey et celui de Smith, sont ici des copies légèrement différentes d'un même original. Mais, après avoir censuré la théorie hâtive de Smith (et de Strachey) selon laquelle Okeus n'est « autre qu'un diable », M. Tylor n'a pas trouvé chez Smith ce qui suit chez Strachey. Okeus a des sacrifices humains, comme Bobowissi , tandis que le grand Dieu (leur disent les prêtres) qui gouverne le monde entier et fait briller le fils, créant la lune et les étoiles de ses compagnons ... ils appellent (*sic*) Ahone . Le Dieu bon et paisible n'exige pas de tels devoirs et n'a pas besoin d'être sacrifié, car il leur veut tout bien », Okeus , au contraire, « examinant les actions de tous les hommes et les examinant selon le plan sévère de la justice. , les punit .... Telles sont la misère et la servitude sous lesquelles Sathan a lié ces misérables mécréants.

Comme si, selon le propre credo de M. Strachey, Satan ne punissait pas, en enfer, les offenses des hommes contre Dieu !

Ici donc, en plus d'un diable (ou plutôt d'un magistrat de police divin), du fétichisme général et du culte de la nature, nous trouvons que le Virginien inculte est doté d'un Créateur miséricordieux, sans idole, sans temple ni sacrifice, car il n'a besoin de rien . les notres. C'est par le plus simple accident, l'utilisation du livre de Smith (1632) au lieu du livre de Strachey (1612), que M. Tylor ignore ces faits essentiels[2].

Le Dr Brinton, comme M. Tylor, cite Smith pour l' Okeus infâme ou sévère , et omet toute mention d' Ahone , le Créateur bienveillant.[3] Or, le témoignage de Strachey est précoce (1612), c'est celui d'un homme bien instruit, aimant diffuser son grec, et sans préjugés en faveur de ces adorateurs de « Sathan ». En Virginie, il trouva l'Etre Suprême aimant et non propice, à côté d'un subordonné, comme Nyankupon à côté de Bobowissi en Afrique.

Chaque divinité la plus élevée, en Virginie ou sur la Gold Coast, est plus ou moins éclipsée dans l'estime populaire par le polythéisme naissant et le culte de la nature. C'est précisément ce à quoi nous devrions nous attendre si Ahone , le Créateur, était plus précoce dans l'évolution, alors qu'Okeus et les autres appartenaient à la classe avide habituelle des divinités animistes corruptibles, utiles aux prêtres. Cela ne pouvait pas être compris tant qu'Ahone était exclu de la déclaration.[4]

Le récit de M. Strachey justifie probablement, par analogie, nos soupçons à l'égard de la théorie du major Ellis selon laquelle l'Être suprême africain est d'origine européenne. Le but du credo Ahone-Okeus est clair. Dieu (Ahone) est omnipotent et bon, mais des calamités assaillent l'humanité. Comment les expliquer ? Clairement comme punition pour les péchés des hommes, infligés, non pas par Ahone , mais par son lieutenant Okeus . Mais ce magistrat peut être et est apaisé par des sacrifices qu'il serait impie, ou du moins inutile, d'offrir à l'Être suprême Ahone . C'est un credo logique, mais comment l'Être suprême a-t-il évolué à partir du fantôme d'un « roi dévoreur d'humains » comme Powhattan ? Les faits, très justement attestés, ne cadrent pas avec la théorie anthropologique. Il est à remarquer que l'Ahone de Strachey est une conception beaucoup moins mythologique que celle qu'il attribue, sur de très bonnes preuves, aux Indiens de la rivière Patowemeck . Leur Créateur est décrit comme « un lièvre pieux », qui reçoit leurs âmes au paradis, d'où elles renaissent sur terre, comme dans le mythe de Platon. Ils considèrent également les quatre vents comme quatre dieux. La façon dont le dieu a pris la forme mythologique d'un lièvre est expliquée de diverses manières.[5]

Pendant ce temps, le credo Ahone-Okeus correspond au credo Nyankupon-Bobowissi . La foi américaine n'est certainement pas empruntée à l'Europe, il est donc moins probable que le credo africain soit emprunté.

Pour illustrer la théorie générale présentée ici, nous pouvons maintenant prendre deux religions tribales parmi les Indiens d'Amérique du Nord. La première est celle des Pawnees équestres qui, il y a trente ans, habitaient Loup Fork dans le Nebraska. Depuis, les buffles ont été détruits, les terres saisies et les Pawnees conduits dans une « réserve », où ils sont, ou ont été récemment, trompés et opprimés de la manière habituelle. À l'origine, les Européens les connaissaient en quatre hordes, la quatrième étant les Skidi ou Wolf Pawnees. Ils semblent être arrivés au Kansas et au Nebraska, à une date relativement éloignée, depuis le Mexique, et sont alliés aux Lipans et aux Tonkaways de cette région. Les Tonkaways sont une tribu qui, dans un mystère sacré, est sommée de « vivre comme les loups », exactement de la même manière que l'étaient les Hirpi (tribu des loups), du Mont Soracte , qui pratiquaient l'exploit de marcher indemnes à travers le feu. [6] Les Tonkaways considèrent les Pawnees, qui possèdent également une tribu de loups, comme une branche longtemps séparée de leur race. Si donc ils sont d'origine mexicaine, on pourrait s'attendre à trouver des traces de rituels aztèques chez les Pawnees.

Longtemps après avoir obtenu de meilleures armes, ils utilisèrent des flèches à pointe de silex pour tuer les deux seules bêtes qu'il était licite de sacrifier, le cerf et le buffle. Ils ont longtemps été un peuple de chasseurs et également d'agriculteurs. Le maïs leur a été donné à l'origine par le souverain : leur dieu, *Ti-ra-wá* , « le Père spirituel ». Ils offrent le sacrifice d'un cerf avec une solennité particulière et sont un peuple très priant. Le prêtre « avait une relation avec les Pawnees et leur divinité qui n'était pas sans rappeler celle qu'occupait Moïse avec Jéhovah et les Israélites ». Les paquets sacrés de contenus inconnus, apportés de la maison d'origine au Mexique, sont une caractéristique du rituel. Les Pawnees ont été créés par Ti-ra-wá . Ils croient en une vie future heureuse, pendant que les méchants meurent et qu'il y aura une fin pour eux. Ils citent leurs rêves de morts comme argument en faveur d'une vie au-delà du tombeau. 'On se voit vivre avec Ti-ra-wá !' Une race antérieure maléfique, qui ne connaissait pas Ti-ra-wá , fut détruite par lui lors du Déluge ; des preuves se trouvent dans de gros os fossiles, et il serait intéressant de rechercher si de tels fossiles sont toujours trouvés là où se déroule l'histoire d'un « déluge de péchés ». Si tel est le cas, les fossiles doivent être universellement diffusés.

Comme c'est souvent le cas, la vie future est attestée, non seulement par les rêves, mais aussi par l'expérience d'hommes qui sont « morts » et sont revenus à la vie, comme Secret Pipe Chief, qui a raconté l'histoire à M. Grinnell. Ces visions en état de mort apparente ne sont pas particulières aux sauvages et ont sans doute eu beaucoup d'effet sur les croyances sur l'au-delà.[7] Les fantômes sont rarement vus, mais les hallucinations auditives, comme celles d'une voix donnant de bons conseils en cas de péril, sont considérées comme le discours des fantômes. Les bêtes sont également amicales, comme les autres enfants des hommes de Ti-ra-wá . À l'Étoile du Matin, les Skidis ou Wolf Pawnees offraient en de rares occasions un homme captif. La cérémonie n'était pas sans rappeler celle des Aztèques, bien que moins cruelle. Curieusement, le tueur du captif devait instantanément effectuer une fuite simulée, comme dans le grenier de *Bouphonia* . Il s'agissait cependant d'un rite rendu à l'Étoile du Matin et non à Ti-ra-wá , « le pouvoir d'en haut qui fait bouger l'univers et contrôle toutes choses ». Le sacrifice à Ti-ra-wá était fait lors d'occasions rares et solennelles grâce à ses deux principaux cadeaux, le cerf et le buffle. « À travers le maïs, le cerf, le buffle et les fagots sacrés, nous adorons *Ti-ra-wá* . »

La chair était brûlée dans le feu, tandis que les prières étaient faites avec une grande ferveur. Dans l'ancien rite Skidi, les femmes disaient au captif engraissé ce qu'elles désiraient obtenir du souverain. On dit parfois que le sacrifice humain a été fait à *Ti-ra-wá* lui-même. Le sacrificateur non seulement s'enfuit, mais il jeûna et pleura. Il est possible que, comme chez les Aztèques, la victime soit également considérée comme une incarnation du Dieu, mais ce n'est pas sûr, le rite ayant longtemps été désutilisé. M. Grinnell a obtenu la description d'un très vieux Skidi. Il y avait aussi une fête de remerciement à Ti-ra-wá pour le maïs. Au cours d'une danse sacrée et d'un hymne, le maïs est présenté au souverain par une femme. Le maïs est rituellement appelé « La Mère », comme au Pérou.[8] « Nous sommes comme une graine et nous adorons à travers le maïs. »

La maladie est causée par de mauvais esprits, et de nombreux soldats américains ont été guéris par des médecins Pawnee, même si leurs blessures avaient refusé de céder au traitement des chirurgiens de l'armée américaine.[9]

Les miracles opérés par les guérisseurs Pawnee, sous les yeux du major North, dépassent de loin ce que l'on raconte de la jonglerie indienne. Mais c'était il y a quarante ans, et il est probablement trop tard pour apprendre quoi que ce soit de ces étonnantes performances d'hommes nus sur le sol dur d'un lodge. « Le Major North m'a dit » (M. Grinnell) « qu'il avait vu de ses propres yeux les médecins faire pousser le maïs », le médecin ne manipulant pas la plante, comme dans le tour de la mangue, mais se tenant à l'écart et chantant. M. Grinnell déclare : « Je n'ai jamais trouvé personne capable de suggérer une explication. »

Cet art donne un grand pouvoir aux médecins, qui font preuve de bien d'autres prodiges. Il est à noter que dans cette religion nous n'entendons rien parler du culte des ancêtres ; tout ce qui est dit sur les fantômes a été rapporté. On retrouve le culte d'un être tout-puissant, dont le sacrifice rituel est le seul élément qui suggère un culte des fantômes. Les contes populaires et les réminiscences historiques de la dernière génération confirment entièrement par leurs allusions le récit de M. Grinnell sur la foi Pawnee, dans lequel l'élément éthique consiste principalement dans un sentiment de dépendance et de gratitude touchante envers Ti-ra-wá, comme le montre dans une prière fervente. Il abhorre le vol, il applaudit la valeur , il punit les méchants par l'anéantissement, les bons demeurent avec lui dans sa demeure céleste. On l'appelle A- ti -us ta- kaw -a, « Notre père en tous lieux ».

Il n'est pas si facile de voir comment cet Être s'est développé à partir du culte des ancêtres, dont nous ne trouvons aucune trace chez les Pawnees. Concernant le culte des ancêtres chez les Sioux, il est habituel de citer une remarque d'un certain Prescott, interprète : « Parfois, un Indien dit : « Wah negh on she wan da », ce qui signifie : « Les esprits des morts ont pitié de moi. ". Ensuite, ils ajouteront ce qu'ils veulent. C'est à peu près la quantité de prière d'un Indien. »[10] Évidemment, lorsque nous comparons le récit de M. Grinnell sur la religion Pawnee, basé sur ses propres observations, et ceux de Major North et de M. Dunbar, qui a écrit sur la langue de la tribu, nous sommes sur un terrain beaucoup plus sûr que lorsque nous suivons un Européen méprisant et à moitié instruit.

La religion des Indiens Pieds-Noirs semble être une forme plus grossière de la foi Pawnee. Que les différences proviennent du caractère tribal, ou de la décadence, ou encore du fait que la croyance des Pieds-Noirs est plus ancienne et plus arriérée que celle des Pawnees, il n'est pas facile d'en être sûr. Comme en Chine, il existe une difficulté à décider si l'Être suprême est identique au grand dieu de la nature ; en Chine le Ciel, chez les Pieds-Noirs le Soleil ; ou est antérieur à lui dans la conception, ou lui a été, plus tard, substitué ou placé à côté de lui. La mythologie des Pieds-Noirs est basse, grossière et, sauf dans les récits de la Création, elle est moqueuse. Comme en Australie, il existe une différence de ton spécifique entre mythologie et religion.

Le pays des Pieds-Noirs s'étend à l'est depuis le sommet des Montagnes Rocheuses, jusqu'à l'embouchure de la rivière Yellowstone sur le Missouri, puis à l'ouest jusqu'aux sources de Yellowstone, à travers les Montagnes Rocheuses jusqu'à Beaverhead, de là jusqu'à leur sommet.

Quant aux esprits, les Pieds-Noirs croient aux fantômes, ou du moins racontent des histoires sur eux, qui se comportent un peu comme dans nos vieilles histoires de fantômes. Ils hantent les gens de manière plutôt sportive et irresponsable. Les âmes ou ombres de personnes respectables se rendent dans le pays sombre appelé les Sand Hills, où elles vivent dans une sorte de schéol terne et monotone . Les ombres des méchants sont « liées à la terre » et espiègles, en particulier les fantômes des hommes tués au combat. Ils provoquent la paralysie et la folie, mais redoutent les intérieurs des loges ; ils se contentent de « taper sur les peaux de la loge ». Comme beaucoup de tribus indiennes, les Pieds-Noirs possèdent la légende d'Eurydice. Un homme en deuil pour sa femme décédée trouve le chemin de l'Hadès, est pris en pitié par les morts et autorisé à ramener la femme avec lui, sous certaines interdictions rituelles, dont il enfreint malheureusement l'une d'entre elles. L'étendue de cette histoire profondément touchante parmi les Hommes Rouges, et sa ressemblance étroite avec le conte d'Orphée, est l'un des faits les plus curieux de la mythologie. L'ami de M. Grinnell, Young Bear, perdu avec sa femme dans le brouillard, entendit une voix : « Tout va bien. Allez, vous allez à droite. «Le sommet de ma tête semblait se soulever. C'était comme si beaucoup d'aiguilles y tombaient…. Cela devait être un fantôme. Comme la femme a également entendu la Voix, celle-ci était probablement humaine et non hallucinatoire.

Les animaux reçoivent le respect habituel de la part des Pieds-Noirs. Ils ont également un polythéisme naissant, « les personnes au-dessus, les personnes au sol et les personnes sous l'eau ». Parmi les premiers, le Tonnerre est le plus important et le plus vénéré. Il y a le Cold Maker, une figure blanche sur un cheval blanc, le Vent, etc.

Le Créateur est Nà -pi, le Vieil Homme ; Le Dr Brinton pense qu'il est une personnification de la Lumière, mais M. Grinnell estime qu'il est absurde d'attribuer une conception aussi abstraite aux Pieds-Noirs. Nà -pi est simplement un Être primordial, un Homme Immortel,[11] qui existait avant que la Mort vienne au monde, à propos duquel est racontée l'une des histoires habituelles sur l'Origine de la Mort. « Toutes les choses qu'il avait faites le comprenaient lorsqu'il leur parlait : les oiseaux, les animaux et les gens », comme dans les premiers chapitres de la Genèse. Avec Nà -pi, Création a travaillé sur les lignes de l'adaptation à l'environnement. Il a mis le mouflon d'Amérique dans la prairie. Là, c'était gênant, alors il l'a placé sur des endroits rocheux, où il sautillait facilement. L'antilope est tombée sur les rochers, alors il l'a emmenée dans la prairie plate. Nà -pi créa l'homme et la femme à partir d'argile, mais la folie de la femme introduisit la Mort. Nà -pi, tel un Prométhée, donnait du feu et enseignait les arts forestiers. Il a inculqué le devoir de prière ; sa volonté devrait être faite par des émissaires en forme d'animaux. Puis il est allé vers d'autres peuples. Les malheurs des Indiens proviennent de la désobéissance à ses lois.

Les chefs étaient électifs pour leur conduite, leur courage et leur charité.

Bien que les armes et les ustensiles aient été enterrés avec les morts, ou exposés sur des plates-formes, et bien que les grands hommes aient été laissés dormir dans leurs loges, pour que les vivants ne puissent désormais plus y entrer, je ne connais aucune trace d'un culte continu des ancêtres. Comme de nombreux Pieds-Noirs changent de nom chaque année, il est peu probable que les noms ancestraux deviennent ceux des dieux.

Beaucoup pensent que le Soleil a pris la place précédente de Nà -pi dans la religion ; ou peut-être que Nà -pi *est* le Soleil. Cependant, il est toujours adressé séparément dans la prière. Le Soleil reçoit des cadeaux sous forme de fourrures, etc. ; un doigt, quand la prière est pour la vie, lui a été tendu. Le fétichisme se manifeste probablement par des cadeaux faits à un grand rocher. Il y a une prière quotidienne, tant au Soleil qu'à Nà -pi. Les femmes instituent des Loges de Médecine en priant : « Pitié pour moi, Sun. Vous avez vu ma vie. Vous savez que je suis pur. « Nous regardons la femme de Medicine Lodge comme vous , les Blancs, regardez les sœurs catholiques romaines. Étant « vertueuse en actes, sérieuse et pure d'esprit », la femme de la Loge Médicale est en *relation spirituelle* avec Nà -pi et le Soleil. Dans cette mesure au moins, la religion des Pieds-Noirs exerce une influence éthique.

Le credo semble être un polythéisme naissant, subordonné à Nà -pi en tant que Créateur suprême, et au Soleil personnifié. Comme les fantômes Pieds-Noirs sont « vaporeux et inefficaces » pour le bien, il ne semble y avoir rien de tel que le culte des ancêtres.

Ces deux cultes et croyances, Pawnee et Blackfoot, peuvent être considérés comme des exemples assez bien authentifiés de religion américaine non christianisée parmi les races à la frontière de l'agriculture et de la chasse. Il serait difficile de soutenir que le culte des fantômes ou le culte des ancêtres sont un facteur puissant dans l'évolution de l'immortel Ti-ra-wá ou du Créateur immortel Nà -pi, qui n'a rien de l'esprit en lui, d'autant plus que les fantômes le sont. pas adoré.[12]

Examinons maintenant l'Être suprême d'un peuple américain civilisé . Il existe peu de récits religieux plus intéressants que la description de la foi au Pérou par Garcilasso de la Vega. Garcilasso était d'origine inca du côté du fuseau ; il est né en 1540, et son livre, tiré des traditions d'un oncle et aidé par les collections fragmentaires du père Blas Valera, fut publié en 1609. Dans la théorie de Garcilasso, les premiers habitants du Pérou, les totémistes et les adorateurs des collines et des ruisseaux , la Terre et la Mer, furent converties au culte du Soleil par le premier Inca, un enfant du Soleil. Même la nouvelle religion incluait le culte des ancêtres et d'autres superstitions. Mais derrière le culte du Soleil se trouvait la foi en un Être qui « faisait avancer le Soleil jusqu'à présent au-dessus de toutes les étoiles du ciel ».[13] Cet Être était Pachacamac , « le soutien du monde ». La question se pose alors : Pachacamac est -il une forme du même être créateur que nous trouvons parmi les sauvages les plus bas ? ou est-il le résultat d'une réflexion philosophique ? C'était l'opinion de Garcilasso . « Les Incas et leurs Amautas » (classe érudite) « étaient des philosophes ».[14]

« Pacha », dit-il, = univers, et « cama » = âme. Pachacamac est donc *Anima Mundi* . «Ils n'ont même pas pris le nom de Pachacamac dans leur bouche», ou rarement et avec révérence, car les Australiens ne mentionneront pas Darumulun en matière religieuse . Pachacamac n'avait pas de temple, « mais ils l'adoraient dans leur cœur ». Qu'il soit le Créateur apparaît dans un auteur antérieur, cité par Garcilasso , Agustin de Zarate (ii. ch. 5). Garcilasso , après avoir nié l'existence de temples à Pachacamac , en mentionne un, mais un seul. Il insiste longuement et avec beaucoup de logique sur le fait que Celui qu'il adore en tant que chrétien s'appelle en quichua Pachacamac . De plus, l'unique temple de Pachacamac n'a pas été construit par un Inca, mais par une race qui, ayant entendu parler du dieu Inca, a emprunté son nom, sans comprendre sa nature, celui d'un Être qui n'habite pas dans des temples faits de mains (ii .186). Dans le temple, ce peuple, les Yuncas , offrait même des sacrifices humains. Par les Incas à Pachacamac aucun sacrifice n'a été offert (ii. 189). Cette coutume négative, ils l'imposèrent également aux Yuncas , et ils enlevèrent les idoles du temple Yunca de Pachacamac (ii. 190). Les superstitions Yunca , cependant, infestaient le temple et une Voix y donnait des oracles.[15] Les Yuncas possédaient également une idole parlante, que les Incas, conformément à un traité religieux, consultaient occasionnellement.

Alors que Pachacamac , sans temple ni rite, était considéré comme le Créateur, il faut comprendre que le culte du Soleil et le culte des ancêtres étaient les éléments pratiques du culte inca. Cela semble avoir déplu à l'Inca Huayna Ccapac , car lors d'une fête solaire, il regarda fixement le Soleil, fut remontré par un prêtre et répondit que le Soleil agité "doit avoir un autre Seigneur plus puissant que lui".]

Cette remarque n'aurait pas été nécessaire si Pachacamac était réellement un article de croyance vivante et universelle. Peut-être devons-nous comprendre que cet Inca, comme son père, qui semble avoir été l'auteur original du dicton, avait l'intention de se moquer du culte élaboré accordé au Soleil, tandis que Pachacamac était négligé, en ce qui concerne le rituel .

Dans le livre de Garcilasso , nous devons tenir compte de son désir de justifier le credo de ses ancêtres maternels. Sa critique des versions espagnoles est aiguë et il fait souvent appel à sa connaissance du quichua et aux traditions directes qu'il a reçues de son oncle. Contre sa théorie de Pachacamac , résultat de la pensée philosophique, on peut faire valoir que des conceptions similaires, ou presque similaires, existent parmi des races non civilisées comme les Incas et non dotées de collèges de prêtres érudits. En fait, la position de Pachacamac et du Soleil est très proche de celle du Créateur Pieds-Noirs Nà -pi et du Soleil, ou de Shang- ti et du Ciel, en Chine. Nous avons l'Être Créateur dont le credo est envahi par celui d'un aspect vénéré de la nature, et dont le culte, en toute logique, est *nul*, ou presque *nul*. Il existe aussi, dans différentes strates de l'empire Inca, le culte des ancêtres, ou culte des momies, le totémisme et le polythéisme, avec un vague amas de *huaca* = *Elohim, kalou , wakan.*

Il ne serait peut-être pas trop téméraire de supposer que Pachacamac n'est pas une simple abstraction philosophique, mais la survivance d'un être comme Nà -pi ou Ahone . Cieza de Léon appelle Pachacamac « un diable », dont le nom signifie « créateur du monde » ![17] Le nom, lorsqu'il *fut* prononcé, fut prononcé avec des génuflexions et des signes de révérence. Pachacamac ressemblait si étroitement à la divinité chrétienne que Cieza de Leon déclare que le diable l'avait forgé et insistait sur la ressemblance ! un point d'appui pour l'introduction du christianisme. Ils préféraient considérer Pachacamac comme un démon frauduleux. Maintenant Nzambi Mpungu , chez les Bantous, n'est assurément pas la création d'un savant sacerdoce, car les Bantous n'ont pas de savants prêtres, et Mpungu serait inutile aux prestidigitateurs avides qu'ils consultent, car il n'est pas apaisé. Par analogie, on peut donc dire que Pachacamac ressemble à un Être suprême sauvage, quelque peu éthéré soit par Garcilasso , soit par les Amautas , la classe savante parmi les sujets des Incas. Il ne paraît cependant pas très supérieur à l' Ahone des Virginiens.

Nous possédons cependant une version différente de la religion inca, sur laquelle Garcilasso est fortement en désaccord. La meilleure version est celle de Christoval de Molina, qui fut aumônier de l'hôpital des indigènes et écrivit entre 1570 et 1584.[19] Christoval rassembla un certain nombre d'anciens prêtres et d'autres indigènes qui avaient pris part aux anciens services et recueillit leurs témoignages. Il appelle le Créateur (« non né de femme, immuable et éternel ») du nom de Pachayachachi . « Maître du monde » et « Tecsiviracocha », que Garcilasso rejette comme étant dénués de sens.[20] Il raconte également l'histoire de l'Inca Yupanqui et du Seigneur du Soleil, mais dit que les Incas connaissaient déjà le Créateur. Il attribue à Yupanqui l'érection d'une image en or du Créateur, totalement niée par Garcilasso .[21] Christoval déclare, encore contredit par Garcilasso , que des sacrifices étaient offerts au Créateur. Contrairement au Soleil, dit Christoval , le Créateur ne s'est vu assigner aucune femme, « parce que, comme il les a créées, elles lui appartenaient toutes » (p. 26), ce qui, bien sûr, est une idée qui rendrait également le sacrifice superflu. .

Christoval donne des prières en quichua, dans lesquelles le Créateur est appelé *Uiracocha* .

Christoval attribue des images, des sacrifices et même des sacrifices humains au Créateur Uiracocha . Garcilasso nie que le Créateur Pachacamac ait eu l'une de ces choses, il nie que Uiracocha soit le nom du Créateur, et il le nie, sachant que les Espagnols ont fait cette affirmation.[22] Qui a raison? Uiracocha , dit Garcilasso , est une chose, avec ses sacrifices ; le Créateur, Pachacamac , sans sacrifices, en est un autre, est DIEU.

M. Markham pense que Garcilasso , en écrivant à ce moment-là, et sans exagérer consciemment, était encore moins digne de confiance (bien que « merveilleusement précis ») que Christoval . Garcilasso , cependant, est « scrupuleusement véridique ».[23] « L'excellence de sa mémoire est peut-être mieux démontrée dans ses détails topographiques.... Il ne se trompe pas une seule fois dans la topographie de trois cent vingt lieux ! Un gentleman scrupuleusement véridique, doté d'une mémoire étonnante et maîtrisant sa langue maternelle, contredit catégoriquement la version d'un prêtre espagnol, qui semble également avoir été prudent et honorable .

Je vais maintenant montrer que Christoval et Garcilasso ont des versions différentes des mêmes événements historiques, et que Garcilasso fonde sa réfutation de la théorie espagnole du Créateur Inca sur sa forme de cette tradition historique, qui suit :

L'Inca Yahuarhuaccac , comme George II, était en désaccord avec son prince de Galles. Il bannit donc le prince à Chita, et le fit servir de berger aux lamas du Soleil. Trois ans plus tard, le prince en disgrâce arriva à la cour, avec ce que les Incas considéraient comme une histoire farfelue d'apparition du genre techniquement appelé « Borderland ». Endormi ou éveillé, il ne le savait pas, il vit un homme barbu en robe tenant un étrange animal. L'apparition s'est déclarée comme étant Uiracocha (le nom donné par Christoval au Créateur), un Enfant du Soleil ; en aucun cas comme Pachacamac , le Créateur du Soleil. Il annonça une rébellion lointaine et promit son aide au prince . L'Inca, entendant ce récit, répondit sur le ton de Charles II, lorsqu'il disait de Monmouth : « Dites à James d'aller en enfer ! » [24] La rébellion prédite éclata cependant, l'Inca s'enfuit, le prince sauva la ville, détrôna son père et l'envoya à la campagne. Il adopta alors, de l'apparition, le nom de trône *Uiracocha* , se laissa pousser la barbe et s'habilla comme l'apparition, à qui il érigea un temple sans toit et de construction unique. Il y avait une image du dieu, pour laquelle il donnait lui-même de fréquentes séances. Quand arrivèrent les Espagnols, hommes barbus, les Indiens les appelaient Uiracochas (comme le disent tous les historiens espagnols) et, pour les flatter, déclarèrent faussement qu'Uiracocha était leur mot pour le Créateur. Garcilasso fait exploser l'étymologie espagnole du nom, dans la langue de Cuzco, qu'il « aspirait avec le lait de sa mère ». « Les Indiens disaient que les principaux Espagnols étaient des enfants du Soleil, pour en faire des dieux, tout comme ils disaient qu'ils étaient des enfants de l'apparition d' Uiracocha . »[25] De plus, Garcilasso et

Cieza de Leon s'accordent dans leurs descriptions des image d' Uiracocha , qui, affirment tous deux, les Espagnols ont conçu pour représenter un des premiers missionnaires chrétiens, peut-être Saint-Barthélemy.[26] Garcilasso avait vu la momie de l'Inca Uiracocha et raconte toute l'histoire à partir de la version orale de son oncle, en ajoutant de nombreux commentaires indigènes sur la révolution de cour décrite.

Pour Garcilasso , les invocations d' Uiracocha , dans le recueil de prières de Christoval , sont donc une adaptation native aux préjugés espagnols : même en elles apparaît Pachacamac .[27]

Aujourd'hui, Christoval s'est emparé d'une variante du récit de Garcilasso , qui, dans Garcilasso , a beaucoup d' humour et de nature humaine. Selon Christoval , ce n'est pas le prince , plus tard Inca Uiracocha , qui a vu l'apparition, mais l'Inca Uiracocha . *fils*, prince de Galles, pour ainsi dire, de l'époque, plus tard l'Inca Yupanqui .

Garcilasso corrige Christoval . Uiracocha a vu l'apparition, comme le dit avec raison le Père Acosta, et Yupanqui *n'était pas* le fils mais le petit-fils de cet Inca Uiracocha .[28] Le propre fils d'Uiracocha était Pachacutec , ce qui signifie simplement « Révolution », disent-ils en passant. mot *Pachamcutin* , qui signifie « le monde change ».

La forme de l'histoire de Christoval est particulièrement gratifiante dans un certain sens. Yupanqui a vu l'apparition *dans un morceau de cristal* , « l'apparition a disparu, tandis que le morceau de cristal est resté ». L'Inca s'en est occupé, et on dit qu'il y a ensuite vu tout ce qu'il voulait. L'apparition, sous forme humaine et en costume inca, s'est livrée au Soleil ; et Yupanqui , lorsqu'il monta sur le trône, « ordonna de faire une statue du Soleil, ressemblant autant que possible à la figure qu'il avait vue dans le cristal ». Il ordonna à ses sujets de « révérer la nouvelle divinité, comme ils avaient auparavant adoré le Créateur »[29], qui était donc antérieur à Uiracocha .

Intéressante comme preuve de l'observation des cristaux par les Incas, cette légende de Christoval ne peut rivaliser comme preuve avec Acosta et Garcilasso . Le lecteur, cependant, doit décider s'il préfère le Pachacamac non propitié de Garcilasso , ou le Pachacamac de Christoval. Uiracocha , les sacrifices humains et tout.[30]

M. Tylor préfère la version de Christoval , faisant de Pachacamac un titre d' Uiracocha .[31] Il pense que nous avons, dans la religion inca, un exemple d'un « dieu subordonné » (le Soleil) « usurpant la place de la divinité suprême », ' 'la rivalité entre le Créateur et le divin Soleil.' En Chine, comme nous le verrons, M. Tylor pense, au contraire, que le Ciel est le dieu aîné, et que Shangti , l'Être suprême, est l'usurpateur.

La vérité à Uiracocha *contre* La controverse Pachacamac est difficile à cerner. J'avoue un penchant pour Garcilasso , si véridique et si merveilleusement précis, plutôt que vers le curé espagnol. Christoval , on le remarquera, dit que « Chanca-Uiracocha était une *huaca* (lieu sacré) à Chuqui-chaca ». Or Chuqui-chaca est l'endroit même où, selon Garcilasso , l'Inca Uiracocha érigea un temple pour 'son oncle, l'Apparition.'[33] Uiracocha , la divinité qui reçoit des sacrifices humains, serait donc un dieu ancestral tardif, introduit royalement, sans véritable rival du Créateur, qui ne reçoit aucun sacrifice et, comme il était barbu, son nom serait facilement transmis aux Espagnols barbus, dont l'Inca Uiracocha aurait prédit l'arrivée. Mais appeler plusieurs ou tous les Espagnols par le nom donné au Créateur serait absurde. M. Tylor et M. Markham ne font pas référence au passage dans lequel Christoval met visiblement la main sur une version erronée de l'histoire de l'apparition.

Il existe encore une autre version de cette légende historique, écrite quarante ans après la date de Christoval par Don Juan de Santa Cruz Pachacuti-yamqui. Salcamayhua . Il se classe après Garcilasso et Christoval , mais avant les écrivains *espagnols antérieurs* , comme Acosta, qui ne connaissaient pas le quichua. Selon Salcamayhuia , l'Inca Uiracocha était comme Jacques III, passionné d'architecture et opposé à la guerre. Il donna le royaume à son bâtard, Urca , qui fut vaincu et tué par les Chancas . Uiracocha avait l'intention d'abandonner le concours, mais son fils légitime, Yupanqui , vit sur un rocher un jeune homme blond qui lui promettait le succès au nom du Créateur, puis disparut. Le prince fut victorieux et l'Inca Uiracocha se retira dans la vie privée. Cela semble être un mélange des histoires de Garcilasso et de Christoval .[34]

Il n'est pas en soi très important de savoir si le Créateur s'appelait Uiracocha (ce qui, si cela veut dire quelque chose, signifie « mer de graisse ! »), ou s'il s'appelait Pachacamac , créateur du monde, ou par les deux. des noms. La question importante est de savoir si le Créateur a même reçu des sacrifices humains (Christoval) ou pas du tout (Garcilasso). Quant à Pachacamac , il faut consulter M. Payne, qui a l'avantage d'être un érudit Quichua. Il considère que Pachacamac combine la conception d'un esprit général des êtres vivants avec celle d'un Créateur ou faiseur de toutes choses. « Pachacamac et le Créateur sont une seule et même personne », mais la conception de Pachayachacic , « souverain du monde », « appartient à la période ultérieure des Incas ».[35] M. Payne semble préférer la légende de l'Inca de Christoval . crystal-gazer, à la version rivale de Garcilasso . La forme Yunca du culte de Pachacamac que M. Payne considère comme un exemple de dégradation.[36] Il ne croit pas à la déclaration de Garcilasso selon laquelle aucun sacrifice humain n'a été fait au Soleil. Garcilasso doit, si M. Payne a raison, avoir été un menteur délibéré, à moins qu'il n'ait effectivement été trompé par ses parents incas. Le lecteur peut maintenant évaluer par lui-même la difficulté de bien connaître la religion péruvienne, voire toute religion. Car, si M. Payne a raison de dire que les sauvages les plus bas n'ont aucune conception de Dieu, ni même de l'esprit, bien que l'idée d'un grand Créateur, d'un esprit, soit l'un des premiers efforts de la « logique primitive », nous, bien sûr, , n'ont fait que fabuler tout au long.

Le témoignage de Garcilasso ne semble cependant pas entaché par les tentatives chrétiennes de trouver une tradition divine primitive. Garcilasso affine peut-être sur les faits, mais il ne demande aucune théorie de la tradition divine primitive dans le cas de Pachacamac , qu'il attribue à la réflexion philosophique.

Dans le chapitre suivant, nous discutons de « l'ancienne théorie de la dégénérescence » et la contrastons avec le schéma provisoirement proposé dans ce livre. Nous avons déjà observé que la théorie de la Dégénérescence biaise les récits de certains missionnaires manifestement soucieux de retrouver les traces d'une Tradition Primitive, originellement révélée à tous les hommes, mais conservée seulement sous une forme pure par les Juifs. Pour éviter toute tromperie au moyen de ce biais, nous avons choisi des exemples d'êtres créateurs sauvages provenant de vastes régions, d'âges divers, de déclarations non missionnaires, de peuples arriérés les moins contaminés et de leurs mystères et hymnes secrets.

Ainsi, toujours en nous limitant au continent américain, nous avons les anciens hymnes des Zuñis , nullement christianisés , et jamais chantés en présence des Espagnols mexicains. Ces hymnes s'écrivent ainsi : « Avant le début de la Nouvelle Création, Awonawilona , le Créateur et le contenant de Tout, le Père de Tout, avait uniquement l'être.' Il a ensuite fait évoluer toutes choses « en se pensant vers l'extérieur, dans l'espace ». Hégélien! mais il en va de même pour les hymnes intemporels des Maoris , malgré la mythologie sauvage qui s'immisce dans les deux ensembles de traditions. La vieille fable d'Ouranos et de Gaia revient en Zuñi comme en Maori .[37]

Je ne vois pas comment Awonawilona pourrait être issue du fantôme d'un chef ou d'un prestidigitateur. Celui dans lequel toutes choses existaient potentiellement, mais qui était pourtant plus que tout, n'est pas le fantôme d'un prestidigitateur ou d'un chef. Il n'est certainement pas dû à l'influence missionnaire. Aucune autorité ne peut être meilleure que celle des chants sacrés traditionnels trouvés parmi une population qui ne veut pas les chanter devant l'un de ses maîtres mexicains.

Nous avons essayé d'échapper aux préjugés liés à la croyance en une tradition divine primitive, mais les préjugés de toutes sortes existent et doivent exister. À l'heure actuelle, l'hypothèse anthropologique selon laquelle le culte des ancêtres constitue la base, peut-être (comme dans la théorie de M. Spencer) la seule base de la religion, affecte les observateurs.

Avant d'aborder la théorie de la Dégénérescence, examinons un cas de biais anthropologique. Les Fidjiens, comme nous l'a appris Williams, ont des dieux ancestraux, ainsi qu'une forme singulière de l'être créateur, Ndengei , ou, comme l'appelle M. Basil Thomson, Degei . M. Thomson écrit : « Il est clair que les Fidjiens ont humanisé leurs dieux, parce qu'ils existaient autrefois sur terre sous forme humaine…. Comme d'autres peuples primitifs, les Fidjiens ont déifié leurs ancêtres. Pourtant, les Fidjiens « ont peut-être oublié les noms de leurs ancêtres il y a trois générations » ! Comment diable pouvez-vous déifier une personne dont vous ne vous souvenez pas ? De plus, seuls les chefs malveillants étaient divinisés, de sorte qu'apparemment un dieu fidjien est en réalité une canaille humaine bien née, si considérable qu'elle *n'est* pas oubliée, tout comme si nous adorions le méchant Lord Lyttelton ! Bien sûr , un dieu comme Ahone ne pourrait pas être fabriqué à partir de tels matériaux et, en fait, nous apprenons de M. Thomson qu'il existe d'autres dieux fidjiens d'origine différente.

« Il est probable qu'il y avait ici et là *des dieux qui étaient la création des prêtres qui les servaient, et n'étaient pas les esprits des chefs morts* . Tel était le dieu de la tribu Bure de la côte de Ra, appelé Tui Laga ou « Seigneur du Ciel ». Lorsque les missionnaires sont allés pour la première fois convertir cette ville , ils ont trouvé le prêtre païen leur fidèle allié. Il a déclaré qu'ils étaient venus prêcher le même dieu que lui, le Tui Laga , et que davantage de mystères du dieu leur avaient été révélés qu'à lui.

M. Thomson se souvient de saint Paul à Athènes, « que vous adorez donc par ignorance, je vous le déclare ».[38]

M. Thomson n'a clairement aucun parti pris en faveur d'un Dieu comme le nôtre, connu des sauvages et *qui ne* dérive pas du culte des fantômes. Il déduit ce dieu, Tui Laga , de la réflexion et de la spéculation sacerdotale. Mais nous trouvons un tel Dieu là où nous ne trouvons pas de prêtres, là où le sacerdoce n'a pas été développé. Un tel Dieu, qui n'est généralement pas favorisé par le sacrifice et la pratique privée lucrative, est précisément le genre de divinité qui ne convient pas à un sacerdoce. Pour ces raisons – qu'un sacerdoce « ne voit pas d'argent dans » un Dieu de cette sorte, et que des dieux de cette sorte, éthiques et créateurs, se trouvent là où il n'y a pas de prêtrise – nous ne pouvons pas considérer cette conception comme une conception tardive de la prêtrise. origine, comme le fait M. Thomson, bien qu'une caste érudite, comme les Amantas péruviens , puisse affiner l'idée. Un tel Dieu ne peut surtout pas être « la création des prêtres qui le servent », alors que, comme au Pérou, dans les îles Andaman et dans une grande partie de l'Afrique, ce Dieu n'est servi par aucun prêtre. Enfin, nous ne pouvons pas considérer l'absence de sacrifice à l'Être Créateur comme une simple preuve qu'il est un fantôme ancestral qui « avait vécu sur terre à une époque trop lointaine » ; car cette absence de sacrifice se produit là où les fantômes sont redoutés, mais ne sont pas favorisés par des offrandes de nourriture (comme chez les Australiens, les Andamanais et les Indiens Pieds-Noirs), alors que l'Être Créateur n'est pas et n'a jamais été un fantôme, selon ses adorateurs.

A ce stade, la critique peut naturellement remarquer que si l'Être sauvage suprême est fêté, comme par les Comanches, qui offrent des bouffées de fumée ; ou s'il est apparemment à moitié oublié, comme par les Algonquins et les Zoulous ; s'il est favorisé par le sacrifice (ce qui est très rare en effet), ou seulement par sa conduite, je le revendique également comme le descendant probable dans l'évolution de l'Être primitif, indifférencié, pas nécessairement « spirituel » de croyances telles que celle de l'Australien.

Il faut répondre que ce pedigree ne peut en effet être retracé historiquement, mais qu'il ne présente aucune des difficultés logiques inhérentes au pedigree animiste, à savoir que l'Etre Suprême sauvage est le dernier et le plus haut résultat de l'évolution sur des lignes animistes à partir de fantômes. . Cela ne va pas à l'encontre de l'évidence universellement présentée par les sauvages, selon laquelle leur Être suprême n'a jamais été un homme mortel. Elle est cohérente, alors que l'hypothèse animiste est, dans ce cas, incompatible avec la théorie sauvage et universelle de la Mort. Enfin, comme je l'ai déjà dit, si j'admets mon opinion selon laquelle il existe deux courants de pensée religieuse, l'un s'élevant dans la conception d'un être indifférencié, éternel, moral et créateur, l'autre s'élevant dans la doctrine des fantômes, il va de soi. que ces derniers, comme les mieux adaptés aux besoins et aux expériences quotidiennes, normales et supranormales, peuvent contaminer les premiers et introduire le sacrifice et la propitiation alimentaire dans le rituel des Êtres qui, selon la conception originale, « n'ont besoin de rien de nous ». En même temps, la conception de « l'esprit », une fois atteinte, finirait inévitablement par être attachée à l'idée de l'Être suprême, même si celui-ci n'était pas au départ conçu comme un esprit. Nous savons, par notre propre expérience, combien il est devenu difficile pour nous de penser à un être éternel, puissant et immortel, autrement qu'en tant qu'esprit. Pourtant, cette façon de considérer l'Être suprême, simplement comme *étant* , et non comme esprit, doit avoir existé, en admettant que l'idée d'esprit ait pour première expression un fantôme, car, par leur définition même, les grands dieux des sauvages ne sont pas des fantômes. , et n'ont jamais été des fantômes, mais sont antérieurs à la mort.

Permettez-moi ici de vous présenter, à titre d'exemple, un Être Suprême qui *n'est pas* du niveau sauvage le plus bas. Métaphysiquement, il est amélioré dans ses déclarations, moralement, il est entaché des pires crimes du dieu fantôme affamé , ou du dieu conçu sur le modèle de l'animisme. Cet Être Suprême très intéressant, appartenant à une race moyennement barbare, est le Taa-roa polynésien , tel que décrit par Ellis dans ce livre fascinant « Polynesian Researches ».[39] « Plusieurs de leurs *taata-paari* , ou sages, prétendent que, selon d'autres traditions, Taa-roa n'était qu'un homme divinisé après sa mort. L'euhémérisme, en fait, est une théorie naturelle des hommes familiarisés avec le culte des ancêtres, mais l'hypothèse euhémériste d'un penseur polynésien n'est pas une déclaration de croyance nationale. Taa-roa était « incréé, existant depuis le début ou à partir du moment où il émerge du *po* , ou monde des ténèbres ». Dans les îles sous le vent, Taa-roa était *Toivi* , orphelin de père et de mère de toute éternité. Il demeure seul au plus haut des cieux. Il a créé les dieux du polythéisme, les dieux de la guerre, de la paix, etc. Un hymne indigène dit : « Il était : il demeurait dans le vide. Pas de terre, *pas de ciel* , pas d'hommes ! Il est devenu l'univers. Aux Îles du Vent il a une épouse, Papa le rocher = Papa, la Terre, épouse de Rangi , le Ciel, dans la mythologie maorie . Ainsi , on peut affirmer que Taa-roa n'est pas une « idée théiste primitive », mais simplement le Dieu-Ciel (Ouranos en Grèce). Mais on peut distinguer : dans l' hymne Zuñi nous avons le mythe du mariage du Ciel et de la Terre, mais le Ciel n'est pas l'Éternel, Awonawilona , qui « s'est pensé dans le vide », devant lequel, comme dans l'hymne polynésien, « il n'y avait pas de ciel.'[40]

D'où est venue l'idée de Taa-roa ? La théorie euhéméristique selon laquelle il était le fantôme d'un homme mort est absurde. Mais comme nous sommes maintenant parmi les polythéistes, on peut affirmer que, étant donné une foule de dieux sur le modèle animiste, il fallait leur trouver une origine, et cette origine était Taa- roa . Cela serait plus plausible si nous ne trouvions pas d'Êtres Suprêmes où il n'existe aucun polythéisme départemental à partir duquel les développer. A Tahiti, *les Atuas* sont des dieux, *Oramutuas Ce* sont des esprits ; les chefs des esprits étaient des fantômes de guerriers. Celles-ci étaient malveillantes : eux, leurs images et les crânes des morts avaient besoin d'une propitiation, et ces idées (peut-être) se reflétaient sur Taa-roa , à qui des victimes humaines étaient sacrifiées.[41]

Or, ce genre d'horreur, de sacrifice humain, est inconnu, je pense, dans les premières religions sauvages des Êtres Suprêmes, comme en Australie, chez les Bushmen, les Andamanais, etc. Je suggère donc que dans un polythéisme avancé, comme celui de la Polynésie, les mauvais rites sacrificiels non pratiqués par les bas sauvages finissent par être attachés au culte même de l'Être Suprême. Les fantômes et les dieux fantômes exigeaient de la nourriture, et la nourriture était donc également offerte à l'Être Suprême.

Il s'est avéré difficile, voire impossible, d'amener les chrétiens convertis, en Polynésie, à répéter les anciennes prières. Ils commencèrent, tremblèrent et s'abstinrent. Ils avaient un rituel « pour presque chaque acte de leur vie », chose peu familière aux petits sauvages. En fait, il ne fait aucun doute que les actes criminels religieux, depuis le sacrifice humain jusqu'à l'incendie de Jeanne d'Arc , augmentent à mesure que la religion et la culture s'éloignent du stade des Bushmen et des Andamanais pour rejoindre celui de la culture aztèque et polynésienne. L'Être Suprême réussit à faire progresser la civilisation , et sous l'influence de l'animisme, par des dieux fantômes impitoyables et insatiables, pleins des pires qualités humaines. Il y a donc ce que nous pouvons réellement appeler une dégénérescence morale et religieuse, qui accompagne inévitablement les premiers progrès.

Qu'il en soit ainsi, que les premiers progrès de la culture introduisent *nécessairement une dégénérescence religieuse, nous allons maintenant essayer de le démontrer.* Mais nous pouvons observer, en passant, que notre éventail d'êtres suprêmes moraux ou augustes sauvages (les premiers qui sont tombés sous la main) ne se retrouvera, pour une raison quelconque, dans les traités anthropologiques sur l'origine de la religion. Ils semblent, d'une manière ou d'une autre, avoir été négligés par les philosophes. Pourtant, les preuves en leur faveur sont suffisamment solides. Son excellence est prouvée par son uniformité même, assurément inconçue. Une théorie ancienne, voire obsolète – celle de la dégénérescence de la religion – repose sur des faits que ses partisans eux-mêmes ont ignorés, que l'orthodoxie a négligés. Ainsi, le révérend professeur Flint informe l'auditoire de la cathédrale Saint-Gilles que, dans les religions « au bas de l'échelle religieuse », « il est toujours facile de voir à quel point le divin est conçu misérablement ; à quel point le pauvre adorateur est peu conscient de ses propres désirs véritables. Le pauvre adorateur de Baiame souhaite obéir à Sa Loi, ce qui conduit, dans une certaine mesure, à la justice.[42]

[Note 1 : Dans Pinkerton, xiii. 13, 39 ; *Prim. Culte* . ii. 342.]

[Note de bas de page 2 : Voir la préface de cette édition pour la déclaration corrigée.]

[Note 3 : *Mythes du Nouveau Monde* , p. 47.]

[Note 4 : Il existe une description de Virginia, par W. Strachey, incluant les remarques de Smith, publiée en 1612. Strachey a entrelacé une partie de ce travail avec son propre MS. au British Museum, dédié à Bacon (Verulam). Ce MS. a été édité par M. Major, pour la Hakluyt Society, en 1849, avec un glossaire, par Strachey, de la langue indigène. Les remarques sur la religion sont au chapitre VII. Le passage sur Ahone se trouve dans Strachey (1612), mais *pas* dans Smith (1682), à Pinkerton. Je dois à la gentillesse de Monsieur Edmund Gosse les photographies des dessins accompagnant le MS. L'histoire du sacrifice d'enfants de Strachey (pp. 94, 95) ne semble faire référence à rien de pire que l'initiation aux mystères.]

[Note 5 : Voir Brinton, *Myths of the New World* , pour une théorie philologique.]

[Note de bas de page 6 : Comparez « The Fire Walk » dans *la mythologie moderne* .]

[Note 7 : Comparez la curieuse anecdote de saint Augustin dans *De Cura pro Mortuis habenda* sur les morts et les ressuscités de Curio. Le fondateur de la nouvelle
religion Sioux, basée sur l'hypnotisme, est « mort » et s'est rétabli.]

[Note 8 : Cf. Déméter.]

[Note 9 : Major North, pendant longtemps le surintendant américain des Pawnees.]

[Note 10 : Schoolcraft, iii. 237.]

[Note 11 : Comme envisagé ici, Nà -pi n'est pas un esprit. La question de l'esprit ou du non-esprit ne s'est pas posée. Jusqu'à présent, Nà -pi répond à Marrangarrah , l'être créateur de la tribu des Australiens Larrakeah . « Un très bon homme appelé Marrangarrah vit dans le ciel ; il a créé toutes les créatures vivantes, à l'exception des hommes noirs. Il a tout fait…. Il ne meurt jamais et aime tous les noirs. Il a un démiurge, Dawed (M. Foelsche , *et* Dr Stirling, *JAI* ., novembre 1894, p. 191). Il est curieux d'observer comment les croyances sauvages déplacent souvent la responsabilité du mal du Créateur Suprême, entièrement bienfaisant, vers une divinité subordonnée.]

[Note de bas de page 12 : *Les contes de Grinnell's Blackfoot Lodge* et *Pawnee Hero Stories* .]

[Note 13 : Garcilasso , i . 101.]

[Note 14 : Op. cit. je . 106.]

[Note 15 : De tout cela, nous pourrions conjecturer, comme M. Prescott, que les Incas ont emprunté Pachacamac aux Yuncas et ont éthéré sa religion. Mais M. Clements Markham souligne que « Pachacamac est un pur mot quichua. »]

[Note 16 : Garcilasso , ii. 446, 447.]

[Note 17 : Cieza de Léon. p.253]

[Note 18 : traduction de Markham, p. 253.]

[Note 19 : *Rites et lois des Yncas* , traduction de Markham, p. VII.]

[Note 20 : *Rites* , p. 6. Garcilasso , je . 109.]

[Note 21 : *Rites* , p. 11.]

[Note de bas de page 22 : Comparez *les rapports sur la découverte du Pérou,* Introduction.]

[Note 23 : *Rites* , p. XV.]

[Note 24 : Lord Ailesbury's *Mémoires* .]

[Note 25 : Garcilasso , ii. 68.]

[Note 26 : Cieza de Léon, p. 357.]

[Note 27 : *Rites,* p. 28, 29.]

[Note 28 : Acosta, lib. vi. ch. 21 : Garcilasso . ii. 88, 89.]

[Note 29 : *Rites* , p. 12.]

[Note de bas de page 30 : Ibid. p.54.]

[Note de bas de page 31 : *Prim. Culte* . II, 337, 338.]

[Note 32 : *Rites* , p. 29.]

[Note 33 : Garcilasso , ii. 69.]

[Note 34 : *Rites et lois* , p. 91 *et suiv* .]

[Note 35 : Payne, je . 139.]

[Note 36 : Op. cit. je . 468. M. Payne rejette absolument l'histoire d'Ixtlilochitl sur le monothéisme de Nezahualcoyotl ; « Torquemada n'en sait rien, je . 490.]

[Note de bas de page 37 : Cushing, *rapport, Ethnol* . *Bureau* , 1891-92, p. 379.]

[Note de bas de page 38 : *JAI* . Mai 1895, p. 341-344.]

[Note de bas de page 39 : ii. 191, 1829.]

[Note de bas de page 40 : *Prim. Culte* . ii. 345, 346. Ellis, ii. 193.]

[Note 41 : Ellis, ii. 221.]

[Note 42 : *Les religions du monde* , p. 413.]

XV

L'ANCIENNE THÉORIE DE LA DÉGÉNÉRATION

Si un partisan de la théorie anthropologique a lu jusqu'ici cet argument, il se sera souvent murmuré : « La vieille théorie de la dégénérescence ! À ce sujet, le Dr Brinton remarquait en 1868 :

« L'hypothèse selon laquelle dans les temps anciens et dans des conditions très peu éclairées, avant que la mythologie ne se développe, prévalait un monothéisme qui fut ensuite, à diverses époques, relancé par les réformateurs, est une croyance qui aurait dû disparaître lorsque les délices de la vie sauvage et les louanges d'un état de nature a cessé d'être le thème des philosophes[1]'.

« La vieille théorie de la dégénérescence » se réduisait pratiquement et à tort, comme le dit M. Tylor, à deux hypothèses : « premièrement, que l'histoire de la culture a commencé avec l'apparition sur terre d'une race d'hommes semi-civilisés ; et deuxièmement, à partir de ce stade, la culture a procédé de deux manières : en arrière pour produire des sauvages, et en avant pour produire des civilisés . les hommes[2].' Cette hypothèse est fausse pour toutes nos connaissances sur l'évolution.

L'hypothèse ici provisoirement avancée ne fait aucune hypothèse. C'est un fait positif que parmi certains des plus bas sauvages, il existe, non pas un monothéisme doctrinal et abstrait, mais une croyance en un Être moral, puissant, bienveillant et créateur, tandis que cette foi se trouve juxtaposée à la croyance en des fantômes, des totems sans culte. , fétiches, etc. Le puissant Être créateur de croyance sauvage sanctionne la vérité, le altruisme, la loyauté, la chasteté et d'autres vertus. J'ai exposé les difficultés liées à la tentative de dériver cet Être des fantômes et d'autres formes inférieures de croyance.

Or, c'est une simple question de fait, et non une supposition, que l'Être suprême de beaucoup de sauvages assez supérieurs diffère de l'Être suprême de certains sauvages inférieurs par l'abandon dans lequel il est laissé, par le repos épicurien qu'on lui prête. , et par son manque relatif de contrôle moral sur la conduite humaine. A sa place, une foule de fantômes et d'esprits, censés être puissants et utiles dans la vie quotidienne, attirent le regard et l'adoration des hommes et sont payés par des sacrifices, même par des sacrifices humains.

En ce qui concerne les races encore plus élevées en culture matérielle, nous trouvons une foule de dieux affamés et cruels.

Sur ce point, M. Jevons remarque, conformément à ma propre observation, que « le sacrifice humain apparaît bien plus tôt dans les rites des morts que dans le rituel des dieux ».[3] Le chef mort a besoin de serviteurs. et des épouses dans l'Hadès, qui lui sont offertes. Les Australiens présentent certains éléments de cannibalisme, mais ne proposent pas, en règle générale, de victimes humaines. Jusqu'à présent, le culte des ancêtres a donc introduit un rite tristement « dégénéré », comparé à la foi morale en des dieux non nourris.

Aux dieux, le sacrifice humain était probablement offert (dans certains cas) soit par une race civilisée cannibale , comme les Aztèques, soit par le biais de *piacula* , le dieu étant concilié pour le péché de l'homme par l'offrande de ce que l'homme chérissait le plus, la « jalousie ». du dieu étant apaisé de la même manière. Mais ce sont là des conceptions relativement avancées, qu'on ne retrouve pas, à ma connaissance, parmi les races les plus basses et les plus arriérées. Par conséquent, avancer vers l'idée d'esprit à un moment donné signifiait dégénérescence à un autre moment, jusqu'au sacrifice humain.

Ainsi, en regardant des races relativement avancées, on les voit vénérer des divinités polythéistes et des fantômes de rois tout juste morts, souvent favorisés par de terribles massacres de victimes humaines, tandis que, comme dans le cas de Taa-roa, le sang jaillit même . sur le Créateur incréé, qui existait avant l'existence de la terre, ou de la mer, du soleil ou du ciel.

Indéniablement, les dieux affamés et cruels sont des dégénérés du Père céleste australien, qui ne reçoit d'autre sacrifice que celui des convoitises et de l'égoïsme des hommes ; qui désire l'obéissance, pas la graisse des kangourous ; qui n'a besoin de rien de nous ; n'est ni nourri ni soudoyé. Ainsi, à cet égard particulier, la dégénérescence de la religion depuis le modèle australien ou andamanais vers le modèle Dinka — et infiniment plus vers le modèle polynésien, ou aztèque, ou grec populaire — est aussi indéniable que n'importe quel fait de l'histoire humaine.

L'anthropologie n'a échappé à la connaissance de cette circonstance qu'en établissant la règle, manifestement non fondée sur des faits, selon laquelle « la sanction divine des lois éthiques… appartient presque ou entièrement aux religions situées au-dessus du niveau sauvage, et non aux croyances antérieures et inférieures » ; que « l'animisme sauvage est presque dépourvu de cet élément éthique qui, pour l'esprit moderne et instruit, est le ressort même de la religion pratique. »[4]

J'ai en effet soutenu que le Dieu des petits sauvages qui confère la sanction divine des lois éthiques n'est *pas* d'origine animiste. Mais même là où M. Im Thurn ne trouve, en Guyane, rien d'autre qu'un animisme du type le plus bas imaginable, il trouve aussi dans cet animisme la seule ou la plus puissante contrainte morale sur la conduite des hommes.

Même si l'anthropologie soutient l'idée certainement erronée selon laquelle la religion des races les plus arriérées est toujours non morale, elle ne peut évidemment pas savoir qu'il y a eu, en fait, une grande dégénérescence de la religion (si la religion a commencé au niveau australien et andamanais, ou voire plus) partout où la religion est non morale ou immorale.

Encore une fois, l'anthropologie, tout en fixant son regard sur les totems, sur les momies vénérées, les fantômes adorés et les fétiches précieux, n'a pas, à ma connaissance, fait une étude comparative des idées religieuses les plus élevées et les plus pures des sauvages. Ceux-ci ont été ignorés, avec un mot sur les missionnaires crédules et les influences chrétiennes, sauf dans le bref résumé pour lequel M. Tylor a trouvé de la place. Dans cet ouvrage, je ne prends qu'une poignée de cas d'opinions religieuses supérieures des sauvages et je les mets côte à côte à des fins de comparaison. Il reste encore beaucoup à faire dans ce domaine. Mais le domaine couvert est vaste, les preuves sont les meilleures possibles, et il semble prouvé sans aucun doute que les sauvages ont « recherché » une conception d'un Créateur bien plus élevée que celle pour laquelle ils s'attribuent généralement du crédit. Or, si cette conception est originale, ou très précoce (et que rien dans celle-ci ne suggère un développement tardif), alors les autres éléments de leur foi et de leur pratique sont dégénérés.

« Comment », a-t-on demandé, « toute l'humanité pourrait-elle oublier une religion pure ? »[5] C'est ce que j'essaie maintenant d'expliquer. J'expliquerais cette dégénérescence par les attraits que l'animisme, une fois développé, possédait pour le vilain homme naturel, « le vieil Adam ». Un créateur moral qui n'a besoin d'aucun don et qui s'oppose à la luxure et au mal n'aidera pas un homme avec des sortilèges d'amour ou avec des « envois » malveillants de maladies par la sorcellerie ; il ne favorisera pas un homme au-dessus de son voisin , ni une tribu au-dessus de ses rivaux, comme récompense pour un sacrifice qu'il n'accepte pas, ou comme contraint par des charmes qui ne touchent pas à sa toute-puissance. Les fantômes et les dieux-fantômes, en revanche, qui ont besoin de nourriture et de sang, qui ont peur des sortilèges et des sortilèges d'entrave,[6] constituent un groupe corrompu, mais, pour l'homme, utile. L'homme étant ce qu'il est, l'homme était certain de « se prostituer » après des fantômes, des dieux fantômes et des fétiches pratiquement utiles qu'il pouvait garder dans son portefeuille ou son sac de médicaments. Pour ceux-là, il était sûr qu'à la longue, il négligerait d'abord son idée de son Créateur ; ensuite, peut-être, de le considérer comme l'un seulement, bien que le plus élevé, de la cohue vénale des esprits ou des divinités, et de lui sacrifier, comme à eux. Et c'est exactement ce qui s'est passé ! Si nous ne devons pas appeler cela « dégénérescence », comment devons-nous l'appeler ? Il s'agit peut-être d'une vieille théorie, mais les faits « gagnent » et sont du côté d'une vieille théorie. Pendant ce temps, sur le plan matériel, la culture continuait à progresser, les métiers et les arts surgissaient ; des départements surgirent, chacun ayant besoin d'un dieu ; la pensée devint plus claire ; Des éthiques aussi admirables que celles des Aztèques furent développées, et tandis que des cœurs humains saignants fumaient sur chaque autel, Nezahuatl conçut et érigea un sanctuaire sans effusion de sang au « Dieu inconnu, cause des causes », sans autel ni idole ; et l'Inca, Yupanqui , ou un autre, a déclaré que « Notre Père et Maître, le Soleil, doit avoir un Seigneur. »[7]

Mais, à ce stade de la culture, la chance de l'État et les intérêts d'un clergé riche et puissant étaient impliqués dans le maintien de l'ancien système animiste et relativement amoral, comme à Cuzco, en Grèce et à Rome. Ce respect populaire et politique pour la chance de l'État, cet intérêt sacerdotal (tout naturel) ne pouvait être balayé que par le monothéisme moral du christianisme ou de l'islam. Rien d'autre ne pourrait le faire. Dans le cas du christianisme, la principale et la plus puissante des nombreuses influences combinées, outre la vie et la mort de Notre Seigneur, était le monothéisme moral de la religion hébraïque de Jéhovah.

Or, il est indéniable que Jéhovah, à une certaine période de l'histoire hébraïque, était devenu dégradé et anthropomorphisé, bien au-dessous de Darumulun , et Puluga , et Pachacamac , et Ahone , tels qu'ils étaient conçus dans leur forme la plus pure et dans la haute humeur du sauvage. des mystères qui contiennent pourtant tant de grotesques. Même le grand homme noir des Fuégiens se situe à un niveau plus élevé (selon *nos* estimations morales), lorsqu'il interdit de tuer un ennemi voleur, que certains exemples de conduite hébraïque ancienne. Mais notre connaissance des Fuégiens est lamentablement limitée.

Encore une fois, des traces de sacrifices humains apparaissent dans le rituel d'Israël, et ce n'est que relativement tard que les grands prophètes, déclarant à juste titre Jéhovah indifférent au sang des taureaux et des béliers, tentent de ramener son service à celui des non-propitiés, Dendid , ou Ahone , ou Pundjel non achetés . C'est là une dégénérescence, même en Israël. Comment la conception de Jéhovah est née en Israël, s'il s'agit d'une renaissance d'une idée à moitié effacée, telle qu'on en trouve chez les bas sauvages ; ou s'il a été emprunté à une croyance étrangère ; ou était-ce le résultat d'une méditation sur l'Être philosophique suprême de la haute théologie égyptienne, c'est une autre question. La déclaration biblique penche pour la première alternative. Jéhovah, et non ce nom, avait été le Dieu des pères d'Israël. La question sera discutée plus tard ; mais, à moins que de nouveaux faits ne soient découverts, nous devons accepter la version du Pentateuque, ou nous réfugier dans des conjectures.

Non seulement il y a une dégénérescence depuis la conception australienne de Mungan-gnaur , à son meilleur, vers la conception des dieux sémitiques en général, mais, « humainement parlant », si la religion a commencé sous une forme pure parmi les bas sauvages, la dégénérescence était inévitable. L'évolution des conditions sociales a contraint les hommes à la dégénérescence. Mungan-ngaur est, jusqu'à présent, conforme à nos propres idées sur la divinité car il n'est pas localisé . Il n'habite pas dans des temples faits de mains d'homme ; il est peu probable qu'il le fasse, alors que ses adorateurs n'ont ni maison, ni tente, ni tabernacle. Comme le dit M. Robertson Smith, « là où Dieu avait une maison ou un temple, nous reconnaissons le travail d'hommes qui n'étaient plus de purs nomades, mais qui avaient commencé à former des foyers fixes ». De par la nature de la société australienne, une divinité ne pouvait pas être liée à un temple, et le rituel du temple, ainsi que les mythes qui en découlaient pour expliquer ce rituel, ne pouvaient pas surgir. Darumulun ne pouvait pas non plus être rattaché à un district, tout comme « les Arabes nomades ne pouvaient pas assimiler la conception d'un dieu propriétaire foncier et l'appliquer à leurs propres divinités tribales, pour la simple raison que dans le désert, la propriété privée des terres » était inconnu. »[8]

Darumulun n'est donc pas capable de dégénérer en « un dieu local, comme *Baal* , ou seigneur de la terre », car cela « implique une série d'idées inconnues de la vie primitive du chasseur sauvage », comme les tribus Murring largement répandues . 9]

Darumulun ne pouvait pas non plus être lié à un lieu à la manière sémitique, d'abord en s'y manifestant, donc en y recevant un autel de sacrifice, et finalement un sanctuaire, car Darumulun ne reçoit aucun sacrifice.

Là encore, la scène de la Bora ne pouvait pas devenir une demeure permanente de Darumulun , car, une fois les rites terminés, l'effigie du dieu est scrupuleusement détruite. Ainsi Darumulun , dans sa propre demeure « au-delà du ciel », peut « aller partout et tout faire » (il est omniprésent et tout-puissant), n'habite aucun lieu terrestre, n'a ni temple, ni tabernacle, ni montagne sacrée, ni, comme Jéhovah, toute limite de terrain.[10]

La première conception hébraïque de Jéhovah est donc infiniment plus conditionnée, pratiquement, par l'espace que l'Être suprême, « le Maître », dans la conception de certains Noirs australiens.

« Grâce à un prophète comme Isaïe, la résidence de Jéhovah à Sion est presque entièrement dématérialisée …. En concevant Jéhovah comme le roi d'Israël, il conçoit nécessairement son activité royale comme sortant de la capitale de la nation.'[11]

Mais les tribus de chasseurs nomades, sans culte des ancêtres, sans roi et sans capital, ne peuvent pas abaisser leur divinité par les conditions, ni la limiter par les limitations d'une monarchie terrestre.

De la même manière, le major Ellis prouve que la dégénérescence de la divinité en Afrique, dans la mesure où elle est localisée au lieu d'être le Dieu universel, implique une dégénérescence, comme c'est certainement le cas dans notre esprit. En étant attachés à une colline ou à une rivière donnée, « les dieux, au lieu d'être considérés comme s'intéressant à l'ensemble de l'humanité, finiraient par être considérés comme s'intéressant uniquement à des tribus ou à des nations distinctes ».

Pour nous, Milton semble noblement chauvin lorsqu'il parle de ce que Dieu a fait par « son anglais ». Mais cette conception localisée et essentiellement dégénérée était inévitable dès que, dans le progrès de la civilisation , le dieu qui s'était « intéressé à l'ensemble de l'humanité [connue] » était installé sur une colline, une rivière ou une lagune, au milieu d'une nation de fidèles. .

Au cours de l'éducation de l'humanité, cette forme de dégénérescence (considérée de manière abstraite) devait contribuer, comme rien d'autre n'aurait pu le faire, à la conception élevée de la Divinité universelle. Car cette conception n'a été introduite dans la religion pratique (en dehors de la spéculation philosophique) que par l'union entre Israël et le Dieu du Sinaï et de Sion. Les prophètes, reconnaissant dans le Dieu du Sinaï, le Dieu de leur nation – Celui à qui la justice était infiniment plus chère que son peuple élu – libérèrent la conception de Dieu des liens locaux et la répandirent dans le monde.

M. Robertson Smith a souligné une fois de plus la manière dont le développement politique différent de l'Est et de l'Ouest affectait la religion de la Grèce et des Sémites. En Grèce, la monarchie tomba de bonne heure devant les maisons aristocratiques. Le résultat fut « une aristocratie divine composée de nombreux dieux, modifiée seulement par une faible réminiscence de l'ancienne royauté dans la souveraineté peu efficace » (ou *prytany*) « de Zeus. En Orient, le dieu national avait tendance à acquérir une influence véritablement monarchique. »[12] L'Australie a échappé à la dégénérescence polythéiste en n'ayant pas d'aristocratie, comme en Polynésie, où l'aristocratie, comme au début de la Grèce, avait développé le polythéisme. Les Australiens connaissaient des fantômes et des esprits, mais pas des dieux polythéistes, ni des divinités départementales, comme celles de la guerre, de l'agriculture ou de l'art. Le sauvage n'avait pas d'agriculture et sa condition sociale n'était pas départementale. D'une autre manière encore, le progrès politique produit une dégénérescence religieuse, si le polythéisme est une dégénérescence à partir de la conception d'un être moral relativement suprême. Pour former une nation, plusieurs tribus doivent s'unir. Chacun a son dieu, et la nation est susceptible de les recevoir tous également dans son Panthéon. Ainsi, si les adorateurs de Baiame , Pundjel et Darumulun fusionnaient en une nation, nous pourrions trouver les trois dieux vivant ensemble dans un nouveau polythéisme. En fait, si l'on considère un point de départ relativement pur, la dégénérescence qui en découle doit accompagner chaque étape de la civilisation , jusqu'à une certaine distance.

Contrairement aux dieux sémitiques, Darumulun ne reçoit aucun sacrifice. Comme nous l'avons dit, il n'a aucun lien de parenté avec les fantômes, et leurs sacrifices ne pourraient pas être intégrés à son culte, si Waitz-Gerland (vi. 811) a raison de dire que les Australiens n'ont pas de culte des ancêtres. On croyait que les fantômes de Kurnai « vivaient de plantes »[13], qui ne leur sont pas offertes. Des fantômes froids, non nourris par les hommes, venaient aux feux de camp en déclin et s'attaquaient aux viandes brisées. Les Ngarego et les Wolgal soutenaient, plus généreusement, que Tharamulun (Darumulun) rencontrait l'esprit qui venait de partir « et le conduisait vers sa future demeure au-delà du ciel ».[14] Des fantômes pouvaient également accompagner les reliques du corps, comme la main morte, porté par la famille, qui agitait le fragment noir vers les redoutables aurores boréales en criant : « Renvoyez-le ! Je ne connais aucun sacrifice aux fantômes ancestraux parmi ce peuple qui ne peut pas se souvenir longtemps de ses ancêtres, par conséquent cette pratique n'a pas été réfractée sur le culte de son Maître suprême. Dans le culte de Darumulun et d'autres dieux supérieurs des sauvages les plus bas, rien ne répond au mot technique sacerdotal hébreu pour sacrifice, « nourriture de la divinité ».[15] Personne ne nourrit Puluga , personne ne nourrit Ahone . Nous n'entendons parler d'aucun sacrifice fuégien. M. Robertson Smith dit : « Dans toutes les religions dans lesquelles les dieux ont été développés à partir de totems [des animaux adorés et d'autres choses considérées comme apparentées aux souches humaines], l'acte rituel consistant à déposer de la nourriture devant la divinité est parfaitement intelligible. » Pundjel , un Être suprême australien, est mêlé à des animaux dans certains mythes, mais il n'est pas facile de voir comment des Êtres suprêmes comme lui pourraient être « développés à partir de totems » ! Je ne sais pas, encore une fois, qu'une tribu australienne nourrisse les animaux qui sont ses totems, donc Darumulun ne pouvait pas et n'a pas hérité de sacrifices par leur intermédiaire. M. Robertson Smith avait une théorie célèbre selon laquelle le sacrifice de céréales est un hommage à un dieu, tandis que le sacrifice d'une bête ou d'un homme est un acte de communion avec le dieu.[16] Hommes et dieux dînaient ensemble.[17] "Le dieu lui-même a été conçu comme un être de la même souche que ses camarades." Les bêtes étaient également de la même souche, une bête, disons un homard, était du même sang qu'un parent homard, et son dieu.[18] Parfois, la bête sacrée des parents, qui ne doit généralement pas être tuée ni goûtée, est « consommée comme une sorte de sacrement mystique, un fait des plus douteux ».[19]

Or, il existe, je crois, des preuves, récemment recueillies sinon publiées, qui plaident en faveur de la consommation de totems par les Australiens, d'un certain mystère très rare et solennel. Cela ne me surprendrait même pas (« d'après les informations reçues ») si une personne très profondément initiée était occasionnellement tuée, comme le plus haut degré d'initiation, dans certaines occasions les plus inhabituelles. Cela reste incertain, mais je n'ai à l'heure actuelle aucune preuve que, que ce soit par une voie ou une autre, soit en se nourrissant de fantômes, soit en se nourrissant de totems, soit en se nourrissant de totems, un être suprême australien reçoive un quelconque sacrifice. Beaucoup moins que chez les Pawnees et les peuples sémitiques (à en juger par certaines traces), l'Être suprême australien est la cause et le participant du sacrifice humain.[20] L'horrible idée de l'Homme qui est Dieu et qui est mangé en l' honneur de Dieu se retrouve chez les Aztèques polythéistes, à un niveau élevé de culture matérielle, et non chez les Australiens, les Andamanais, les Bushmen ou les Fuégiens.[21]

Ainsi, en religion, le Darumulun , ou autre Être suprême des sauvages les plus bas connus, les hommes errant dans la nature, lorsqu'ils se sont rencontrés à l'origine sur un continent peuplé d'espèces d'animaux plus anciennes que le nôtre, se trouvaient (dans la mesure où nous considérons la pureté) sur un plan supérieur par loin que les dieux des Grecs et des Sémites dans leurs premiers mythes connus. Laissant la mythologie de côté et ne regardant que le culte, le Dieu du Murring ou du Kurnai, dont les préceptes adoucissent le cœur, qui connaît les secrets du cœur, qui inculque la chasteté, le respect de l'âge, le altruisme, qui n'est pas lié par les conditions d'espace ou de lieu. , qui ne reçoit aucun sang d'homme ou de bête abattu, est une conception dont les dieux polythéistes ordinaires de peuples infiniment plus polis sont franchement dégénérés. Les superstitions animistes largement fondées sur la croyance en l'âme ne l'ont pas souillé, et les conditions sociales de l'aristocratie, de l'agriculture, de l'architecture ne l'ont pas intégré à une foule polythéiste de dieux rapaces, ni l'ont lié comme un Baal à son domaine. ni ne l' a localisé dans un temple construit de main d'œuvre. Il ne peut pas apparaître comme un « Dieu des batailles » ; aucun *Te Deum* ne peut lui être chanté pour la victoire dans une cause peut-être injuste, car il est l'Être suprême d'un certain groupe de tribus locales alliées. L'une de ces tribus n'a pas plus d'intérêt pour lui qu'une autre, et le groupe tout entier ne fait pas, en tant que corps, la guerre à un autre groupe étranger. Les conditions sociales de ses adorateurs préservent donc Darumulun des taches évidentes sur l'écusson des dieux parmi des races beaucoup plus avancées.

Une fois de plus, l'idée de l'animisme se prête à une expansion sans fin. Un esprit peut être localisé n'importe où, dans n'importe quelle pierre, bâton, buisson, personne, colline ou rivière. Un dieu créé sur le modèle animiste peut être affecté à n'importe quel département de l'activité humaine, jusqu'aux sports, aux convoitises, ou à la province de Cloacina . La religion devient ainsi une simple jungle de croyances hantée et pestilentielle. Mais la conception théiste, lorsqu'elle n'est pas encore envisagée comme spirituelle, ne peut être subdivisée et *éparpillée* . Ainsi, à tous points de vue et de tous côtés, l'animisme est plein de germes de dégénérescence religieuse, qui n'existent pas et ne peuvent pas exister dans ce que je considère comme la première forme connue de la conception théiste : celle d'un Être dont nature métaphysique – esprit ou non esprit – aucune question n'a été posée, comme l'a fait remarquer il y a longtemps le Dr Brinton.

Cette conception à elle seule ne pouvait ni fournir le motif moral d'une « âme à sauver », ni satisfaire l'instinct métaphysique du progrès de l'humanité. Pour répondre à ces besoins, fournir à « l'âme » son stimulus moral et fournir une expression ou une idée sous laquelle la Divinité pourrait être envisagée (c'est-à-dire comme un *esprit*) en faisant avancer la pensée, l'animisme était nécessaire. Le mélange des croyances théistes et animistes était indispensable à la religion. Mais dans le processus de développement animiste dans des conditions sociales en évolution, la dégénérescence était nécessairement impliquée. Une dégénérescence de la conception théiste s'est donc produite pendant un certain temps. Les faits sont les preuves ; et seuls des faits contradictoires, en quantité suffisante, peuvent annihiler la vieille théorie de la Dégénérescence lorsqu'elle se présente sous cette forme.

Il Il faut répéter que cette théorie donne une explication de ce que l'ancienne hypothèse de la dégénérescence n'explique pas. En admettant une religion primitive relativement pure à ses débuts, pourquoi a-t-elle dégénéré ?

M. Max Mullet, considérant la religion comme le développement du sentiment de l'Infini, considère le fétichisme comme une forme de croyance secondaire et relativement tardive. On le retrouve, observe-t-il, dans diverses formes de christianisme ; Le christianisme y est donc primordial, le culte des reliques y est secondaire. La religion commençant, selon lui, dans le sens de l'infini, éveillé chez l'homme par les grands arbres, les hautes collines, etc., avance vers l'infini de l'espace et du ciel, et ainsi vers l'infiniment divin. Ceci est primaire : le fétichisme est secondaire. En arguant ailleurs contre cette idée, j'ai demandé : quel a été le *mode* de dégénérescence qui a produit des résultats similaires dans le christianisme, dans les religions africaines et dans d'autres religions ? Comment ça a fonctionné ? À ma connaissance, M. Max Müller n'a pas répondu à cette question. Mais la façon dont la dégénérescence a fonctionné – à savoir le fait que l'animisme a supplanté le théisme – ressort clairement de notre théorie.

Prenez les premiers chapitres de la Genèse ou tout autre mythe cosmogonique sauvage que vous voulez. L'homme immortel est face à face avec le Créateur. Il ne peut pas dégénérer en religion. Il ne peut pas offrir de sacrifice, car le Créateur n'a évidemment besoin de rien, et encore une fois, comme il n'y a pas de mort, il ne peut pas tuer d'animaux pour le Créateur. Mais, d'une manière ou d'une autre, généralement par violation d'un tabou, la Mort entre dans le monde. Vient ensuite, par voie d'évolution, la croyance aux esprits affamés, la croyance aux esprits qui peuvent habiter des pierres ou des bâtons ; là encore surgissent des prêtres qui savent apaiser les esprits et les tenter avec des bâtons et des pierres. Ces arts deviennent lucratifs et sont soutenus par les hommes les plus intelligents et par l'évidence apparente des prophéties des convulsionnaires . Ainsi, toutes les formes connues de dégénérescence religieuse sont inévitablement introduites comme résultat de la théorie de l'animisme. Nous n'avons pas besoin d'une hypothèse du péché originel comme cause de dégénérescence, et, si la doctrine de l'Infini de M. Max Müller était *viable* , nous avons fourni, dans l'animisme, dans des conditions sociales avancées, ce qu'il ne semble pas fournir, une cause et *mode* de dégénérescence. Le fétichisme serait donc bien « secondaire », *par hypothèse* , mais comme on ne trouve nulle part le fétichisme seul, sans les autres éléments de la religion, on ne peut dire, historiquement, s'il est secondaire ou non. Le fétichisme a logiquement besoin, sous certains de ses aspects, de la doctrine des esprits, et le théisme, dans ce que nous considérons comme sa première forme connue, n'a pas logiquement besoin de la doctrine des esprits en tant que matière donnée. Nous pouvons aller jusqu'ici , mais pas plus loin, quant au fait de la priorité dans l'évolution. Néanmoins nous rencontrons, parmi les peuples les plus arriérés que nous connaissons, parmi les hommes qui viennent tout juste de sortir du stade paléolithique de leur culture, des hommes qui sont impliqués dans la peur des fantômes, une idée religieuse qui n'est certainement pas née du culte des fantômes, car par ces hommes , les fantômes ancestraux ne sont pas vénérés.

Dans leur cœur, sur leurs lèvres, dans leur formation morale, nous trouvons (même mêlée d'absurdités barbares et obscurcies par des rites d'une autre origine) la foi en un Être qui a créé ou construit le monde ; qui était depuis des temps au-delà de la mémoire ou de la conjecture ; qui est primordial, qui crée la justice et qui aime l'humanité. Cet Être n'a pas les notes de dégénérescence ; sa maison est « parmi les étoiles », pas sur une colline ou dans une maison. Pour lui, aucun autel ne fume, et pour lui aucun sang n'est versé.

« Dieu, qui a créé le monde et tout ce qui s'y trouve, étant donné qu'il est le maître du ciel et de la terre, n'habite pas dans des temples faits de main d'homme ; ni l'un ni l'autre n'est adoré par les mains des hommes, comme s'il avait besoin de quelque chose … et qu'il ait fait d'un seul sang toutes les nations des hommes... afin qu'ils cherchent le Seigneur, si peut-être ils pouvaient le chercher et le trouver, bien qu'il ne soit pas loin de chacun de nous : car en Lui nous vivons, nous nous mouvons et avons notre être.

Que les paroles de saint Paul soient littéralement vraies, quant au sentiment d'un Dieu qui n'a besoin de rien de la main de l'homme, l'étude de l'anthropologie nous semble le démontrer. Que dans ce Dieu « nous avons notre être », dans la mesure où une partie du nôtre peut échapper, à certains moments, aux liens du Temps et aux menottes de l'Espace, la première partie de ce traité est destinée à suggérer, comme une chose par aucun moyen ne dépasse nécessairement le pouvoir de conception d'un homme raisonnable. Que ces deux croyances, quelle que soit la manière dont elles ont été atteintes (un point sur lequel nous ne possédons aucune preuve positive), ont souvent été sujettes à une dégénérescence dans les religions du monde, n'est que trop évident.

Jusqu'à présent, la nature des choses et de la faculté de raisonnement ne semble pas démentir la vieille théorie de la dégénérescence.

A ces conclusions, dans la mesure où elles relèvent de l'opinion scientifique, nous n'avons été conduits que par l'étude de l'anthropologie.

[Note 1 : *Mythes du Nouveau Monde* , p. 44.]

[Note de bas de page 2 : *Prim. Culte* . je . 35.]

[Note 3 : *Introduction* , p. 199 ; aussi p. 161.]

[Note de bas de page 4 : *Prim. Culte* . ii. 360 361.]

[Note 5 : Prof. Menzies, *Histoire de la religion* , p. 23.]

[Note 6 : [grec : legomenai théion anagchai .] Porphyre.]

[Note 7 : Ixtlilochitl . Balboa, *Hist. du Pérou* , p. 62.]

[Note 8 : Robertson Smith, *Religion of the Semites* , pp. 104, 105.]

[Note de bas de page 9 : Op. cit. p. 106.]

[Note 10 : Sur le Glenelg, certaines grottes et sommets de montagnes sont hantés ou sacrés. Waitz , vi. 804, aucune autorité citée.]

[Note 11 : *Religion des Sémites* , p. 110.]

[Note de bas de page 12 : *Rel. Sem* . p. 71.]

[Note de bas de page 13 : Howitt, *JAT* . 1884, p. 187.]

[Note 14 : Op. cit. p. 188.]

[Note de bas de page 15 : *Rel. Sem* . p. 207.]

[Note de bas de page 16 : *Rel. Sem* . p. 225.]

[Note 17 : Op. cit. p. 247.]

[Note 18 : Op. cit. p. 269.]

[Note 19 : Op. cit. p. 277.]

[Note 20 : Op. cit. p. 343. Citant Gen. XXII 2 Rois XXII. 6, Michée vi. 7, 2 Rois iii. 27.]

[Note 21 : Je veux dire, cela ne me vient pas à l'esprit. Les nouvelles preuves bouleversent toujours les théories anthropologiques.]

XVI

THÉORIES DE JÉHOVAH

Toute spéculation sur l'histoire complexe de la religion a tendance à aboutir à la tentative de voir dans quelle mesure les conclusions peuvent être tirées pour illustrer la foi d'Israël. Ainsi, le théoricien qui croit au culte des ancêtres comme la clé de toutes les croyances verra en Jéhovah un fantôme ancestral développé, ou une sorte de dieu fétichiste , attaché à une pierre – peut-être une ancienne stèle sépulcrale d'un cheikh du désert.

L'admirateur exclusif de l'hypothèse du totémisme trouvera des preuves de sa croyance dans le culte du veau d'or et des taureaux. Les partisans du culte de la nature insisteront sur le lien qui existe entre Jéhovah et la tempête, le tonnerre et le feu du Sinaï. D'un autre côté, quiconque accepte nos suggestions aura tendance à voir, dans les premières formes de croyance en Jéhovah, une forme de conception largement diffusée d'un Être moral suprême, initialement (ou, du moins, au début de notre information) envisagée. sous une forme anthropomorphe, mais progressivement purgée de tous traits locaux par l'inspiration inédite et unique des grands Prophètes. Autant que nos connaissances s'étendent, ils étaient étrangement indifférents à l'élément animiste de la religion, à la doctrine des âmes humaines survivantes, et donc, bien sûr, à cet élément de l'animisme qui n'a pas de prix : la purification de l'âme à la lumière. de l'espérance de la vie éternelle. Tout comme la soif de justice des prophètes est intense, leur espoir de pouvoir enfin assouvir cette faim dans une éternité de bonheur sans péché et de jouissance de Dieu est manifestement discret. En bref, ils ont poussé le théisme à son extrême austérité – « même s'il me tue, je lui ferai pourtant confiance » – sans se soucier des récompenses de l'animisme. C'est certainement un résultat étrange d'une religion qui, selon la théorie anthropologique, a pour base l'animisme.

Nous examinons donc certaines formes de l'hypothèse animiste appliquée pour expliquer la religion d'Israël. Il s'agit d'un sujet dans lequel une connaissance particulière de l'hébreu et d'autres langues orientales semble absolument indispensable ; mais les spéculateurs anthropologiques ne sont pas des érudits orientaux (à de rares exceptions près), tandis que certains érudits orientaux ont emprunté à l'anthropologie populaire sans grande discrimination critique. Ces circonstances doivent être notre excuse pour nous aventurer sur ce terrain difficile.

Il nous est probablement impossible de retracer avec précision l'essor de la religion de Jéhovah. « Les sages et les érudits » se disputent sans fin sur les dates des documents, sur la quantité de doctrines ultérieures interpolées dans les textes antérieurs, sur la nature, la source et la quantité de l'influence étrangère – chaldéenne, accadienne, égyptienne ou assyrienne . Nous savons qu'Israël a eu, dès son plus jeune âge, la conception de l'Éternel moral ; on sait que, dès le plus jeune âge, cette conception a été contaminée et anthropomorphisée ; et nous savons qu'elle a été sauvée, dans une large mesure, de cette corruption, tout en conservant toujours son aspect éthique et sa sanction originelle. Pourquoi les choses se sont déroulées ainsi en Israël et pas ailleurs, nous ne le savons pas, sinon que telle était la volonté de Dieu dans la mystérieuse éducation du monde. À quel point cette éducation a été mystérieuse, tous ceux qui ont étudié les résultats politiques et sociaux du totémisme le savent mieux. À première vue, une croyance parfaitement folle et dégradante – à première vue qui ne visait qu'à faire de la famille un enfer de haine intestine – le totémisme a rendu possible – voire inévitable – l'union de groupes hostiles en grandes tribus relativement pacifiques. sociétés. Étant donné les matériaux tels que nous les connaissons, nous n'aurions jamais dû éduquer le monde de cette manière ; et nous ne voyons pas pourquoi cela aurait dû être fait. Mais nous sommes très anthropomorphes et totalement ignorants des conditions du problème.

Un exemple de théorie anthropologique concernant Jéhovah a été présenté par M. Huxley.[1] L'idée générale de M. Huxley de la religion telle qu'elle se situe au niveau le plus bas connu de la culture matérielle – par lequel les ancêtres d'Israël ont dû passer comme les autres peuples – a déjà été critiquée . Il a refusé aux races les plus arriérées la sanction éthique à la fois cultuelle et religieuse. Il était manifestement, bien qu'inconsciemment, dans l'erreur quant aux faits, et ne pouvait donc pas partir de l'idée qu'Israël, dans la condition de sauvagerie la plus basse historiquement connue, possédait, ou, comme d'autres races, pourrait posséder, la croyance en un monde éternel. faire pour la justice. « Pour ma part, dit-il, je ne vois aucune raison de douter que, comme le reste du monde, les Israélites aient traversé une période de simple culte des fantômes et aient progressé grâce au culte des ancêtres, au fétichisme et au totémisme. le niveau théologique auquel nous les trouvons dans les Livres des Juges et de Samuel.'[2]

Mais pourquoi pense-t-il que les Israélites ont fait tout cela ? Les fantômes hébreux, demeurant, selon M. Huxley, dans un état plutôt torpide au Sheol , ne seraient pas d'une grande utilité pratique pour un fidèle. Une référence dans Deutéronome xxvi. 14 (Le Deutéronome étant, *par hypothèse* , une imposture pieuse tardive) ne prouve pas grand-chose. L'hébreu y est invité à se remémorer le séjour de ses ancêtres en Égypte et à dire : « Des choses saintes, je n'ai rien donné pour les morts », c'est-à-dire des dîmes dédiées aux Lévites et aux pauvres. Une race qui a résidé pendant des siècles parmi les Égyptiens, comme Israël – parmi un peuple qui nourrissait minutieusement les *kas* des défunts – pourrait retrouver la trace d'une coutume, celle de donner de la nourriture aux morts, toujours persévérée par Sainte Monique. jusqu'à ce que saint Ambroise la réprimande. Mais M. Huxley a du mal à trouver des preuves d'un culte des ancêtres ou d'un culte des fantômes en Israël lorsqu'il cherche des indications de ces rites dans « le poids singulier attaché à la vénération des parents dans le Quatrième Commandement ». *Le Quatrième* Commandement, bien sûr, est un lapsus de plume. Il ajoute : « Le Cinquième Commandement, tel qu'il est, serait un excellent compromis entre le culte des ancêtres et le monothéisme. » Que les enfants pratiquent longtemps cet excellent compromis ! Il est vraiment trop tiré par les cheveux de raisonner ainsi : « Il était demandé aux gens d' honorer leurs parents, comme compromis entre le monothéisme et le culte des fantômes. » C'est dur, dur, de devoir raisonner de cette façon ! Cela vient d'une « formation à l'utilisation des armes de précision de la science ».

M. Huxley poursuit : « L'Arche d'Alliance était peut-être une relique du culte des ancêtres ; "Il y a beaucoup à dire sur cette spéculation." Il existe peut-être une hypothèse valable selon laquelle Jéhovah était une pierre fétiche qui avait été une pierre tombale, ou peut-être un *lingam* , et qui était conservée dans l'Arche sous le prétexte plausible qu'il s'agissait des deux Tables de la Loi !

Cependant, M. Huxley trouve en réalité plus sûr de supposer que les références au culte des ancêtres dans la Bible ont été effacées par les derniers éditeurs monothéistes, qui, néanmoins, sont si complets et minutieux dans leurs descriptions des diverses hérésies dans lesquelles Israël a été éternellement. expire et ne doit plus pouvoir expirer. Si le culte des ancêtres avait été un *péché mignon* d'Israël, les prophètes auraient laissé Israël entendre ce qu'il pensait à ce sujet.

L'indifférence des Hébreux à l'égard de l'âme des défunts est, en fait, une énigme, surtout si l'on considère leur éducation égyptienne, élément si important dans la théorie de M. Huxley.

M. Herbert Spencer ne réussit pas plus que M. Huxley à découvrir le culte des ancêtres parmi les Hébreux. Sur l'ensemble du sujet, il écrit :

« Là où les niveaux de nature mentale et de progrès social sont les plus bas, nous trouvons généralement, à côté d'une absence d'idées religieuses en général, une absence, ou un très léger développement, du culte des ancêtres.... Cook [le capitaine Cook], nous racontant ce qu'étaient les Fuégiens avant que le contact avec les Européens n'introduisît des idées étrangères, dit qu'il n'y avait parmi eux aucune apparence de religion ; et lui ou d'autres ne nous disent pas qu'ils étaient des adorateurs des ancêtres.'[4]

Ce n'est probablement pas le cas ; mais ils possèdent un être qui lit dans leur cœur et qui ne montre certainement aucune trace d'idées européennes. Si les

Fuégiens ne sont pas des adorateurs des ancêtres, cet Être ne s'est pas développé à partir du culte des ancêtres.

Le témoignage du capitaine Cook, qui n'est pas un anthropologue, mais un marin qui a vu et connaissait peu les Fuégiens, est précisément du genre contre lequel le major Ellis nous met en garde.[5] Plus une religion consiste dans la crainte d'un gardien moral de la conduite, moins elle se montre, par sacrifice ou rite, aux yeux du capitaine Cook, du navire *Endeavour de Sa Majesté*. M. Spencer place les Andamanais sur le même plan que les Fuégiens, « dans la mesure où l'on peut se fier aux rares preuves ». Nous avons montré que (comme M. Spencer le savait en 1876) on ne pouvait pas du tout lui faire confiance ; les Andamanais possèdent un Être moral suprême, bien qu'ils ne soient apparemment pas des adorateurs des ancêtres. Les Australiens « ne nous montrent pas beaucoup de persévérance dans la propitiation des fantômes », qui, si elle existe, cesse lorsque les cadavres sont ligotés et enterrés, ou après qu'ils ont été brûlés, ou après que les os, transportés pendant un certain temps, sont exposés sur le sol. plates-formes. Pourtant, de nombreuses tribus australiennes possèdent un Être moral suprême.

En fait , le culte des fantômes, selon le schéma de M. Spencer, ne peut être suffisamment développé que lorsque la société atteint le niveau de « groupes sédentaires dont les lieux de sépulture se trouvent au milieu d'eux ». Par conséquent, le développement d'un Être moral suprême parmi des tribus *non* ainsi établies est inconcevable, selon l'hypothèse de M. Spencer.[6] Selon cette hypothèse, « les ancêtres adorés, selon leur éloignement, étaient considérés comme divins, semi-divins et humains ».[7] Là où l'on retrouve donc l'Être divin chez les nomades qui ne se souviennent pas de leurs arrière-grands-pères, le La théorie spencerienne est réfutée par les faits. Nous avons pour effet, l'Etre Divin, sans cause, le culte des ancêtres.

En ce qui concerne les Hébreux, M. Spencer soutient que « le silence de leurs légendes (en ce qui concerne le culte des ancêtres) n'est qu'un fait négatif, qui peut être aussi trompeur que le sont habituellement les faits négatifs ». Ils le sont, en effet ; soyez témoin du propre silence de M. Spencer à propos des Êtres Suprêmes sauvages. Mais nous pouvons raisonnablement affirmer que si Israël avait été voué au culte des ancêtres (comme on peut le déduire en partie du mystère de la tombe de Moïse), les prophètes ne les auraient pas épargnés pour leurs pleurs. Les prophètes étaient des hommes inhabituellement francs et, comme ils réprimandent indéniablement Israël pour tout autre type d'hérésie imaginable, il était peu probable qu'ils gardent le silence sur le culte des ancêtres, si le culte des ancêtres existait. M. Spencer affirme donc, de manière assez inconsidérée, mais à juste titre, que « les habitudes nomades sont défavorables à l'évolution de la théorie des fantômes ». [8] Hélas, cela dévoile toute l'affaire ! Car, si tous les hommes ont commencé comme nomades et que les habitudes nomades sont défavorables même au fantôme ordinaire, comment les Australiens et les autres nomades ont-ils développé l'Être suprême, qui, *par hypothèse*, est le fruit final de la fleur-fantôme ? Si vous ne pouvez pas avoir « un culte des ancêtres établi » tant que vous n'abandonnez pas vos habitudes nomades, comment, tout en étant encore nomade, faites-vous évoluer un Être Suprême ? Ce n'est évidemment pas par culte des ancêtres.

M. Spencer cite ensuite, comme preuve du culte des ancêtres en Israël, les vêtements de deuil, le jeûne, la loi contre l'auto-saignement et la coupe des cheveux pour les morts, ainsi que le texte (Deut. xxvi, 14) sur « Je n'ai pas rien n'en a été donné pour les morts. « Par conséquent, la conclusion doit être que le culte des ancêtres s'est développé autant que les habitudes nomades le permettaient, avant d'être réprimé par un culte supérieur. »[9] Mais d'où vient ce culte supérieur qui semble être intervenu immédiatement après la cessation du culte nomade. des habitudes?

Il existe des traces évidentes de chagrin exprimé de manière primitive chez les Hébreux. « Vous ne vous couperez pas et vous ne vous rendrez pas chauve entre les yeux pour les morts » (Deut. XIV, 1). « On ne se lamentera pas à leur sujet, on ne se coupera pas, on ne se rendra pas chauve à cause d'eux ; on ne doit pas non plus se déchirer pour eux en deuil, pour les réconforter pour les morts » (en guise de contre-irritant au chagrin) ; « On ne leur donnera pas non plus à boire la coupe de consolation pour leur père ou leur mère », parce que les Juifs devaient être expulsés de leurs maisons.[10] «Vous ne ferez aucune coupure dans votre chair pour les morts, ni n'imprimerez aucune marque sur vous.»[11]

Il est peut-être habituel de considérer les inflictions, telles que les coupures, infligées par les personnes en deuil, comme des sacrifices au fantôme des morts. Mais on a vu un homme se porter un coup dur en apprenant une perte *non due* à la mort, et j'ose imaginer que les coupures et les entailles lors des funérailles ne sont qu'une forme plus violente d'appel à un contre-irritant de chagrin, et, encore une fois, un signe d'insouciance provoqué par un chagrin qui vide le monde. L'un des adorateurs indigènes de John Nicholson s'est suicidé à l'annonce de la mort de ce guerrier, en disant : « Pour quoi reste-t-il la peine de vivre ? Ce n'était pas un sacrifice pour les Manes de Nicholson. Le sacrifice des cheveux de la personne en deuil, comme celui d'Achille, témoigne d'une indifférence similaire au charme personnel. Encore une fois, le texte du Psaume cvi. 28, « Ils se joignirent à Baal- Peor et mangèrent les sacrifices des morts » est généralement considéré par les commentateurs comme une référence au rituel des dieux qui ne sont pas des dieux. Mais cela semble plutôt indiquer un acquiescement aux rites funéraires étrangers. Toutes ces preuves supplémentaires ne contribuent pas beaucoup à prouver le culte des ancêtres en Israël, malgré le secret de l'enterrement de Moïse, « dans une vallée du pays de Moab, en face de Beth- Peor ; mais personne ne connaît son sépulcre à ce jour », peut indiquer la crainte d'un culte naissant du grand chef.[12] La scène de la défection dans le Psaume cvi., Beth- peor , est indiquée dans Nombres xxv., où Israël court après les filles et les dieux de Moab : « Et Moab appela le peuple aux sacrifices de ses dieux ; et le peuple mangea et se prosterna devant ses dieux. Et Israël se joignit à Baal- Peor . Psaume cvi. est évidemment une réaffirmation ultérieure de cette dépendance aux dieux moabites, et le Psaume ajoute « ils mangèrent les sacrifices des morts ».

Il est clair que, pour une raison quelconque, le culte des ancêtres chez les Hébreux était tout au plus rudimentaire. Sinon, elle a dû être clairement dénoncée par les Prophètes parmi les autres hérésies d'Israël. Par conséquent, étant donné qu'il était à l'état le plus rudimentaire, le culte des ancêtres en Israël ne pouvait pas se transformer immédiatement en culte de Jéhovah.

Bien que le culte des ancêtres chez les Hébreux n'ait pas pu être pleinement développé, selon M. Spencer, en raison de leurs habitudes nomades, il *était* pleinement développé, selon le révérend AW Oxford. « Chaque famille, comme toute vieille famille romaine et grecque, était solidement unie par le culte de ses ancêtres, le foyer était l'autel, le chef de famille le prêtre…. Le lien qui maintenait ensemble les familles d'une tribu était sa religion commune, le culte de son ancêtre réputé. Le chef de la tribu était bien entendu le prêtre du culte. Bien sûr; mais quel dommage que M. Huxley et M. Spencer aient omis des faits si précieux pour leur théorie ! Et comment le révérend M. Oxford le sait-il ? Eh bien, « il n'y a aucune preuve directe », assez curieusement, d'une caractéristique aussi marquée dans la religion hébraïque, mais nous sommes référés à 1 Sam. XX. 29 et Juges XVIII. 19. 1 Sam. XX. 29 fait dire à Jonathan que David veut aller à un sacrifice familial, c'est-à-dire à un dîner de famille. Cela ne couvre guère les grandes affirmations faites par M. Oxford. Sa deuxième citation est si malheureuse qu'elle contredit son observation selon laquelle « bien sûr » le chef de la tribu était le prêtre du culte. Michée, dans Juges XVII, XVIII, n'est *pas* le chef de sa tribu (Éphraïm), ni même le prêtre dans sa propre maison. Il « consacra l'un de ses propres fils qui devint son prêtre », jusqu'à ce qu'il s'empare d'un jeune Lévite occasionnel et lui dise : « Sois pour moi un *père* et un prêtre », pour dix sicles *par an* , un costume et gîte et le couvert.

Au lieu donc de toute référence lointaine au fait qu'un chef serait le prêtre de ses fantômes ancestraux, nous avons ici un homme d'une tribu qui est assez grassement payé pour être aumônier de la famille d'un membre d'une autre tribu. Quelques soldats de la mousse de la tribu de Dan enlevèrent alors ce précieux jeune Lévite et s'emparèrent de quelques idoles que Michée s'était permis de fabriquer. Et tout cela, selon notre autorité cléricale, est une preuve du culte des ancêtres ![13]

Tout cela semble provenir de quelques spéculations incohérentes du Stade. Par exemple, ce savant allemand cite l'histoire de Michée comme preuve que les différentes tribus ou clans avaient des religions différentes. Il *doit* en être ainsi, car les Danites demandèrent au jeune Lévite s'il ne valait pas mieux être prêtre d'un clan que d'un individu ? C'est comme si un mécène offrait une vie riche à l'aumônier privé de quelqu'un, en disant que le nouveau poste était plus honorable et plus lucratif. Cela ne prouverait guère une différence de religion entre l'individu et la paroisse.[14]

M. Oxford affirme ensuite que « la première forme de religion israélite était le fétichisme ou le totémisme ». C'est un autre exemple de la logique du Stade. Trouvant, comme il le croit, des noms évocateurs du totémisme chez Siméon, Lévi, Rachel, etc., Stade saute à la conclusion que le totémisme en Israël était antérieur à tout ce qui ressemblait au monothéisme. Car le monothéisme, affirme-t-il, ne pourrait pas donner les germes d'une organisation clanique ou tribale , alors que le totémisme pourrait le faire. C'est certainement possible, mais comme, dans de nombreuses régions (Amérique, Australie), nous trouvons coexister parmi les sauvages le totémisme et la croyance en un Être suprême bienveillant, lorsqu'ils sont observés pour la première fois par les Européens, il est impossible de dire de manière dogmatique s'il s'agit d'un monothéisme grossier ou s'il s'agit d'un monothéisme grossier. Le totémisme est venu en premier par ordre d'évolution. Cela vaut aussi bien pour Israël (bien qu'autrefois totémique) que pour Pawnees ou Kurnai. Stade a négligé ces faits bien connus, et son opinion s'infiltre dans un manuel bon marché et est consignée dans les examens ![15]

Nous apprenons également du manuel populaire de conjectures bibliques allemandes de M. Oxford que « Jéhovah n'était pas représenté comme un Père aimant, mais comme un Être facilement irritable », ce qui est très courant pour les pères aimants.

Encore une fois, M. Oxford affirme que « les anciens Israélites ne connaissaient aucune distinction entre le mal physique et le mal moral…. La conception de la sainteté de Jéhovah n'avait rien de moral » (p. 90). Ceci contredit plutôt Wellhausen : « Chez tous les anciens peuples primitifs… la religion fournit un motif pour la loi et la morale ; dans le cas d'aucun, cela ne l'est devenu avec autant de pureté et de puissance que dans celui des Israélites.'[16]

les efforts de M. Huxley pour trouver des traces de culte des ancêtres (à son avis, l'origine du culte de Jéhovah) parmi les Israélites. Nous avons ensuite critiqué les efforts de M. Spencer dans la même quête, ainsi que les affirmations plus dogmatiques de M. Oxford et Stade. Nous revenons maintenant au récit de M. Huxley sur l'évolution du culte des fantômes au culte de Jéhovah.

De l'histoire de la sorcière d'Endor, que M. Huxley ne voit aucune raison de considérer comme autre chose qu'une déclaration sincère de ce qui s'est réellement passé, il déduit que la sorcière a crié : « Je vois Elohim ». Ces Elohim se sont avérés être le fantasme de Samuel mort. Émue par cette hallucination, la sorcière émit une prémonition véridique, totalement contraire à ses propres intérêts et particulièrement dangereuse pour sa vie. C'est psychiquement intéressant. Le fait est cependant qu'Elohim *est* un terme équivalent à Red Indian *Wakan* , Fijian *Kahu* , Maori ou Melanesian *Mana* , signifiant le « surnaturel », le vaguement puissant – en fait X. Cet exemple particulier d' *Elohim* était un fantasme des morts. , mais *Elohim* est également utilisé pour désigner l'Être Divin le plus élevé, donc l'Être Divin le plus élevé est du même genre qu'un fantôme — ainsi raisonne M. Huxley. « La différence qui était censée exister entre les différents Elohim était une différence de degré et non de nature. »[17]

« Si Jéhovah était ainsi censé différer seulement en degré des « dieux des nations », sans aucun doute zoomorphes ou anthropomorphes, pourquoi faut-il supposer qu'il n'était pas non plus censé avoir une forme humaine ? Certains théoriciens *pensaient* autrefois qu'il avait une forme humaine : aucun doute n'existe sur cette tête . Cependant, ce n'est pas là que nous nous opposons. Nous hésitons quand, parce qu'une hallucination de la sorcière d'Endor (probablement encore incomplètement développée) est appelée par son *Elohim* , donc l' *Elohim le plus élevé* est dit par M. Huxley comme différant d'un fantôme seulement en degré, pas en nature. *Elohim* , ou *El* , le créateur, diffère d'un fantôme en nature, car, dans la croyance hébraïque, il n'a jamais été un fantôme, il est immortel et sans commencement.

M. Huxley renforce maintenant sa théorie par un parallèle entre la religion des Tonga et la religion d'Israël sous les juges. Il cite Mariner[18], dont la déclaration affirme qu'il existe un être tongien suprême : « de son origine, ils n'avaient aucune idée, supposant plutôt qu'il était éternel. Son nom est Tá -li-y- Tooboo = "Attends-là- Tooboo ."' 'C'est un grand chef du haut du ciel jusqu'au bas de la terre.' Lui et les autres « dieux *originels* » qu'il a créés sont soigneusement et absolument distingués des *atua* , qui sont « l' âme humaine après sa séparation du corps ». Tous les dieux tongiens sont *atua* (*Elohim*), mais tous *atua* ne sont pas des « dieux originels », non servis par des prêtres et non favorisés par la nourriture ou la libation, comme le Dieu le plus élevé, Tá -li-y- Tooboo , l'Éternel des Tonga. «Il inspire occasionnellement le Comment» (roi électif), mais souvent un Comment n'est pas du tout inspiré par Tá -li-y- Tooboo , pas plus que Saul, enfin, n'a été inspiré par Jéhovah.

Il y a sûrement une différence *de nature* entre un Dieu éternel et immortel et un fantôme, bien que les deux soient *atua* , ou que les deux soient *Elohim* – le X inconnu.

Beaucoup de gens qualifient un fantôme de « surnaturel » ; ils appellent aussi Dieu « surnaturel », mais la différence entre le fantasme d'un homme mort et la Divinité qu'ils admettraient, je crois, est une différence de nature. Nous avons montré, ou tenté de montrer, que les conceptions de « fantôme » et d'« Être suprême » sont différentes, non seulement par leur nature, mais aussi par leur origine. Le fantôme vient et dépend de la théorie animiste ; l'Être Suprême, tel qu'on le pensait à l'origine, ne le fait pas. Tous les Dieux sont *Elohim, kalou , wakan* ; tous *les Elohim, kalou , wakan* ne sont pas des Dieux.

Un dieu fantôme devrait recevoir de la nourriture ou des libations. M. Huxley dit que c'est Tá -li-y- Tooboo qui l'a fait. « Si le dieu, comme Tá -li-y- Tooboo , n'avait pas de prêtre, alors la place principale restait vacante et était censée être occupée par le dieu lui-même. *Lorsque la première coupe de Kava fut remplie* , le mataboole qui agissait en tant que maître des cérémonies dit : « Donnez-le à votre dieu », et elle fut offerte, mais seulement pour la forme. »[19]

Ceci est une erreur. Dans le cas de Tá -li-y- Tooboo *il n'y a pas de coupe remplie pour le dieu.'* [20] *« Avant qu'une tasse ne soit remplie,* l'homme à côté du bol dit : « Le Kava est dans la tasse » (ce qui n'est pas le cas), « et le mataboole répond : « Donnez-le à votre dieu » ; mais le Kava n'est *pas* dans la coupe, et l'Éternel Tongien ne reçoit aucune oblation.

Le sacrifice, dit M. Huxley, signifiait « que le dieu était soit un fantôme déifié, soit, en tout cas, un être de nature semblable à ceux-ci. »[21] Mais comme Tá -li-y-Tooboo n'avait pas de sacrifice , contrairement à l'affirmation de M. Huxley, il n'était *pas* « un fantôme déifié, ni un être de nature semblable à ceux-ci ». L'habitude animiste du sacrifice avait été étendue aux dieux tongiens inférieurs et non fantomatiques, mais pas encore à l'Être suprême.

Ah ! si M. Gladstone, ou le duc d'Argyll, ou quelque évêque avait fait une déclaration inexacte de ce genre, comme M. Huxley l'aurait écrasé ! Mais il s'agit d'une simple erreur de lecture imprudente, comme nous le faisons tous quotidiennement.

Il est évident que nous ne pouvons pas prouver que Jéhovah est un fantôme en faisant le parallèle avec un dieu tongien qui, par rituel et par définition, n'était *pas* un fantôme. La preuve repose donc sur les récits pré-prophétiques anthropomorphisés et sur le rituel de Jéhovah. Mais l'homme « anthroposise » naturellement ses divinités : il ne démontre pas par là qu'elles furent autrefois des fantômes.

En ce qui concerne les sacrifices à Jéhovah, la douce saveur dont il était censé jouir (contrairement à l'opinion des prophètes), ces sacrifices offrent la meilleure présomption que Jéhovah était un dieu fantôme , ou un dieu construit sur des lignes fantomatiques.

Mais nous avons montré que parmi les races les plus basses, les fantômes ne sont pas vénérés par des sacrifices et l'Être suprême, Darumulun ou Puluga , ne reçoit pas d'offrandes de nourriture. Nous avons également cité de nombreux Êtres Suprêmes de races plus avancées, Ahone , Dendid et Nyankupon , qui ne reniflent la saveur d'aucune offrande. Si alors (comme dans le cas de Taa-roa), un Être Suprême *reçoit effectivement* un sacrifice, nous pouvons affirmer qu'un élément de rituel animiste, sans rapport avec l'Être Suprême en Australie ou à Andaman, ni avec son credo en Virginie ou en Afrique (où les dieux fantômes reçoivent des sacrifices), peuvent dans d'autres régions être transférés des dieux fantômes à l'Être Suprême, qui n'a jamais été un fantôme. Il ne semble y avoir rien d'incroyable ou d'illogique dans la théorie d'un tel transfert.

Sur un Dieu qui n'a jamais été un fantôme, les hommes peuvent venir conférer des sacrifices (qui ne sont pas faits à Baiame et aux autres) parce que, ayant l'habitude de favoriser ainsi un ensemble de pouvoirs sans corps, les hommes peuvent ne pas penser qu'il est civil ou sûr de quitter le lieu. un autre ensemble de pouvoirs. De par sa nature même, l'homme doit revêtir tous les dieux de certaines passions et attributs humains, à moins que, comme un grand nombre de sauvages, il ne laisse sévèrement seul son Dieu suprême et ne soit l'esclave de fétiches et de spectres . Mais cette pratique va à l'encontre de la théorie des fantômes.

En essayant de rendre compte ainsi, c'est-à-dire par transfert, des sacrifices à Jéhovah, nous nous heurtons à une difficulté que nous avons nous-mêmes créée. Si les Israélites n'ont pas sacrifié à leurs ancêtres (comme nous avons montré qu'il y a très peu de raisons de supposer qu'ils l'ont fait), comment pourraient-ils transférer à Jéhovah le rite que, selon notre hypothèse, il n'est pas prouvé qu'ils ont offert à leurs ancêtres ?

C'est certainement un problème difficile, plus difficile (ou peut-être plus facile) parce que nous savons très peu de choses sur les débuts de l'histoire des Hébreux. Selon leurs propres traditions, Israël avait été en contact avec toutes sortes de races beaucoup plus avancées qu'eux en termes de culture matérielle et imprégnées d'un animisme polythéiste très développé. Selon leur histoire, les Israélites « se prostituaient » incorrigiblement après des dieux étranges. Il est peut-être impossible de démêler les éléments étrangers et les éléments indigènes.

On peut donc provisoirement suggérer que le premier Israël avait son Ahone dans un Être peut-être pas encore nommé Jéhovah. Cependant, Israël ne se préoccupait guère des fantômes de ses ancêtres, peut-être en raison de ses « habitudes nomades ». On retrouve alors une tradition historique de contact séculaire entre Israël et l'Égypte, d'où émerge Israël avec Jéhovah pour Dieu, et un système de sacrifices. Considérant Jéhovah comme un souvenir ravivé de l'Être moral suprême qu'Israël a dû connaître à des époques extrêmement reculées (à moins qu'Israël ne soit moins favorisé que les Australiens, les Bushmen ou les Andamanais), nous pourrions considérer les sacrifices qui lui sont consentis comme une adaptation des pratiques de religion parmi des races plus sédentaires qu'Israël et plus civilisées .[22]

Les spéculations sur des sujets aussi lointains doivent être conjecturales, mais notre suggestion expliquerait peut-être les sacrifices à Jéhovah, payés par une race qui, en raison de ses « habitudes nomades », n'a jamais été très encline au culte des ancêtres, mais a été en contact avec de grands sacrifices, des civilisations polythéistes . M. Huxley, cependant, bien qu'il semble troubler la distinction essentielle entre les dieux fantômes et l'Éternel, admet plus tard qu'« il y a très peu de personnes sans dieux supplémentaires, ce qui ne peut, avec certitude, être expliqué ». en tant qu'ancêtres déifiés. Tá -li-y- Tooboo , bien sûr, est l'un de ces dieux, tout comme Jéhovah. M. Huxley ne donne aucune théorie sur *la façon dont* ces dieux sont devenus croyants, sauf la suggestion que « la théologie polythéiste a été modifiée par le choix du dieu cosmique ou tribal, comme le seul dieu auquel le culte est dû de la part de cette nation ». », sans préjudice du droit des autres nations d'adorer d'autres dieux.[23] Il s'agit là de « monolatrie », et « le code éthique, souvent d'un ordre très élevé, entre en relation plus étroite avec le credo théologique », pourquoi, *nous* n'en sommes pas informés. Nous ne savons pas non plus de quelles divinités polythéistes Jéhovah a été choisi, ni pour quelle raison. L'hypothèse, comme d'habitude, s'effondre sur la relation étroite entre le code éthique et la croyance théologique, chez les bas sauvages, avec un Être relativement suprême, mais sans culte des ancêtres, et sans dieux polythéistes parmi lesquels choisir un chef céleste.

D'où vient l'élément moral dans l'idée de Jéhovah ? M. Huxley suppose que, pendant leur résidence au pays de Goshen (et *a fortiori* avant), les Israélites « ne connaissaient rien de Jéhovah ».[24] Ils étaient des idolâtres polythéistes. Cela découle apparemment d'Ézéchiel xx. 5 : « Le jour où j'ai choisi Israël, où j'ai levé la main vers la postérité de la maison de Jacob, *et où je me suis fait connaître à eux* au pays d'Égypte. Le récit biblique raconte que le Dieu des pères de Moïse, le Dieu d'Abraham, a éclairé Moïse au Sinaï, lui donnant son nom comme « Je suis celui que je suis » (Exode iii. 6, 14 ; traduction incertaine). Nous devons comprendre que Moïse, un réformateur religieux, a ressuscité une croyance ancienne et, dans l'esclavage égyptien, une croyance à moitié effacée de l'ancien nomade Beni-Israël. Ils ne devaient plus « se souiller avec les idoles de l'Égypte », comme ils l'avaient manifestement fait. Nous n'en savons vraiment pas plus à ce sujet. Wellhausen dit que Jéhovah était « à l'origine un dieu familial ou tribal, soit de la famille de Moïse, soit de la tribu de Joseph ». Comment une famille a-t-elle pu développer un Être suprême pour elle-même, nous n'en sommes pas informés et nous ne connaissons aucun cas analogue dans le domaine ethnographique. Encore une fois, Jéhovah n'était « qu'un nom spécial d'El, courant dans un cercle puissant ». Et qui était El ?[25] « Moïse n'a pas été le premier découvreur de la foi. Probablement pas, mais M. Huxley semble penser que oui.

Les idées de Wellhausen et d'autres Allemands s'infiltrent dans les traditions populaires, comme nous l'avons vu dans « Une brève introduction à l'histoire de l'Israël ancien » (pp. 19, 20), par le révérend AW Oxford, MA, Vicaire de St. Luke's, Soho. . Suit ici le « chemin court vers Jéhovah » indéniablement suivi par M. Oxford. « Moïse était le fondateur de la religion israélite. Jéhovah, sa famille ou dieu tribal, peut-être à l'origine le Dieu des Kénites, était considéré comme un dieu tribal par toutes les tribus israélites.... Que Jéhovah n'était pas le dieu originel d'Israël » (comme le prétend impudemment la Bible) « mais qu'il était le dieu des Kénites, nous le voyons principalement dans Deut. xxxiii. 2, Juges v. 4, 5, et de l'histoire de Jethro, qui, selon les Juges i . 16 ans, était un Kénite.

Le premier texte dit que, selon Moïse, « le Seigneur est venu du Sinaï », s'est levé de Séir et a brillé du mont Paran . Le deuxième texte mentionne la montée de Jéhovah hors de Séir et du Sinaï. Le troisième texte dit que Jéthro, le beau-père kénite (ou madianite) de Moïse, habitait parmi le peuple de Juda ; Jethro étant prêtre de Madian. Comment tout cela prouve que « Moïse était un grand imposteur », comme le dit le poète, et que Jéhovah n'était pas « le Dieu originel d'Israël », mais (1) le dieu familial ou tribal de Moïse, ou (2) « le dieu du Kenites », je déclare mon incapacité à comprendre.

Wellhausen lui-même avait expliqué Jéhovah comme « un dieu familial ou tribal, soit de la famille de Moïse » (tribu de Lévi), « soit de la tribu de Joseph ». Il semble que M. Oxford ne se soucie que de savoir si Jéhovah était un dieu de la tribu de Moïse ou, au contraire, « un dieu kénite ». Pourtant, cela fait vraiment une grande différence ! Car dans un complexe de tribus, parlant une seule langue, il est totalement sans exemple (à ma connaissance) qu'une tribu, ou une famille, possède, pour elle seule, un dieu familial qui est aussi le Créateur et est ensuite accepté comme tel. par toutes les autres tribus. On peut demander des exemples d'une telle chose dans n'importe quelle race connue, à n'importe quel stade de culture. Le Pérou ne nous aidera pas, non pas le Créateur, Pachacamac , mais le Soleil, le dieu de la famille Inca. Si, d'un autre côté, Jéhovah était un dieu kénite, les Kénites étaient un peuple semi-arabe sémitique lié à Israël et auraient très bien pu conserver des traditions d'un Être suprême qui, en Égypte, étaient susceptibles d'être obscurcies, comme l'Exode l'a montré. affirme, par les religions étrangères. Le savant Stade, certes, peut ne pas croire au séjour d'Israël en Egypte, mais cette opinion révolutionnaire ne nous lie pas nécessairement et implique quelques difficultés.

Les critiques et les auteurs de manuels n'ont-ils aucune connaissance de la science des religions comparées ? Ignorent-ils que des peuples infiniment plus arriérés qu'Israël ne l'était à cette époque supposée possèdent déjà des Êtres moraux suprêmes reconnus sur de vastes étendues de territoire ? Ont-ils la moindre preuve positive que l'ancien Israël était plongé dans l'obscurité au-delà des ténèbres des Bushmen, des Andamanais, des Pawnees, des Pieds-Noirs, des Hurons, des Indiens de Guyane britannique, des Dinkas, des Noirs , et ainsi de suite ? À moins qu'Israël n'ait eu cette rare malchance (ce qu'Israël nie), bien sûr, Israël devait avoir une tradition laïque, aussi faible soit-elle, d'un Être Suprême. Nous devons demander un seul exemple d'une famille ou d'une tribu, dans un complexe de tribus semi-barbares mais non sauvages d'un même langage, possédant une divinité privée qui se trouvait être le Créateur et le Souverain du monde et, en tant que tel, était accepté par toutes les tribus. Jéhovah est sorti du Sinaï, parce qu'il y avait une Théophanie au Sinaï, cette montagne était considérée comme l'un de ses sièges.[26]

Nous avons vu que pour M. Oxford, cela ne faisait aucune différence que Jéhovah soit un dieu de la famille ou de la tribu de Moïse ou un dieu kénite . La première (avec l'alternative de la famille *de Joseph* ou du dieu tribal) est la théorie de Wellhausen. Ce dernier est celui du Stade.[27] Chacun est incompatible avec l'autre ; L'imagination de Wellhausen est incompatible avec tout ce que nous savons du développement religieux : celle de Stade est désespérément incompatible avec Exode IV. 24-26, où l'épouse kénite de Moïse lui reproche une cérémonie de sa religion et non d'elle. Le Kénite différait donc du *sacra hébreu* .

Le passage est très extraordinaire et est considéré par les critiques comme très archaïque. Après la révélation du Buisson ardent, Jéhovah a rencontré Moïse, sa femme kénite, Séphora, et leur enfant, chez un khan. Jéhovah avait hâte de tuer Moïse, personne n'a jamais su pourquoi, alors Séphora a apaisé la colère de Jéhovah en circoncis son garçon *avec un silex* . « Tu es pour moi un foutu mari », dit-elle, « à cause de la circoncision » – une pratique égyptienne, mais clairement pas kénite. Quoi que tout cela puisse signifier, il ne semble pas que Séphora s'attendait à des rites tels que la circoncision dans la foi d'un mari kénite, et cela ne favorise pas non plus l'idée que les *sacra* de Moïse étaient d'origine kénite.

Sans être un érudit ou un expert en critique biblique, on peut protester contre la présentation aux classes moyennes intellectuelles lisant des manuels d'une théorie aussi vague, contradictoire et (par analogie) aussi impossible que celle que M. Oxford recueille auprès des écrivains allemands. . Bien entendu, l'ensemble du sujet, traité de manière si dogmatique, n'est qu'une simple question d'opinions dissidentes parmi les universitaires. Ainsi M. Renan tire le nom de Jéhovah de l'Assyrie, de ' Aramaïsé Chaldéisme . »[28] Dans ce cas, le nom était bien antérieur à la résidence en Égypte. Mais encore une fois, peut-être Jéhovah était-il un dieu local du Sinaï, ou une divinité provinciale en Palestine.[29] Il était connu de très anciens sages, qui préféraient des noms tels qu'El Shaddai et Elohim. Bref, nous n'avons aucune certitude sur le sujet.[30]

Je n'ai peut-être pas besoin de dire que je n'ai aucun préjugé désuet contre la critique biblique. Assurément, la Bible doit être étudiée comme n'importe quel autre ensemble de documents, linguistiquement, historiquement et à la lumière de la méthode comparative. Les idées maîtresses de Wellhausen, par exemple, brillent par leur perspicacité : le profane le plus humble peut le constater. Mais on peut protester contre la critique de la Bible ou d'Homère par des méthodes comme celles qui prouvent que Shakespeare était Bacon. Il faut également protester contre la présentation d'hypothèses critiques incohérentes et probablement sans fondement dans la brièveté dogmatique de manuels bon marché.

Encore une fois, d'où vient l'élément moral chez Jéhovah ? M. Huxley pense que cela vient peut-être de la pratique et de la théorie éthiques égyptiennes. Dans le Livre des Morts égyptien, « une sorte de guide du pays des esprits », il y a des chapitres moraux ; le fantôme dit à ses juges à Amenti quels péchés il n'a *pas* commis. Beaucoup de ces péchés sont interdits dans les Dix Commandements.

Elles sont tout autant interdites dans la morale naissante des peuples sauvages. Moïse n'avait pas besoin du Livre des Morts pour lui enseigner la morale élémentaire. Des mystères de Mtanga , il aurait pu apprendre aussi, s'il avait été présent, la vertu de la générosité désintéressée. Si le credo de Jéhovah, ou d'El, ne conservait que la part d'éthique qui est sous la sanction divine chez les Kurnai, l'adaptation du Livre des Morts était superflue.

Le soin apporté aux défunts, le rituel du Ka, la préoccupation intense de la vie future, qui, bien plus que sa moralité, sont les caractéristiques essentielles du Livre des Morts, Israël ne se souciait d'aucune de ces choses animistes, Il n'en fit sortir aucun d'entre eux, ou très peu, du pays d'Égypte. Moïse était certainement très éclectique ; il n'a pris que la moralité de l'Egypte. Mais comme M. Huxley avance cette opinion avec hésitation, comme n'ayant aucune autorité historique sûre sur Moïse, elle ne répond guère à notre question : d'où vient l'élément moral chez Jéhovah ? On peut supposer que c'était la survivance de l'éthique primitive, sanctionnée par Dieu, des anciens ancêtres sauvages des Israélites, qu'ils connaissaient, comme les Kurnai, avant qu'ils n'aient un pot, ou un couteau en bronze, ou des graines à semer, ou des moutons. pour garder un troupeau, ou même une tente au-dessus de leur tête. Dans les conseils de l'éternité, Israël a été choisi pour continuer à brûler, même si elle est obscurcie par la fumée du sacrifice, cette flamme qui illumine les endroits les plus sombres de la terre, « une lumière pour éclairer les Gentils et la gloire de ton peuple Israël » - une flamme comme Éclairant une lumière d'où brille l'histoire ne peut nous informer, et l'anthropologie ne peut que conjecturer. Ici, l'ignorance scientifique est plus sage que l'audace de la science populaire, avec ses fantômes, ses pierres fétiches et ses dieux issus de fantômes, lesquels fantômes n'ont cependant pas pu se développer en raison des habitudes nomades.

Il semble donc, si notre suggestion générale est acceptée, que ce qui s'est produit dans le développement de la religion hébraïque était précisément ce que la Bible nous dit. Cela doit nécessairement paraître hautement paradoxal à notre génération ; mais toute la tendance de notre système provisoire penche en faveur du paradoxe. Si l'Israël nomade sauvage avait les conceptions religieuses les plus élevées qui existaient parmi plusieurs des races les plus basses connues, ces conceptions pourraient être ravivées par un chef de génie. Ils pourraient, dans une crise de fortune tribale, devenir le point de ralliement d'un nouveau sentiment national. Obscurcies, dans une certaine mesure, par la connaissance des « idoles de l'Égypte », et restreintes et localisées par le sentiment national même qu'elles entretenaient, ces conceptions furent purifiées et élargies bien au-delà de toute restriction locale, tribale ou nationale – élargies aussi loin que l'humanité. *flamantia moenia mundi* — par le génie historiquement unique des prophètes. Mélangée à la doctrine de notre Seigneur et recommandée par l'ajout de l'animisme dans sa forme pure et inestimable – la récompense de la foi, de l'espérance et de la charité dans la vie éternelle – la foi d'Israël a éclairé le monde.

Tout cela est précisément ce qui s'est passé, selon l'Ancien et le Nouveau Testament. Tout cela est exactement ce à quoi, selon notre hypothèse, on pourrait s'attendre si, parmi les nombreuses races qui, dans leur culture la plus arriérée, avaient une conception grossière d'un Être Moral Créateur, relativement suprême, une race subissait l'éducation d'Israël. , a montré l'indifférence relative d'Israël à l'égard de l'animisme et des dieux fantômes, a écouté les prophètes d'Israël et a donné naissance à un plus grand que Moïse et les prophètes.

À ce résultat, le Logos, comme le dit Socrate, nous a conduit, par la voie de l'anthropologie.

[Note 1 : *Science et tradition hébraïque* .]

[Note 2 : Op. cit. p. 361.]

[Note 3 : *Science et tradition hébraïque* . p. 308.]

[Note 4 : *Prin. Soc* . p. 306.]

[Note 5 : *Les races de langue Tshi* , p. 183.]

[Note 6 : Certaines tribus australiennes ont des cimetières, et j'ai trouvé un témoin indigène, le roi Billy, de la célébration des mystères près de l'un de ces lieux de sépulture. Je n'ai pas découvert d'autres preuves à cet effet, même si je les ai recherchées. L'endroit choisi est généralement « à proximité du camp », et l'endroit pour un si grand camp est naturellement choisi là où l'approvisionnement en nourriture est suffisant.]

[Note 7 : Cf. les Aryens, *Principes de sociologie*, p. 314.]

[Note de bas de page 8 : *Principes*, p. 316.]

[Note de bas de page 9 : Ibid. p. 317.]

[Note 10 : Jérémie xvi. 6, 7.]

[Note 11 : Lévitique XIX. 28.]

[Note 12 : Deutéronome xxxiv. 6.]

[Note 13 : *Brève introduction à l'histoire de l'ancien Israël*, pp. 83, 84.]

[Note 14 : Stade i 403.]

[Note 15 : Stade, je . 406.]

[Note 16 : Wellhausen, *Histoire d'Israël*, p. 437. Le livre de M. Oxford n'est mentionné ici que parce qu'il est destiné à un manuel populaire. Comme le dit M. Henry Foker , « il semble dommage que le clergé s'immisce dans ces questions. »]

[Note 17 : *Science et tradition hébraïque*, p. 299.]

[Note 18 : II. 127.]

[Note 19 : *Science et tradition hébraïque*, p. 331.]

[Note de bas de page 20 : Mariner, ii. 205.]

[Note de bas de page 21 : Op. cit. p. 335.]

[Note 22 : Bien sûr, il est entendu qu'Israël (dans l'obscurité et l'abîme du temps) a peut-être aussi été totémique, comme les Australiens, comme semblent le laisser entendre les textes soulignés par M. Robertson Smith. Il y avait aussi le culte des téraphim, le respect accordé aux pierres et aux arbres, etc.]

[Note 23 : *Science et tradition hébraïque*, p. 349.]

[Note de bas de page 24 : P. 351.]

[Note 25 : *Histoire d'Israël*, p. 443 remarque.]

[Note 26 : *Religion des Sémites* .]

[Note 27 : *Geschichte des Volkes Israel*, i . 180.]

[Note 28 : *Histoire du Peuple d'Israël*, citant Schrader, p. 23.]

[Note 29 : Op. cit. p. 85]

Early Religion of Israel du professeur Robertson pour une liste de ces conjectures et, de manière générale, pour les critiques des caprices occasionnels des critiques.]

XVIIIe

CONCLUSION

Nous pouvons maintenant jeter un regard en arrière sur le chemin que nous avons essayé de tracer à travers les jungles des premières religions. Ce n'est pas une autoroute, mais la trace d'un explorateur solitaire ; et cet essai prétend n'être qu'une esquisse – et non une étude exhaustive des croyances. Ses limites sont évidentes, mais peuvent être évoquées ici. Les polythéismes supérieurs et même inférieurs ne sont évoqués qu'en passant, notre objectif étant de garder bien à l'esprit la conception d'un Être suprême, ou pratiquement suprême, depuis les stades les plus bas de la culture humaine jusqu'au christianisme. Dans le polythéisme, cette conception est nécessairement obscurcie, se manifestant vaguement soit chez les *Prytanis* , soit chez le président des Immortels, comme Zeus ; ou dans le Destin, derrière et au-dessus des Immortels ; ou dans *l'Hénothéisme* de M. Max Müller , où le dieu auquel on s'adresse – Indra, ou Soma, ou Agni – est, pour le moment, envisagé comme suprême et est adoré dans une sorte d'esprit monothéiste ; ou, enfin, dans la divinité éthérée de la spéculation philosophique avancée.

Il n'a pas été nécessaire, pour notre propos, de nous attarder sur ces religions civilisées . En accordant notre hypothèse d'un Être Suprême primitif parmi les sauvages, obscurci plus tard par le culte des ancêtres et les dieux fantômes, mais rarement complètement perdu pour la tradition religieuse, les polythéismes barbares et civilisés s'alignent facilement et sont facilement intelligibles. L'espace interdit une discussion sur toutes les religions connues ; seuls des spécimens typiques ont été sélectionnés. Ainsi, rien n'a été dit de la religion du grand empire chinois. Il semble consister, sur son plan supérieur, en l'adoration du Ciel en tant que grand dieu fétichiste — un culte qui a peut-être commencé il y a quelques jours, comme le dit le Dr Brinton, « bien avant que l'homme ne se demande : « Les cieux sont-ils matériel et Dieu spirituel ? » — peut-être, pour autant que nous sachions, avant que l'idée d'« esprit » ait été développée. Ainsi, si elle ne contient rien de plus auguste, la religion chinoise est, pour autant, au-dessous de celle des Zuñis , ou du credo de Taa-roa , en des Êtres éternels, qui existaient avant que la terre ou le ciel ne soient. La religion chinoise du Ciel est également influencée par les conditions politiques chinoises ; Le Ciel (Tien) correspond à l' Empereur , et tend à être confondu avec Shang- ti , l'Empereur d'en haut. 'Dr. Legge accuse Confucius, dit M. Tylor, d'avoir tendance à substituer, dans son enseignement religieux, le nom de Tien, Ciel, à celui connu dans une religion plus ancienne et utilisé dans des livres plus anciens : Shang-ti, le nom personnel . divinité dirigeante. Si tel est le cas, la Chine possède elle aussi son ancien Être suprême, qui n'est pas un aspect divinisé de la nature.

Mais la lecture de M. Tylor, en harmonie avec sa théorie générale, est différente :

« Il semble plutôt que le sage maintenait en fait la tradition de la foi ancienne, agissant ainsi selon le caractère dont il était fier : celui d'un transmetteur et non d'un créateur, d'un conservateur de connaissances anciennes, et non d'un créateur. un nouveau révélateur.'[1]

Ceci, bien entendu, est purement une question de preuve, qui doit être réglée par les sinologues. Si l'Être Suprême personnel, Shangti , occupe dans des documents plus anciens la situation occupée par Tien (Ciel) dans le système ultérieur de Confucius, pourquoi devons-nous dire que Confucius, en proposant le Ciel à la place de Shangti, rétablissait un système plus ancien ? conception? L'affection de M. Tylor pour sa théorie le conduit peut-être à cette opinion ; tandis que mon affection pour ma théorie m'amène à préférer les preuves documentaires en sa faveur .

La question ne peut être tranchée que par des spécialistes. Dans l'état actuel des choses, il me semble probable que la Chine ancienne possédait un Être personnel suprême, plus lointain et plus originel que le Ciel, tout comme les Zuñis . Sur le plan inférieur, la religion chinoise est envahie, comme chacun le sait, par l'animisme et le culte des ancêtres. C'est si puissant qu'il a donné naissance à une théorie native de l'euhémérisme. Les divinités départementales du polythéisme chinois sont expliquées par les Chinois selon les principes euhéméristes :

« Selon la légende, le Dieu de la Guerre, ou Sage Militaire, était autrefois, dans la vie humaine, un soldat distingué ; le Dieu Porc était un éleveur de porcs qui a perdu ses porcs et est mort de chagrin ; le Dieu des joueurs était *un décavé* .'[2]

Il ne s'agit pas d'énoncés de faits, mais de théories euhéméristiques chinoises. Dans cette hypothèse, Confucius devrait désormais être un dieu ; mais bien sûr il ne l'est pas ; son esprit est simplement localisé dans son temple, où l'Empereur le vénère deux fois par an comme le sont les esprits ancestraux.

Chaque théoricien forcera les faits à s'harmoniser avec son système, mais je ne vois pas que les faits chinois soient contraires aux miens. Au plan le plus élevé se trouve soit un Être Suprême personnel, Shangti , soit Tien, le Ciel (avec la Terre, parent des hommes), ni l'un ni l'autre ne devant nécessairement, à l'origine, quoi que ce soit à l'Animisme. Ensuite, il y a la réflexion politique de l'Empereur sur la Religion (qui ne peut exister là où il n'y a pas d'Empereur, de Roi ou de Chef, et donc doit être en retard), il y a la canaille animiste des esprits ancestraux ou non, et il y a le polythéisme départemental. Les esprits sont, bien entendu, nourris et fournis par les hommes de la manière symbolique habituelle. Rien ne montre ni n'indique que Shangti soit simplement un premier ancêtre imaginaire idéalisé . En effet, à propos de toutes ces explications de l'Être suprême (par exemple chez les Kurnai) comme un premier ancêtre imaginaire idéalisé , M. Réville observe à juste titre ce qui suit : « Non seulement nous avons vu que, dans de vastes régions du monde non civilisé , le culte de ancêtres a envahi un domaine occupé auparavant par le « naturisme » et l'animisme proprement dit, qu'il est donc postérieur à ceux-ci ; mais, de plus, nous ne comprenons pas, dans le système de M. Spencer, pourquoi, en tant d'endroits , le premier ancêtre est le Créateur, sinon le Créateur du monde, le Maître de la vie et de la mort et le détenteur des pouvoirs divins, et non le Créateur du monde. détenu par l'un de ses descendants. Cela prouve que ce n'est pas le premier ancêtre qui est devenu Dieu, dans la croyance de ses descendants, mais bien plutôt le Créateur divin et le Débutant de tous, qui, dans le credo de ses adorateurs, est devenu le premier ancêtre.'[3]

Notre tâche s'est ainsi limitée principalement à l'examen de la religion de certaines des races les plus basses et des religions les plus élevées du monde, comme le judaïsme. L'aspect historique du christianisme, tel qu'il apparaît dans la vie, la mort et la résurrection de notre Seigneur, exigerait un traité séparé. Cela serait, en partie, concerné par les tentatives visant à trouver dans les récits concernant notre Seigneur, un large mélange de mythologie et de rituels liés au *Rex Nemorensis sacrifié* , et à tout ce qui survit dans le folklore paysan du printemps et de la récolte. 4]

Après ces excuses pour les limites de cet essai, nous pouvons examiner le chemin en arrière. Nous avons commencé par montrer que les sauvages peuvent trébucher, et ont trébuché, sur des théories qui ne sont pas incompatibles avec la science, mais qui n'ont été découvertes que récemment par la science. L'origine électrique des aurores boréales (qu'elle soit absolument certaine ou non) en est un exemple ; un autre était l'efficacité de la « suggestion », notamment à des fins curatives. On a donc laissé entendre que, si les sauvages se sont trompés (s'il vous plaît) en croyant en Dieu et en l'âme, si obscurément envisagées soient-elles, ces croyances n'étaient pas pour autant nécessairement et essentiellement fausses. Nous avons ensuite exposé notre intention d'examiner les prétendus phénomènes supranormaux, sauvages ou civilisés , qui, selon l'hypothèse de M. Tylor, contribuent à donner naissance à la conception des « esprits ». Nous avons défendu la nature de nos preuves, comme avant les anthropologues, en montrant que, pour la croyance sauvage aux phénomènes supranormaux, nous disposons exactement du genre de preuves sur lesquelles repose toute la science anthropologique. La relative faiblesse de ces preuves, notre besoin de preuves plus nombreuses et de meilleure qualité, nous serions les derniers à nier, en effet, cela fait partie de notre argument. Nos preuves existantes ne soutiendront guère aucune théorie de la religion. Quiconque a des doutes à ce sujet n'a qu'à lire Les Religions des Peuples Non- Civilisés de M. Réville , sous les titres Mélanésiens , Mincopies , Les Australiens (ii. 116-143), quand il J'observerai que cette éminente autorité française ignore les faits sur ces races ici produits. En 1883, ils n'étaient pas à sa portée. Des enquêtes aussi minutieuses et minutieuses menées par des hommes étroitement liés aux peuples concernés, comme celles du Dr Codrington, de M. Hewitt, de M. Man et les autorités compilées par M. Brough Smyth, n'étaient pas familières à M. Réville . des faits, ou des faits qui nous sont inconnus, peuvent bouleverser ma théorie. Ce péril est inhérent à la théorie scientifique sur l'histoire des religions.

Ayant ainsi justifié nos preuves de la *croyance sauvage* aux phénomènes supranormaux, comme avant les anthropologues, nous nous sommes tournés vers un tribunal de psychologues pour défendre nos preuves de l' *existence* exactement des mêmes phénomènes supranormaux dans l'expérience civilisée . Nous avons souligné que pour les expériences psychologiques subjectives, par exemple la télépathie, nous disposions exactement des mêmes preuves sur lesquelles toute psychologie non expérimentale doit et repose effectivement. Bien plus, nous avons même des preuves expérimentales, dans des expériences de transfert de pensée. Mais nous disposons principalement d'énoncés d'expériences subjectives. Pour la coïncidence d'une telle expérience avec des événements inconnus, nous disposons de preuves qui, dans la vie pratique, sont admises par les tribunaux.

La psychologie expérimentale s'appuie bien entendu sur des expériences menées sous les yeux de l'expert, par exemple par hypnotisme ou autrement, sous la direction du Dr Hack Tuke , du Professeur James, de M. Richet, de M. Janet. La preuve est le comportement plutôt que les déclarations du sujet. Il y a aussi l'expérimentation physiologique, par vivisection (j'ai le regret de le dire) et par dissection post mortem. Mais la psychologie non expérimentale repose sur l'auto-examen de l'étudiant et sur les récits d'expériences psychologiques qui lui sont faits par des personnes en qui il pense pouvoir avoir confiance. Cependant, le psychologue, s'il est, comme le dit M. Galton, « dépourvu d'imagination au sens strict mais inhabituel de ce mot ambigu », a besoin du « mot d'avertissement » de M. Galton. Il lui est demandé de « résister à une tendance trop fréquente à supposer que l'esprit de toute autre personne saine d'esprit et en bonne santé doit être comme le sien ». Le psychologue devrait enquêter sur l'esprit des autres comme il devrait le faire sur celui des animaux de races différentes, et être prêt à trouver beaucoup de choses sur lesquelles sa propre expérience ne peut fournir que peu ou pas d'indice. »[5] M. Galton a dû avertir les personnes sans imagination. psychologue de cette manière, parce qu'il était sur le point de dévoiler sa découverte de la faculté qui présente à certains esprits les nombres comme visualisés des chiffres colorés , « si vifs qu'ils ne peuvent être distingués de la réalité, sauf à l'aide de circonstances accidentelles ».

M. Galton a également découvert au cours de ses enquêtes que les hallucinations occasionnelles chez les personnes saines d'esprit sont beaucoup plus répandues qu'il ne l'avait supposé, ou que ce que la science avait jamais pris en compte. Tout cela était entièrement nouveau pour les psychologues, dont beaucoup (du moins de nombreux psychologues populaires de la presse) semblent encore ignorer les circonstances. L'un d'eux m'a informé très gravement qu'« *il* n'avait jamais eu d' hallucination », donc, *son* esprit étant sain d'esprit et sain, il semblait en déduire qu'aucun esprit sain et sain n'avait jamais eu d'hallucination. M. Galton a répondu à *cet* argument ! Sa réponse couvre, logiquement, tout le domaine des facultés psychologiques peu considéré, par exemple, par M. Sully, qui n'est pas exactement un psychologue imaginatif.

Il couvre tout le domaine de l'automatisme (comme dans l'écriture automatique), peut-être de la baguette divinatoire, certainement des visions de cristal et des hallucinations occasionnelles, comme le déclare expressément M. Galton, dans ce dernier cas. Il n'est pas nécessaire au moins de dire aux psychologues que de telles facultés ne peuvent pas, pas plus que d'autres facultés humaines, être toujours évoquées à des fins d'étude et d'expérimentation. Les preuves de ces facultés et expériences sont donc généralement celles sur lesquelles s'appuie le psychologue. Mais lorsque le psychologue, à la suite de Leibnitz, Sir William Hamilton et Kant, discute du subconscient (par exemple, des connaissances, souvent complexes et abondantes, inconsciemment acquises), nous démontrons par des exemples que le psychologue se contentera de s'appuyer sur des preuves qui ne sont pas des preuves à l'heure actuelle. tous. Il avalera une légende non datée et non localisée de Coleridge, parvenue à Coleridge sur la base d'un témoignage de rumeur , et racontée au moins vingt ans après les événements non vérifiés. Bien plus, le psychologue ne songera jamais à trouver des preuves contemporaines d'une déclaration aussi monstrueuse que celle selon laquelle une jeune fille allemande ignorante aurait inconsciemment acquis, puis reproduit inconsciemment d'immenses cantiques de langues mortes, après avoir entendu par hasard un ancien maître réciter ou lire à haute voix de l'hébreu et de l'hébreu. Livres grecs. Les psychologues n'acceptent cette légende sans aucune preuve, car elle illustre une théorie qui est, sans aucun doute, une très bonne théorie, bien que, dans ce cas, elle soit poussée à un point « qui dépasse l'imagination ».

Ici, le psychologue peut répondre que beaucoup moins de preuves le contenteront pour un fait avec lequel il possède, au moins, des analogies dans une expérience accréditée, que pour un fait (par exemple l'observation télépathique des cristaux) avec lequel il ne connaît, dans l'expérience, rien d'*analogue* . Ainsi, pour la mythique servante allemande, il a l'analogie des langues apprises dans l'enfance, ou des passages appris par cœur, oubliés et ramenés à la mémoire consciente ordinaire, ou à la mémoire délirante, lors d'une maladie, ou peu avant la mort. Fort de ces analogies, le psychologue se risquera à accepter un cas de langage *non* appris, mais reproduit dans la mémoire délirante, sans aucune preuve. Mais ne possédant pas d'analogies avec l'observation télépathique des cristaux, il refusera probablement d'examiner la nôtre.

J'attire d'abord son attention sur la différence entre la mémoire ravivée d'une langue autrefois connue (le breton et le gallois dans les exemples connus), ou apprise par cœur (comme le grec, dans une anecdote de Goethe), et la reproduction verbale d'une langue inconnue ou *inconnue* . appris par cœur mais entendu – chaque passage probablement mais une seule fois – alors que quelqu'un en récitait des fragments. Dans ce cas (celui de la servante mythique) « la difficulté… est que les impressions originales n'avaient pas la force – c'est-à-dire la netteté – de la reproduction. Une langue inconnue entendue n'est qu'un simple son….'[6]

La distinction établie ici est si grande et si évidente que pour prouver le cas de la jeune fille allemande, nous avons besoin de meilleures preuves que la rumeur d'une rumeur de Coleridge , citée, telle qu'elle est, par Hamilton, Maudsley, Carpenter, Du Prel , et la série courante de manuels. .

Non pas que je nie *a priori* la possibilité de l'histoire de Coleridge. Comme le dit M. Huxley, « à proprement parler, je ne connais rien qui puisse mériter le titre d'« impossible », sauf une contradiction dans les termes. »[7] À la grande horreur de certains de ses admirateurs, M. Huxley Je ne qualifierais pas d'« impossible » l'existence des démons et de la possession démoniaque.[8] M. Huxley n'était pas un disciple aveugle de Hume. Moi non plus, je ne qualifie pas l'histoire de Coleridge d'« impossible », mais, contrairement aux psychologues, je refuse de l'accepter pour « la sécurité de Bardolph ». Et je contraste leur conduite, en avalant la légende de Coleridge, avec leur refus (s'ils refusent) d'accepter les preuves de l'écriture automatique de langues non consciemment connues (comme la poésie et la prose françaises du XIe siècle de M. Schiller). , ou leur refus (s'ils refusent) d'examiner les preuves de l'observation télépathique des cristaux, ou toute autre démonstration de faculté supranormale, attestée par des personnes vivantes et honorables .

J'aurais aimé voir un moyen pour la psychologie orthodoxe et sans imagination de sortir de son dilemme.

Après avoir proposé aux anthropologues et aux psychologues ces considérations, que je réitère volontairement, nous avons examiné historiquement les rapports de la science au « merveilleux », montrant par exemple comment Hume, suivant sa théorie *a priori* de l'impossible, aurait refusé d'investiguer, parce qu'ils étaient « miraculeux », certains événements qui, pour Charcot, étaient des incidents ordinaires dans l'expérience médicale.

Nous avons ensuite repris et critiqué la théorie anthropologique de la religion telle qu'exposée par M. Tylor. Nous avons ensuite rassemblé à partir de son travail une série de prétendus phénomènes supranormaux dans la croyance sauvage, qui constituent tous le fondement de la religion animiste. Dans plusieurs chapitres, nous avons poursuivi l'étude de ces phénomènes, en choisissant des exemples sauvages et en mettant à côté d'eux des témoignages civilisés de faits d'expérience. Notre conclusion était que de telles expériences civilisées , si elles se produisaient, comme on le dit universellement, parmi les sauvages, contribueraient à donner naissance et soutiendraient très fortement la doctrine sauvage des âmes, base de la religion dans la théorie des anthropologues anglais. Mais en dehors de la doctrine sauvage des « esprits » (qu'ils existent ou non), les preuves indiquent l'existence de facultés humaines non prises en compte dans les systèmes actuels du matérialisme.

Nous sommes ensuite passés du sujet des expériences supranormales aux faits reconnus sur la religion primitive. En admettant la croyance aux âmes, aux fantômes et aux esprits, quelle que soit la manière dont elle est atteinte, comment l'idée d'un Être suprême a-t-elle pu évoluer à partir de cette croyance ? Nous avons montré qu'en prenant le credo tel qu'on le retrouve chez les races les plus basses, les processus mis en avant par les anthropologues ne pouvaient rendre compte de son évolution. Les faits ne cadreraient pas avec la théorie anthropologique, mais la contrediraient. Les conditions sociales nécessaires postulées n'étaient pas trouvées là où se trouve la croyance. Bien plus, les conditions sociales nécessaires à l'évolution même du culte des ancêtres n'étaient manifestement pas trouvées là où le résultat ultime supposé du culte des ancêtres, la croyance en un Être suprême, prospérait abondamment.

Encore une fois, la croyance en un Être Suprême, *ex hypothèse* la plus récente de l'évolution, donc la plus puissante, était souvent mise de côté et à moitié oubliée, ou négligée, ou ridiculisée, là où la croyance en l'animisme (ex hypothèse *la plus* ancienne) était en pleine vigueur . Nous avons démontré par des faits que l'anthropologie avait simplifié sa tâche en ignorant cette caractéristique essentielle, *l'alliance prédominante de l'éthique et de la religion* , dans la croyance des races les plus basses et les moins développées. Ici, heureusement, nous avons non seulement de notre côté le témoignage d'un animiste sérieux, M. Im Thurn, mais aussi celui d'un éminent érudit sémitique, feu M. Robertson Smith. « Nous voyons que même dans ses formes les plus grossières, la religion était une force morale ; les pouvoirs que l'homme vénère étaient du côté de l'ordre social et de la loi morale ; et la crainte des dieux était un motif pour faire respecter les lois de la société, qui étaient aussi les lois de la morale. »[9] Wellhausen a déjà été cité dans le même sens.

Cependant, les faits prouvant que la vérité et le désintéressement, qui constituent sûrement un élément important de l'éthique chrétienne, sont divinement sanctionnés par la religion sauvage, sont plus puissants que l'opinion la plus érudite de ce côté-là.

Notre étape suivante fut d'examiner en détail plusieurs religions des races les plus éloignées et les plus arriérées, des races les moins contaminées par l'enseignement chrétien ou islamite. Nos preuves, lorsque cela était possible, provenaient de mystères tribaux anciens et secrets et d'hymnes sacrés indigènes. Nous avons trouvé un Être relativement suprême, un Créateur, sanctionnant la moralité et non propice au sacrifice, parmi les peuples qui craignent les fantômes et les sorciers, mais qui n'adorent pas toujours leurs ancêtres. Nous avons montré que la théorie anthropologique de l'évolution de Dieu à partir des fantômes n'explique en rien les faits de la conception sauvage d'un Être suprême. Nous avons ensuite soutenu que la notion d'« esprit », dérivée de la croyance aux fantômes, n'était pas logiquement âment nécessaire à la conception d'un Être suprême dans sa forme la plus ancienne, qu'elle était préjudiciable à la conception et, de nombreuses preuves, qu'elle était niée comme faisant partie de la conception. de la conception. L'Être suprême, ainsi considéré, peut être (bien qu'il ne puisse pas être historiquement démontré qu'il soit) antérieur à la première notion d'âmes fantômes et séparables.

Nous avons ensuite retracé l'idée d'un tel Être suprême à travers les croyances des races s'élevant dans l'échelle de la culture matérielle, démontrant qu'il a été écarté par la concurrence de fantômes voraces mais utiles, de dieux fantômes et de nuances d'ancêtres royaux, avec leurs la magie et leurs rites sanglants. Ces rites et la conception animiste qui les sous-tend étaient ensuite, dans de rares cas, réfléchis ou réfractés sur l'Éternel Suprême. Les institutions aristocratiques ont favorisé le polythéisme, le vieil Être suprême étant obscurci, remplacé ou intronisé en tant qu'Empereur-Dieu ou Roi-Dieu. Nous avons vu comment et dans quel sens la vieille théorie de la dégénérescence pouvait être définie et défendue. Nous avons observé des traces de dégénérescence dans certains aspects archaïques de la foi en Jéhovah ; et nous avons prouvé que (étant donné une croyance sauvage assez pure en un Être suprême) cette croyance *devait* dégénérer, dans les conditions sociales, à mesure que la civilisation progressait. Ensuite, en étudiant ce que nous pouvons appeler la restauration de Jéhovah, sous les grands prophètes d'Israël, nous avons remarqué qu'eux, et Israël en général, étaient étrangement indifférents à cet aspect inestimable de l'animisme, le souci du bonheur futur, conditionné par la conduite des hommes. de l'âme individuelle. Cet aspect n'avait été négligé ni par l'instinct populaire ni par la réflexion sacerdotale et philosophique de l'Égypte, de la Grèce et de Rome. Le christianisme, enfin, combinait ce qu'il y avait de bon dans l'animisme, le soin de l'âme individuelle en tant qu'esprit immortel soumis à des responsabilités éternelles, avec l'Éternel juste et unique de l'Israël prophétique, et ainsi mit fin à la longue, complexe et mystérieuse éducation théologique de l'humanité. Telle est notre théorie, qui ne nous semble pas manquer de preuves, ni être incompatible (comme la théorie anthropologique est apparemment incompatible) avec l'hypothèse de l'évolution.

Tout cela, il faut le souligner avec insistance, est proposé « sous toutes réserves ». Alors que ces quatre étapes, disons (1) l'Etre moral non propitié australien, (2) l'Etre négligé africain, encore quelque peu moral, (3) l'Etre relativement suprême impliqué dans le sacrifice humain, comme en Polynésie, et (4) l'Etre moral réintégrés philosophiquement, comme en Israël, suggèrent des étapes dans l'évolution, nous souhaitons ne fonder aucun système rigide de degrés ascendants et descendants sur nos preuves actuelles. Le véritable objectif est de montrer que les faits peuvent être considérés sous cet angle, ainsi que sous celui que jette la théorie anthropologique, entre les mains de M. Tylor, de M. Spencer, de M. Réville ou de M. Jevons, dont un travail intéressant est celui qui se rapproche le plus de notre hypothèse provisoire.

Nous demandons seulement du suspense dans le jugement et de l'hésitation à accepter les dogmes des artisans modernes. Une exception semble certainement être M. Clodd , si l'on peut lui attribuer en toute sécurité une critique (signée C.) de « L'évolution de l'idée de Dieu » de M. Grant Allen.

« Nous craignons que toutes nos spéculations ne restent que des résumés de probabilités. Aucun document ne nous est parvenu pour nous éclairer ; nous n'avons que des idées mobiles, complexes et confuses, incarnées dans des théories farfelues et souvent contradictoires. Le fait que ce caractère s'attache à de telles idées devrait nous garder en garde contre l'élaboration de théories dont la symétrie est parfois leur condamnation » (« Daily Chronicle », 10 décembre 1897).

Rien n'excite plus mes propres soupçons à l'égard de mon hypothèse provisoire que sa symétrie. Cela semble vraiment correspondre trop exactement aux faits, tels qu'ils me semblent. Je suggérerais cependant que les anciens hymnes sacrés sauvages et les pratiques des mystères sont en réalité plutôt de la nature de « documents » ; plus encore, du moins, que les observations fortuites de certains voyageurs ou que les ragots extraits d'indigènes très en contact avec les Européens.

En supposant que les arguments de cet essai soient acceptés dans une certaine mesure, quel effet auraient-ils, le cas échéant, sur nos réflexions sur la religion ? Quelle est leur tendance pratique ? L'effet le moins douteux serait, je l'espère, de nous empêcher d'accepter la théorie anthropologique de la religion, ou toute autre théorie, comme une fatalité. J'ai essayé de montrer combien nos connaissances sont faibles, combien faibles sont souvent nos preuves. , et que, trouvant chez les plus bas sauvages tous les éléments de toutes les religions déjà développés à des degrés divers, on ne peut, historiquement, dire que l'une soit antérieure à l'autre. Ce point de priorité, nous ne pourrons jamais le régler historiquement. Si nous rencontrions des sauvages avec des fantômes et sans dieux, nous ne pourrions être sûrs qu'ils possédaient autrefois un Dieu et l'oubliaient. Si nous rencontrions des sauvages avec un Dieu et sans fantômes, nous ne pourrions pas être historiquement certains qu'une croyance supérieure n'a pas effacé une croyance inférieure. Pour ces raisons, les décisions dogmatiques sur l' *origine* de la religion semblent indignes de la science. Elles paraîtront encore plus futiles à tout étudiant qui ira jusqu'à douter avec moi que les dieux les plus élevés des races inférieures puissent être développés, ou qu'il soit possible de démontrer qu'ils ont été développés, au moyen de la théorie des fantômes. À celui qui en arrive à ce point, toute la doctrine animiste des fantômes, germe unique de la religion, paraîtra en péril . Le principal résultat pratique sera alors l'hésitation à accepter les dernières opinions scientifiques, même lorsqu'elles sont soutenues par de grands noms et publiées dans de petits manuels.

Dans l'hypothèse ici proposée à la critique, il y a deux sources principales de la religion : (1) la croyance, dont nous ne savons pas comment elle est parvenue,[10] en un Père et Juge des hommes puissant, moral, éternel et omniscient ; (2) la croyance (probablement développée à partir d'expériences normales et supranormales) en une sorte d'homme qui peut survivre à la tombe. Cette seconde croyance n'est pas, en toute logique, nécessaire comme matériau pour la première, dans sa forme apparemment la plus ancienne. Il se peut, pour autant que nous sachions, qu'il s'agisse de la dernière des deux croyances, chronologiquement. Mais cette croyance était aussi nécessaire à la religion ; premièrement, comme fournissant finalement une formule par laquelle les intellects avancés pourraient concevoir l'Être Puissant impliqué dans l'ancien credo ; ensuite, comme élevant la conception que l'homme a de sa propre nature. Par la seconde croyance, il devient l'enfant du Dieu en qui, peut-être, il avait déjà confiance, et en qui il a son être, un être qui n'est pas destiné à périr avec la mort du corps. L'homme n'est donc pas seulement l'enfant mais l'héritier de Dieu, un « nourrisson d'immortalité », capable d'entrer dans la vie éternelle. Il est superflu de s'attarder sur l'influence morale de cette croyance .

Depuis les races les plus arriérées que nous connaissons historiquement jusqu'à celles de notre propre statut, toutes ont été plus ou moins baignées par les eaux de ce double courant de religion. Les Hébreux, d'après nos informations, étaient principalement influencés par la première croyance, la foi en l'Éternel, et s'intéressaient relativement peu aux fortunes posthumes qui pourraient attendre les âmes individuelles. D'autres peuples civilisés , disent les Grecs, ont étendu la seconde théorie, ou théorie animiste, à des formes de belle fantaisie, matériau de l'art. Pourtant, tant en Grèce qu'à Rome, comme nous l'apprenons la « République » (Livres I. III.) de Platon, et l'ensemble du poème de Lucrèce, et le Porche peint de Delphes, répondant aux fresques du Pisan Campo Santo, il existait parmi le peuple ce qui était inconnu des Hébreux, une inquiétude extrême quant aux fortunes posthumes et au châtiment possible de l'âme individuelle. Une sorte de pardonneurs et de vendeurs d'indulgences vivaient de cette inquiétude en Grèce. Pour les pardonneurs grecs, qui témoignent d'un intérêt pour le bonheur futur de l'âme introuvable en Israël, on peut citer M. Jevons :

« Les *agyrtes* professaient, au moyen de ses rites, purifier les hommes des péchés qu'ils avaient eux-mêmes commis… et ainsi assurer à ceux qu'il purifiait une exemption du mauvais sort dans l'autre monde qui attendait ceux qui n'étaient pas initiés. » « Un miroir magique » (regardant le cristal) « faisait partie de ses propriétés. »[11]

En Egypte, une vie morale ne suffisait pas pour assurer une récompense immortelle. Il fallait aussi connaître les sortilèges qui déjouent les démons qui, dans Amenti , comme dans l'Hadès indien et polynésien, guettent les âmes. Cette connaissance était contenue dans des copies du Livre des Morts, le *gagne -pain* des prêtres et des scribes.

Le premier Israël, ayant, autant que nous le sachions, un singulier manque d'intérêt pour l'avenir de l'âme, est né pour se consacrer au développement, sans être dérangé, de la conception théiste, de la croyance en un Éternel juste.

Partout, le polythéisme – en Grèce particulièrement – s'en remettait à la conception animiste, avec ses divinités bizarres et corruptibles. La philosophie grecque pouvait difficilement restaurer cet Éternel pour lequel les prophètes combattaient en Israël ; que certains des sauvages les plus bas connaissent et craignent ; que la théorie ou le culte animiste obscurcit partout avec sa foule de dieux fantômes affamés, cruels, intéressés et propices à la nourriture. Dans la religion de notre Seigneur et des Apôtres, les deux courants de foi en un seul Dieu juste et le souci de l'âme individuelle ont été purifiés et combinés. « Dieu est Esprit, et ceux qui l'adorent doivent l'adorer en esprit et en vérité. » L'homme est également un esprit et, en tant que tel, est entre les mains d'un Dieu qui ne doit pas être apaisé par le sacrifice de l'homme ou le rituel du moine. On sait combien cette doctrine fut à nouveau perturbée par l'animisme en effet, ainsi que par le sacrifice et le rituel de l'Église médiévale. Trop désireuse « d'être tout pour tous les hommes », l'auguste et bienfaisante Mère de la chrétienté a réadmis l'animisme antérieur dans de nouvelles formes de culte des saints, de pèlerinage et de cérémonial populaire – des choses en dehors de la justice, mais communément censées la remplacer. de la vie et de l'altruisme enjoint aux mystères sauvages. Pour la douceur, non moins que pour la dureté du cœur des hommes, ces choses ont été ordonnées : comme les messes pour les morts bien-aimés.

La pensée moderne a désanthropomorphisé ce qui restait d'anthropomorphisme dans la religion et, en fin de compte, nous a laissé à Dieu, tout au plus, « un courant de tendance menant à la justice », ou une énergie inconnue et inconnaissable – le fantôme d'un fantôme. Car l'âme, en vertu de sa croyance dans laquelle l'homme s'est élevé dans sa propre estime et, plus ou moins, dans une position éthique, nous laisse une négation ou un doute nostalgique.

La position antérieure de cet essai suggère une hésitation à l'égard de cette partie de l'enseignement scientifique moderne. En m'appuyant sur la tradition et la croyance aux phénomènes supranormaux parmi les races inférieures, sur des phénomènes attestés des mêmes types d'expériences parmi les races supérieures, j'ai osé essayer de suggérer que « nous ne sommes pas simplement un cerveau » ; cet homme a son rôle, on ne sait comment, dans on ne sait quoi, ses facultés et sa vision sont à peine conditionnées par les limites de son champ d'action normal. Les preuves de tout cela portent sur des sujets souvent insignifiants, comme les étincelles électriques qui sortent de la peau du cerf, qui pourtant sont liées à une puissance essentielle et illimitée de l'univers. Ne pouvant expliquer ces faits, ni, ici, proposer ce qui serait nécessairement une théorie prématurée, je les considère, bien qu'ils semblent obscurs, comme des motifs d'espoir, ou, du moins, comme des signes que les hommes il ne faut pas encore désespérer. Ce n'est pas la première fois que les choses faibles de la terre ont été choisies pour confondre les choses fortes. Et les hommes de cette opinion n'ont pas toujours été les plus faibles ; parmi les plus faibles ne figurent pas Socrate, Pascal, Napoléon, Cromwell, Charles Gordon, Sainte Thérèse et Jeanne d'Arc .

Je suis parfaitement conscient que le « caractère superstitieux » de la première partie de cet essai doit nuire à tout effet que l'argumentation de la dernière partie pourrait éventuellement produire sur l'opinion critique. Pourtant, cet argument ne dépend en aucun cas de ce que nous pensons des phénomènes – normaux, supranormaux ou illusoires – sur lesquels a pu se fonder la théorie du fantôme, de l'âme ou de l'esprit. Il montre que la religion a probablement commencé par une sorte de théisme, qui est ensuite remplacé, dans une certaine mesure, ou même corrompu, par l'animisme dans toutes ses variétés. Enfin, le théisme exclusif d'Israël reçoit son complément dans un animisme purifié et émerge comme christianisme.

Indépendamment également de toute conclusion favorable que certains pourraient tirer de ces phénomènes, et indépendamment de l'opinion plus générale selon laquelle tous les exemples modernes sont remplis d'imposture, de mauvaise observation, de mémoire mythopéique et de préjugés superstitieux, la comparaison systématique Les croyances civilisées et sauvages et les prétendues expériences de ce genre ne peuvent pas être sagement négligées par l'anthropologie. *Humani nihil a se alienum putat* .

[Note de bas de page 1 : *Prim. Culte* . ii. 352.]

[Note 2 : Abrégé de *Prim. Culte* . ii. 119.]

[Note 3 : *Histoire des Religions* , ii. 237, remarque. Le système de M. Réville , on le remarquera, diffère du mien en ce qu'il trouve les premiers essais de religion dans le culte des aspects de la nature (*naturisme*) et dans « l'animisme proprement dit », par lesquels il entend l'instinctif, peut-être pas explicitement. formulé, sentir que toutes choses, quelles qu'elles soient, sont animées et personnelles. Je n'ai pas remarqué que cet aspect de la croyance était aussi répandu chez les races les plus arriérées, et je n'essaie pas de regarder derrière ce que nous savons historiquement de la religion primitive. Je suis jusqu'à présent d'accord avec M. Réville quant à penser que la croyance aux fantômes et aux esprits (l '« animisme » de M. Tylor) n'est pas nécessairement postulée dans la conception originelle indéterminée de l'Être suprême, ou généralement, dans les « Dieux originels ». Mais M. Réville dit : « L'objet de la religion humaine HNE « essentielle un esprit » (*Prolégoménes* , 107). Cela ne semble pas cohérent avec sa propre théorie.]

[Note 4 : Comparez *le Rameau d'Or de M. Frazer avec l'Évolution de l'Idée de Dieu de M. Grant Allen* .]

[Note de bas de page 5 : *JAI* . X. 85.]

[Note 6 : Massey. Note à Du Prel . *Philosophie du mysticisme* , ii 10.]

[Note 7 : *Science et tradition chrétienne* , p. 197]

[Note 8 : Op. cit. p. 195.]

[Note 9 : *Religion des Sémites* , p. 53.]

[Note 10 : L'hypothèse de saint Paul ne semble pas la plus insatisfaisante, Rom. je . 19.]

[Note de bas de page 11 : *Introd* . *à l'Hist. du Rel* . p. 333 ; Aristophe . *Grenouilles* , 159.]

ANNEXES

ANNEXE A

LES OPPOSITIONS DE LA SCIENCE

La réponse la plus élaborée aux arguments en faveur de la télépathie, basée sur le rapport du recensement des hallucinations, est celle de Herr Parish, dans ses « Hallucinations et illusions ».[1]

Herr Parish est, à l'heure actuelle, opposé à la théorie selon laquelle le recensement établirait une cause télépathique dans les histoires dites « fortuites », « avancées », comme il le dit, « avec la réserve nécessaire et basées sur une masse étonnante de matériaux ». , dans une certaine mesure traité de manière critique.

Il s'oppose d'abord à une allocation de douze heures pour la coïncidence de l'hallucination et de la mort ; mais, si l'on réfléchit que douze heures , c'est peu même dans une année, les coïncidences dans les douze heures, on peut l'admettre, *donnent à penser*, même si l'on rejette la théorie selon laquelle, avec un réel impact télépathique, il peut avoir besoin de temps et de calme pour son évolution vers une hallucination complète. Nous n'avons pas besoin de nous attarder sur les cas très étranges de Munich, car ils ne figurent pas dans la trentaine sélectionnée dans le rapport. Herr Parish s'attarde ensuite sur cette *hallucination de la mémoire* , dans laquelle on a l'impression que tout ce qui se passe s'est produit auparavant. Il est peut-être venu à l'esprit de la plupart d'entre nous que quelque association d'idées au cours de la journée nous rappelle un rêve de la nuit précédente que nous avions oublié. Par exemple, en regardant un ruisseau depuis un pont et en pensant à la façon dont je le pêcherais, je me suis rappelé que j'avais rêvé, la nuit précédente, de lancer une mouche pour m'entraîner, sur une pelouse. Personne ne songerait à contester le fait que j'ai réellement fait un tel rêve, que je l'ai oublié et que je m'en suis souvenu lorsque cela m'a été rappelé par une association d'idées. Mais si le rêve oublié avait été « réalisé » et rappelé à la mémoire seulement au moment de sa réalisation, la science nierait que j'aie jamais eu un tel rêve. Le prétendu rêve serait décrit comme une « hallucination de la mémoire ». Quelque chose se produisant, disait-on, j'avais la sensation pas très inhabituelle : « Cela m'est déjà arrivé », et la sensation devenait un faux souvenir que cela s'était *produit* – dans un rêve. Cette théorie sera avancée, je pense, non pas lorsqu'un rêve ordinaire est rappelé par une expérience de veille, mais seulement lorsque le rêve coïncide avec cette expérience et la précède, ce qui est une chose que les rêves n'ont pas à faire. De tels rêves fortuits sont nécessairement de « faux souvenirs », d'un point de vue scientifique. Maintenant, quel impact cette théorie de la fausse mémoire a-t-elle sur les hallucinations fortuites ?

Les fous, semble-t-il, ont tendance à avoir le faux souvenir de « cela s'est produit auparavant », puis *à* dire que l'événement leur a été révélé dans une vision.[2] Il peut être recommandé aux aliénés de noter la vision et de la faire attester correctement *avant* l'événement. La même remarque s'applique aux « pressentiments » des personnes saines d'esprit. Mais cela ne s'applique *pas* si Jones me dit : « J'ai vu ma grand-tante la nuit dernière », et si des nouvelles arrivent *après* cette remarque selon lesquelles la tante de Jones est décédée cette nuit-là à Tombouctou. Pourtant, Herr Parish (p. 282) semble penser que l'argument de la mémoire fallacieuse intervient en partie, même lorsqu'une hallucination a été rapportée à une autre personne avant *son* accomplissement. Bien entendu, tout dépend de la véracité du narrateur et de la personne à qui il a raconté son histoire. Pour prendre un cas donné :[3] Brown, disons, voyageant avec sa femme, rêve qu'un chien enragé mordait son garçon au coude à la maison. Il le dit à sa femme. En arrivant chez lui, Brown découvre qu'il en est ainsi. Herr Parish semble argumenter ainsi :

Brown n'a rien rêvé du tout, mais il s'excite lorsqu'il apprend la mauvaise nouvelle à la maison ; il croit, par faux souvenir, qu'il en a un souvenir, il dit à sa femme : « Ma chérie, ne te l'ai-je pas dit, cette nuit, j'avais rêvé de tout cela ? » et sa femme, tout aussi excitée, répond : « C'est vrai, mon Brown, tu l'as fait, et j'ai dit que ce n'était qu'un de tes rêves. Et tous deux croient désormais que le rêve s'est réalisé. C'est très plausible, n'est-ce pas ? seule la science n'en dirait rien si le rêve ne s'était *pas* réalisé – si Brown avait remarqué : « Par ailleurs, ma chère, voir ce cheval me rappelle que j'ai rêvé la nuit dernière de conduire une charrette à chiens. Car alors Brown n'était pas excité.

Aucun de ces raisonnements exquis sur les rêves ne s'applique aux hallucinations de veille, rapportées avant la prétendue coïncidence, à moins que nous acceptions une hallucination collective de la mémoire chez le ou les voyants, ainsi que chez les personnes à qui leur histoire a été racontée.

Mais il est évident que la mémoire a tendance à devenir mythopéique, jusqu'à exagérer la proximité des coïncidences et à ajouter des détails romantiques. Nous n'avons pas besoin de Herr Parish pour nous dire *cela* ; nous rencontrons cette circonstance dans tous les récits de mémoire, quel que soit le sujet, même dans les propres écrits de Herr Parish.

Il faut admettre que le public, dans les récits fantomatiques, comme dans tous les récits sur tous les sujets, est enclin aux « addenda fantaisistes ». Par conséquent, comme le remarque à juste titre Herr Parish, nous devrions « maintenir une attitude très sceptique à l'égard de toutes les versions » d'hallucinations véridiques. « Non pas qu'il faille les considérer comme des fables de vieilles femmes – une méthode bien trop courante – ni même douter de la bonne foi du narrateur. Nous devrions les traiter comme des histoires de gros poissons qui s'enfuient ; Parfois, il existe de bonnes preuves concordantes selon lesquelles il s'agissait réellement de gros poissons, parfois non. Nous reviendrons sur ces faux souvenirs.

Y a-t-il eu une coïncidence dans les cas de la Société imprimés dans le recensement ? Herr Parish estime que trois des vingt-six cas sélectionnés sont très douteux. Dans un cas il y a une marge *possible* de quatre jours, dans un autre (mal numéroté d'ailleurs) il n'y a pas du tout de marge parmi les vingt-six. Dans la troisième, Herr Parish se trompe dans sa déclaration.[4] C'est un bel exemple de négligence sceptique et, accompagné de la citation erronée du deuxième cas, montre que l'inexactitude n'est pas entièrement du côté des voyants. Mais l'affaire n'est pas très bonne, les deux percepteurs pensant que la date de l'événement était moins lointaine qu'elle ne l'était réellement. Malheureusement, Herr Parish ne critique que ces trois cas, avec la justesse que nous avons remarqué. Il n'avait pas de place pour plus.

Herr Parish blâme ensuite la sélection probable des bons cas par les collectionneurs, sur laquelle les rédacteurs du recensement ont déjà fait des observations, car ils ont également fait une large place à cette cause d'erreur. Il propose ensuite une déclaration étonnante selon laquelle, « selon les auteurs anglais, opinion qui est bien sûr admise dans tous les calculs de ce genre, une hallucination persiste également longtemps dans la mémoire et est également facilement rappelée en réponse à une demande. On se demande si l'expérience n'a fait qu'une légère impression sur le percepteur, ou l'a profondément affecté, comme ce serait le cas, par exemple, si l'hallucination avait coïncidé avec la mort d'un proche parent ou d'un ami. Cette affirmation de Herr Parish est si erronée que le rapport dit expressément que « à mesure que les années s'éloignent », la proportion des hallucinations dont on se souvient par rapport à celles qui sont oubliées, ou du moins ignorées, « est très grande ». Encore une fois, « les hallucinations de la classe la plus impressionnante seront non seulement mieux mémorisées que les autres, mais seront, nous pouvons raisonnablement le supposer, plus souvent mentionnées par les perceptifs à leurs amis. »[6]

Pourtant, Herr Parish affirme que, dans tous les calculs, on suppose que les hallucinations sont tout aussi faciles à retenir, qu'elles soient impressionnantes ou non ! Une fois de plus, le rapport dit (p. 246) : « *Il n'est pas vrai* » que les hallucinations fortuites (et impressionnantes) soient aussi facilement sujettes à l'oubli que les hallucinations non fortuites et non impressionnantes. Les éditeurs multiplient donc les cas non fortuits par quatre, arguant qu'aucun cas fortuit (coups positifs) n'est oublié, tandis que trois cas non fortuits (échecs) sur quatre sont oubliés, ou peuvent être supposés être susceptibles d'être oubliés. Immédiatement après avoir déclaré que les auteurs anglais supposent que toutes les hallucinations sont également bien mémorisées (ce qui est exactement le contraire de ce qu'ils disent), Herr Parish admet que les auteurs multiplient les échecs par quatre, « influencés par d'autres considérations » (p. 289).). Par quelles autres considérations ? Ils donnent leur raison (cette même raison qu'ils refusent d'admettre, dit Herr Parish), à savoir que les échecs ont quatre fois plus de chances d'être oubliés que les coups sûrs. "Entrer dans les raisons de l'adoption de ce plan nous mènerait trop loin", écrit-il. Eh bien, c'est la raison même qui, dit-il, ne trouve *pas* grâce auprès des auteurs anglais !

Comme cette critique scientifique est curieusement loin d'être « coïncidente » avec des faits évidents, ou « véridique » du tout ! Herr Parish dit qu'une « vue » (qui n'existe pas) est « bien sûr supposée dans tous les calculs » ; et, à la même page, il dit que ce n'est *pas* supposé ! « Les témoins du rapport, influencés il est vrai par d'autres considérations » (ce qui n'est pas le cas), « ont cherché à renverser le sens de cette objection en multipliant par quatre le nombre total des cas (non fortuits). ' Ensuite, le « point de vue » *n'est pas* « pris en compte dans tous les calculs », comme vient de l'affirmer Herr Parish.

Qu'est-ce qui a conduit Herr Parish, un critique honorable et lucide, dans ce labyrinthe d'affirmations incorrectes et contradictoires ? Il est intéressant de tenter de retrouver les causes de telles *illusions non-véridiques* , de trouver les *points de repère* de ces hallucinations littéraires. On peut suggérer que lorsque Herr Parish a « refondu les chapitres » de son édition allemande, comme il le dit dans sa préface à la version anglaise, il a accidentellement laissé un passage basé sur un article antérieur de M. Gurney,[7] sans remarquer que ce n'était plus exact ou approprié.

Après ce passage étrange, Herr Parish soutient qu'une hallucination « véridique » est considérée par les auteurs anglais comme « une coïncidence », même lorsque des circonstances extérieures ont rendu cette hallucination même probable en produisant une « tension des groupes d'éléments nerveux correspondants ». C'est-à-dire qu'une personne est dans un état — un état nerveux — susceptible, *a priori* , d'engendrer une hallucination. Une hallucination *naît* tout naturellement ; et ainsi, si cela coïncide avec un événement, la coïncidence ne devrait pas compter : elle est purement fortuite.[8]

Voici un exemple. Une dame, face à un vieux buffet, aperçut un ami, sans manteau et en gilet à dos d'étoffe brillante. En moins d'une heure, elle a été emmenée là où son amie gisait mourante, sans manteau et dans un gilet au dos brillant.[9] Voici l'explication scientifique de Herr Parish : « Le miroitement d'une surface réfléchissante [le buffet ?] a donné lieu à l'émergence hallucinatoire d'un gilet noir brillant perçu inconsciemment [citation incorrecte, bien sûr], *et* d'un individu inconsciemment associé à cela. impression.[10] Je demande à n'importe quelle femme si, consciemment ou inconsciemment, elle associe les hommes qu'elle connaît au dos de leur gilet. L'explication de Herr Parish serait brillamment satisfaisante si elle était seulement fidèle aux mots imprimés qu'il avait sous les yeux lorsqu'il écrivait. Il n'y avait pas de «gilet noir brillant» dans l'affaire, mais un gilet avec un *dos brillant* . Les messieurs, et surtout les vieux messieurs qui se promènent dans des chaises de bain (comme l'homme de cette histoire), n'ont pas l'habitude d'enlever leur manteau et de montrer le dos de leur gilet aux dames de dix-neuf ans en Angleterre. Et, si Herr Parish avait pris la peine de lire son cas, il aurait trouvé qu'il était expressément indiqué que la dame « n'avait jamais vu l'homme sans son manteau » (et ne pouvait donc pas l'associer à l'impression d'un dos brillant sur son gilet). jusqu'après l' *hallucination* , lorsqu'elle le vit sans manteau sur son lit de mort. En l'occurrence, Herr Parish avait un souvenir hallucinatoire, tout à fait faux, de la page sous ses yeux. L'affaire est donc éliminée à l'aide des « addenda fantaisistes », auxquels Herr Parish s'oppose à juste titre. Il présente d'abord les faits de manière incorrecte, puis explique un événement qui, selon lui, ne s'est pas produit et n'a pas été affirmé.

J'avoue que, si la version de Herr Parish était aussi exacte qu'essentiellement inexacte, son explication me laisserait dubitatif. En effet, le vieux monsieur de l'histoire déjeunait quotidiennement avec la mère de la jeune femme. Supposons qu'elle soit familière (ce qui n'était pas le cas) avec le dos brillant de son gilet, mais elle le voyait quotidiennement, et quotidiennement aussi, elle l'empêchait de voir la surface (hypothétiquement) brillante du buffet. Cela étant, elle disposait, chaque jour, des matériaux, subjectifs et objectifs, de l'hallucination. Pourtant, cela ne s'est produit *qu'une seule fois* , et cela a coïncidé précisément avec l'agonie du vieux monsieur et avec son état sans manteau. Pourquoi seulement ça une fois ? *C'est là le miracle !* "Combien pour ce petit veskit ?" comme l'homme l'a demandé à David Copperfield.

Herr Parish invente ensuite une cause pour une hallucination qui, je pense moi-même, n'aurait pas dû être prise en compte, parce que le percepteur était assis à côté du malade. Il qualifierait ce cas de « suspect ». Mais même en lui accordant sa propre façon de traiter les statistiques, il aurait encore une proportion de coïncidences beaucoup trop grande pour que les lois du hasard le permettent, si nous devons nous en tenir à ces statistiques.

Son argument suivant est pratiquement que les hallucinations ne sont toujours qu'une sorte de rêves.[11] Il le prouve par le grand nombre d'hallucinations fortuites survenues dans des circonstances de sommeil. Un homme s'est couché tôt et s'est réveillé tôt ; un autre a été « réveillé du sommeil » ; deux dames étaient assises dans leur lit et donnaient à manger à leurs bébés ; un homme lisait un journal sur un canapé ; une dame était éveillée à sept heures du matin ; et il existe huit autres cas anglais de personnes

« réveillées » au lit lors d'une hallucination. Or, de l'avis du Dr Parish, nous devons affirmer qu'ils n'étaient *pas* éveillés, ou pas beaucoup ; donc les hallucinations n'étaient que des rêves. Les rêves sont si nombreux que les coïncidences dans les rêves peuvent être éliminées comme de purs hasards. Les gens peuvent bien sûr dire : « Je suis habitué aux rêves et je ne les considère pas ; *c'était* quelque chose de solitaire dans mon expérience. Mais nous ne devons pas nous soucier de ce que disent les gens.

Pourtant, je crains que nous devions faire attention à ce qu'ils disent. Au moins, nous devons nous rappeler que les rêves endormis sont, de toutes choses, les plus faciles à oublier ; tandis qu'une hallucination corsée, lorsque nous, au moins, nous croyons éveillés, nous semble sur un plan d'impression parfaitement différent, et (*experto crede*) est vraiment très difficile à oublier. Herr Parish ne peut donc pas être autorisé à utiliser l'argument habituel du XVIIIe siècle : « Tous les rêves ! Car les deux sortes de rêves, pendant le sommeil et dans l'état de veille apparent, semblent, au sujet, être de *nature différente* . Et ils diffèrent vraiment par leur nature. C'est l'essence même du rêve de chaque nuit que nous sommes inconscients de notre environnement réel et conscients d'un environnement fantastique. C'est l'essence même de l'éveil que d'être conscient de notre environnement réel. Dans le rêve ordinaire, rien de réel ne rivalise avec ses visions. Lorsque nous sommes conscients de notre environnement, tout ce qui est réel entre en compétition avec toute hallucination. Par conséquent, une hallucination qui, lorsque nous sommes conscients de notre environnement matériel, entre en compétition avec lui dans la réalité, est *d'une nature différente* d'un rêve ordinaire. La science ne gagne rien à déclarer arbitrairement que deux expériences si radicalement différentes sont identiques. N'importe qui s'en rendrait compte s'il ne débattait pas autour d'une idée dominante.

Herr Parish soutient ensuite que les gens qui voient des images dans des boules de cristal, etc., ne sont pas suffisamment éveillés pour être dans leur conscience normale. Il y a une « dissociation » (presque une somnolence), même si ce n'est qu'un peu. Herr Moll parle également des images d'observation de cristaux comme de « phénomènes hypnotiques ».[12] Il est possible qu'aucun de ces érudits n'ait jamais vu quelqu'un tenter d'observer des cristaux. Herr Parish ne revendique jamais une telle expérience personnelle comme base de son opinion sur l'état anormal du spectateur. Il arrive à cette conclusion à partir d'une anecdote rapportée, comme un phénomène pas inconnu, par un ami de Miss X. Mais le phénomène s'est produit alors que Miss X. ne regardait pas du tout le cristal ! Elle regardait par la fenêtre d'un bureau marron. C'est un noble exemple de logique. Quelqu'un dit que Miss X. n'était pas dans sa conscience normale à une certaine occasion alors qu'elle ne regardait *pas* le cristal, et que cet état est familier à l'observateur. Par conséquent, affirme Herr Parish, personne n'est dans sa conscience normale lorsqu'il regarde le cristal.

En vain « une aussi bonne observatrice que Miss X. peut-elle se croire complètement éveillée » (comme elle le pense elle-même) lorsqu'elle regarde le cristal, car une fois, alors qu'elle avait « les yeux fixés sur la fenêtre », son expression *était* « *associée* « par un ami « à *quelque chose d'étrange* », et elle parla ensuite « *sur un ton rêveur et lointain* » (p. 297). Miss X., bien que extrêmement « éveillée », a peut-être regardé rêveusement une fenêtre et a peut-être vu des montagnes et des merveilles. Mais le fait est qu'elle ne regardait pas volontairement un cristal pour s'amuser ou expérimenter – peut-être pour essayer de voir comment un microscope affectait les images – ou pour divertir un ami.

J'en appelle aux nuances d'Aristote et de Bacon contre la logique scientifique des mains de Herr Parish. Voici son syllogisme :

A. est parfois rêveur lorsqu'il *ne regarde pas* le cristal.
A. est humain. Par conséquent, chaque être humain, lorsqu'il regarde le cristal, est plus ou moins endormi.

Il déduit une affirmative générale d'une seule affirmative, ce qui n'est pas pertinent. C'est exactement comme si Herr Parish argumentait :

Mme B. passe des heures à faire les courses.
Mme B. est humaine. C'est pourquoi chaque être humain est toujours en retard pour le dîner.

Miss X., je pense, a élevé la voix dans une revue et a soutenu que, lorsqu'elle regardait le cristal, elle était tout à fait dans son état normal, *dans son assiette* .

Pourtant, Herr Parish dirait probablement à tout observateur de cristal qui argumenterait ainsi : « Oh, non ; pardon, tu n'étais *pas* tout à fait réveillé, tu étais dans un rêve. Je sais mieux que toi. Mais comme il n'a pas vu d'observateurs de cristaux, alors que je l'ai fait bien des fois, je préfère ma propre opinion. Et ainsi, comme cette affirmation selon laquelle le percepteur est « dissocié », endormi ou non éveillé, est certainement fausse pour tous les observateurs de cristal d'après mon expérience considérable, je ne peux pas l'accepter sous l'autorité de Herr Parish, qui ne prétend pas à cela. aucune expérience personnelle.

Quant à l'observation du cristal, lorsque le spectateur parle, rit, bavarde, fait des expériences en tournant la balle, en changeant la lumière, en utilisant des prismes et des loupes, en laissant tomber des allumettes dans la cruche d'eau, etc., comment pouvons-nous dire qu'« il est impossible de distinguer les hallucinations de la veille de celles du sommeil » (p. 300) ? Si tel est le cas, il est impossible de faire la distinction entre le sommeil et l'éveil. Nous sommes tous comme le loir ! Herr Parish raisonne ici *a priori* , sans aucune connaissance personnelle des faits ; et surtout il est sous « l'idée dominante » de sa propre théorie, celle de la *dissociation* .

Herr Parish écrase ensuite la télépathie par un argument qui, comme l'une des raisons pour lesquelles les cloches n'ont pas été sonnées pour la reine Elizabeth, à savoir qu'il n'y avait pas de cloches à sonner, aurait pu venir en premier et seul. On nous dit (en italique, ce qui est très impressionnant pour l'esprit populaire) : *« Quel que soit le nombre de coïncidences, elles n'apportent même pas l'ombre d'une preuve de la télépathie »* (p. 301). Et même si toutes les hallucinations, soit quatre-vingt-dix-neuf pour cent, coïncidaient avec la mort de la personne vue ? Au nom du ciel, pourquoi pas ? Pourquoi, parce que la cause la plus « importante » de toutes a été omise de nos calculs, à savoir notre bonne vieille amie, *l'association des idées* (p. 302). Notre camp ne peut pas prouver l' *absence* (italique) de *l'association d'idées* . Nous ne le pouvons certainement pas ; mais des millions d'idées sont associées à longueur de journée. Cent mille associations différentes et inaperçues peuvent me faire penser à Jones ou à Brown. Mais je ne vois donc pas Brown, ni Jones, qui n'est pas là. Je vois encore moins le Dr Parish, ou Nabuchodonosor, ou un singe, ou un saumon, ou une balle de golf, ou Arthur's Seat (tout cela peut me venir à l'esprit par association d'idées), lorsqu'ils ne sont pas présents.

Supposons donc qu'une fois dans ma vie je vois Jones absent, qui meurt à cette heure (ou dans les douze heures). Je suis perplexe. Pourquoi l'Association a-t-elle choisi ce jour, parmi tous les jours de ma vie, pour son phénomène solitaire ? Et si ce choix de monstres par association se produit parmi d'autres personnes, disons deux cents fois plus souvent que le hasard ne le permet, le monstre commence à suggérer qu'il peut y avoir une cause.

Même le fait cité par Herr Parish, selon lequel un tailleur somnolent, « cousant dans un rêve », le pauvre garçon, a vu un client dans son magasin alors que celui-ci était mourant, ne résout pas le problème. On ne dit pas que le tailleur ait vu une seule fois un client qui n'était *pas* mourant ; pourtant il écrit : « J'avais l'habitude de travailler fréquemment toute la nuit ». Le tailleur pense qu'il dormait, parce qu'il avait fait des points irréguliers, et c'est peut-être le cas. Mais, de toutes ses veilles et de tous ses clients, l'association ne formait *qu'une* hallucination, celle d'un client mourant qu'il supposait en parfaite santé. Pourquoi diable l'association aime-t-elle tant les mourants, compte tenu des statistiques, qui sont « une autre histoire » ? L'explication n'explique rien. Herr Parish ne fait que reculer la difficulté d'un cran, et comme nous ne pouvons vivre sans association d'idées, elles sont considérées comme allant de soi à nos côtés. L'association d'idées ne provoque pas d'hallucinations, comme le remarque Mme Sidgwick, bien qu'elle puisse en déterminer le contenu.

Le thème difficile des hallucinations collectives fortuites, comme lorsque deux personnes ou plus ont à la fois, ou prétendent avoir, la même fausse perception d'une personne qui est réellement absente et mourante, est ensuite résolu par Herr Parish. Les mêmes *points de repère* , le même son, ou le même scintillement de lumière, ou la même disposition d'ombre, peuvent engendrer la même ou une fausse perception similaire chez deux ou plusieurs personnes à la fois. Ainsi deux filles, dans des pièces différentes, regardent différentes parties du couloir de leur maison. « Tous deux entendirent, en même temps, un bruit [objectif ?] » (p. 313). Alors, dit Herr Parish, « *l'une des sœurs vit son père traverser le hall* après être entré ; l'autre a vu le chien (le compagnon habituel de ses promenades) courir devant sa porte. Le père et le chien n'avaient pas quitté la salle à manger. Herr Parish décide que le même *point de repère* (le bruit apparent d'une clé dans la serrure de la porte d'entrée) « a agi à titre de suggestion sur les deux sœurs », produisant cependant des hallucinations différentes, « en vertu de la différence des associations connectées. Une fille associait le son à son honoré père, l'autre à son fidèle chien ; alors l'un a vu un chien et l'autre un homme âgé. Maintenant, premièrement, si c'est le cas, cela devrait *toujours* se produire, car nous avons tous des associations d'idées différentes. Nous sommes donc dans une maison hantée ; il y a un bruit de fenêtre qui claque ; Je l'associe à un cambrioleur, Brown à un laitier, Miss Jones à une dame en vert, Miss Smith à un chevalier en armure . Cette collection de fantasmes devrait alors être simultanément visible, comme le chien et le vieux monsieur ; tous nos rapports devraient varier. Mais cela ne se produit pas. Malheureusement pour Herr Parish, il illustre sa théorie en racontant une histoire qui n'est pas correctement rapportée. Au début , je crus qu'une erreur de mémoire, ou une illusion d'optique, l'avait encore trahi, comme dans sa légende du gilet. Mais je suis maintenant enclin à croire que ce qui s'est réellement passé est ceci : Herr Parish a publié son livre en allemand, avant la publication du rapport du recensement des hallucinations. Dans son édition allemande, il a probablement cité une histoire qui correspondait précisément à sa théorie sur l'origine des hallucinations collectives. Il avait trouvé cette anecdote dans le discours présidentiel du professeur Sidgwick de juillet 1890.[13] Comme l'a déclaré le professeur Sidgwick, l'affaire convient parfaitement à Herr Parish, qui y fait référence à la p. 190, et encore à la p. 314. Il ne donne aucune référence, mais sa version se lit comme une variante traditionnelle de celle du professeur Sidgwick. Or, la version du professeur Sidgwick était erronée, comme le prouve le récit détaillé du cas dans le rapport du recensement, que Herr Parish avait sous les yeux, mais qu'il a négligé lorsqu'il a préparé son édition anglaise. L'histoire était fausse, hélas ! au point même où, pour les besoins de Herr Parish, cela aurait dû être juste. On pense que l'hallucination n'a pas été collective, mais Herr Parish l'utilise pour expliquer les hallucinations collectives. Sans aucun doute, il a négligé la version exacte du rapport.[14]

Les faits, tels qu'ils sont rapportés, ne sont pas ceux qu'il raconte, mais les suivants :

Miss CE était dans la salle du petit-déjeuner, vers 18h30, en janvier 1883, et supposait que son père se promenait avec son chien. Elle entendit des bruits qui pouvaient avoir une autre cause, mais qu'elle crut être ceux d'une clé dans la serrure de la porte, d'un bâton frappant le carrelage du hall et du crépitement des pattes du chien sur le carrelage. Elle a alors vu le chien passer la porte. Miss CE entra ensuite dans le hall, où elle ne trouva personne ; mais dans le garde-manger, elle rencontra ses sœurs – Miss E., Miss HGE – et une ouvrière. Miss E. et l'ouvrière se trouvaient dans le hall et là, elles avaient entendu le bruit qu'elles, comme Miss CE, prenaient pour celui d'une clé dans la serrure. Ils enfreignaient une petite règle domestique dans le hall, alors ils « coururent immédiatement dans le garde-manger, rencontrant Miss HGE en chemin ». Miss CE, Miss E. et l'ouvrière ont tous entendu le bruit d'une clé dans la serrure, mais personne n'aurait « vu le père traverser le couloir » (comme l'affirme Herr Parish). "Mlle HGE était d'avis que Mlle E. (aujourd'hui décédée) n'avait *rien vu* , et Mlle CE était encline à être d'accord avec elle." Miss E. et l'ouvrière (aujourd'hui décédée) étaient « catégoriques sur le fait que le père était entré dans la maison » ; mais c'est ce qu'ils *déduisirent seulement* en entendant le bruit, après quoi ils s'enfuirent vers le garde-manger. Maintenant, en admettant qu'un autre bruit ait été confondu avec celui de la clé dans la serrure, nous avons ici *non pas* (comme le déclare Herr Parish) une hallucination *collective* mais contradictoire - la divergence étant causée « par la différence des associations connectées » - mais un hallucination *solitaire* . Herr Parish, cependant, convertit par inadvertance une hallucination solitaire en hallucination collective, puis utilise l'exemple pour expliquer les hallucinations collectives en général. Il affirme que Miss E. « a vu son père traverser le couloir ». Les sœurs de Miss E. pensent qu'elle n'a rien vu de tel. Supposons maintenant que M. E. soit mort à ce moment-là, et que l'affaire ait été revendiquée de notre part comme une « hallucination collective fortuite », avec quelle justesse Herr Parish pourrait s'exclamer que toutes les preuves étaient contre le fait qu'elle soit collective ! Le bruit dans la serrure, entendu par trois personnes, serait, et était probablement, un autre bruit mal interprété. Et, en tout cas, il n'y a aucune preuve qu'il ait produit *deux* hallucinations ; les preuves vont exactement dans le sens opposé.

Ici donc, Herr Parish, avec l'histoire imprimée sous les yeux, illustre une fois de plus le manque d'attention. D'une certaine manière, ses erreurs améliorent son cas. « Si moi, un homme de science sérieux, je continue à raconter des légendes déformées sorties de ma propre tête, alors que les faits sont clairement imprimés devant moi », peut raisonner Herr Parish, « à combien plus forte raison les contes populaires sur les hallucinations fortuites sont-ils susceptibles d'être être déformé ? C'est en réalité un argument très fort, mais pas exactement celui que Herr Parish se propose de présenter.[15]

Cette malheureuse inexactitude est chronique, comme nous l'avons montré, dans l'œuvre de Herr Parish, et s'explique probablement par l'inattention aux faits, par « l'attente » de faits appropriés et par « l'anxiété » de prouver une théorie. Il explique les rapports similaires ou identiques des témoins d'une hallucination collective par « le cas auquel de telles apparences s'adaptent dans le souvenir » (p. 313), surtout, bien sûr, après un certain temps. Et puis, inconsciemment, il illustre son cas par le cas par lequel les faits imprimés sous ses yeux s'adaptent, de manière tout à fait erronée, à sa propre mémoire et à ses préjugés personnels lorsqu'il les copie sur son papier.

Enfin, il soutient que même si les hallucinations collectives sont également « avec une fréquence relative » une coïncidence, cela doit s'expliquer ainsi : « La rareté et le degré d'intérêt qu'elle suscite » (par une telle hallucination) « tendront naturellement à se connecter avec un autre événement important ; et, inversement, la survenance d'un événement tel que la mort ou le danger mortel d'un ami est tout à fait propre à produire des illusions de mémoire de ce genre.

croire à deux ou plusieurs personnes saines d'esprit qu'elles l'ont vu ailleurs, alors qu'il était réellement mourant. La seule preuve de ce fait est que de telles illusions se produisent occasionnellement, *mais pas* collectivement, dans certains asiles d'aliénés. "Il ne s'agit cependant pas d'une forme d'erreur mnémotechnique souvent observée chez les aliénés." « Kraepelin donne deux cas. "Le processus se produit sporadiquement chez certaines personnes saines d'esprit, dans certaines conditions passionnantes." Aucun exemple n'est donné ! Herr Parish suppose que ce qui est rare en tant que folie *individuelle* parmi les fous explique la « fausse mémoire » théorique par laquelle des personnes sensées se persuadent qu'elles ont eu une hallucination et persuadent les autres qu'on leur en a parlé, alors que rien de tel ne s'est produit.

Pour revenir à notre ancien exemple. Jones me dit qu'il vient de voir sa tante, qu'il sait être à Tombouctou. La nouvelle vient que la dame est décédée lorsque Jones l'a aperçue dans son fumoir. « Oh, c'est absurde », objecterait Herr Parish, « vous, Jones, n'avez rien vu de tel, et vous ne l'avez pas non plus dit à M. Lang, qui, je suis désolé de le constater, est d'accord avec vous. *Voici* ce qui s'est passé : lorsque la terrible nouvelle de la mort de votre tante est arrivée aujourd'hui, vous étiez naturellement, et même à juste titre, excité, d'autant plus que la pauvre dame a été tuée en étant arrimée à une fourmilière. Cette excitation, plutôt louable qu'autre, vous faisait *croire* que vous aviez vu votre tante et *que* vous en aviez parlé à M. Lang. C'est aussi une personne très excitante, même si j'avoue qu'il n'a jamais vu votre chère tante de sa vie. Il croit donc (en raison de son enthousiasme) maintenant *que* vous lui avez parlé de votre visite à votre malheureuse parente. Ce genre de faux souvenir est très courant. Deux cas sont enregistrés par Kraepelin, parmi les aliénés. Vous comprenez sûrement mon raisonnement ?

Je le comprends bien, mais je ne vois pas comment cela pourrait paraître logique   à
Herr Parish.

L'autre théorie est encore plus drôle. Jones n'a jamais eu d' hallucinations auparavant. « La rareté et le degré d'intérêt qu'elle suscite » ont amené Jones à « le relier à un autre événement important », par exemple la mort de sa tante, qui, en réalité, s'est produite, disons, neuf mois plus tard. Mais il ne s'agit ici que d'une simple *preuve* , qu'il appartient au SPR de critiquer .

Herr Parish se trouve dans la position heureuse que les cercles spéculatifs américains appellent « à cheval ». Si un homme a une hallucination lorsqu'il est seul, il se trouvait dans des circonstances propices à l'état de sommeil. L'hallucination est donc probablement un rêve. Mais, si le voyant était en compagnie, qui avait tous la même hallucination, alors ils avaient tous les mêmes *points de repère* , et les mêmes mémoires adaptatives. Donc Herr Parish tue avec les deux barils.

Si quelque chose d'extraordinaire pouvait encourager une croyance en des hallucinations coïncidentes et véridiques, ce serait ces « Oppositions de la Science ». Si un adversaire érudit et juste ne peut trouver de meilleures preuves que la logique et les perversions (inconscientes) des faits comme la logique et les déclarations de Herr Parish, les arguments en faveur des hallucinations télépathiques peuvent sembler effectivement solides. Mais il faut lui accorder l'existence des pouvoirs adaptatifs et mythopéiques de la mémoire, qu'il affirme et qu'il illustre également. J'admets également qu'un recensement de 17 000 enquêtes n'a peut-être fait qu'« écumer la crème » (p. 87). Un nouveau sondage sur Internet, apportant 17 000 nouvelles réponses, pourrait modifier tout l'aspect de l'affaire, d'une manière ou d'une autre. De plus, nous ne pouvons pas obtenir de preuves scientifiques par cette méthode d'enquête. Si le public s'intéressait à la question, en comprenait la nature, et si quiconque avait une hallucination l'enregistrait aussitôt noir sur blanc, dûment attesté sous serment devant un magistrat, par les personnes à qui il rendait compte, avant que la coïncidence ne soit connue , et si tous ces documents, fortuits ou non, étaient conservés au British Museum pendant cinquante ans, alors leur examen pourrait nous apprendre quelque chose. Mais tout cela est tout à fait impossible. Nous pouvons croire nous-mêmes sur ce point aux hallucinations véridiques, mais au-delà il est impossible d'avancer. Pourtant, la Science pourrait lire son mémoire !

[Note de bas de page 1 : Walter Scott.]

[Note 2 : Paroisse, p. 278.]

[Note 3 : Ibid. pages 282, 283.]

[Note de bas de page 4 : P. 287, M. Sims, *Actes* , x. 230.]

[Note de bas de page 5 : Paroisse pp. 288, 289.]

[Note 6 : *Rapport* , p. 68.]

[Note 7 : P. 274, note 1.]

[Note 8 : Paroisse, p. 290.]

[Note de bas de page 9 : *Rapport* , p. 297.]

[Note 10 : Paroisse, p. 290.]

[Note de bas de page 11 : P. 291, 292.]

[Note 12 : Moll, *Hypnotisme* , p. 1.]

[Note de bas de page 13 *Délibérations* , vol. vi. p. 433.]

[Note 14 : Paroisse, p. 313.]

[Note de bas de page 15 : Comparer *le rapport* , pp. 181-83, avec Parish, pp. 190 et 313, 314.]

APPENDICE B

LE POLTERGEIST ET SES EXPLICATEURS.

Dans le chapitre « Fétichisme et spiritualisme », il a été suggéré que les mouvements d'objets inanimés, apparemment sans contact, pourraient avoir été l'une des causes conduisant au fétichisme, à l'opinion selon laquelle un esprit peut habiter un bâton, une pierre ou autre. . Nous avons ajouté que, que de tels mouvements fussent provoqués ou non par une ruse, cela n'avait aucune importance tant que le sauvage ne découvrait pas l'imposture.

La preuve du véritable caractère supranormal de tels phénomènes n'a pas été discutée, afin que nous puissions préserver la continuité de l'argumentation générale. L'histoire de tels phénomènes est trop longue pour être décrite ici. Les mêmes récits se retrouvent « de la Chine au Pérou », des Esquimaux au Cap, des papyrus magiques égyptiens au journal provincial d'hier.[1]

Vers 1850-1870, des phénomènes auparavant signalés comme sporadiques et spontanés furent domestiqués et organisés par des Médiums, généralement américains. C'étaient des imitateurs de l'énigmatique David Dunglas Home, qui était certainement un homme des plus étrangement doués, ou un imposteur des plus réussis. Une grande attention scientifique a été accordée à ces événements ; M. Darwin, M. Tyndall, le Dr Carpenter, M. Huxley, avaient tous jeté un coup d'œil sur les phénomènes et assisté aux *séances* . Dans la plupart des cas, les expositions, dans l'obscurité ou sous un très mauvais éclairage, étaient des impostures impudentes, et étaient considérées comme telles par les *savants* qui les examinaient. Une série d'expositions a abouti à la détection récente d' Eusapia Paladino par le Dr Hodgson et d'autres membres du SPR à Cambridge.

Il y avait cependant une exception apparente. Le grand mystagogue, Home, bien que loin d'être un homme intelligent, n'a jamais été détecté dans les productions frauduleuses de phénomènes fétichistes. Ceci est affirmé ici parce que plusieurs histoires de troisième main de fraudes détectées par Home circulent, et on espère qu'un cas de détection directe et bien attesté pourra être obtenu.

Des succès de Home avec Sir William Crookes, Lord Crawford et d'autres, il reste quelque chose à dire ; mais nous examinerons d'abord les tentatives d'explication de phénomènes physiques présumés ne se produisant *pas* en présence d'un « médium » rémunéré ou même reconnu . Il apparaîtra, pensons-nous, que les explications d'évidences si largement diffusées, si uniformes, si anciennes et si nouvelles, sont loin d'être satisfaisantes. Notre conclusion se résumerait simplement à ce que nos yeux devraient être gardés sur de tels phénomènes, si l'on signale qu'ils se reproduisent.

M. Tylor dit : « Je suis bien conscient que le problème [de ces phénomènes] doit être discuté selon ses mérites, afin d'arriver à une opinion distincte dans quelle mesure il peut être lié à des faits insuffisamment appréciés et expliqués par la science. et jusqu'où avec la superstition, l'illusion et la pure fourberie. Une telle enquête, poursuivie par une observation minutieuse dans un esprit scientifique, semblerait de nature à éclairer quelques questions psychologiques intéressantes.

Agissant sur l'allusion de M. Tylor, M. Podmore avance comme explications (1) la fraude ; (2) hallucinations provoquées par une attente excitée et par le *Schwärmerei* résultant du fait d'être assis dans l'espoir silencieux de merveilles.

Commençons par la fraude : M. Podmore a collecté et analysé onze cas sporadiques récents d'objets volatils.[2] Sa première instance (Worksop , 1883) n'apporte aucune preuve de fraude et ne peut être rejetée qu'en raison du mauvais caractère des autres cas et parce que M. Podmore a recueilli les preuves cinq semaines après les événements. Nous nous limitons à cet exemple. Ce cas semble avoir été signalé pour la première fois dans le « Retford and Gainsborough Times » « au début du mois de mars » 1883 (en réalité le 9 mars). Il ne semble pas avoir frappé M. Podmore qu'il doive publier ces rapports contemporains, pour nous montrer dans quelle mesure ils concordent avec les preuves recueillies par lui sur place cinq semaines plus tard. Cela était d'autant plus nécessaire qu'il insistait beaucoup sur l'échec de la mémoire. J'ai donc obtenu l'article original du journal, grâce à la courtoisie du rédacteur en chef. Pour être bref, les phénomènes ont commencé le 20 ou le 21 février, par la table basculant volontairement et renversant une bougie, tandis que Mme White ne sauvait le lavabo que par son empressement et son adresse. «Tout cet incident lui a paru très extraordinaire.» Ce n'est pas dans l'article du journal. Le 26 février, M. White quitta son domicile et une fille, Eliza Rose, « enfant d'une mère à moitié imbécile », fut admise, grâce à la gentillesse de Mme White, à partager son lit. La jeune fille avait dix-huit ans, cherchait une place de servante et rien n'est dit dans le journal sur sa mère. M. White est revenu mercredi soir, mais est parti jeudi matin et est revenu vendredi après-midi. Jeudi, en l'absence de M. White, des phénomènes se sont produits. Jeudi soir, en présence de M. White, ils ont pris de l' ampleur . Un médecin a été appelé, ainsi qu'un policier. Samedi, à 8 heures du matin, la querelle a repris. À 16 heures, M. White a renvoyé Eliza Rose et la paix est revenue. Nous proposons désormais le

DÉCLARATION DE L'AGENT DE POLICE HIGGS. Un homme de bonne intelligence et considéré comme tout à fait honnête....

« Dans la nuit du vendredi 2 mars, j'ai entendu parler des troubles survenus chez Joe White par son jeune frère, Tom. Je suis allé à la maison à 23 h 55, autant que je puisse en juger, et j'ai trouvé Joe White dans la cuisine de sa maison. Il y avait une bougie allumée dans la pièce et un bon feu allumé, de sorte qu'on pouvait voir les choses assez clairement. Les portes des placards étaient ouvertes et White alla les fermer, puis vint se placer contre la commode. Je me tenais près de la porte extérieure. Personne d'autre n'était dans la pièce à ce moment-là. White avait à peine fermé les portes du placard qu'elles s'ouvrirent brusquement, et un grand bocal en verre sortit devant moi et tomba dans la cour à l'extérieur, se brisant. Je n'ai pas vu le pot quitter le placard ni voler dans les airs ; c'est allé trop vite. Mais je suis sûr que ce n'est pas White ou qui que ce soit d'autre qui l'a lancé . White n'aurait pas pu le faire sans que je le voie. Le pot ne pouvait pas aller en ligne droite depuis le placard jusqu'à la porte ; mais ça a certainement marché.

«Puis White m'a demandé de venir voir les objets qui avaient été brisés dans la pièce intérieure. Il a ouvert la voie et j'ai suivi. En passant devant la commode de la cuisine , j'ai remarqué un gobelet posé dessus. Juste après mon passage , j'ai entendu un fracas, et en regardant autour de moi, j'ai vu que le gobelet était tombé par terre en direction de la cheminée et qu'il était cassé. Je ne sais pas comment c'est arrivé. Il n'y avait personne d'autre dans la pièce.

«Je suis entré dans la pièce intérieure et j'ai vu des morceaux de casseroles et d'autres choses sur le sol, puis je suis revenu avec White dans la cuisine. La fille Rose était entrée dans la cuisine pendant notre absence. Elle était debout, le dos appuyé à la poubelle, près du feu. Il y avait une tasse posée sur la poubelle, un peu plus près de la porte. Elle m'a dit : « La tasse va bientôt partir ; elle a déjà été descendue trois fois. Elle l'a ensuite poussé un peu plus loin sur la poubelle, s'est retournée et est restée à me parler près du feu. À peine l'avait-elle fait que la tasse sauta brusquement à environ quatre ou cinq pieds de haut, puis tomba sur le sol et se brisa. White était assis de l'autre côté du feu.

«Puis Mme White est arrivée avec le Dr Lloyd; aussi Tom White et Solomon Wass. Au bout de deux ou trois minutes, quelque chose d'autre s'est produit. Tom White et Wass se tenaient dos au feu, juste en face. Eliza Rose et le Dr Lloyd étaient près d'eux, le dos tourné vers la poubelle, le médecin plus près de la porte. Je me tenais près des tiroirs et Mme White était à côté de moi près de la porte intérieure. Puis, tout à coup, une bassine qui se trouvait au bout de la poubelle, près de la porte, s'est levée dans les airs, se *retournant au fur et à mesure. Il n'est pas monté très vite, pas aussi vite que s'il avait été lancé* . Lorsqu'il atteignit le plafond, il tomba dodu et se brisa. J'ai attiré l'attention du Dr Lloyd là-dessus, et nous l'avons tous vu. Personne n'était à proximité et je ne sais pas comment c'est arrivé. Je suis resté encore une dizaine de minutes, mais je n'ai rien vu d'autre. Je ne sais pas quoi penser de tout cela. Je ne pense pas que White ou la fille auraient pu faire les choses que j'ai vues.

Cette déclaration a été faite cinq semaines après la date à M. Podmore . Nous la comparons avec la déclaration du connétable intelligent faite entre le 3 et le 8 mars, c'est-à-dire immédiatement après les événements, et rapportée dans le journal local du 9 mars.

DÉCLARATION DE L'AGENT DE POLICE HIGGS.— Dans la nuit de vendredi, l'agent de police Higgs a visité la maison et concernant la visite, il fait la déclaration suivante.

«Vendredi soir, vers minuit moins dix, j'ai été accueilli à Bridge Street par Buck Ford, le frère de Joe, Tom White et le Dr Lloyd. Tom m'a dit : « Veux-tu venir avec nous chez Joe et tu verras quelque chose que tu n'as jamais vu auparavant ? Je suis allé; et quand je suis entré dans la maison, Joe est allé fermer les portes des placards. A peine l'avait-il fait que les portes s'ouvrirent à nouveau et un bocal en verre de taille ordinaire vola à travers la cuisine, sortant de la porte dans la cour. Un pot de sucre s'est également envolé du placard sans être vu. En fait, nous n'avons rien vu ni entendu jusqu'à ce que nous l'entendions s'écraser. La distance parcourue par les articles était d'environ sept mètres. Je suis resté debout une minute ou deux, puis le verre que j'ai remarqué sur les tiroirs a sauté des tiroirs à un mètre de là et s'est brisé en une centaine de morceaux. L'objet suivant était une tasse posée sur le bac à farine juste derrière la porte de la cour. Il a volé vers le haut, puis est tombé au sol et s'est brisé. La jeune fille a déclaré que cette tasse était tombée par terre trois fois et qu'elle l'avait ramassée juste avant qu'elle ne quitte le banc. J'ai dit : "Je suppose que la coupe sera la prochaine." La tasse tomba à deux mètres du bac à farine. Le Dr Lloyd se trouvait dans la maison voisine et avait incisé le dos d'un petit garçon qui y avait été emmené. Il est alors entré et nous avons commencé à parler, le médecin disant : « C'est une chose des plus mystérieuses. » Il tourna le dos au bac à farine sur lequel se trouvait une bassine. La bassine s'envola obliquement dans les airs, passa au-dessus de la tête du docteur et tomba en morceaux à ses pieds. Le médecin est alors sorti. Je restai encore un peu de temps, mais je ne vis plus rien. Il y avait six personnes dans la pièce pendant que ces choses se déroulaient, et d'après ce que j'ai pu voir, il n'y avait aucune intervention humaine à l'œuvre. Je n'avais pas la moindre croyance en quoi que ce soit qui relève du surnaturel. Je suis parti peu avant une heure, après être resté trente minutes dans la maison.

Comme le dit le policier, il n'y avait rien de « surnaturel », mais il y avait une apparence de quelque chose d'assez surnaturel. Dans l'après-midi du samedi, White renvoya la jeune fille Rose et un certain nombre de personnes surveillèrent sa maison jusqu'après minuit. Même si le journaliste sceptique pensait que les objets étaient placés là où ils pourraient facilement être bouleversés, aucun n'a été bouleversé. Le fantôme était couché. « L'attente excitée » était si fausse dans sa fonction qu'elle n'engendrait aucun phénomène.

Les articles de journaux ne contiennent aucune théorie expliquant pourquoi White a cassé ses meubles et sa vaisselle, ni pourquoi Rose a obtenu son propre renvoi d'une maison où elle a été aimablement reçue en détruisant volontairement les biens de son hôtesse. Un amateur a publié une théorie de fils de soie attachés aux objets légers, et de cordes épaisses aux objets lourds, dont aucune trace n'a été trouvée par les témoins qui ont examiné les objets volatils. Une machinerie complexe de poulies fixées au plafond, la présence d'un filou dans un garde-manger verrouillé, des erreurs apparentes dans le récit du vol des objets et un certain nombre de complices, étaient tous impliqués dans cette explication locale, l'explicateur admettant que il ne pouvait pas imaginer *pourquoi* ces tours étaient joués. Six ou huit livres de marchandises ont été détruites, et il n'est pas étonnant que la pauvre Mme White ait pleuré sur ses pénates brisés.

La destruction a bien sûr commencé en l' *absence* de White. La jeune fille Rose a donné au journal le même récit que les autres témoins, mais, comme White pensait *qu'elle* était l'agent, elle soupçonnait White, même si elle a admis qu'il n'était pas chez lui lorsque les problèmes sont survenus.

M. Podmore , examinant le cas, déclare : « Les phénomènes décrits sont tout à fait inexplicables par des moyens mécaniques ordinaires.[3] Pourtant, il suggère ailleurs[4] que Rose elle-même, « en tant qu'instrument d'agents mystérieux, ou simplement en tant que fille stupide, douée d'une ruse anormale et d'un amour du mal, pourrait avoir été directement responsable de tout ce qui s'est passé » . Autrement dit, une jeune fille idiote pouvait faire (sauf « agences mystérieuses ») « ce qui est tout à fait inexplicable par des moyens mécaniques ordinaires », alors que, selon le policier, elle n'était même pas présente à certaines occasions. Mais il n'est pas facile de déterminer, dans le témoignage de White, l'autre témoin, si cette fille Rose était présente ou non lorsque le pot s'est envolé de manière détournée hors du placard, chose facilement réalisable par une fille stupide. De telles divergences sont communes à toutes les preuves des événements les plus ordinaires. En tout cas, une jeune fille idiote, selon la théorie de M. Podmore , peut faire ce qui « est tout à fait inexplicable par des moyens mécaniques ordinaires ». Il n'y a pas l'ombre d'une preuve que la jeune fille Rose avait l'avantage inestimable d'être « idiote » ; elle est décrite par M. Podmore comme « l'enfant d'une mère imbécile ». Les phénomènes ont commencé, dans un cas isolé (la table inclinée), *avant que* Rose n'entre dans la maison. Elle était admise avec gentillesse, faisait office de femme de chambre, et son intérêt était de *ne pas* casser la vaisselle et renverser les meubles. Les troubles, qui ont commencé avant l'arrivée de la jeune fille, étaient apparemment actifs lorsqu'elle n'était pas présente, et, si elle était *présente* , elle n'aurait pas pu les provoquer « par des moyens mécaniques ordinaires », alors qu'il n'y avait aucune trace de moyens mécaniques extraordinaires. Les troubles ont cessé après son licenciement : rien d'autre ne la relie à eux.

M. Podmore d'une explication normale par la fraude n'a donc aucun poids. Il doit exagérer la valeur, comme preuve, des divergences qui se produisent dans toutes les preuves humaines sur tous les sujets. Il doit insister sur l'intervalle de cinq semaines entre les événements et le recueil des témoignages par lui-même. Mais des récits contemporains ont paru dans les journaux locaux, et il ne compare pas les témoignages contemporains avec les témoignages ultérieurs, comme nous l'avons fait. Il y a une divergence qui donne l'impression qu'un témoin, non cité ici, en est venu à penser qu'il avait vu ce dont il avait entendu parler. Enfin, après avoir abandonné l'idée que des moyens mécaniques aient pu produire cet effet, M. Podmore se rabat sur la ruse d'une fille idiote dont rien ne prouve qu'elle ait été idiote. L'alternative est que la jeune fille était « l'instrument d'agences mystérieuses ».

Voilà pour l'hypothèse d'une fraude, dont les résultats ont été identiques de la Chine au Pérou et du Groenland au Cap.

Passons maintenant à l'autre cause, également active, dans la théorie de M. Podmore , l'hallucination. "De nombreux témoins ont décrit les articles comme se déplaçant lentement dans les airs ou présentant une particularité de vol." (Voir par exemple le cas Worksop .) M. Podmore ajoute un autre cas anglais, à noter actuellement, et un cas allemand. "En l'absence de toute preuve expérimentale" (que pensez-vous de celle de M. William Crookes ?) que les perturbations de ce genre sont toujours dues à une action anormale, je suis disposé à expliquer l'apparence de se déplacer lentement ou de voler comme une illusion sensorielle, conditionnée par le état excité du percepteur. (« Études », 157, 158.)

Avant de critiquer cette explication, rappelons l'affaire anglaise, évoquée par M. Podmore .

Le cas moderne le plus curieux que je connaisse n'est pas de date récente, mais il s'est produit en plein jour, en présence de nombreux témoins, et le phénomène a duré des semaines. Les événements datent de 1849, et le récit est complété par M. Bristow, un spectateur, à partir d'un récit écrit par lui en 1854. La scène se déroulait à Swanland, près de Hull, dans un atelier de menuiserie, où M. Bristow était employé avec deux collègues ouvriers. Pour être bref, ils ont été bombardés par des morceaux de bois, de la taille d'une boîte d'allumettes ordinaire. Chacun rejetait la faute sur les autres, jusqu'à ce que cette explication devienne intenable. Les ateliers et les locaux situés au-dessus ont été fouillés en vain. Les morceaux de bois dansaient parfois sur le sol, naviguaient plus communément doucement ou « se déplaçaient comme s'ils étaient portés par des vagues doucement soulevées ». Ce genre de chose s'est répété pendant six semaines. Un morceau de bois "est venu d'un coin éloigné de la pièce vers moi, décrivant ce qui peut être comparé à un carré géométrique, ou à un tire-bouchon d'environ dix-huit pouces de diamètre…. Jamais un morceau n'a été vu entrer dans l'embrasure de la porte." M. Bristow considère cette période comme « l'épisode le plus remarquable de ma vie ». (27 juin 1891.) Les phénomènes « ne dépendaient pas de la présence d'une seule personne ou d'un certain nombre de personnes ».

En se rendant à Swanland, en 1891, M. Sidgwick trouva un témoin survivant de ces événements, qui affirma que les objets n'avaient pas pu être lancés à cause des excentricités de leur trajectoire, qu'il décrivait de la même manière que M. Bristow. Le lanceur devait certainement avoir un génie natif pour « lancer » au baseball. Ce témoin, nommé Andrews, a été mentionné par M. Bristow dans son rapport, mais il n'y a pas fait référence pour confirmation. Ceux dont il parlait étaient retrouvés morts ou avaient émigré. Les villageois avaient une théorie superstitieuse selon laquelle les phénomènes étaient provoqués par un homme mort, dont les affaires n'avaient pas été réglées à son goût. Ainsi la cuillère de M. Darwin a dansé – sur une tombe.[5]

Ce cas présente un certain intérêt *à propos* de l'hypothèse de M. Podmore selon laquelle tous ces phénomènes résultent d'une supercherie, qui produit de l'excitation chez les spectateurs, tandis que l'excitation engendre l'hallucination, et l'hallucination prend la forme de voir les objets lancés bouger d'une manière non naturelle. . Ainsi, je continue de balancer des choses. Vous, ne détectant pas ce stratagème, vous vous énervez, par conséquent halluciné, et vous croyez voir les choses se mouvoir en spirale, ou onduler comme sur des vagues, ou sauter, ou flotter, ou glisser d'une manière impossible. L'uniformité des hallucinations est si proche que ces phénomènes sont décrits, en termes similaires, par des témoins (hallucinés, bien sûr) dans les temps anciens et nouveaux, comme dans les cas cités par Glanvil , Increase Mather, Telfer (de Rerrick) et, de manière générale. , dans les œuvres du XVIIe siècle. Cette hallucination uniforme n'est pas non plus limitée à l'Angleterre. M. Podmore cite un exemple allemand, et j'ai reçu un témoignage similaire (sur le vol d'un objet au détour d'un coin) d'un monsieur qui employait Esther Teed, « le mystère d'Amherst », à son service. *Il* n'était pas excité, car il était normalement occupé dans son écurie habituelle, lorsque l'incident s'est produit de manière inattendue alors qu'il s'occupait de son bétail. On peut ajouter le cas de Cideville (1851) et le témoignage de Sir W. Crookes, ainsi que celui de M. Schhapoff .

M. Podmore doit donc supposer que, dans les états d'excitation, la même forme particulière d'hallucination se développe uniformément en Amérique, en France, en Allemagne et en Angleterre (sans parler de la Russie), et persiste à travers des époques différentes. Il s'agit d'une loi psychologique nouvelle et précieuse. De plus, M. Podmore doit admettre que « l'excitation » a duré six semaines parmi les charpentiers de l'atelier de Swanland, dont l'un écrit comme un homme très intelligent et a réussi à devenir un maître dans son métier. Il est difficile de croire qu'il ait été excité pendant six semaines, et nous sommes toujours étonnés que l'excitation produise la même uniformité d'hallucinations, affectant les policiers, les charpentiers, les marquis et un FRS. Nous faisons allusion au cas de Sir W. Crookes.

Les examens strictement scientifiques de ces prodiges ont été très rares. Les meilleurs exemples sont les expériences de Sir William Crookes, FRS, avec Home.[6] Il a démontré, au moyen d'une machine construite à cet effet et enregistrant automatiquement, qu'en présence de Home, une balance était affectée à hauteur de deux livres lorsque Home n'était pas en contact avec la table sur laquelle la machine était placée. Il a également vu des objets flotter dans l'air, avec un mouvement semblable à celui d'un morceau de bois sur de petites vagues de la mer (une excitation produisant clairement une hallucination), tandis que Home était à distance, d'autres spectateurs lui tenant les mains et ses pieds étant visiblement enfermés. dans une sorte de cage. Toutes les personnes présentes se sont tenues par la main et ont toutes été témoins du phénomène. Sir W. Crookes étant professionnellement célèbre pour l'exactitude de ses observations, ces circonstances sont difficiles à expliquer, et ce ne sont là que quelques cas parmi une multitude.

J'ose concevoir qu'après réflexion, M. Podmore doutera s'il a découvert une loi universelle de la perception erronée excitée , ou si la coïncidence remarquable, et certainement non intentionnelle, des témoignages sur le vol singulier des objets n'indique pas plutôt une " l'uniforme de l'agence anormale dans ses effets. Les hallucinations contagieuses ne peuvent pas affecter des témoins qui ignorent l'existence de chacun dans de nombreux pays et à de nombreuses époques, et ils ne peuvent pas non plus falsifier leurs rapports pour les adapter à des rapports dont ils n'ont jamais entendu parler.

Nous nous tournons maintenant vers les particularités de ce qu'on appelle le milieu, telles que la flottaison dans l'air, le changement de volume et l'évasion d'une lésion lors de la manipulation ou du piétinement dans le feu. M. Tylor ne dit rien des cas de Sir William Crookes (1871), mais parle de la prétendue lévitation, ou flottement dans l'air, des sauvages et des hommes civilisés . Ceux-ci sont enregistrés dans les écrits bouddhistes et néoplatoniciens, chez les Peaux-Rouges, à Tonquin (où un jésuite a vu et décrit les phénomènes, 1730), dans les « Acta Sanctorum » et chez les spiritualistes modernes. En 1760, Lord Elcho, étant chez lui, assista au *procès* de canonisation d'un saint (sans nom) et entendit des témoins jurer avoir vu le saint homme léviter. Sir W. Crookes atteste avoir vu Home flotter dans les airs à plusieurs reprises. En 1871, le maître de Lindsay, aujourd'hui Lord Crawford et Balcarres, FRS, donna le témoignage suivant, qui fut corroboré par les deux autres spectateurs, Lord Adare et le capitaine Wynne.

«J'étais assis avec M. Home et Lord Adare et un de ses cousins. Pendant la séance, M. Home est entré en transe et, dans cet état, a été transporté hors de la fenêtre de la pièce voisine de celle où nous nous trouvions et a été amené par notre fenêtre. La distance entre les fenêtres était d'environ sept pieds six pouces, et il n'y avait pas le moindre point d'appui entre elles, et il n'y avait pas non plus plus de douze pouces de saillie à chaque fenêtre, qui servait de rebord pour y déposer des fleurs. *Nous avons entendu la fenêtre de la pièce voisine se soulever* et presque immédiatement après, nous avons vu Home flotter dans les airs devant notre fenêtre. La lune brillait pleinement dans la pièce ; je tournais le dos à la lumière et je vis l'ombre sur le mur du rebord de la fenêtre, ainsi que les pieds de Home à environ six pouces au-dessus. Il resta dans cette position quelques secondes, puis souleva la fenêtre, se glissa dans la pièce les pieds en avant et s'assit.

« Lord Adare est ensuite allé dans la pièce voisine pour regarder la fenêtre d'où il avait été transporté. Il était surélevé d'environ dix-huit pouces, et il s'est étonné de savoir comment M. Home avait pu passer à travers une ouverture si étroite. Home dit, toujours fasciné, "Je vais vous montrer", puis, dos à la fenêtre, il se pencha en arrière et fut projeté hors de l'ouverture, la tête la première, avec le corps rigide, puis revint tout doucement. La fenêtre est à environ soixante-dix pieds du sol. L'hypothèse d'un agencement mécanique de cordes ou de supports à l'extérieur a été évoquée, mais ne couvre pas les faits tels que décrits.

M. Podmore , qui cite cela, donne l'explication selon laquelle les témoins étaient excités et que Home « a jeté sa tête et ses épaules par la fenêtre ». Mais s'il le faisait, ils ne pourraient pas le voir faire, car il se trouvait dans la pièce voisine. Un mur de briques les séparait de lui. Leur première vue de Home était « flottant dans les airs devant notre fenêtre ». Il n'est pas très facile de soutenir qu'une croyance dont les preuves collectives sont si vastes et universelles, comme la croyance en la lévitation, a été provoquée par une série de saints, de sorciers et d'autres passant la tête et les épaules par les fenêtres où les observateurs ne pouvaient pas les voir. Dans le cas de Lord Crawford, il n'est pas non plus facile de supposer que trois hommes instruits, s'ils hallucinaient, le seraient tous de la même manière.

L'argument de l'attente excitée et de l'hallucination qui en résulte ne s'applique pas à M. Hamilton Aïdé et à M. Alphonse Karr, dont aucun des deux n'était un homme de science. Tous deux étaient extrêmement prévenus contre Home, et à Nice allèrent le voir et, si possible, le dénoncer. Home était invité dans une grande villa de Nice, M. Karr et M. Aïdé étaient deux d'une soirée dans un salon spacieux et brillamment éclairé, où Home les recevait.

Une grande table lourde, éloignée de leur groupe, s'avança vers eux. M. Karr se glissa alors sous une table qui s'élevait dans les airs et examina soigneusement l'espace en dessous, tandis que M. Aïdé l'observait d'en haut. Aucun d'eux n'a pu découvrir d'explication au phénomène, et ils sont partis ensemble, dégoûtés, déçus et injuriant Home.

Dans ce cas, il n'y avait ni excitation ni désir de croire, mais un fort désir de ne pas croire et de dénoncer Home. Si deux de ces témoins pouvaient avoir des hallucinations, nous devrions étendre considérablement notre notion des limites de la capacité d'entretenir des hallucinations.

Un phénomène singulier a été rapporté dans le cas de Home, qui n'a cependant que peu à voir avec une quelconque théorie concevable des esprits. On disait qu'il s'allongeait en transe.[8] M. Podmore explique que « peut-être s'est-il vraiment étiré de toute sa hauteur » – une des manières les plus faciles à concevoir pour accomplir un miracle, Iamblichus rapporte le même phénomène chez ses hommes possédés.[9] Iamblique ajoute qu'ils étaient parfois élargis aussi bien qu'allongés. Or, M. Féré observe que « n'importe quelle partie du corps d' un hystérique peut changer de volume, du seul fait que l'attention du patient est fixée sur cette partie ». On peut imaginer l'allongement de Home et de l'Egypte ancienne. les médiums ont peut-être été un cas extrême de ce « changement de volume ». Si cela pouvait être prouvé par des exemples, l'allongement de Home cesserait d'être un « miracle ». Mais il s'ensuivrait que dans ce cas les observateurs n'ont *pas eu* d'hallucinations, et on présumerait qu'ils n'ont pas eu d'hallucinations dans les autres cas. En fait, cet argument est d'application universelle.

Il existe une autre classe de « phénomènes physiques », qui n'a aucun rapport direct avec notre sujet. On dit que de nombreuses personnes, à des époques très diverses, ont manipulé ou traversé le feu, non seulement sans souffrir, mais sans lésion cutanée. Jamblique mentionne cela parmi les particularités de ses hommes « possédés » ; et dans « Modern Mythology » (1897), j'ai rassemblé des preuves directes de cet exploit à l'époque classique, ainsi qu'en Inde, aux Fidji, en Bulgarie, à Trinidad, dans les établissements des détroits et dans de nombreux autres endroits. Les preuves sont celles de voyageurs , de fonctionnaires, de missionnaires et autres, et sont étayées (pour ce que vaut un témoignage photographique) par des photographies de la représentation. Tenir des charbons ardents dans sa main et communiquer le pouvoir de le faire aux autres était dans le *répertoire de Home* . Lord Crawford l'a vu se réaliser à huit reprises, et lui-même a reçu le charbon incandescent des mains de Home indemne. Cependant, un de mes amis porte toujours la plaie de la blessure reçue au cours du processus. Le témoignage de Sir W. Crookes suit :

«À la demande de M. Home, pendant qu'il était en transe, je l'ai accompagné jusqu'à la cheminée du salon du fond. Il a dit : « Nous voulons que vous remarquiez particulièrement ce que fait Dan. » En conséquence , je me tenais près du feu et je m'y penchais lorsqu'il y mettait les mains....

'M. Home agita ensuite le mouchoir en l'air deux ou trois fois, le tint au-dessus de sa tête, puis le plia et le posa sur sa main comme un coussin. Mettant son autre main dans le feu, il en sortit un gros morceau de cendre, chauffé au rouge par la partie inférieure, et posa la partie rouge sur le mouchoir. Dans des circonstances ordinaires, il aurait été en feu. Au bout d'une demi-minute environ, il l'enleva du mouchoir avec sa main, en disant : "Comme le pouvoir n'est pas puissant, si nous laissons le charbon plus longtemps, il brûlera." Il l'a ensuite mis dans sa main et l'a apporté à la table dans la pièce de devant, où tout le monde sauf moi était resté assis.

M. Podmore explique que seules deux bougies et le feu ont allumé une fois, et que « peut-être » les mains de Home étaient protégées par une « substance non conductrice ». Il n'explique pas comment cette substance a été mise entre les mains de Lord Crawford, ni ce que peut être cette substance précieuse. Aucun n'est connu de la science, bien qu'il semble être connu des Fidjiens, des Tongiens, des Klings et des Bulgares, qui traversent le feu indemnes.

Il n'est pas nécessaire de croire les affirmations de Sir W. Crookes selon lesquelles il a vu Home exécuter les tours du feu, car nous pouvons nous fier au manque de lumière (seulement deux bougies et la lumière du feu), ainsi qu'à la loi de l'hallucination provoquée par le feu. par excitation. Mais il *faut* croire la déclaration de cette éminente autorité sur son ignorance de « quelque substance non conductrice » :

Les livres « d'écoliers » et les contes médiévaux décrivent comment cela peut être réalisé avec de l'alun et d'autres ingrédients. Il est possible que la peau soit tellement durcie et épaissie par de telles préparations qu'une carbonisation superficielle puisse se produire sans que la douleur ne devienne grande ; mais la surface de la peau en souffrirait certainement gravement. Une fois que Home fut sorti de la transe, j'examinai sa main avec soin pour voir s'il y avait des signes de brûlure ou de préparation préalable. Je ne pouvais déceler aucune trace ni blessure sur la peau, qui était douce et délicate, comme celle d'une femme . Il n'y avait pas non plus de signes d'application préalable d'une préparation. J'ai souvent vu des prestidigitateurs et d'autres manipuler des charbons ardents et du fer, mais il y avait toujours des signes palpables de brûlure.

En septembre 1897, un équipage de passagers partit de Nouvelle-Zélande pour voir les rites fidjiens qui, comme le rapporte le « Fiji Times », correspondaient exactement à la description publiée par M. Basil Thomson, lui-même témoin. Le point intéressant, historiquement, est la combinaison dans Home de tout le *répertoire* des possédés de Iamblichus. Nous ne pouvons certainement pas nous débarrasser du truc du feu à l'aide d'une hypothétique « substance non conductrice ». Tant que la « substance » n'est pas testée expérimentalement, elle n'est pas une *vera causa* . Autant dire « esprits » tout de suite. Cette « substance » et ces « esprits » sont également « dans l'air ». Pourtant, les « explications » de M. Podmore (qui ne le satisfont pas) sont si profondément conçues dans l'esprit de la science populaire : l'une d'elles découvre avec désinvolture une nouvelle loi psychologique, une seconde contredit les faits qu'elle cherche à expliquer, une troisième invente généreusement une nouvelle loi psychologique. substance inconnue - qu'ils devraient être bien accueillis par les critiques et les conférenciers.

Il semble plus sage d'admettre notre ignorance et de suspendre nos croyances.

Ici se termine le chapitre futile des explications. La fraude est une *vera causa* , mais une hypothèse difficile à appliquer lorsqu'on admet que les effets ne pourraient être provoqués par des moyens mécaniques ordinaires. L'hallucination, par excitation, est une *vera causa* , mais sa remarquable uniformité, telle que décrite par des témoins de différents pays et époques, ne se connaissant pas, nous fait hésiter à accepter une hypothèse radicale d'hallucination. Le cas n'est pas confirmé, alors que nous avons les mêmes rapports de témoins certainement pas excités.

Cet extraordinaire paquet de rapports, pratiquement identiques, de faits paralysant toute croyance, ce paquet composé de déclarations provenant de tant d'époques et de pays, ne peut donc être que « classé pour référence ». Mais il est évident que tout sauvage qui partageait les expériences de Sir W. Crookes, Lord Crawford, M. Hamilton Aïdé , M. Robert de St. Victor à Cideville et le policier Higgs à Worksop croirait qu'un esprit pourrait tenir un bâton. ou de la pierre – croyant ainsi qu'il serait fétichiste. Ainsi , même le fétichisme a probablement son origine dans une région dont nous ne savons rien : la région X.

[Note de bas de page 1 : Un aperçu de l'histoire se trouve dans *Cock Lane et Common Sense de l'auteur* .]

[Note 2 : La meilleure source est son article sur les « Poltergeists ». *Actes* xi. 45-116. Voir aussi ses « Poltergeists » dans *Studies in Psychical Research* .]

[Note de bas de page 3 : *Études en recherche psychique* , p. 140.]

[Note 4 : Voir la préface de cette édition pour correction.]

[Note de bas de page 5 : *Actes* , SPR vii. 383-394.]

[Note 6 : Voir *les recherches de Sir W. Crookes sur le spiritualisme* .]

[Note 7 : M. Aïdé m'a donné cette information. Il a consigné les circonstances dans son journal de l'époque.]

[Note de bas de page 8 : *Rapport de la société dialectique* , p. 209.]

[Note 9 : Voir Porphyre, dans l'édition Parthey (Berlin, 1857), iii. 4.]

[Note 10 : *Bulletin de la Société de Biologie* , 1880, p. 399.]

[Note de bas de page 11 : Crookes, *Proceedings* , ix. 308.]

ANNEXE C

REGARDER LES CRISTAL

Depuis la parution du chapitre sur l'observation des cristaux, un ouvrage du Dr Pierre Janet est paru, intitulé « Les Névroses et les Idées Fixes ».[1] Il contient un chapitre sur l'observation des cristaux. L'avis du Dr Janet, comme celui d'un savant familier, à la Salpêtrière , avec des visionnaires « névrosés », ne peut qu'être intéressant. Malheureusement, la valeur de l'essai doit être considérée comme sérieusement altérée par le traitement singulier que le Dr Janet a réservé à son sujet. Rien n'est plus nécessaire dans ces recherches que l'exactitude des affirmations. Maintenant, le Dr Janet a tiré une série d'expériences, ou d'expériences, de Miss X. de l'intéressant essai de cette dame, déjà cité ; les a attribués, non à Mlle X., mais à diverses personnes, par exemple à *une jeune fille, une pauvres voyante , une personne un peu mystique* ; a modifié les faits dans un esprit romanesque ; et a donné triomphalement cette explication, la renaissance de la mémoire, qui a été donnée par Miss X. elle-même.

Tout au long de son article, le Dr Janet apparaît comme un homme de science calme, prononçant un jugement sur les caprices visionnaires des jeunes filles « hantées » et des voyantes déçues. Aucune de ces personnes n'était concernée ; aucune hantise, prémonition supposée ou « désillusion » de ce genre ne s'est produite ; les circonstances romantiques et « merveilleuses » sont des accumulations mythopéiques dues à la propre mémoire ou à l'imagination du Dr Janet ; son explication scientifique est celle donnée par sa trinité *jeune fille, pauvre voyante* , et *personne un peu mystique* .

Étant très engagée dans l'étude des patients « névrotiques » et hystériques, le Dr Janet pense que ce sont eux qui sont les plus aptes à avoir des visions cristallines. Peut-être qu'ils le sont ; et on se demande si leurs descriptions sont plus dignes de confiance que l'essai romantique de leur médecin. En citant l'article de Miss X. (comme il l'a fait), le Dr Janet aurait dû rapporter correctement ses expériences, aurait dû les attribuer à elle-même et aurait dû, décidément, remarquer que l'explication qu'il proposait était sa propre hypothèse. vérifié par ses propres efforts.

N'ayant aucune connaissance dans les milieux névrotiques, je suis incapable de dire si ces personnes présentent plus de cas de vision cristalline que les gens ordinaires ; tandis que leur parole, semble-t-il, est bien moins digne de confiance que celle d'hommes et de femmes en excellente santé. Les visions de cristal que j'ai citées d'après mes propres connaissances (et je pourrais en citer des dizaines d'autres) ont été vues par des hommes et des femmes engagés dans les devoirs ordinaires de la vie. Des étudiants, des avocats, des romanciers, des avocats, des maîtres d'école, des maîtresses d'école, des golfeurs, pour lesquels le sujet était parfaitement nouveau, ont tous exposé le corps enseignant. Il est curieux qu'un auteur arabe du XIIIe siècle, Ibn Khaldoun , cité par M. Lefébure , fasse le même récit de *l'* apparition des visions que celui donné par Miss Angus dans le *Journal* de la SPR, avril 1898. Citation de M. Lefébure m'a été envoyé dans une lettre.

Je joins la citation de M. Lefébure d'Ibn Khaldoun . L'original est traduit dans 'Notices et Extraits des MSS. de la Bibliothèque Impériale , I. XIX. p. 643-645.

'Ibn Kaldoun admettre que certains hommes ont la faculté de deviner l'avenir .

'" Ceux , ajoute -t-il, qui regardent dans les corps diaphanes , tels que les miroirs , les cuvettes remplies d'eau et les liquides ; ceux qui inspectent les coeurs , les foies et les os des animaux , ... tous ces gens là appartenir aussi à la catégorie des devins , mais , à cause de l'imperfection de leur nature, ils y occupent un rang inférieur . Pour écarter le voile des sens , le vrai devin n'a pas besoin de grands efforts; quant aux autres , ils tâchent d'arriver au mais en *effort de concentration en un seul sens toutes leurs perceptions* . Comme la vue est le sens le plus noble, ils lui donner la préférence ; fixateur leur regard sur un objet à surface unie , ils le reconnaissent avec attention jusqu'à ce qu'ils y aperçoivent la chose qu'ils vouloir annoncer . Quelques personnes croire que l'image aperçu de cette manière se dessine sur la surface du miroir ; Maïs ils se trompent . Le devin regarde fixation cette surface jusqu'à ce qu'elle disparaisse et qu'un rideau, semblable à un brouillard , s'interpose entre lui et le miroir . Sur ce rideau se dessinent les choses *qu'il désira apercevoir* , et cela lui permet de donner des indications soit affirmatives, soit négatifs , sur ce que l'on désirer savoir. Il raconte alors les perceptions telles qu'il les reçoit . Les devins , pendant qu'ils sont dans cet état , n'aperçoivent pas ce qui se voit réellement dans le miroir ; c'est un autre mode de perception qui naît chez eux et qui s'opère , non pas au moyen de la vue , mais de l'âme . Il est vrai que, *pour eux , les perceptions de l'âme ressembler à celles des sens au point de les tromper* ; fait qui, du reste , est bien connu . La même chose arrive à ceux qui examinent les coeurs et les foies d'animaux . Nous avons vu quelques-uns de ces individus *entraineur l'opération des sens* par l'emploi de simples *fumigations* , puis se servir d' *incantations* [2] afin de donner à l'âme la disposition requise ; ensuite ils raconter ce qu'ils ont aperçu. Ces formes , dire-ils , se montrer dans l'air et représenter des personnages : elles leur apprendre , au moyen d'emblèmes et de signes , les choses qu'ils chercher à savoir. Les individus de cette classe se détachent moins de l'influence des sens que ceux de la classe précédente ."'

[Note 1 : Lican , Paris, 1898.]

[Note 2 : L'auteur arabe avait déjà mentionné (p. 209) l'emploi des incantations et indiqué qu'elles étuient un simple adjuvant physique destiné à donner à certains hommes une exaltation dont ils se servaient pour tâcher de découvrir l'avenir .

'Pour arriver au plus haut degré d'inspiration N'est - il pas capable, le devin doit avoir recours à l'emploi de certaines phrases qui se distinguent par *une cadence et un parallélisme particuliers* . J'essaie _ ce moyen *afin de soustraire son âme aux influences des sens* et de lui donner assez de force pour se mettre dans un contact imparfait avec le monde spirituel.[a] Cette agitation d'esprit, jointe à l'emploi des moyens. motrices ne nous avons pas parlé , excite dans son coeur des idées que cet organe exprimé par le ministère de la langne . Les paroles qu'il prononcer sont tantôt vraies , tantôt fausses . Fr effet , le devin , voulant suppléer à l'imperfection de son naturel, se sert de moyens tout à fait étrangers à sa faculté perspicace et qui ne s'accorde fr aucune façon avec elle . Donc la vérité et l'erreur se présentent à lui fr même temps, aussi ne doit on mettre aucune confiance fr ses paroles. Parfois même il a recours à des suppositions et à des conjectures dans l'espoir de rencontrer la vérité et de tromper ceux qui l'interrogent .']

[Note de bas de page a : Comparez la façon dont Tennyson atteint un état de transe en se répétant son propre nom.]

ANNEXE D

CHEFS EN AUSTRALIE

Dans les remarques sur la religion australienne, il est avancé que les chefs australiens
sont, tout au plus, très discrets et qu'un chef mort ne peut pas avoir prospéré pour devenir un être suprême. Il convient cependant d'attirer l'attention sur M. Remarques de Howitt sur les « chefs d'hommes » australiens, dans son traité sur « L' Organisation des tribus australiennes » (pp. 103-113).

Il attache davantage d'idées de pouvoir aux « hommes-chefs » que ne le fait M. Curr dans son ouvrage « The Australian Race ». En règle générale, les chefs acquièrent l'influence qu'ils possèdent grâce à leur ancienneté, s'ils sont accompagnés de courage, de sagesse et, dans certains cas, de connaissances magiques. Il y a des traces d'une tendance à garder la fonction (si on peut l'appeler ainsi) dans la même parenté. « Mais Vich Ian Vohr ou Chingahgook ne se trouvent pas dans les tribus australiennes » (p. 113). Je n'observe pas que les mânes ou le fantôme d'un chef mort reçoivent un culte ou un service calculé pour le fixer dans la mémoire tribale et conduire ainsi à l'évolution d'une divinité, bien qu'un seul chef ait été puissant à travers tout le Dieyri . tribu sur trois cents milles de pays. Une telle personne, si elle est favorisée après sa mort, pourrait fort bien devenir un héros, voire un être créateur. Mais nous devons attendre la preuve qu'une révérence posthume a été rendue à cet homme, Ialina. Piramurane (Nouvelle Lune). L'essai de M. Howitt se trouve dans les « Transactions de la Royal Society of Victoria for 1889 ».